ORDINI
现代世界
NUOVI
李猛 主编

Jean-Jacques Rousseau and Adam Smith
A Philosophical Encounter

Charles L. Griswold

让-雅克·卢梭与亚当·斯密

一场哲学的相遇

［美］查尔斯·L.格瑞斯沃德 著

康子兴 译

生活·讀書·新知 三联书店

Simplified Chinese Copyright © 2023 by SDX Joint Publishing Company.
All Rights Reserved.

本作品简体中文版权由生活·读书·新知三联书店所有。
未经许可,不得翻印。

图书在版编目(CIP)数据

让-雅克·卢梭与亚当·斯密:一场哲学的相遇/(美)查尔斯·L.格瑞斯沃德著;康子兴译.—北京:生活·读书·新知三联书店,2023.5
(现代世界)
ISBN 978-7-108-07621-2

Ⅰ.①让… Ⅱ.①查… ①康… Ⅲ.①卢梭(Rousseau, Jean Jacques 1712-1778)-哲学思想-研究②亚当·斯密(Adam Smith 1723-1790)-哲学思想-研究
Ⅳ.① B565.26 ② B561.49

中国国家版本馆 CIP 数据核字 (2023) 第 055368 号

Jean-Jacques Rousseau and Adam Smith: A Philosophical Encounter
© 2018 Charles L. Griswold
All Rights Reserved. Authorized translation from the English language edition published by Routledge, a member of the Taylor & Francis Group. Copies of this book sold without a Taylor & Francis sticker on the cover are unauthorized and illegal.

特邀编辑	苏诗毅
责任编辑	王晨晨
装帧设计	薛 宇
责任印制	卢 岳

出版发行 生活·讀書·新知 三联书店
(北京市东城区美术馆东街 22 号 100010)

网	址	www.sdxjpc.com
经	销	新华书店
图	字	01-2018-4967
印	刷	北京隆昌伟业印刷有限公司
版	次	2023 年 5 月北京第 1 版 2023 年 5 月北京第 1 次印刷
开	本	880 毫米×1230 毫米 1/32 印张 14.625
字	数	326 千字
印	数	0,001-5,000 册
定	价	69.00 元

(印装查询:01064002715;邮购查询:01084010542)

现代世界
总　序

　　不同人类群体在时间和空间上发展的多种文明，共存在同一个世界秩序中，并借助这一秩序相互理解，这是人类前所未有的经验。此前，各种世界秩序的基本框架，都依据单一文明或主体文明的历史视角与空间逻辑构成，其他文明被视为非文明的野蛮形态或反文明的敌对形态。虽然任何世界秩序在建立生活理想与政治、经济、文化形态时，都不得不考虑文明的差异与分歧，但等级制和排斥的逻辑仍然是这些世界秩序处理其他文明的主要方式。不同世界秩序之间始终存在经济或文化上的往来，也有地缘政治的摩擦甚至竞争，甚至一个世界秩序会完全取代另一世界秩序，容纳或消化后者的文明因素作为自己的一部分，文明与秩序跌宕起伏的命运，在今天，都被重新理解为现代世界秩序的史前史。现代世界是人类文明共存与相互理解的一个新阶段。

　　现代世界的复杂构成、漫长演进和多元谱系，是现代学术面临的核心问题。现代学术是现代世界理念的重要来源。一个文明进入现代世界，首要的任务，是建立该文明与其他文明在现代世界的共存关系。无论是比较历史语文学的批评方法、哲学和科学的新体系，还是社会科学的经验途径与田野实践，作为现代学术的核心，都有深刻的文明动机与丰富的世界意涵，成为现代世界观察与理解各种文明形态的主要范式。但由于现代学术的推进往往依托现代文化与政治的各项制度(特别是现代大学的研究体制)，在现代学术的实际发展中，大多数文明，仍然只是作为研究素材，以博物馆或田野的方式被纳入现代世界的思想秩序中。现代学术构建的现代世界秩序，往往发端于学术制度背后的政治与文化的母体，这一母体的文明理想，在很大程度上被直接充当现代世界的理念，而现代学术有意或无意地借助这一文明的思想图景，通过泛化和宽容的方式，将其他文明作为对象文明纳入现代世界的秩序中。现代学术的世界秩序理念，仍然很大程度上囿于实际研究中主体文明与对象文明的经验对立，从而限制了进入现代世界的诸多文明自身的思想成熟。"二战"以来的多元文化视野、全球视角和本土化努力，并未在整体上改变现代世界在理念上的这一矛盾处境。现代学术所承诺的世界秩序，在思想上，仍然是未完成的。勇敢地运用文明中的理性与情感的力量，推动各文明激活自身传统的生命力,在现代世界中实现思想成熟,仍然是现代学术的根本课题。

现代世界的学术所面临的文明处境与思想挑战,需要长期系统的建设性工作。现代世界的形成,是一个长时段的历史进程。只有超越现代化的短期视角,超越从中世纪晚期开始直至17、18世纪西欧文明的"古今之争",甚至突破来自现代学术的主体文明对古典-中世纪与现代的划分以及尚待反省的理论预设,才能更好地理解各种文明在漫长的历史进程中如何以不同方式进入现代性的世界秩序。而要把握现代世界秩序的形态,需要跨越现行学术体制的学科界限,综合政治、法律、经济和社会的视角,兼顾制度与思想的维度。"现代世界"丛书希望从翻译入手,在丰富现代中国思想的学术资源的同时,开辟更为宽广的思想空间,为探索现代世界的理念进行学术上的积淀与准备。

李 猛

2019 年 9 月

让-雅克·卢梭与亚当·斯密

一场哲学的相遇

JEAN-JACQUES ROUSSEAU AND ADAM SMITH
A PHILOSOPHICAL ENCOUNTER

献给安妮丝和斯蒂芬

对我们来说，认识人最为重要，但不幸的是，我们恰恰对人最为无知。我们看不见任何其他人的灵魂，因为它被隐藏起来了；我们也看不见自己的灵魂，因为我们没有一面心智的镜子。我们在每一点上都是盲人，而生为盲人，我们不能想象何为视力，也不相信自己缺乏任何一种官能。我们想要测量世界的尽头，然而，近视使我们目之所及只有两英尺内的事物，就像我们的双手一样。

——让-雅克·卢梭

　　此外，镜子只能呈现在场的对象；一旦惊奇（wonder）完全消失，在一切情况下，我们与其选择凝视阴影，不如沉思实体。于是，自己的脸就变为镜子能够向我们呈现的最适意的对象，也是我们唯一不会迅速厌于观看的对象：无论帅气还是丑陋，无论衰老还是年轻，在那一刻，它就如一个朋友的面容，无论我们感受到何种情感、情绪或激情，总是具有与之完全一致的特征。

——亚当·斯密

目　录

译者前言　　隐匿的论战：斯密与卢梭的相遇　| i

致　谢　| xvii

缩略语　| xxii

引　言　| 1

第一章　自恋、自知与社会批评：从卢梭《纳西索斯》序言到亚当·斯密

引论　| 10

一　《序言》及其与《纳西索斯》的关系　| 13

二　卢梭的《纳西索斯》与奥维德的纳西索斯　| 20

三　重思《纳西索斯》及其序言　| 29

四　卢梭的自我表演：目标与一致性问题　| 35

五　自恋主义、戏剧风格与哲学：卢梭与
　　　　斯密的对话　｜　38

第二章　系谱叙述、自我认知与哲学的范围
　　引论　｜　62
　　一　卢梭《论人与人之间不平等的起源》中的系谱
　　　　叙述与自我认知　｜　67
　　二　启蒙、自我认知与实践：一个斯密式的
　　　　相反故事？　｜　123

第三章　社会性、怜悯与同情
　　引论　｜　151
　　一　社会性及自爱的模式：斯密的
　　　　《致〈爱丁堡评论〉诸作者信札》　｜　153
　　二　卢梭：怜悯、自恋与社会性　｜　166
　　三　斯密：非社会的"人类生物"、基础社会性与
　　　　同情　｜　183
　　四　理解（误解）自我：对话中的卢梭与斯密　｜　224

第四章　"存在"与"表象"：自我伪造、交易与自由
　　引论　｜　238
　　一　自我伪造、存在与表象：卢梭论证的展开　｜　242
　　二　对卢梭的一则回应：《国富论》论交易　｜　249
　　三　在自我"之内"而非"之外"：卢梭论自由　｜　254
　　四　一种对《国富论》交易论述的卢梭式批评　｜　269

五 "外在"于自我、自我伪造与行为能力：斯密论
自由 | 275
六 理论与实践中的自由：终曲 | 295

第五章 **自由、公民宗教与"社会性情感"**
引论 | 298
一 卢梭在《社会契约论》中的"公民信仰
宣言" | 302
二 为什么是公民宗教？ | 316
三 公民宗教与自由：内在于卢梭计划中的
问题 | 330
四 斯密的宗教市场与正义感 | 346
五 自然的智慧、自然的善好与对统治的爱：
终曲 | 382

后　记 | 389
参考文献 | 400
索　引 | 417

译者前言　隐匿的论战：斯密与卢梭的相遇

一

亚当·斯密曾为《国富论》写作过一篇简短的导言，将之命名为"序论及本书计划"（"Introduction and Plan of the Work"）。这篇导言颇为特殊：首先，《道德情感论》就没有所谓的"序论"——斯密没有为著作写作导言的惯例。两相对照，这篇导言就显得有些郑重其事了：斯密仿佛要告诉读者，导言强调了潜藏在正文中、但不费一番心力就很难发现的主题与线索；或者，导言给读者提供了一把钥匙，凭借这把钥匙，我们就能通过幽暗的思想隧洞进入斯密的理论语境，理解藏身"财富"背后的哲学关怀；再者，斯密也在标题中暗示，他要在这篇导言中展示其写作"计划"——除了交代正文的谋篇布局，他很可能还会阐述写作《国富论》的意图与原因。

大体而论，这篇导言一共九个段落，可分为两个部分：前四段为第一部分，后五段为第二部分。后五段与正文五篇相对应，分别介绍每篇主题。斯密告诉我们，正文五篇遵循"自然—历史—国家"的论述逻辑：前两篇介绍了影响国民财富发展的两大因素、国民劳动技艺与生产力水平增进的原因，以及影响劳动结构（即从事有用劳动之人数与不从事有用劳动之人数的比例）的资本结构；第三篇和第四篇则由自然至历史，从对原则的思考转入政策之分析，讨论了欧洲自罗马帝国衰亡以来所经历的社会变革。斯密告诉我们，受风俗和阶层利益影响，历史中的政治经济政策时常与财富的自然秩序相悖，欧洲国家的社会变革遵循了某种"反自然且倒退的顺序"；因此，财富的自然法则虽然不可违背，但也不会自明于世，它需要国家的维护，需要某种"国家的智慧"。所以，在第五篇，斯密着力阐述其国家理论，试图启蒙立法者，教予他们一种关乎消极正义的实践智慧。所以，《国富论》行文也遵循了"正—反—合"的论证逻辑，其历史分析与国家理论都植根于前两篇阐述的国民财富之"自然秩序"。

在导言第一部分，斯密着重讨论了上述"自然秩序"的理论基础。斯密的分析呈现出严谨的几何学逻辑，他将历年国民财富之源泉归诸"一国国民每年的劳动"，国民的富裕程度则取决于消费品与消费者人数之间的比例，它因此受下述两种情况的支配："第一，一般地说，这一国国民运用劳动，是怎样熟练，怎样技巧，怎样有判断力；第二，从事有用劳动的人数和不从事有用劳动的人数，究成什么比例。"[1] 这两大因素直接关系到文明与平等的问题：劳动技艺水平越高，则社会文明程度越高，劳动分工也越发深入；劳动分工越深入，则"不从事有

---

[1] 亚当·斯密：《国民财富的性质和原因的研究》，郭大力、王亚南译，商务印书馆，1972年，第1页。

用劳动"（即不能创造财富的非生产性劳动）之人数在国民中所占比例越大，社会越不平等；因此，社会文明程度越高则越不平等。

卢梭在 1755 年出版了《论人与人之间不平等的起源》（以下简称《论不平等》）。他在这部著作中强调，自由与平等息息相关。因为，只有每个人都不受制于任何其他人，他才是自由的。于是，他对文明展开了猛烈的批判，认为文明导致并日益巩固了不平等，孕育出腐败与奴役、欺骗与战争。在他关于人类如何由自然状态进入文明社会的系谱论述中，文明被打上了堕落的印记。他用系谱论述作出了道德评价，文明与不平等被划入了道德的对立面。

当斯密在《国富论》导言中重提文明与平等问题时，他很可能想到了卢梭对不平等与文明的批判，而导言本身也会让读者自然而然地想起卢梭的批判。在文明与平等之间，斯密取文明而舍平等。在导言第四段，他对比了野蛮部落与文明社会之间的显著差异，着力证明一国的富裕程度更多取决于劳动技艺而非生产者在社会总人口中的比例。值得注意的是，他的这段论述带有强烈的道德色彩，试图引导读者对野蛮与文明作出道德评价。他仿佛也在提醒读者，关于文明与平等问题，他在与卢梭进行对话与论战；而且，与卢梭相比，他的答案立足史实而非基于推测，更加有理有据，更有说服力：

> 在未开化的渔猎民族间，一切能够劳作的人都或多或少地从事有用劳动，尽可能以各种生活必需品和便利品，供给他自己和家族内因老幼病弱而不能渔猎的人。不过，他们是那么贫乏，以致往往仅因为贫乏的缘故，迫不

得已,或至少觉得迫不得已,要杀害老幼以及长期患病的亲人;或遗弃这些人,听其饿死或被野兽吞食。反之,在文明繁荣的民族间,虽有许多人全然不从事劳动,而且他们所消费的劳动生产物,往往比大多数劳动者所消费的要多过十倍乃至百倍。但由于社会全部劳动生产物非常之多,往往一切人都有充足的供给,就连最下等最贫穷的劳动者,只要勤勉节俭,也比野蛮人享受更多的生活必需品和便利品。[2]

在上述段落中,斯密刻画了野蛮与文明的两幅图景:"未开化的渔猎民族"生产落后,生活贫苦,并由此滋长出冷酷残忍的习俗;"文明繁荣的民族"则有充足的供给,人们生活普遍富裕,抛弃老幼病弱的残忍习俗也随之消失。"文野之分"的背后是不平等与平等的对峙:"未开化的渔猎民族"劳动分工简单,看起来是一个平等的社会;"文明繁荣的民族"劳动分工变得复杂,社会结构与财富分配都变得不平等。分工与分配的不平等是否具有充分的道德批判力量,足以否定文明、富庶的生活呢?斯密在《国富论》第一篇第一章结尾阐述分工对现代社会的重要意义后,重新提起文明与野蛮的对立,并试图对此问题作出回答。

在一个文明国家,"与大人物的奢华生活相比",至卑至贱者的"居所无疑显得极为简陋粗糙。然而,一个欧洲君主的宫殿胜过一个勤俭农夫的居所,其程度却比不上后者胜过众多非

---

[2] 亚当·斯密:《国民财富的性质和原因的研究》,郭大力、王亚南译,商务印书馆,1972年,第1—2页。

洲国王居所的程度。对成千上万赤身裸体的原始人而言，一个非洲国王是支配其生命与自由的绝对主人"[3]。

在这里，斯密提到了三种不平等：文明国家的大人物与地位卑微者之间的不平等、文明国家的勤俭农夫与野蛮社会的国王之间的不平等，以及非洲国王与原始人之间的不平等。他将三种不平等放到一个连续的序列中，对之作出比较与评价。斯密修正了卢梭对野蛮社会的描述，也对导言中的论述做了重要补充。他明确地告诉读者，野蛮社会的自由平等只是一种虚构与迷思。非洲国王与原始人之间的不平等远远超越了欧洲君主与农夫之间的不平等。就表象而言，野蛮人具有平等的分工结构，大部分人都要平等地参加有用劳动。然而，野蛮人粗陋的劳动分工遮蔽了社会内部的权力关系与支配关系。他们只是平等地处在依附地位，他们的生命与自由平等地受到"绝对主人"的支配。他们不仅赤贫，还遭受着最深重的奴役。相反，在文明国家，地位卑微的小人物虽然只有简陋的居所，但他们拥有自己的财产。他们远比"非洲国王"更富有。在文明国家，分工变得繁复，君主和农夫都被吸纳进分工体系，尽管他们的劳动有"无用"与"有用"之别。所以，他们的不平等不是主奴之别，而是分工造就的差异。文明国家鼓励勤勉，身份卑微者也摆脱了依附地位，可以努力改善自身境况，赢取体面的生活。与野蛮社会相比，文明国家的公民拥有法律上的平等，甚至政治上的自由。在《国富论》第三篇，斯密讲述了一个文明成长的故事，阐述了欧洲的历史变迁：欧洲摆脱中世纪

---

[3] Adam Smith, *An Inquiry into the Nature and Causes of The Wealth of Nations*, Liberty Fund, 1981, pp. 23-24.

的贫穷与奴役状态，逐渐变得繁荣，获得了"秩序与好政府"，以及"个人的安全和自由"。[4] 在这段历史中，秩序、平等与自由也随着财富与文明一同成长。斯密想要告诉读者：文明与法律平等、政治自由并不对立；文明能够敦风化俗，因为文明以道德为基础。当斯密向读者展示上述"不平等"之序列时，他也将野蛮与文明安放进一个连续的历史进程中：野蛮与文明只是社会发展的不同阶段，它们遵循共同的道德与正义法则。这与卢梭不同，后者赞美高贵的野蛮人、批判文明社会，认为野蛮与文明之间存在着难以弥合的断裂、不可调和的对立。斯密根据他的历史思考，借助真实可信的经验观察，发展出了一种新的文明理论，并与卢梭展开了一场"隐匿的论战"。

野蛮与文明是《国富论》一以贯之的主题，是斯密理解历史变迁的依据，也是他评价治乱兴衰的尺度。在他看来，国民财富与社会文明均以劳动分工为基础，也都植根于人天然具有的道德能力、社会性以及正义的法律秩序，植根于秩序与合作、道德与正义。财富之繁荣、文明之成长并不必然会败坏道德风俗，反而有助于培育新的、更为独立自由的道德习俗。与此同时，斯密也强调：我们不能把文明当成衡量民族道德能力的尺度，因为文明的成长受制于地理、政策等外在条件。但是，我们确实可以把文明视为反映秩序优劣的一个重要指标。所以，文明值得守护。

遍览《国富论》全书，斯密无一字提及卢梭。然而，透过

---

[4] Adam Smith, *An Inquiry into the Nature and Causes of The Wealth of Nations*, Liberty Fund, 1981, p. 412.

野蛮与文明的窗口,我们又会感觉到斯密《国富论》的写作时时念及卢梭。我们甚至可以大胆立论:在很大程度上,《国富论》就是斯密向《论不平等》发起的论战。

二

斯密与卢梭从未谋面。终其一生,斯密只出版了两部著作。在这两部著作里,他也从未提及卢梭。但是,斯密关注卢梭、熟悉卢梭,想要与他展开对话与辩论。这并非凭空而来的揣测。在更早的时候,斯密就曾公开了隐匿在《国富论》里的论战。只不过,在那篇文献中,他对卢梭的批评虽然直白,但简短、不够系统。然而,如此直白的批评仍然不同寻常。在那里,斯密与卢梭短兵相接,展现出思想分歧的关键。

1756年3月,《爱丁堡评论》第2期刊发了一封斯密的来信。在这封信中,他评论了卢梭于1755年4月出版的《论不平等》,并不惜笔墨译出《论不平等》中的三段文字。关于这封信札,以及斯密对卢梭的评论,伊什特万·洪特(István Hont)曾有如下归纳:

> 在这里,斯密首先叙述了其老师哈奇森所属的那一代人在不列颠取得的成就,随后,他就评论了法兰西道德哲学所处的状态。斯密声称,更早一代的不列颠道德学者确有创见,但自18世纪40年代以来,道德哲学在法国颇为有趣地活跃起来,并且人们也期待,下一波富有创见的作品会从这一区域产生。他也曾评论其他作品,但是,他在此语境下对卢梭的讨论要比他对任何其他作

品的讨论都具有更长的篇幅。与其年纪常见的情况相符，他对卢梭的讨论也很直率、富有分析性，且公开地具有挑衅性。[5]

斯密在信中点评英法文坛诸家，内容涉及自然哲学与道德哲学。关于斯密对卢梭的评论，洪特归纳出两个突出且重要的特点：相比起同时代其他道德哲人，斯密对卢梭尤为关注；斯密对卢梭的批评有理有据，并非空论，但言辞激烈，语带讽刺，具有挑衅色彩。

对于这封信札，格瑞斯沃德也有一番评论，他注意到另一个不同寻常的特点：在讨论卢梭的《论不平等》时，亚当·斯密引用并且翻译了其中的段落，"除了斯密，世上并无其他人这样做"[6]。斯密不仅关注卢梭甚于关注其他哲人，而且，他对卢梭学说之敏感、对其著作之用心用力也超乎常人。这充分说明，卢梭与他拥有相同的问题域；通过分析斯密对卢梭之批评，我们就可以了解他们共同关心的"主题问题"（subject matter）是什么，以及他们之间有何种分歧。

斯密强调了曼德维尔对卢梭的影响，认为《论不平等》的思想内核源自《蜜蜂的寓言》：

> 凡是潜心读过此书的人都会发现，卢梭先生书中的观念体系源自《蜜蜂的寓言》第二卷的影响，不过，那位英

---

[5] 伊什特万·洪特：《商业社会中的政治：让-雅克·卢梭和亚当·斯密》，康子兴译，浙江大学出版社，2022年，第18页。
[6] Charles L. Griswold, *Jean-Jacques Rousseau and Adam Smith: A Philosophical Encounter*, Routledge, 2018, p. xvii.

国作者的主张在本书中得到了柔化、改良和修饰,原书中的一切令读者感到刺眼的堕落、放肆的倾向都被去除了。曼德维尔博士把原始人类的生活状态写得极尽悲惨;而卢梭先生则不然,他描绘了一幅无比快乐的原始人类生活的图景,认为这样的生活最符合人的本性。不过,他们两位都认定,人的内心并不存在某种驱使他纯粹为了与人为伍而寻求社会生活的强烈冲动:一位作者指出,社会的形成,是由于人类在悲惨的原始生活状态逼迫下,不得已的选择;而另一位作者则认为,由于一些不幸的偶然事件,使得原始人类的赤子之心萌发了有违天性的权力欲和追求高人一等的虚荣心,从而造成了上述的致命后果。两位作者均假定,令人类适合于共同社会生活的一切天才、习惯和工艺都有一个缓慢的发展过程,他们对这种过程的描述也大体相同。他们都认定,让人类社会维持现今不平等状态的种种法律制度,最初是那些心机狡诈的有权势者的发明,以利于其巧取豪夺,或用以维护自身凌驾于其他同胞之上的违背人类本性的、不公正的优越地位。[7]

斯密发现,尽管他们对人类的自然状态作出了不同的刻画,但他们对文明社会的理解近乎相同。卢梭和曼德维尔都否认人类具有自然社会性,认为社会源于人为的选择与设计,源于虚荣心、欺骗,或"强者的利益"。所以,他们也都认为,文明社会并无德性基础,必然充满了腐败、欺诈、压迫

---

[7] 亚当·斯密:《亚当·斯密哲学文集》,石小竹、孙明丽译,商务印书馆,2016年,第296—297页。

与奴役。

斯密承认,他们的作品呈现出不同的风格;但是也认为,卢梭只是用其卓越的雄辩技巧,对曼德维尔的思想内核进行柔化与修饰。卢梭独特的修辞风格,"再加上一点点'哲学化学'的奇妙作用,品性堕落的曼德维尔的原则和观念在他的书中显得如同柏拉图的品德一般纯洁而崇高"。[8]也正因为这种雄辩风格,卢梭在刻画野蛮人的生活时,才刻意遮蔽其中"巨大的、荡人心魄的历险",一味呈现"那种生活中悠闲的一面",使用"最美丽悦意的色彩"将之描绘成至乐之境。[9]在斯密看来,卢梭是修辞大师,《论不平等》是一部"完全由修辞和描述"构成的作品。[10]言外之意,卢梭笔下的自然状态与文明社会都是他的虚构,大多偏离了事实。

的确,正如洪特所言,斯密对卢梭的批评言辞犀利。斯密为何在言辞间流露出挑衅意味?洪特将之归结为斯密的年纪:斯密写作那封信札时33岁,还不够世故。洪特错了。1790年,斯密年届67;这一年,在大幅修订后,他出版了《道德情感论》的第六个版本。但是,在这个版本中,他仍然保留着对曼德维尔的犀利批评。斯密毫不掩饰他对曼德维尔的厌恶,认为他的学说不辨善恶是非,会产生完全有害的影响。斯密将其学说称为"放荡堕落之体系"(licentious system)。而且,他认为,与卢梭一样,曼德维尔观点的迷惑性源于他的修辞风格:

---

[8] Adam Smith, *Essays on Philosophical Subjects*, Liberty Fund, 1982, p. 251.
[9] 同上。
[10] 同上。

> 尽管这位作者的观点几乎完全错误，然而，以某种方式观之，人性中的某些表象乍一看仿佛能够支持它们。曼德维尔博士用一种尽管粗陋却生动幽默的修辞来描述这些表象。它们使其原则氤氲着一种真实与可能性的气氛，非常容易哄骗那些头脑不甚灵光的人。[11]

斯密之所以厌弃曼德维尔，是因为他彻底否定社会中的德性，鼓吹邪恶。所以，当他看到卢梭对文明社会的论述承袭了曼德维尔的观点，他便意气难平，不免冷嘲热讽。尽管卢梭持有一种不同于曼德维尔的批判立场，但他的分析同样消解了文明的道德基础。与曼德维尔相比，卢梭的修辞更加精致优雅，更具迷惑性和破坏力。卢梭无疑是一个比曼德维尔更加难缠的对手。要为道德与文明辩护，斯密就必须对论敌给予充分重视，并且立足经验事实，依据历史而非推测，依据分析而非雄辩，在文明社会中发掘出永恒的人性基础、道德原理与正义法则。如果说《道德情感论》是他为道德所做的辩护，《国富论》就是他为文明所做的辩护。

三

斯密与卢梭之间的论战涉及财富之性质、道德之本源与文明之根基，因此关系到现代社会最核心、最根本的问题。近些年来，斯密与卢梭之间的理论对话激发了许多学者的兴趣，也催生了许多重要的研究成果。就笔者目力所及，三位学者的研

---

[11] Adam Smith, *The Theory of Moral Sentiments*, Liberty Fund, 1982, p. 308.

究最重要。他们采用不同的方法,从各自的问题意识出发,在不同的维度讨论了斯密与卢梭的"相遇",也展示了这场相遇的丰富内涵与重要意义。

2008 年,丹尼斯·C. 拉斯姆森出版了专著《商业社会的问题与承诺:亚当·斯密对卢梭的回应》(*The Problems and Promise of Commercial Society: Adam Smith's Response to Rousseau*)。在这部作品中,他着重刻画了斯密与卢梭之间围绕商业社会展开的争论,并依据他们争辩的问题一层一层地揭示其中的思想结构。拉斯姆森认为,卢梭率先向商业社会发起哲学批判;时至今日,他的批评仍然有力,富有洞见,最全面深刻。斯密的著述不仅为商业社会作出了最早的哲学辩护,还极其严肃地对待最严厉的商业社会批判;他最早将卢梭的批评纳入考虑,对卢梭提出的问题作出回答。卢梭对商业社会提出了三大批判——"劳动分工"批判、"意见帝国"批判与"追求不幸"批判,围绕这三大批判,拉斯姆森按照"问题与承诺"的结构,向读者呈现斯密与卢梭围绕商业社会展开的理论对话。

2015 年,哈佛大学出版社出版了伊什特万·洪特的遗著《商业社会中的政治:让-雅克·卢梭和亚当·斯密》(*Politics in Commercial Society: Jean-Jacques Rousseau and Adam Smith*)。在这部作品中,洪特从"商业社会性"出发,试图揭示出卢梭与斯密之间"强烈得令人惊讶的智识上的一致性"[12]。洪特将哲学与历史冶于一炉,从道德、政府、政治经济三个维

---

[12] 伊什特万·洪特:《商业社会中的政治:让-雅克·卢梭和亚当·斯密》,康子兴译,浙江大学出版社,2022 年,第 viii 页。

度阐释斯密与卢梭之间的对话,更多强调他们的相似性,而非差异与对立。洪特将两位哲人拉回到历史语境之中,呈现出他们共享的思想传统、共同面对的时代问题,以及围绕"商业社会"共同作出的理论探索。在洪特笔下,斯密与卢梭都是商业社会理论家,他们的对话"详细到令人惊讶的程度"。当然,洪特也没有忽视他们的差异,他也致力于阐明如下问题:从相近的道德哲学基础乃至问题意识出发,他们为何发展出如此不同的政治理论呢?洪特将此差异归结为两人对待历史的不同态度:"斯密的历史是真实的欧洲的历史。卢梭的历史,至少在《二论》当中,则更多是新亚里士多德主义的政府形式在(名为'不平等之兴起'的)单一制度发展影响下的变迁史。卢梭的历史是逻辑的,而非对史实的展示。"[13]

1998年,查尔斯·格瑞斯沃德出版了《亚当·斯密与启蒙德性》(*Adam Smith and the Virtues of Enlightenment*)。此后,在教学与研究中,他都为"对话中的斯密与卢梭"问题投入大量精力,并于2018年出版了本书。在这部作品中,格瑞斯沃德立足"自我问题",呈现斯密与卢梭在哲学、道德、政治乃至宗教问题上的分歧。斯密的《致〈爱丁堡评论〉诸作者信札》无疑启发了格瑞斯沃德,让他意识到:在斯密与卢梭的著作中,对话与论战隐匿其间;而且,他们的理论对话意义重大。他在"引言"开篇就提起《信札》,并且强调,"《信札》表明了令人着迷的可能性:我们若将这两位18世纪主要思想家彼此勾连起来考虑,那么与他们相关的诸多问题就会变得特

---

[13] 伊什特万·洪特:《商业社会中的政治:让-雅克·卢梭和亚当·斯密》,康子兴译,浙江大学出版社,2022年,第63页。

别清晰"。[14] 格瑞斯沃德受过系统的古典哲学训练，治《斐德若篇》尤为用力，《柏拉图〈斐德若篇〉中的自我认知》(*Self-knowledge in Plato's* Phaedrus)是他的第一本专著。所以，他对"自我问题"尤为敏感，认为它是理解这场思想交锋的关键。以"自我问题"为窗口，格瑞斯沃德能够看到：《信札》中的论战只是冰山一角，在它的背后还隐藏着两人哲学体系的分歧。

自我问题首先关乎对社会及道德的戏剧性理解。通过对《纳西索斯》的解读，格瑞斯沃德发现，卢梭也在用一种戏剧风格理解社会与道德。但是，"这种戏剧风格缺乏具有自我意识的表演"；这是一种行为人立场优先的戏剧，在社会语境中，"每个人都会意识到，我们获得了他人的认知，却是按照他人的方式得到认知"，"他们始终通过'扮演'想要的角色、使用他人对自己的想象来获得好处"。[15] 在这样的社会中，每个人都成为了自我遗忘的演员，自恋地梦游在与他人的虚伪关系中。这正是卢梭在《论不平等》中刻画的文明社会：人们陷入了对自我无知的无知，变成了"幸福的奴隶"。在格瑞斯沃德看来，卢梭对文明社会的全部批判都可归结为这种戏剧风格，或文明社会成员对真实自我的无知。然而，斯密的道德哲学具有另一种戏剧风格。在斯密呈现出来的理论结构里，"同情"是一组不对称的关系：在做与看之间，在行为人与旁观者之间，看和旁观者具有内在的优越性。旁观者是道德评价的尺度，这就好像在剧场里，掌声来自观众与批评者。行为人只有

---

[14] Charles L. Griswold, *Jean-Jacques Rousseau and Adam Smith: A Philosophical Encounter*, Routledge, 2018, p. xvii.
[15] 同上书，p. 14。

借助"同情"、通过旁观者的评价才能认知德性,并获得"道德自我意识"。[16]

卢梭认为,在文明社会中,人类堕落腐败,迷失自我却又昏盲无知;作为文明人的卢梭只有借助启示才能从这种盲目境地醒转,认识到原始人的自由之境;人类也只有模仿自然状态,重整政制才能重获自由。在卢梭的论述里,真实自我与"自我伪造"之间的断裂就造成了自然状态与文明社会的断裂,以及文明社会与契约社会(此处特指由社会契约造就的受普遍意志统治的自由秩序)之间的断裂。

然而,斯密没有试图颠覆我们的自我概念。根据斯密,我们可以借助"同情",以旁观者为镜认识自我。文明社会就是人类的自然状态,我们可以在社会中认知自我和永恒的自然法。斯密的历史叙述没有表明一种从某种具有绝对优势的早期处境转变为"幸福奴隶"境况的"堕落"。与此同时,他的叙述也没有过分乐观,而清晰意识到了我们境况的不完美。他投身于经验历史的研究,相信我们可以由此获得智慧,从而采取行动,切实有效地改善我们的命运。

在卢梭与斯密之间,格瑞斯沃德并没有明显倾向于哪一方。他将两人视为重要的现代哲人,并试图与之一起思考,理解其学说体系与哲学风格。他的论述也具有强烈的哲学色彩——"我的哲学史取向也是哲人的取向,而非史家(包括观念史家)的取向"[17]。在他看来,卢梭与斯密的根本分歧亦是哲

---

[16] 康子兴:《斯密的道德哲学戏剧》,载《读书》,2021年第6期。
[17] Charles L. Griswold, *Jean-Jacques Rousseau and Adam Smith: A Philosophical Encounter*, Routledge, 2018, p. xx.

学精神上的分歧：关于哲学的本性、哲学与日常生活之关系以及哲学获得一种客观立场的可能性，斯密的立场"在精神上是亚里士多德式的，而非柏拉图式的，而卢梭则相反"[18]。

四

斯密与卢梭的相遇引发了不绝于耳的回响，他们的这场相遇关乎文明、道德、政治、哲学，也关乎我们自身。我相信，这场发生在18世纪的哲学相遇还将激发更多思考。格瑞斯沃德很喜欢叶礼庭在《陌生人的需要》中对《信札》的一段评论，在书中一再引用，这段评论含义隽永，道出了这场相遇留给现代世界的遗产，叶礼庭如此写道：

> 借助启蒙，卢梭与斯密在1756年的相遇提供了基本的政治选择遗产，其被留传至19世纪，又经过19世纪被留传给了我们。它是两套政治语言、两个不同的乌托邦之间的选择。我们必须在这两种情况下谈论乌托邦，因为相比起卢梭的共和理想，斯密的"自然自由体系"并没有更好、更如其所是地描述这个世界。[19]

2023年3月26日凌晨
于北航图书馆西配楼511

---

[18] Charles L. Griswold, *Jean-Jacques Rousseau and Adam Smith: A Philosophical Encounter*, Routledge, 2018, p. 250.

[19] 转引自 Charles L. Griswold, *Jean-Jacques Rousseau and Adam Smith: A Philosophical Encounter*, Routledge, 2018, p. xviii。

致　谢

在去世之前几年，斯密给他的出版人写了一封信。在这封信里，斯密评论："我是一个很慢很慢的工匠。但凡做一件事情，或是决定不做某件事情，在我大体对其满意之前，我都至少要写六遍。"（致托马斯·坎德尔［Thomas Cadell］，1788 年 3 月 15 日：*CAS*, 311）对我自己所做的努力，我也要说同样的话——尽管这绝非声称它们已经产生了任何可以遥遥与之进行比较的重要意义。我花了不少时间来写作这本书，在这个过程中，我也积攒了来自许多人的帮助。尽管我在每一章结尾都对其帮助致以谢意，但我也要在这里表达对以下同人的感激：斯蒂芬·达沃尔（Stephen Darwall）、里米·迪贝斯（Remy Debes）、道格拉斯·邓·乌尔（Douglas Den Uyl）、阿隆·加勒特（Aaron Garrett）、兹纳·吉安诺保罗（Zina Giannopoulou）、莱恩·汉利（Ryan Hanley）、德鲁·海兰（Drew Hyland）、詹姆斯·约翰逊（James Johnson）、大卫·康斯坦（David Konstan）、米切尔·米勒（Mitchell Miller）、罗伯特·皮平（Robert Pippin）、克里斯托弗·里克斯（Christopher Ricks）、大卫·鲁奇尼克（David Roochnik）、大卫·史密茨（David Schmidtz）、斯蒂芬·B. 斯密（Steven B. Smith），以及苏珊娜·斯瑞德哈（Susanne Sreedhar）。感谢他们在我铺路前行时与我的讨论，给我的建议与支持。丹尼斯·拉斯姆森（Dennis Rasmussen）阅读了整部手稿，并提供了许多评论，令我受益匪浅。我也尤其要感谢克里斯托弗·凯利（Christopher Kelly）和约翰·司格特（John Scott），感谢他们帮助我研习卢梭。他们慷慨的建议、对我许多问题的回答都十分宝贵，他们的疑问与异议也是如此。

一个与卢梭有关的自由基金会议（Liberty Fund conference, 2013）以及其他两个关于斯密和卢梭的自由基金会议（2015，2016）帮助打磨我的解释，感谢自由基金和与会者，感谢他们在这三个场合的启发性对话。

在本书出版过程中，劳特里奇（Routledge）的编辑们——托尼·布鲁斯（Tony Bruce）和亚当·约翰逊（Adam Johnson）——也非常棒。感谢他们周全的思虑和高效的工作。托尼对本书标题提出了富有启发性的建议，使原有的标题有了很大改善。

斯蒂芬·格瑞斯沃德（Stephen Griswold）和安妮丝·卡拉（Annice Kra）给予我持续不断的鼓励和洞见，我永远感谢他们。关于引言与结语的结构、行文，斯蒂芬也提出了宝贵的建议，令我受益匪浅。而安妮丝对于这部书稿各部分的想法与评论，以及在我漫长的努力中对我始终如一的关心，我都感怀于心。我把这本书献给他们。

我诚挚地感谢美国学术协会委员会（American Council of Learned Societies）与波士顿大学人文基金提供的学术奖金，以及来自埃尔哈特基金会（Earhart Foundation）的暑期学术科研补助金，感谢它们支持了我与此计划有关的工作。我也要感谢波士顿大学给我的研究性假期及资源，不仅资助了我的工作，还让我在这些年里雇用了许多学生助理。本科生学生助理包括萨哈·哈比卜（Sahar Habib）、祖来哈·哈桑（Zulaikha Hasan）、费凯·赫姆斯（Femke Hermse）、凯尔西·克鲁格（Kelsie Krueger）、斯蒂芬·洛夫丁（Stephen Loftin）、珊娜·史兰克（Shanna Slank）。感谢他们全体不知疲倦且高效的工作。在下文的章节里，我感谢了研究生格蒂·露斯蒂娜（Getty Lustila）与瓦勒里·威廉斯（Valerie Williams），但是，我还要在这里向他们表达感谢，感谢他们作为编辑助理提供的巨大帮助。我也要感谢那些参加我的卢梭与斯密研讨班的同学们。当我在写作这些观点时，我们的对话真的很有帮助。文责自负，只有我需要对这本书的任何缺点负责。

在这本书中，一些材料基于此前发表过的文章。感谢如下作品的出版者允许我在此使用这些材料：

第一章，"Narcissisme, amour de soi et critique sociale. *Narcisse de Rousseau et sa préface*," translated by Christophe Litwin, in *Philosophie de Rousseau*, edited by Blaise Bachofen, Bruno Bernardi, André Charrak, and Florent Guénard, 289-304, Paris: Classiques Garnier, 2014。

第二章，"Genealogical Narrative and Self-knowledge in Rousseau's *Discourse on the Origin and the Foundations of Inequality among Men*," *History of European Ideas* (www.tandfonline.com) 42.2 (2016): 276-301。

第三章，"Smith and Rousseau in Dialogue: Sympathy, *Pitié*, Spectatorship and Narrative," in *The Philosophy of Adam Smith:*

Essays Commemorating the 250th Anniversary of The Theory of Moral Sentiments, edited by Vivienne Brown and Samuel Fleischacker, *Adam Smith Review* 5 (2010): 59-84, published by Routledge Press。

第五章，"Liberty and Compulsory Civil Religion in Rousseau's *Social Contract*," Copyright © 2015 Journal of the History of Philosophy, Inc.。这篇文章最先发表于 *Journal of the Hisory of Philosophy* 53.2 (2015): 271-300，获约翰霍普金斯大学出版社许可重刊。

正如我在引言中描述的那样，在这部书里，我也利用了 *Adam Smith and the Virtues of Enlightenment* (Cambridge: Cambridge University Press, 1999). Copyright © 1999 Charles L. Griswold, 获许可重刊。

感谢如下出版物允许我引用其文本：

The Discourses *and other early Political writings*, edited and translated by Victor Gourevitch (1997)，附有一篇编者导言及编辑事项说明。© Cambridge University Press 1997，经许可得以复制。

The Social Contract *and other later political writings*, edited and translated by Victor Gourevitch (1997)，附有一篇编者导言及编辑事项说明。© Cambridge University Press 1997，经许可得以复制。

The Collected Writings of Rousseau, Volume 5: The Confessions and Correspondence, including the Letters to Malesherbes, edited by Christopher Kelly, Roger D. Master, and Peter G. Stillman (1995). Dartmouth College Press. © Trustees of Dartmouth

College 1995, 经 University Press of New England 许可复制。

Adam Smith, Essays on Philosophical Subjects, edited by William P. D. Wightman and J. C. Bryce (1980). © Oxford University Press 1980, 获得 Oxford University Press 许可。

Adam Smith, The Theory of Moral Sentiments, edited by David D. Raphael and Alec L. Macfie (1979). © Oxford University Press 1976, 获得 Oxford University Press 许可。

Adam Smith, An Inquiry into the Nature and Causes of the Wealth of Nations. 2 vols., edited by Roy H. Campbell and Andrew S. Skinner; textual editor William B. Todd (1979). © Oxford University Press 1976, 获得 Oxford University Press 许可。

前三卷著作构成了《格拉斯哥版亚当·斯密著作与书信》六卷本（*The Glasgow Edition of the Works and Correspondence of Adam Smith.* 6 vols.）之部分。

缩略语

卢梭的文本

CW *The Collected Writings of Rousseau*, edited by Roger D. Masters and Christopher Kelly. 13 vols. Hanover, NH: University Press of New England, 1990-2010. 引用时标明卷数和页码。

DI *Discourse on the Origin and the Foundations of Inequality among Men*. In *The* Discourses *and other early political writings*, edited and translated by Victor Gourevitch, 111-222. Cambridge: Cambridge University Press, 1997. 引用时标明卷数和页码。我在这里也用 *DI* 来指《二论》(the *Second Discourse*)。

FD *Discourse on the Sciences and Arts*. In *The* Discourses *and other early political writings*, edited and translated by Victor Gourevitch, 1-28. Cambridge: Cambridge University Press, 1997. 引用时标明卷数和页码。*FD* 在这里也指《一论》(the *First Discourse*)。

OC *Oeuvres complètes*, edited by Bernard Gagnebin and Marcel Raymond. 5 vols. Paris: Gallimard, Bibliothèque de

	la Pléiade, 1959-95. 引用时标明卷数和页码。
Preface	*Preface* to Narcissus. In *The Discourses and other early political writings*, edited and translated by Victor Gourevitch, 92-106. Cambridge: Cambridge University Press, 1997. 引用时标明页码和段落序数。
Rousseau	*Rousseau: Disourse sur l'origine et les fondements de l'inégalité parmi les hommes*, edited by Blaise Bachofen and Bruno Bernardi. Paris: Flammarion, 2008. 附引语、注释、参考文献与年表。
SC	*Of the Social Contract or Principles of Political Right*. In The Social Contract *and other later political writings*, edited and translated by Victor Gourevitch, 39-152. Cambridge: Cambridge University Press, 1997. 我在引用 *SC* 时会标明卷数、章节和段落序数。

古热维奇（Gourevitch）编辑并翻译的两卷（*The* Discourses *and other early political writings* 与 The Social Contract *and other later political writings*）包括了古热维奇富有价值的导论与注释，我也在这部书中予以引用。

斯密的文本

我使用了自由基金的复印版《格拉斯哥版亚当·斯密著作与书信》，它最初由牛津大学出版社出版。我也从始至终地使用了格拉斯哥版的标注系统。当我从 CAS、EPS 和 LRBL 中引用时，也包括了页码。

AP	*The Principles which lead and direct Philosophical Enquiries; illustrated by the History of the Ancient Physics*. In *EPS*, 106-17.
CAS	*Correspondence of Adam Smith*, edited by Ernest C. Mossner

	and Ian S. Ross. Rpt. Indianapolis: Liberty Fund, 1987.
EPS	*Essays on Philosophical Subjects*, edited by William P. D. Wightman and J. C. Bryce. Rpt. Indianapolis: Liberty Fund, 1982.
HA	*The Principles which lead and direct Philosophical Enquiries; illustrated by the History of Astronomy*. In *EPS*, 31-105.
IA	*Of the Nature of that Imitation which takes place in what are called The Imitative Arts*. In *EPS*, 176-213.
Letter	"A Letter to the Authors of the *Edinburgh Review*." In *EPS*, 242-54.
LJ	*Lectures on Jurisprudence*, edited by Ronald L. Meek, David D. Raphael, and Peter G. Stein. Rpt. Indianapolis: Liberty Fund, 1982. (2 sets: *LJ* (A)= "Report of 1762-63"; *LJ*(B)= "Report dated 1766.")
LRBL	*Lectures on Rhetoric and Belles Letters*, edited by J. C. Bryce. Rpt. Indianapolis: Liberty Fund, 1985.
TMS	*The Theory of Moral Sentiments*, edited by David D. Raphael and Alec L. Macfie. Rpt. Indianapolis: Liberty Fund, 1982.
WN	*An Inquiry into the Nature and Causes of the Wealth of Nations*. 2 vols., edited by Roy H. Campbell and Andrew S. Skinner; textual editor William B. Todd. Rpt. Indianapolis: Liberty Fund, 1981.

其他著作

ASCV	Ryan P. Hanley, *Adam Smith and the Character of Virtue*. Cambridge: Cambridge University Press, 2009.
ASD	Vivienne Brown, *Adam Smith's Discourse: Canonicity, Commerce and Conscience*. London: Routledge, 1994.
ASLTL	Ryan P. Hanley, ed., *Adam Smith: His Life, Thought,*

	and Legacy. Princeton: Princeton University Press, 2016.
ASVE	Charles L. Griswold, *Adam Smith and the Virtues of Enlightenment*. Cambridge: Cambridge University Press, 1999.
ASWN	Samuel Fleischacker, *On Adam Smith's* Wealth of Nations*: A Philosophical Companion*. Princeton: Princeton University Press, 2004.
OHAS	*The Oxford Handbook of Adam Smith*, edited by Christopher J. Berry, Maria P. Paganelli, and Craig Smith. Oxford: Oxford University Press, 2013.
PPCS	Dennis C. Rasmussen, *The Problems and Promises of Commercial Society: Adam Smith's Response to Rousseau*. University Park, PA: Pennsylvania State University Press, 2008.
RCI	Frederick Neuhouser, *Rousseau's Critique of Inequality: Reconstructing the* Second Discourse. Cambridge: Cambridge University Press, 2014.

在此研究中，我也缩略了二手文献的标题；读者可以在参考文献部分找到我对它们的完整提及。在这本书的题词页中，我援引了卢梭，这段引文来自《道德书信》(*Moral Letters*)的第三札，我们也能在 *CW* XII, 183/*OC* IV, 1092 处找到它。题词页上对斯密的引用则来自 *IA* I.17, *EPS*, 186。

考虑到那个时代的用法，18 世纪思想的阐释者们不时面对着一个微妙的问题，它与性别术语（gendered terms）的使用有关。对此问题颇富助益的讨论，参见 Neuhouser, *Rousseau's Theodicy of Self-love*, 24-6。当我在讨论卢梭与斯密的观点时，我总体上试图使用性别中性的术语，也努力避免时代错误（anachronism），避免曲解文本，以及发出累赘无聊的议论。

引 言

在走向弥留之前,让－雅克·卢梭用这些文字开启他的最后一部作品:

> 现在,我孤独地存活于世间,不再拥有任何兄弟、邻居、朋友,或我自身以外的社会。最友善、最具爱心的人因某种一致的同意而遭到社会排斥……但是,我远离了他们和所有事物,我是什么?这是有待我去寻求解答的问题。[1]

卢梭在数十年里都专注于这一探寻。大概在此二十年以前,他写作了现在最知名的批判"文明人"的作品。在这部作品的倒数第二段,他如是写道:

> 野蛮人生活在他自己内部;社会人的生活则总是外在于自我,他只能够生活在他人的意见中,也就是说,只能

---

[1] *The Reveries of the Solitary Walker, CW* VIII, 3/*OC* I, 995.

够从他人的判断中获得自己的存在感……一切事物都下降为表象，一切事物也都变得虚伪、做作……[2]

卢梭在一部著作中论述了我们的自然自由、孤独、自足之原初境况；论述了我们已经变得人为、社会、相互依赖、按剧本表演、不自由、善于欺骗与自欺的自我；论述了在我们的社会性语境里重获自由的挑战；也论述了改善我们命运的前景。在那部著作中，上述引文的几句话表达的信念得以展开。卢梭不仅强调我们与自我的疏离，我们作为"幸福奴隶"的堕落状态（*FD*, 7.9/*OC* III, 7），也唤起一种对过往时空的怀旧，以及对和谐与宁静的向往。卢梭反对艺术与科学之成长，反对商业的统治，以及通过"国民财富"之增长获得进步的观念——总而言之，反对我们通常谓之"启蒙"的事物。卢梭的信念便与这一著名论辩密切地结合在一起。

卢梭的观点激发了持续至今的热烈争论。事实上，在讨论卢梭的《论人与人之间不平等的起源》(*Discourse on the Origin and the Foundations of Inequality among Men*, 1755) 时，亚当·斯密引用并且翻译了其中的段落，上述第二段引文便是其中一段的部分内容。除了斯密，世上并无其他人这样做。那个讨论是他《致〈爱丁堡评论〉诸作者信札》("A Letter to the Authors of the *Edinburgh Review*", 1756) 的部分内容。[3]《信

---

[2] *DI*, 187.57/*OC* III, 192, 193.
[3] 斯密的名字并未随信公开，但是，就像大部分学者一样，《哲学文集》(*EPS*)，的编辑明确地相信，它出自斯密的手笔（参见 *EPS*, 230-1）。关于支持斯密是其作者的观点的论述，参见 Ross, *The Life of Adam Smith*, 145, 在那里作者总结道："《信札》的措辞本身与这些观点便可证明斯密而非休谟才是《信札》的作者。"在这部传记的第二版中，这句话似乎不见了，但（转下页）

札》表明了令人着迷的可能性：我们若将这两位18世纪主要的思想家彼此勾连起来考虑，那么与他们相关的诸多问题就会变得特别清晰。这个研究便要争取在这样的努力中作出贡献。

在这本书中，我的目标是：分析、比较、评价卢梭与斯密提出人们可能会大胆称为"自我问题"的诸多方式。正如走笔至此所述的，那个问题由彼此不同但又密切相连的诸多问题（issues）构成，它们相互交错，好像一张复杂的网。卢梭与斯密都讨论了我们自然何为（尤其是，社会性是自然的，还是人为获得的），我们变成了谁，我们是否能够认识自己或其他每个人，如何才能最好地阐述人的境况，自由何意，以及我们是否能够做些什么来补救我们根深蒂固的不完美处境——如果不是堕落的处境。幻想、欺骗、自欺，以及我所谓的"自我歪曲"问题与刚刚提及的诸种问题携手并行。这个研究共分五章，在每一章里，我都聚焦一个多股线索交错的关节点。大体而言，这几个连续的章节聚焦于自恋主义（narcissism）与自我认知；叙述与自我认知；社会性、叙述以及人与人之间的认知；自我歪曲、代理人与社会交换；以及，最后的自由、公民宗教与社会性。在这些彼此交叠的论题中，前述路径颇为明显。

一本书可以用多种方法获得统一性：我们可以研究一个单一的文本，提供一种贯穿始终的解释；为了努力理解作者的根本论题，我们可以聚焦单个作者的主要文本；我们可以提出一个单一的概念，拆解其结构，在必要的时候利用其他人的作

（接上页）罗斯（Ross）继续将《信札》归于斯密（例如于148处；另参见460, n. 1）。为了进一步确认，请参见 M. A. 斯图尔特（M. A. Stewart）为《苏格兰启蒙哲学研究》（*Studies in the Philosophy of the Scottish Enlightenment*）写的导论（6-8）。

品；我们也叮以通过聚焦两位思想家如何阐释一个既定的论题，来发现一本书的统一性。这个研究便是这最后一种可能性的调整。然而，其焦点是广义的、就像卢梭和斯密提出的那种"自我问题"。我努力在这两个思想家之间建构起对话，想象一方为了回应另一方会说些什么，以此更深入地组织、安排这本书的结构。[4]在这本书的四个章节里，紧接着我的引言式评论，实质性讨论首先聚焦于卢梭，然后聚焦斯密（对斯密的聚焦与对《信札》的并行，《信札》包含了斯密对《二论》的回应）。与之相反，第三章首节关注斯密在《信札》及其他地方对卢梭和曼德维尔（Mandeville，斯密把他们俩关联起来）的评论。五章全都深刻地穿梭于卢梭与斯密的观点之间。与此同时，我努力按如下方式来组织本书：若某些读者对一位思想家的兴趣胜过另一位，他将会发现，我对此思想家的讨论在其自身之内也颇具价值。

我不是最先注意斯密《信札》的阐释者，也不是最先试图对斯密与卢梭做一番比较性讨论的阐释者。的确，在《陌生人的需要》(*The Needs of Strangers*)这本精彩作品中，叶礼庭（Michael Ignatieff）写道：

> 借助启蒙，卢梭与斯密在1756年的相遇提供了基本的政治选择遗产，其被留传至19世纪，又经过19世纪

---

[4] 卢梭与斯密并未有过真正的对话，参见Rasmussen, *PPCS*, 51-4，以及Philipson, *Adam Smith: An Enlightened Life*, 190。斯密拥有的部分法文版卢梭文集，书目颇具规模。相关讨论及细节，参见Leigh, "Rousseau and the Scottish Enlightenment," 11; Rasmussen, *PPCS*, 57; Hanley, "From Geneva to Glasgow," 198, n. 9; 以及这些学者引用的资源。

被留传给了我们。它是两套政治语言、两个不同的乌托邦之间的选择。我们必须在这两种情况下谈论乌托邦,因为比起卢梭的共和理想,斯密的"自然自由体系"并没有更好、更如其所是地描述这个世界。

(叶礼庭,《陌生人的需要》,122)[5]

当然,叶礼庭的意思并不是说,卢梭与斯密发生了争执,更不是说他们在谈论不同的事物。确切地说,在某种意义上,斯密与卢梭有时的确青睐不同的语汇。比如——如我在第四章讨论的那般——在卢梭的论述中,对"意志"(volonté)的讨论非常重要,但我们很难在斯密的论述中找到这个词。但是,当提及两种不同的理解模式时,叶礼庭也意指比喻意义上的"两种语言"。正如叶礼庭自己的讨论表明的那般,这些路径上的差异超越了政治学以及看待人性与社会的理想型问题。叶礼庭也提到,比较卢梭与斯密的观点尤其有趣,因为即便在解决和触及问题的方式上有所分歧——至少部分地有所分歧,他们在确定哪些问题是突出的问题上却经常达成共识。

即便我们把相关问题的绝对复杂性放在一边,这类研究也面临重大挑战。卢梭的文集体量庞大,若将其数额巨大的来往

---

[5] 在上述引文所在的章节里(105-31),叶礼庭也提到了《信札》,对其进行了讨论。这本书的副标题也呼应了叶礼庭在提及卢梭与斯密时倾向于使用的"相遇"(encounter)。拉斯姆森对卢梭与斯密的比较研究也提供了对《信札》的讨论(参见 PPCS, 58-71,他在那里引用了对《信札》有所评述的其他学者)。现在,我们还可以往这个列表上增加 Hanley, ASCV, 26-31; Hont, Politics in Commercial Society: Jean-Jacques Rousseau and Adam Smith, 18-22, 26; Phillipson, Adam Smith, 145-8; Rasmussen, "Adam Smith and Rousseau," 54-5; 以及 Stimson, "The General Will after Rousseau," 尤其是 353-8。

书信包括进来,其文集体量就更大了。斯密文集的体量也很庞大,尤其是当我们把他的论文与在他死后出版的学生的讲座笔记一并考虑在内时。为了让本研究更具统一性与深度,更不用说使之得以完成,我最大程度地将研究限定在斯密已经出版的两部作品(《道德情感论》[*TMS*]与《国富论》[*WN*]),以及卢梭的戏剧《纳西索斯》(*Narcissus*)、《纳西索斯》序言上,还有他的《一论》《二论》以及《社会契约论》(*Social Contract*)。在第二章,致马勒布(Malesherbes)的书信中的一段话扮演了非常重要的角色,并且,我一次又一次地援引他其他著述中的段落。我甚至并未声称对关键文本提供了一种综合性解释,而是坚持从每章探讨的问题视角来考察它们。关于我正在探讨的总体论题,我对文本的选择当然没有涵盖卢梭或斯密所说的一切内容。然而,这也让我可以在卢梭与斯密之间构建我希望的启人思考的对话。我的研究意在形成一个整体,它保持开放,能够拓展,也能够深入。

至于卢梭在他文集中的观点是否前后一贯,这项研究不持任何立场。在亚当·斯密那里,文集统一性问题也被人提了出来。但我敢说,在其原初形式中——正如著名的"亚当·斯密问题"那般——这个问题已经得以排除。一开始,我就假设,我们在此考察的每位思想家的文集的各部分都彼此一致,具有内在统一性,他们提出的观点也有其道理。这些假设可被废止,但却使我们能够公平地倾听对话者。

接下来,用纽豪瑟(Neuhouser)的话说,关于卢梭的学术文献"数量巨大,令人耗费心神"(unsurveyably vast)[6]。

---

[6] Neuhouser, *RCI*, 15.

与斯密有关的二手文献也具有类似特征。关于卢梭与斯密之间关系的文献呈增长趋势，其数量也颇为可观。我已经尽最大努力特别着意于挖掘英文与法文作品；在此研究中，我保持对话精神的同时，也非常经常地提起它。在卢梭这边，我所说的部分内容与让·斯塔罗宾斯基（Jean Starobinski）复杂而丰满的解释之间具有"家族相似性"。在斯塔罗宾斯基的解释中，他强调了自我认知与认知他人的问题，以及自恋问题。斯塔罗宾斯基的视野是受过精神病学与文学批评训练的学术视野，其方法、路径也很有自己的特色。就像许多其他卢梭解释者一样，我从他的作品中受益良多。我穿越了卢梭复杂且富有挑战性的世界，在此旅程中，布莱斯·巴霍芬（Blaise Bachofen）、布鲁诺·伯纳迪（Bruno Bernardi）、克里斯托弗·伯特汉姆（Christopher Bertram）、约书亚·柯亨（Joshua Cohen）、罗宾·道格拉斯（Robin Douglass）、克里斯托弗·凯利、大卫·马歇尔（David Marshall）、亚瑟·梅尔泽（Arthur Melzer）、腓特烈·纽豪瑟（Frederick Neuhouser）以及约翰·司格特（我只提及一些在本研究中引用的其他学者）的卓越贡献也陪伴着我。

研究斯密的优秀哲学著作非常丰富。在众研究中，由克里斯托弗·贝瑞（Christopher Berry）、维维恩·布朗（Vivienne Brown）、斯蒂芬·达沃尔、里米·迪贝斯、萨缪尔·弗莱西艾克（Samuel Fleischacker）、弗纳·福曼（Fonna Forman）、阿隆·加勒特、丽莎·赫佐格（Lisa Herzog），詹姆斯·奥特森（James Otteson）、艾玛·罗斯柴尔德（Emma Rothschild）相对晚近的贡献对我当前的努力很有帮助，就像一些更早的文献给我带来了许多益处一样。关于卢梭–斯密之关系，以及这两位思想家本人，莱恩·汉利与丹尼斯·拉斯姆森尤其贡献了不可忽视的研究。对叶礼庭的工作，我已经表达了感激之情。在下文中，我会反复引用迈克尔·罗森（Michael Rosen）关于卢梭与斯密的讨论，它也令我受益匪浅。本研究中讨论斯密的那些部分是以我的《亚当·斯密与启蒙德性》（*Adam Smith and the Virtues of Enlightenment*）为基础搭建起来的，我将间或从中抽取一些内容。为了更深入地讨论，我会频繁地向读者提起《亚当·斯密与启蒙德性》，偶尔也会引用这本书。在其他时候，这本书（文本和观点）的点滴会无声地融入本研究。通过在新的方向上拓展思考——既然我在这里同时研究斯密与卢梭，这是可期待的——并通过不时修正我在《亚当·斯密与启蒙德性》和其他地方表达的早期观点，我也已经明显地超越了这本书。

我在本书中呈现的观点具有学术品质，我的哲学史取向也是哲人的取向，而非史学家（包括观念史学家）的取向。关于历史影响、观念的传播或历史语境，我几乎只能保持沉默。[7] 此外，我也贯彻如下观点，即哲学在根本上是对话式的；我还认为，无论他人仍然活着还是已经死去，与他人一同思考是哲学事业固有的本性。我认为，我对此主题的取向产生了许多颇富争议的假设，但是，由于此处不是为它们辩护之处，我必须

---

[7] 近期的关于斯密实际上受卢梭影响不深的论述，参见 Sagar, "Smith and Rousseau, after Hume and Mandeville"。然而，即便塞格尔（Sagar）的论述有道理，它也没有削弱对卢梭与斯密进行比较研究的价值（在4处，塞格尔也承认了这一点）。也就是说，斯密可能没有严肃对待圣奥古斯丁；或者说，卢梭没有严肃对待休谟。但是，在这两种情形中，比较研究的潜在成就无疑是重大的。考虑到沃克勒（Wokler）的评论，这就是说："当《二论》在法国引发了一些赞美，甚至更多的是引发敌意时；当亚当·斯密著述《道德情感论》，并将之部分地当作对《二论》的回应时，苏格兰很可能最先受到了它最重大的冲击……"（*Rousseau: A Very Short Introduction*, 44）

让结果自己说话。

叶礼庭说，我们继承了由卢梭与斯密阐述的观点之间的斗争，我认为他是对的。我希望，通过参与这两位伟大思想家的对话，我们不仅能够深化对其文本与观念的理解，也能够深化对由他们表达的紧迫问题与尚未解决之问题的理解。

第一章 自恋、自知与社会批评
——从卢梭《纳西索斯》序言到亚当·斯密

> 我不知道他在迎合什么——不知道他是否在迎合一切——我怀疑,他自己也不知道。因为,我认为:为了逃脱自知(self-knowledge)的可怕阴影,他巧妙地进行躲闪;可从未有人能够理解自己的巧妙躲闪。
>
> 约瑟夫·康拉德[1]

引 论

写完《论科学与艺术》(*Discourse on the Sciences and Arts*)后,卢梭参与了许多与其批评者的热烈交流。《纳西索斯》序言(以下简称《序言》)就属于他最为著名的辩说之一。在《忏悔录》(*Confessions*)中,卢梭把《序言》归为他"最好的作品",并补充说:"相比从前,我[在《序言》中]开始

---

[1] Conrad, *Lord Jim*, 58.

更多地把我的原则置入一种更为开放的观点中。"[2]这是他为一部戏剧,而且是主题为"自恋主义"的戏剧写作的序言。在这篇《序言》中、在他为《一论》进行的辩护和解释中,他提出了许多复杂的解释性问题。[3]在这一章,我的目的是挖掘其中的两个问题,进而深入探究自爱与自知。在后续的章节里,我们还将关注它们(自爱与自知)。当然,自爱与自恋主义并不完全相同,但它们彼此相关。在此处讨论的意义上,自恋主义也与本研究中另一重要论题相关,即幻想问题(illusion,我在足够广泛的意义上使用这一术语,它包括了错觉[delusion]、欺骗[deception]与自我欺骗[self-deception])。自爱与幻想不只是卢梭与斯密共有的核心论题,它们还明显对自知的本质和可能性具有重要影响。[4]

我们的第一个解释性问题(我在第一节开启,在第三、四

---

[2] *Conf.* Bk. VIII, in *CW* V, 326/*OC* I, 388. 卢梭继续说,这些原则在 *DI* 中得到了充分的发展。《序言》是沟通两篇论文(*Discourses*)的桥梁。我在第四章采用如下观念:卢梭至少逐步展开了他的一些观点。

[3] 这部戏剧的完整标题是 *Narcisse ou L'Amant de lui-même*(《自恋,或爱自己的人》[*Narcissus; or, the Lover of Himself*])。在卢梭之前,自恋主义(narcissism)尚未引入法语(如果我们可以依赖《牛津英语词典》,那么在亚当·斯密之前,自恋主义也没引入英语)。在这部戏剧中,"自恋主义"这个词并未出现,但那不意味着这个概念的缺席。

[4] 许多评论者强调了幻想在卢梭哲学中的作用,他们的作品包括 Gauthier, *Rousseau: The Sentiment of Existence*; Maguire, *The Conversion of Imagination*,尤其是 ch. 4; Schaeffer, *Rousseau on Education*,尤其是 ch. 6; 以及与"透明"(transparency)和封锁(blockages)观念尤为相关的作品(因此与表象和真实的对立相关),即 Starobinski, *Jean-Jacques Rousseau: Transparency and Obstruction*(以下简写为《透明》[*Transparency*]),作者在其中讨论了卢梭在《皮革马里翁》(*Pygmalion*)中对奥维德故事的赞许,他的讨论在这里尤其具有相关性。在这部书中,我从头至尾都会讨论幻想及相关观念在斯密哲学中的影响。

节还将再次提及）关注《序言》与《纳西索斯》这部戏剧之间的关系。乍一看，卢梭把它们结合在一起的决定即便不是随意的，也令人颇感奇怪。与《序言》相比，戏剧早在好几年前就已写成（具体细节，请见下文）。不仅如此，《序言》似乎首先关注《一论》的论题，因此关注社会与政治问题；而戏剧则主要关注非常不同的事物：在一个与家庭和仆人有关的喜剧语境中，一个人爱自己（self-love）与爱他人（love of another）的本性。此外，在《序言》之中，似乎少有实质内容触及两篇文献之间的关系。〔5〕把这两篇文献结合在一起的行为展示出如下问题：在对《一论》的社会批评（正如《序言》阐明的那般）与戏剧对自恋主义的描述之间具有一种深度联系吗？我们可以从如下两个方向来解读这个问题：《序言》可以照亮我们对戏剧的解读，正如戏剧可以照亮我们对《序言》的解读。

第二个解释性问题（在第二节发掘）关注文本间性的另一层面，它也导向了实质问题。在奥维德的《变形记》中（让我先搁下这个故事古老的衍生形式），我们能够找到"纳西索斯"的原始故事。卢梭以非常有趣的方式改造了这个故事，同时保存了关于一种投射性幻想的重要洞见。我将要发掘这一借鉴的诸多方面。

自恋主义的话题具有多个面向，我在第三节简要地评论了源

---

〔5〕 我们还有一个进一步的计策：《序言》并不只是简单地重述它维护的文本（*FD*）的论述。就像卢梭自己表明的那样（参见注释2，以及它所附于的文本），它用一些重要的方式予以超越。然而，在第四章，关于"他是谁或他是什么"（who or what one is）以及"他看上去是谁或看上去是什么"（who or what one appears to be）之间的关键区别在卢梭多个文本中的发展，也得到了我的讨论（我援引了 *FD*, 8.13-14/*OC* III, 8 以及 the *Preface*, 100.28/*OC* II, 968；此论题在 *DI* 中重新出现，我也将在第四章中加以讨论）。

自卢梭《爱弥儿》(*Emile*)、弗洛伊德、亚当·菲利普斯(Adam Phillips)的许多段落,它们能够使理想化(idealization)、自恋主义、幻想和社会批评之间的联系变得更加丰满。所有这一切都与《序言》中卢梭的自我呈现问题有关,我将在第四节更深入地跟进这个问题。卢梭的自我呈现的戏剧或表演特征,连同其解释学上的复杂性一道,颇为引人注目。但是,关于在此语境中呈现的实质论题,其要点何在?这个问题又导回自然、可能性,以及自知的确实可欲性上来。在本章的结尾部分,我将开始探讨与这些问题有关的卢梭与斯密之间的辩证关系。

一 《序言》及其与《纳西索斯》的关系

> 所以,我在这里讨论我自己,而非我的戏剧。
>
> 卢梭,《纳西索斯》序言[6]

卢梭用一个谎言(falsehood)来开启《序言》:"我在十八岁时写作了这个戏剧。"(《序言》, 92.1/*OC* II, 959)这个时间大概在1730—1731年之间。实际上,正如他在《忏悔录》第三卷(*CW* V, 100/*OC* I, 120)所述,"在很多年间,他都说过谎"。这部戏剧明显几经修改,并且,卢梭似乎在1742—1743年间把它展示给了马里沃(Marivaux),他同意"加以润色"(《忏悔录》Bk. VII, in *CW* V, 241/*OC* I, 287)。[7] 其草稿先于

---

[6] *Preface*, 92.1/*OC* II, 959.
[7] 关于戏剧背景的讨论,及其解释性反思,参见谢勒(Scherer)的编辑手记(*OC* II, lxxxvi-lxxxix and 1858-68)以及科莱(Coulet)为《纳西索斯》写的导言, 7-22。也可参见凯利为戏剧写的编辑手记(*CW* X, 390),(转下页)

《一论》（1751）发表的时间；而《纳西索斯》这部戏剧在卢梭二十多岁时，与《序言》在1753年一同出版——后于《一论》，但比《二论》的出版早两年。1752年，这部戏剧在巴黎上演。甚至在《一论》之后，他还写作了题为《乡村卜师》的戏剧（*The Village Soothsayer*, 1752年上演）。他出版《纳西索斯》的决定与其在文学创作上的持续投入保持一致。然而，在《序言》中，他维护了《一论》对艺术、文学（letters）、科学与哲学的批评；在后来《致达朗贝论戏剧的信》（*Letter to d'Alembert on the Theater*, 1758）中，他又更进一步地拓展了他的批评。所以，在卢梭自己的作品内，在艺术与文学批判为一方，以及他自己的创作为另一方之间，我们似乎看到了一种持久的战斗（如果我们把《朱莉，或新爱洛伊丝》[*Julie, or the New Heloise*, 1761]、《爱弥儿》[1762]算上，那么这场战斗的持续将大大超越《一论》的出版）。

（接上页）以及为 *CW* X 写的卓越导言。在《忏悔录》第八卷，卢梭告诉我们他出席了自己作品的演出，他的作者身份得以隐瞒起来——实际上换作旁观者的身份。他评论说，他完整地观看了首场演出，但感到非常乏味，然后前往一个咖啡馆，"谦卑或自豪地"承认了自己的作者身份，并不加谄媚地予以谈论，似乎因为自己含糊的忏悔（或因其职业）获得仰慕（他也在《序言》中提到自己颇感乏味这一点 [105.39/*OC* II, 973]）。正如他注释的那般，其忏悔是"含糊的"，因为"我甚至在它那里发现 [他承认了自己的作者身份]，这是对其勇敢行为的虚荣补偿；我认为，相比其维持静默时愚蠢的羞耻，他在这种情况下，在言谈中拥有更多骄傲"（*CW* V, 325/*OC* I, 388）。然而，谢勒注意到（*OC* II, 1861），在1753年的两次编辑之间，卢梭不辞劳烦，修改了这部戏剧。卢梭当然认为，这部作品值得一读。卢梭对自己的戏剧作出了复杂的评论。关于其评论的讨论，及其文学上的表现，参见 Jackson, *Rousseau's Ocassional Autobiographies* 这一精彩作品的第一章。关于马里沃的讨论，参见 Marshall, *The Surprising Effects of Sympathy*, ch. 2，在第五章，作者讨论了卢梭关于戏剧的论述，颇能启人思考，令我受益匪浅。

通过将《序言》附于一部戏剧作品，并把它们同时出版，卢梭似乎把一个表面上的对立抛到其批评者面前。[8]确切地说，正如前十段宣告的那样，《序言》主要关注于驳斥对卢梭言行不一的指控。所以，卢梭把他的自我呈现、公共立场的一致性，及其动机问题放到中央舞台上来——这不仅是为其他旁观者考虑，也是为了他自己。卢梭决定公开展示其戏剧，并把他的这个决定呈现为自我认知的机会：这能告诉他，他是否关心公共舆论，他是否因此配得上自己的尊敬（《序言》92.2 以及 104-5.38-9/*OC* II, 959, 973）。除了这篇文章开头引用的几行文字外，在《序言》中，卢梭只有两次提到他的戏剧。他最后一次提起时，是为了谴责戏剧的品质，并隐秘地赞扬自己勇于承认这一事实的诚实（《序言》105.39/*OC* II, 973）。但是，让我再说一次，这件事恰好发生在如下行为当中：他用自己的名字发表了这部剧作。

我们可以充满信心地断言，实际上，在卢梭的作家生涯中，他始终关注公众对其作品的接受情况。[9]结果是，对于卢梭的自我呈现，我们不确定可以相信什么，以及如何把它与最诚实的自我检查、社会批评联系起来（其中一些指向了欺骗与自我扭曲，正如我们从《序言》中了解到的那样［100.28/*OC* II, 968］）。《序言》开头几段——更不用说把戏剧与此《序言》一起出版了——表达了一种独立诉求（以对某人作品的公共接

---

[8] 例如，卢梭提到，据称，在其1751年的《诸观察》(*Observations*)（*CW* II, 39/*OC* III, 38）中存在着矛盾。几年以后，在给卢梭的回信中，达朗贝提到了它（*Letter of M. d'Alembert to M. J. J. Rousseau, CW* X, 372-3）。

[9] 的确，在其生命的最后几个乐章里，卢梭仍在关注这一问题，参见《孤独散步者的梦》(*Reveries of the Solitary Walker*)的"第一次散步"(First Walk)开篇那几页。

受采取冷漠态度的形式）与依附诉求（对某人作品采取坚决、反复防御的方式）之间不自然的辩证关系。一方面，卢梭表明其自尊（self-esteem）是有根据的，另一方面，他又向听众陈述他的论证。在这里，卢梭没有清晰阐明这两者之间的联系。如果不用出版来自我防御（针对对其言行不一的指控）——在当前的情况下，他通过出版一部主题（可以适当地称）为爱自己及其与爱他人之关系的戏剧——他就不能获得他所认为的与自我的适当关系、适当的自我赞许，以及适当的自我认可。这一点看起来显而易见。[10]

5　　让我们回到"言行不一致"的指控（the inconsistency charge）。《序言》提供了三重回复：

1. 即便指控为真，也不能证明他的原则错误，只能证明他并未遵照其原则行动（《序言》94.8/*OC* II, 962）。

2. 即便谴责艺术与文学和写作艺术与文学之间存在不一致，但是，当他写作这些不同种类的作品时，他的《一论》与《序言》正在谴责自己没有把相关原则阐释清楚（《序言》95.9/*OC* II, 963）。

3. 不一致并不存在。

前两个答复非常虚弱无力。第一个答复没有表明相关原则是真实的。第二个回复并未触及"不一致"的指控（并且，无

---

[10] 这与崔林（Trilling）的观察一致，即卢梭在《一论》中的批评部分地与"公众"（the public）影响的增强有关，比如，个体会"发现，知道何为其自我，以及它由何物真实地构成，变得更加困难了"（*Sincerity and Authenticity*, 61）。正如崔林指出的那样（61-2），卢梭《二论》关于衰落的故事是一种言说如下内容的方式：在现代社会中，我们不再知道我们是谁，而其他每个人又是谁；对我们自己而言，我们是谁。我将在第二章回到《二论》对衰落的叙述。

论如何，他后来又创作了许多文学作品，所以它从历史上看是不准确的）。所以，《序言》的大量内容都致力于表明第三点，我们也就不会感到惊讶了。第三点的论证是怎样的呢？

我们将回想起，《序言》提供了许多论证，解释了艺术、文学与科学为何不能净化道德，反而表达并导致了道德腐败。[11] 人们屈从于"对卓越的渴望"（craving for distinction，《序言》97.20/*OC* II, 965），于是为了德性之表象而放弃了德性。一种"文学、哲学与好艺术的品味软化了身体与灵魂"（《序言》98.23/*OC* II, 966）。进而言之，赞赏理论生活更甚于赞赏实践生活导致哲学产生了非社会性。哲人不仅变得傲慢，也瞧不起他人：他的"自恋（amour propre）与其对宇宙其他部分的冷漠等比例增长"（《序言》99.25/*OC* II, 967）。在《序言》的正文中，只有这个术语在未来的《二论》及其他作品中成为关键（《一论》没有使用它）。在这里，"自恋"意味着某种类似于骄傲的东西。[12] 紧接着，他阐述了"最引人注目和最残酷"的"真相"：在"我们这个世纪的政治"中，诸残酷因素的互相依

---

[11] 在多个层面上，与原因有关的模糊性颇为有趣。它反映了一种共识，即人与社会的腐败之间存在某种联系，也反映了与其因果联系有关的共同的不确定性（我们想要重塑个体，以便创造更好的社会民情，也想要运用制度来重塑个体）。或许，自恋主义可以是社会腐败的结果，也可以是其原因。关于在《一论》语境中对因果问题的讨论，参见 Campbell and Scott, "Rousseau's Politic Argument"，它评论道："科学与艺术的进步的确腐化了道德，但其腐败只是作为一种首要的、更为根本的道德腐败之结果。"（818）在本书第二章，我对《二论》中的因果问题有所论及。

[12] 在 *Preface*, 101.30/*OC* II, 969 的脚注中，卢梭再一次使用了"自恋"这个术语，在那里，它意味着某种类似虚荣的事物；在此文本中，虚荣与骄傲并未被清楚地区分开来。他反复重申的关键是人并非天然就是坏的，而是因习俗变坏；注释就附加在此之上。当然，在其著述中，卢梭也在别的地方一再申明如下论题：我们生性善良。

赖性——其辩护者们认为艺术、科学、商业、文学等借助自我利益使社会纽带变得紧密——将会产生意想不到的可怕后果。然后,我引用过的那段话便随之出现,它实际上在说:现代社会需要欺骗、操控(manipulation),以及某种意义上的自我扭曲(《序言》100.27-8/*OC* II, 968)。

对于"不一致"指控的第三点回答,它们又做了怎样的准备呢?卢梭很清楚,我们不能通过清除艺术、科学、文学和哲学回到一种更加纯净的状况中(《序言》103.35/*OC* II, 971-2)。然而,"人并非生来就是坏的"这一论题"具有高度安慰人心的力量,也颇为有用",这个判断表明:相比简单地阻止更深的道德衰落,我们可以期待更多。我们可以从医药中取得一种类比:正如药物能够治疗因"不当用药"导致的疾病,艺术与科学(《序言》103.35/*OC* II, 972;另可参见 105.41/*OC* II, 974 的注释)——以及文学,大概哲学也是如此——在此非理想世界可能有一种"顺势疗法的"(homeopathic)医药价值。在这里,这种顺势疗法的含义并未得到清晰的阐释:艺术、"风景"(spectacles)、科学等能够"分散人的邪恶"(《序言》104.36/*OC* II, 972);它们提供了德性的"公共外表",至少比邪恶更好一些;并且,"某种对好的崇拜……使人们不至于彻底遗忘好的事物"(《序言》103.35 及脚注/*OC* II, 972 及脚注)[13]。

顺势疗法药物不能有效缓解社会腐败,除非对科学、艺术、文学与哲学的品味是导致道德与社会腐败的原因之一。但

---

[13] 关于顺势疗法,请再次参见卢梭的 *Observations* (51.64/*OC* III,56), *Letter to D'Alembert on the Theater* (*CW* X, 298/*OC* V, 59),以及 Starobinski, *Blessings in Disguise; or, The Morality of Evil*, 119-23, 127-31。卢梭的写作是一种治疗,这一论题将在下一章讨论《二论》主体部分的叙述形式时再次出现。

是，我们很难理解，为何这种药方不会使疾病恶化。当然，卢梭不能说，一旦社会不再单纯地有德，文学、艺术等所有例子就都能得到辩护；但是，如果它们当中有一些可以得到辩护的话，那是哪一些呢？

我们也全然不清楚，《纳西索斯》是否成了顺势疗法的有效治疗的狭义类型。它当然为欢乐提供了空间，但也在某些方面具有容易犯罪的倾向。更重要的是，它提出了一些复杂且深刻的问题（与卢梭其他文学与哲学作品一起）。值得注意的是，卢梭并未清晰地说出《纳西索斯》属于顺势疗法药方的范畴。进而言之，我们也有资格问一问，《一论》和《序言》这样的作品是否具有一种堪用于顺势疗法的功能（请回顾这一事实：前者获得了一项大奖，这确保它获得极大关注）。其答案也不清楚。考虑到卢梭在《一论》与《序言》中批评的广度——艺术、好的艺术、文学、科学以及哲学全都在其视野当中，难道他所有的写作，以及大部分其他著述或作品（请考虑《序言》的两个结论性段落）都有待顺势疗法的测试吗（比如"分散人的邪恶"等）？卢梭暗示说，它们通过了测试（《序言》104.37/*OC* II, 972-3）——它们真的通过了吗？在《斐德若》（*Phaedrus*）中（通过"苏格拉底"），关于药（*pharmakon*）——即写下来的文字——的问题是一个值得柏拉图批判的自指问题（self-referential problem）。[14] 在任何情况

---

[14] 参见 *Phaedrus*, 274e。关于柏拉图作品中那一著名问题的讨论，参见我的 *Self-knowledge in Plato's* Phaedrus, 219-29。有趣的是，关于所宣称的言行中的冲突，卢梭在提出第二种解决方案时把他早期的作品（包括《纳西索斯》）称为"私生子"（*Preface*, 95.9/*OC* II, 963）。对于那些源于自我，但只写在学习者灵魂中的论述，柏拉图也让苏格拉底称之为"合法子女"（legitimate children, *Phaedrus*, 278a, 84）。类比还可继续推进，但我们必须（转下页）

下,即便《纳西索斯》这样的戏剧能够"阻止更严重的腐败"(《序言》103.35/*OC* II, 972),我们也很难看到,那种结果如何与更强大、更乐观的论断相吻合,即"人并非生来是坏的"这个论题"具有高度安慰人心的力量,也颇为有用"。

综上所述,充其量,《序言》对"言行不一指控"的回答也是虚弱的。进而言之,卢梭对其出版动机的描述,尤其是他只关心是否配得上其自尊的说法并无说服力。

二 卢梭的《纳西索斯》与奥维德的纳西索斯

请让我转向我所谓的第二个解释性问题。这个问题关注的是卢梭的《纳西索斯》与奥维德的故事之间的关系。我将依次考察这个互文处境(intertextual situation)的每一方面。

(a)卢梭的《纳西索斯》

这个戏剧以瓦莱里(Valère)的虚荣、出尔反尔,及其妹妹(勉强可以说,她未婚夫也参与了)的阴谋为中心。这个阴谋的目的是要在瓦莱里婚礼当日"治疗"(curing)其错误(*CW* X, 126, 127/*OC* II, 978, 980)。他的未婚妻安杰莉可(Angélique)将其虚荣称作"其时代普遍的邪恶"(*CW* X, 140/*OC* II, 995)。戏剧随后提到瓦莱里自己的生活舞台,它很可能具体呈现了文化民情与期待。如果是这样的话,瓦莱里和他的"恶"可能内在地提供了一条通往《一论》的桥梁。

(接上页)考虑到,苏格拉底的目标是写下来的文字——不是艺术、文学、科学、哲学等。柏拉图的苏格拉底展现出来的药方不是卢梭展现的药方。

在刚刚引用的那句话中,安杰莉可为瓦莱里提供了一种借口。她为其"难以忍受的"自我中心行为提供一种合理化,那已经不是第一次了(参见 *CW* X, 145/*OC* II, 1001; *CW* X, 127-8/*OC* II)。她的放纵是真爱吗?抑或,它是一种自爱的形式——不是自恋,但在效果上与自恋相似,亦即,使其他人(在这种情况下是被爱者)的本来面目不可见,或不能充分可见吗?问题也在戏剧的陪衬情节中提出。在不久的将来,瓦莱里的妹妹露辛达(Lucinde)也要与安杰莉可的兄弟利安特(Léandre)结婚(在其父亲李斯蒙[Lisimon]的坚持下)。露辛达不能看到利安特的本来面目——实际上她从未与之相遇相知——并且坚持与克莱昂特(Cléonte)相爱。她已经与克莱昂特有过通信,并且相见了。结果是,克莱昂特是利安特的虚构(一部分是文学的虚构)——"克莱昂特"是利安特向露辛达展示自己以及与之通信时使用的人物角色。克莱昂特不是安杰莉可的兄弟,露辛达也不必被迫嫁给克莱昂特。克莱昂特是利安特对自己的扮演,以使露辛达爱上他。利安特希望他人看到自己的本真面目,并因此爱上自己;但是,如果不进行欺骗,他就不能得到爱情。露辛达爱上了一个舞台上的人。这个角色由一个她认为自己不会爱上的人扮演,但不是完全的自我扭曲或虚假表象。那么,她到底爱的是谁呢——克莱昂特还是利安特?他们在数量上的合一没有回答这个问题;在她看来,他们处在两种不同的描述中,她爱上的是扮演的角色。

运用其意志的幻想——我们甚至可以说,如愿地爱她自己——部分地使得半虚构的克莱昂特对露辛达具有更大的吸引力。她必须经验到她自己好像在自由地给予爱(尽管她不再做她父亲要求她做的事情)。自爱似乎与爱他人双倍地混合在一起：我们在一种令我们乐意的解释的伪装下爱他人；而我们爱其他人，首先需要感觉到是自己自由地选择了他。那是我们可以称为"构成性欺骗"的戏剧的诸多案例之一。那种观念令《序言》受到欺骗的指责了吗？为了成功，人间的爱需要欺骗——实际上，需要自我欺骗。是这样的吗？考虑到《一论》与《序言》的社会、政治维度，人们就会想要问一问，公民之间的关系是否需要一定程度的掩饰？

然而，关于《纳西索斯》的陪衬性情节，我们还有更多内容可说。我将首先聚焦于主要情节的线索，它们与我的目的相关性最大。瓦莱里和安杰莉可最终破镜重圆，同意结婚。故事也开启了认知（recognition）、目盲与自爱诸问题。现在，对瓦莱里虚荣的治疗使问题更加恶化了。治疗用到了一幅瓦莱里的自画像，这幅自画像放在他的梳妆台上。露辛达与其仆人马桐（Marton）合作，以某种独特，或许有些胡闹的方式修改了画像。画像很可能是以绘画的方式打扮起来，也添加了装饰，瓦莱里被呈现为女人的形象。正如露辛达在戏剧开头所说，瓦莱里男扮女装（"travesti"：*CW* X, 125/*OC* II, 977）。瓦莱里看到画像的第一眼（*CW* X, 131/*OC* II, 983），没有认出自己，即便他的脸未做明显修改。这种状态一直延续到戏剧快结束之时。瓦莱里爱上了画中人物，交给仆人一个不会有结果的任务：他要求仆人找到她，并设法推迟结婚。贫穷自我认知的多个层次都令人感到震惊；瓦莱里被修改的形象体现了某种女性特质——他确也生来具有这种特质（如露辛达注意到的那般：*CW* X, 125/*OC* II, 977）。他明显忽视了这种混合的特质。对他而言，他的反复无常颇为神秘；正如他承认的那般："事实上，我对自己的内心一无所知……"

(*CW* X, 134/*OC* II, 988）。[15]

当他人在场时，因为羞耻，瓦莱里被迫成为自己的旁观者，就好像他在看着自己一样，他最终也没有走向自我中心。戏剧关系倍增，但这一次，观看来自社会的角度，其对品行不端能够予以反对。正如我们注意到的，事情不会按计划运转。瓦莱里爱上了一个人，他没有认出来那就是他自己。这个现象的极端特征（我将之称为"奥维德式"自恋主义）在这部戏剧中得到强调。弗伦丁（Frontin，瓦莱里的仆人）对画像作出评论，称其代表了男扮女装的瓦莱里：

等一下。它是一幅……变了形的（metamor）……不，是隐喻式的（metaphor）……对，隐喻性画像。它是我的主人，它是一个女孩……你实现了某种混合……

（*CW* X, 150/*OC* II, 1006；省略号从原文）

在打断自己之前，弗伦丁首先创造了一个词语（即 metamor）——或者，他也许只是说出了一个词的一部分；然后他转向了名词

---

[15] 与《纳西索斯》有关的性别问题得到许多评论者的讨论，相关作品包括 Pizzorusso, "La Comédie de *Narcisse*"（紧随 9-20 的"讨论"也与之相关）。Schwartz, *The Sexual Politics of Jean-Jacques Rousseau*, 70-2, 107-8 提供的关于《纳西索斯》的简短评论具有启发性，尽管作者对《纳西索斯》医学价值的结论与我相反。亦请参见 Kennedy, *Rousseau in Drag: Deconstructing Gender*, 2-4. 鉴于当下研究的焦点，请思考亨德特（Hundert）的评论："他（曼德维尔）坚持认为，在现代境况中，公共生活必然是戏剧性的，在细节上类似于孔特·海德格尔（Count Heidegger）提出来的化装舞会。孔特·海德格尔是一位弗莱芒（Flemish）冒险家，其外貌特征是戴着面具、男扮女装。据传说，他在干草市场从事非法勾当，但在伦敦社会广受敬重；在现代道德改革者中，他也是恐惧和厌恶的对象。"（*The Enlightenment's* Fable: *Bernard Mandeville and the Discovery of Society*, 152-3）

metaphor（隐喻），最后转向其动词的被动语态。隐喻包括了比喻对象的相似及不同的诸种关系。在当前语境下，瓦莱里还没有认识到其相似关系。

保罗·德·曼（Paul de Man）认为，当瓦莱里注视画像时，他的自爱（self-love）"不是一个纯粹的自恋时刻"，亦即虚荣时刻。[16]他是对的。瓦莱里并非正在爱着自己，或在他人身上爱着自己，相反，德·曼继续说，这更像是如下状态：他爱着自己，就好像在爱着别人。所以，弗伦丁的用词"隐喻"颇为合适。但是，在何种意义上（让我们在更具普遍性的意义上谈这个问题），爱是为着他人的？自我意象（self-image）与他人意象完完全全地彼此交织。更有甚者，被涉及的各方尚不能认识到这种隐喻性。让我们把早先提过的问题重新提出来：为了爱上他人（或让某人自己被他人爱上），那种自我认知的欠缺是必要的吗？

（b）奥维德的纳西索斯

"告诉我，"她问道，"我的孩子会活到寿高的老年吗？"

"是的，"他［提瑞西阿斯（Teiresias）］回答，"他会享有高寿，年老到不再认识自己。"

奥维德，"纳西索斯与艾寇"（"Narcissus and Echo"）[17]

---

[16] De Man, *Allegories of Reading*, 168. 他也评论说："通过超越 *amour propre*（自恋），一个更具干扰性的结构就被揭示出来，因为我们永远不能确定被爱的对象是人还是画像，是所指的意义还是一个人物。"（170）如果德·曼意在说明戏剧提出了问题，即爱人者是否能够这般理解被爱者，那么我完全同意。另请参见 Strong, *Jean-Jacques Rousseau: The Politics of the Ordinary*, 48-9 中的评论。

[17] Ovid, *Metamorphoses*, 109, lines 347-8（我们可以在《变形记》第三卷找到"纳西索斯与艾寇"的故事［正如雷伯恩（Raeburn）为它加的标（转下页）

奥维德的纳西索斯故事颇为有名,也获得了许多评论。卢梭对奥维德版本的纳西索斯故事做了许多重要修改。首先,他以一种不同的方式讲述这个故事,使之成为异性恋结构(在奥维德的故事中,纳西索斯之爱是同性爱)。[18]其次,他将之放到一个具体的社会语境中。奥维德的纳西索斯则是在一个没有其他人在场的自然语境里爱上了自己的意象(尽管我们可以肯定,这涉及他在社会中的生活),尽管——正像我们在某个时刻讨论的那般——它并未排除这样一种虚构,即人与人之间或社会诸关系存在于戏剧当中。卢梭的版本是爱的喜剧,奥维德的则不是。然而,两个故事都与自我认知和爱有关。奥维德的版本也有一个次要情节,即仙女艾寇对纳西索斯的爱。接下来,让我们与奥维德同行片刻。

有一天,纳西索斯独自一人在森林中游荡,他大声问道:"有谁在这里吗?"随后,他听到了艾寇的回声"……谁在这里吗?"(111, 1.380)他没有认出这是他自己的声音——他的自我认知缺失已经出现了——当艾寇自我显现的时候,他拒绝了她,正如他傲慢地拒绝了所有其他的求婚者那般。她退走了,但继续回应他的一些话语;尽管在这场单相思中,她在身体上退出了。现在,人们可以听到艾寇的声音,但见不到她;她不能说自己的话语,她只有一个属于自己的模糊声音;艾寇表明了自我与他人之间模糊的界线。尽管语境是一种自然状

(接上页)题])。所有说及此译本的更进一步的引用都将标明页码与行数。提瑞西阿斯在这里指的是回答母亲问话的纳西索斯。在 Confessions Bk. I (*CW* V, 8/*OC* I, 9),卢梭评论说,他在小时候就为父亲大声朗读《变形记》。

[18] 卢梭并不是第一个这样做的人。参见 Vinge, *The Narcissus Theme in Western European Literature up to the Early 19th Century*, 279。

态，但即便是纳西索斯对自己的爱，也至少要求其他相关的非实在自我（艾寇）的回应，它需要人与人之间的社会性经验，这很重要。自恋主义是一个结构性的社会现象，它至少依赖假装一个真实的他人在场。

纳西索斯在拒绝所有求婚者时表现出傲慢。作为对此傲慢的惩罚，纳西索斯事实上必须品尝自己的药品。当他为了解渴坐到泉水边，他爱上了自己的影像："他不认识他所看到的人；他看到的形象令其激情燃烧。/ 他的眼睛受到了欺骗，但这奇怪的假象激活了他的感觉"（113, 1.430-1）。他受到了双重误导：他不知道这是一个假象，或影像；并且，他也不知道这是他自己的影像（相反，瓦莱里的确把画像认作影像）。这个假象很灵动。纳西索斯看到人物动了起来，回吻了他；并且，他推断他和自己一样充满了欲望（114, 1.451-2）。然而，这个人物也一再后退。认知终于苏醒了："现在我认识你了，并且，我也认识自己了。是的，我就是内在火焰的原因，燃料烧了起来，火苗则把它点燃。"（115, 1.465）他不想要一个活着的、会呼吸的、真实的他者作为爱人：他想要自己对他人的幻想，他被刻画得像他人，但却是自己。他爱上了水中的影像。这很好地抓住了他幻象般欲望的品质。

他在其眼泪搅动了泉水的同时乞求影像不要逃走："'不要急着走哟，请待一会儿！你不能如此残忍地把我抛弃。/ 我爱你！'他叫嚷着。"（115, 1.477-8）他不吃不喝，慢慢饿死了。他认识到他爱的是或不是自己，这一点是否为杀死他的原因，在我看来并不清楚。或许，真相是他同时爱着他人眼中的自己，但不想相信那一点，并努力通过发展他人的假象使这两个层面免于冲突（通过想象，他爱的对象并非自己）。当假象受到破坏的时候，他变得烦乱不安；而且，他陷入了某种因精神创伤导致的麻痹。无须明言如下假设，即如果回报的爱能带来满足，那么爱的对象必为他人；纳西索斯很可能陶醉于如下认识：他爱上了自己。然而，结果是相同的：在他把另一人真实地当作他者来爱之前，纳西索斯的自恋主义则是其序曲。就像亚当·菲利普斯在讨论纳西索斯时所说："同样平实地说，这是一个故事，其主人公宁愿死去，也不想与任何人产生关系。"[19] 这是卢梭的"自然人"的可怕版本，卢梭的"自然人"了解自己对他人的依赖。[20]

12

---

[19] Phillips, "Narcissism, For and Against," 213. 引用菲利普斯的所有标注页码都指向此文。

[20] 关于"自然人"（Natural man）这一短语，尤其参见 *DI*, Note XI, 212/*OC* III, 214。斯塔罗宾斯基表明，对卢梭而言，自恋主义的一种"非镜像"（mirrorless）形式便是自然状态中颇为明显的自爱（*amour de soi*）。正如《二论》中的描述，它是"心满意足的自我呈现，对自己的身体和周遭世界充满自信的依恋。它是一种同情和同一的力量。内外之间并无分裂"（*The Living Eye*, 69）。人们可以认为，"自然人"孤独的独立看起来就像是自恋主义的目的——自恋主义幻想自己是独立的，"自然人"孤独的独立仿佛否认了自恋主义独立幻想的病症及其（不可能的）实现。然而，我要论证，如果没有他人的错觉，没有那种意象的需要，自恋主义就不再是自恋主义了。斯塔罗宾斯基还发现了另一种非镜像自恋主义，它采取"自我投射"的形式，人们沉溺在"差异的错觉"（illusion of difference）之中，爱上了在其作品对象中的自己（70-1）。它在奥维德的皮革马里翁故事中得到了实例展示。正如我们在上文中注意到的，卢梭借用了这个故事（斯塔罗宾斯基评论："如果我们不把这种态度称为自恋主义，而是称为皮革马里翁主义［pygmalionism］，或许更好一些。"：70）。斯塔罗宾斯基建议："为了［投射或幻想的］魔力发挥作用，我们必须把镜子换掉……"（71）在《纳西索斯》中，他很可能把自恋主义刻画成第二种（尽管他在这里并没有清晰地这样说），因为他强调（68）：瓦莱里在照镜子时的确认出了自己，但却不能认识画像中的自己（在那里，他的自恋主义得以表达出来；参见 *Transparency*, 71）。在任何情况下，在奥维德和卢梭两个故事版本中，自恋主义都包含了未知的自我投射，即人没有认识到他人身上的自我意象。当然，镜子也能让我们不把自己看得特别真切：由于虚荣，人们可以在照镜子时看不到自身原本的样子，（转下页）

在奥维德和卢梭的两个故事版本中,纳西索斯式的爱依赖于一种错觉,即他们所爱的不是自己。爱的真正目的——将不同的心与灵魂结合起来——展现在被爱者为他人的自恋假设中。所以,这种自恋主义不同于虚荣,因为虚荣取决于如下假设:人们把"被爱者"当成工具来爱,认为"被爱者"有助于确证自己在必要的方式中是值得称赞的。[21] 无论纳西索斯还是瓦莱里,他们都不是单纯那种意义上的自恋。进一步说,自恋主义也可能无私地关照他人。[22]

(接上页)也不认为他在看着另一个人(见下一条脚注)。在第三章,我讨论了斯密对镜子隐喻的使用,但在这里,我注意到其在"论模仿艺术"(imitative arts)一文中引人注目的论述(*IA* I.17, *EPS*, 186),这段论述放在本研究的题词页上。

[21] 亚当·斯密写道:"这个虚荣的人并不真诚,并且,他希望你把某种优越性归之于他,但在其心底,他也很少认识到那种优越性。当他把自己放到你的处境中,并假定你知道他所知道的一切,相比起他所真实地看到的自己的那种光彩外观,他希望你能将之看得更为光辉璀璨。"(*TMS* VI.iii.36)在这几页中,斯密也区分了虚荣和骄傲。另请参见加布里埃尔·泰勒(Gabriele Taylor)关于虚荣、骄傲与傲慢的卓越讨论。在《致命诸恶》(*Deadly Vices*)第五章,泰勒注意到,"完全虚荣之人的一个主导性特征是,她极为重视外在形象"(71)。正如泰勒继续说的那般,"虚荣提供了她们用来引诱他人的外表,使之时常牵挂自己,随后又诱惑自己牵挂自己……她[这个虚荣之人]附着于他人的观点,因为这关乎她的自我评价"(72-3)。在这章较后的部分,我们将会看到,根据斯密的论述,虚荣会逐渐变为自我欺骗。

[22] 在对国家和神的爱中,或许也在对自然的爱中,我们可以找到自恋主义的政治、宗教类似物。在《论政治经济》(*Discourse on Political Economy*,与 *DI* 同时发表于 1755 年)中,卢梭讨论了自恋(*amour propre*)向对祖国的爱(*amour de la patrie*)的转变。若要解释国家如何成为爱的对象——我要论证,同时还保存着相同的奥维德的纳西索斯式结构(参见 *CW* III, 151/*OC* III, 255)——卢梭的这一讨论就是解释的内核。高蒂尔(Gauthier)注意到,朱莉(Julie)评论说,如果"没有一点点幻想",人们就不会爱上自然(关于对朱莉的引用,参见 *CW* VI, 394/*OC* II, 479-80)。高蒂尔也作出评论:"在她对'她创造了一片荒野'的幻想下,她也创造了'荒野'的幻想。"(*Rousseau*, 96-7)在《纳西索斯》的回声("Echoes of Narcisse")(转下页)

在卢梭重新讲述的奥维德故事中，社会为爱（或为那个名字所传递的事物）提供了机会。通过使自恋主义者转向更好的自己，社会的在场表面上拯救了他。但是，《纳西索斯》表明，它是通过运用社会压力和羞耻来这样做的，而不是通过自知。自恋主义提出的深刻问题——我们是否把他人当成他人那样认知并爱着呢——仍未得到回答。的确，它被堵塞了：恰似我们觉得社会性剧作的面具或角色就像真的一样——它们也不是被言不由衷地采纳的。当我们重新聚焦卢梭的社会批判，这个问题就变得更为严重了：因为自我的另一意象就可能成为自我想象的一部分。[23]

三 重思《纳西索斯》及其序言

宽泛地说，纳西索斯的故事的道德内涵是：如果我们要爱，我们就需要我们视之为他者的他人；但是，在这样做的时候，我们也对自己有所隐瞒，从而忘却了在某种意义上我们以爱他人的方式爱着自己。在《序言》中，作者向我们展示了某种类似的事物，即如下指责：（在现代，或者也许是任何）社会中，个人首先爱着自己，但在极大程度上对此没有认知，或

（接上页）中，布令特（Brint）论证说，《社会契约论》发展了一种"自恋主义政治学"（629-33），尽管在布令特看来，"自恋主义"的含义是这样一种事物：只在普遍意志中看到自己的意志被反映出来（633）。

[23] 进一步的讨论，参见颇有意思的文章 Rommel, "Narziß als Androgyn"。除了讨论戏剧中的双性人问题（正如许多评论者已经做过的那样），隆美尔（Rommel）还将《纳西索斯》诠释为"呈现两个不同的认识论视角"：第一个视角由瓦莱里表达出来，指向区分图像与原物（image and original）、理解与想象（understanding and imagining）的困难；另一视角则由露辛达表达出来，具体化了视觉优先的"古典认知理论"。

不予承认。社会生活表演性的"好似"(as though)特征为"自恋"称谓提供了依据;这既是因其自利特征(self-interested character),也是因为个人最不自觉的幻想(或错觉),认为它并非真正的自我表象(self-representing)。投射和自我欺骗引人注目地结合在一起,它似乎要开始起作用了。

我认为,奥维德式自恋主义的这些方面结合了《序言》中的社会批判与《纳西索斯》中对人际爱情(interpersonal love)的批判。在社会语境中,这些方面彼此叠合在一起:每个人都会意识到,我们获得了他人的认知,却是按照他人的方式得到认知。有时候,每个人都参与这种认知,在其他时候,每个人又反对这或那,但(无论是否自觉)他们始终通过"扮演"想要的角色、使用他人对自己的想象来获得好处。正如他人是某人自己"变形的"自我,某人也是在其他人眼中变形了的自我——每个人在彼此眼中都是自我与他人的混合。但是,我们的自我理解将是对同一混合的重述——甚至对我自己而言,我也是自我与他者的混合(实际上,正在进行理解的自我也是一混合)。在社会层面,结果将是一种纳西索斯式的回音室,在那里,幻想很容易产生操控性的意识形态(manipulative ideology)、错误意识(false consciousness)或合理化(rationalization)。[24]这种戏剧风格缺乏具有自我意识的

---

[24] 我没有声称,自我欺骗与意识形态(在马克思为这个词所赋予的意义上)是同样的事物。相关讨论,参见 Wood, "Ideology, False Consciousness, and Social Illusion," 358-9。伍德(Wood)把自我欺骗视为"某种有动机的非理性,因此与无自制力(akrasia),或意志薄弱(weakness of will)属于同一种类"。但是,它又不像 akrasia,它要求某种内在的分裂,比如"产生非理性的动机和机制被排除在主体的觉察意识之外"(358)。相反,当意识形态"扭曲或篡改了人们对真实的洞见"并囊括了欺骗,那它并不会必然包括自我欺骗(358-9)。

表演，并为《序言》之所执赋予一种冷酷的意味——《序言》坚持认为，在腐败的时代，"从今往后，我们必须小心，绝不能让自己被看成如我们所是的样子"（《序言》，100.28/*OC* II, 968；我将在第四章回到这一段来）。更重要的是，人们可以在没有知觉的情况下表演剧本，操控或欺骗他人；骗子和无赖也可以扮演他们的角色，却令人惊讶地没什么自我认知。[25] 这就导致了一个由自我遗忘之"演员"构成的社会，他们自恋地在与他人的虚伪关系中梦游般地穿行。

但是，爱着他人的时候，我们在做什么呢？对此问题的真实论述将会揭示，我们告诉自己我们正在做什么。[26] 与之类似，

---

[25] 参见 Marshall, *The Surprising Effects of Sympathy*, 145-6 富有启发的讨论。登特（Dent）的评论与对特权的渴望有关："卢梭没有装作不言及良心、人民公开的思想与动机。这实为他的部分观点：人们在很大程度上没有意识到某些欲望，它们在塑造其选择、价值观以及有价值的机会时发挥了作用。"（*Rousseau: An Introduction to his Psychological, Social and Political Theory*, 47; 亦请参见 39）请考虑布令特关于"瓦莱里的自爱及其自我疏远"之间关系的有趣评论，他说，自恋主义正如其"镜像效果"将要表明的那般，看起来好像是一种"自我呈现的形式"。布令特继续说："然而，卢梭论著中（亦如在奥维德论著中）的自恋主义绝不是自我呈现的直接经验……所以，在《纳西索斯》中，瓦莱里的画像并非主观地扭曲；它客观地刻画出了瓦莱里的自我扭曲。易言之，作为瓦莱里自爱之外在形象的画像是对瓦莱里内在自我扭曲的反映。"（"Echoes of Narcisse," 618）卢梭在《忏悔录》（第九卷）中的评论也与此有关："在那以前，我都是好的；从那以后，我就变得富有德性，或至少是沉湎于德性之中了。这种沉浸始于我的头脑，然后转移进了我的内心。最高贵的骄傲在连根拔除的虚荣之废墟上蔓延。我什么也没有扮演，我实际上成为了我显现的样子。"（*CW* V, 350/*OC* I, 416）

[26] 参见 Bloom, *Love and Friendship*, 91："这是卢梭与爱有关的极端教诲。爱就是想象……卢梭整个事业的谜团是，人们如何能够相信自己所知道的事物是想象的产物。"（布鲁姆［Bloom］继续从《爱弥儿》中引用了部分语段，我也将会引用这些内容。）亦请参见 Gauthier, *Rousseau*, 47（再一次引用了《爱弥儿》）："在把人与人之间的爱表象为幻想时，教师就把人与人之间的爱变成一种异化而非拯救的工具。"我们应当注意，此处关于爱的论述（转下页）

与纳西索斯之爱相比，社会关系更加无力经受自我认知的检测。真正的自我封闭——根据《序言》的论述，社会性（至少其现代形式）使之变得困难或不可能——也将使我们陷入目盲当中。真理与爱之间的张力是卢梭继续发展的思想。它在《爱弥儿》第四卷找到了一种确切的表述，卢梭在那里写道：

> 如果真爱不是妄想、谎言或幻想，那它是什么呢？我们热爱我们为自己制作的意象，远远超过我们对此意象之对象的爱。如果我们确切地如其所是那般看待我们所爱的对象，那么世上就不再有爱了。当我们停止去爱的时候，我们所爱的人一如既往，但我们不再以同样的方式来看他了。神秘面纱掉落，爱也消失了。
>
> （*CW* XIII, 499/*OC* IV, 656）

在《爱弥儿》第五卷，卢梭对这一点作出了更为尖锐的论述：

> 没有热情就不会有真爱，没有一个完美的对象就不会有热情。这个完美对象可以是真实的，也可以是虚假的，但它总是存在于想象当中……在爱中，每一件事情都不过是幻想。我承认。但这却是真实的：我们对真正美丽事物的感受，这是一种爱由以激发着我们、让我们去爱的感受。这种美不在爱的对象中，它是我们诸多过错的作品。这又有什么关系呢？爱人会更少地牺牲一切低级情感，将

（接上页）也可用于仇恨和其他情感。不出所料，卢梭告诉我们说，非社会的自然状态的居民没有此类情感（参见第三章第二节）。

之献给这种想象模式吗?他会更少地让他所珍视的德性布满心灵吗?他会更少地让自己远离"我"这个人(the human *I*)的卑贱状态吗?

(*CW* XIII, 570-1/*OC* IV, 743)

有人提醒我们注意提瑞西阿斯关于纳西索斯获得自知的警告。对幻想的认知摧毁了爱。[27] 在这些源自《爱弥儿》的段落中,理念化为自恋的观念颇为明显;并且,自弗洛伊德以来,我们对之也颇为熟悉,尽管在《斐德若》对爱欲的讨论中,柏拉图对此已经有所预见。[28] 这并不是说所有自恋主义都以这样的方式投射式地理念化,也不是说一切自恋主义投向他人的情感都采取了爱的形式。然而,在欲望和罗曼蒂克爱情的语境中,某人据其自我想象对他人所做的理念化似乎是自然的,也能得到

---

[27] 在《卢梭文集》(*CW*)的《纳西索斯》的译文导言中,编辑们评论:"真爱如何可能的问题仍为卢梭成熟作品的主题,比如《朱莉》或《爱弥儿》。卢梭在这些作品中的论точки亦以其在《纳西索斯》剧中对爱人所做描述为基石。"(*CW* X, xxi)另请参见"R."在《朱莉》第二篇序言中对幻想的评论(*CW* VI, 10/*OC* II, 15):"爱不过是幻想;它为自己制作了另一个宇宙;它使自己被并不存在的对象包围;或者说,它单独地赋予了这些对象以存在。正如它通过想象产生了所有情感,其语言也总是象征性的。"此主题在整部小说中一再出现(例如 *CW* VI, 280/*OC* II, 340)。参见斯塔宾斯基对《朱莉》的精彩讨论(*Transparency*, ch. 5),尤其是关于面纱的比喻,参见 *Transparency*, 73-80。我们将在下文看到,斯密也使用了这一比喻。

[28] *Phaedrus*, 252d-253c, 255d-e(请注意镜子的比喻,以及关于理解、制作或改变的谈话)。相关讨论,参见我的 *Self-knowledge in Plato's Phaedrus*, 123-9。至于弗洛伊德,我提到的是他1914年的文章《论自恋:导论》("On Narcissism: an Introduction",关于理念化,尤其参见94和100)。如果我正确理解了弗洛伊德在90处的评论,人们就可以通过许多不同方式产生自恋式的爱,比如,通过把人们现在、过去、将来是什么当作对象,或把一度对自己非常重要的人当成对象(也许是他的母亲)。瓦莱里爱上了男扮女装的自己,这或许展示了此投射过程的某些内容。

很好的证明。所以，我们应当在我正在讨论的这种意义上，设想自我的自恋式投射。这种意义宽阔得足以包括如下事物：对人们的希望、恐惧、信念、欲望诸方面的理念化与表象，人们曾经感受到的情感、人们压制下来的愿望与倾向等。

在某些后弗洛伊德文学中（以及，也可能在弗洛伊德卷帙浩繁的著述中），如下问题被提了出来：自恋主义者为何感到有必要隐藏自己，免得成为欲望对象？他们为何感到有必要根据自己的愿望、信念、需要或恐惧来转变其目标？这类问题确实也为卢梭密切关注。亚当·菲利普斯论述了纳西索斯"与其自身的自我破坏的、专横的关系"（《自恋主义，支持与反对》["Narcissism, For and Against"]，213）。他注意到，自恋主义者投身于一个"令人不安的自足的计划"，并且"沉湎于自己的宣传（propaganda）当中"（215）。[29]在这篇文章中，菲利普斯论证说，那个计划要从对他人的依赖中（包括需要他人的帮助或爱）找到避难所，是一项不可能的努力（208，214，以及我对菲利普斯的其他引用）。这表明纳西索斯回应的悲剧困境成为了这样一种事物：我们都拥有一种难以满足但也无可避免的得到他人认知的需要，然而，这一事实的实现却是不可忍受的。结果，由纳西索斯、瓦莱里以及（根据卢梭的论述）现代社会标示的逃避与自我确证的病态策略浮现出来。依赖与独立处在一种张力当中。或许，我们只能将这种张力隐瞒起来。为了与喜剧相适应，《纳西索斯》在结尾实现了调和，但并非真正意义上的自我理解。[30]

---

[29] 类似的有 McWilliams and Lependorf, "Narcissistic Pathology of Everyday Life," 434, 436-7, 447。

[30] 菲利普斯评论说，自恋主义者发现"他对其他人的需要是一个僭主（tyranny）"（"Narcissism, For and Against", 215）；以及我们当代"世俗拯救神话"（转下页）

四　卢梭的自我表演：目标与一致性问题

请让我们回到开篇提出的问题上来：卢梭对对其言行不一的指控的回复是否成立？以及，他发表《序言》与《纳西索斯》的行为是否在某种意义上确保了他的自尊？

首先，我认为，卢梭受指控的"罪名"成立：他公开参与了那些他因之受到批评的行为。他当然乐于受到尊敬与尊重。所以，他臣服于自己谴责的病理（pathologies），也践行着自己描述的失败。然而，通过这些方式，他也与这样一种观点保持一致：在一个歪曲的、合理化了的以及富有野心的表演体系中，我们所有人都沉瀣一气。卢梭通过具体表现他批判的方式进行自己的批判。我已经指出其自我呈现的戏剧性（参见注释7）；人们可以替他说，在文学层面上，他正具体表现他已在日常生活层面作出诊断的自我表演。他的自我起诉得到了减罪，于是，两种受到赞赏的卢梭式德性得以展现：诚实，以及说出不受欢迎事物的勇气——即便是在自我谴责时。所以，卢梭的表演确实在某种意义上保证了他的自尊。不仅如此，鉴于卢梭

（接上页）之一是，通过"使自恋主义者向需要与为他人所需要的益处敞开心扉"，自恋主义者与分析师之间的对话就会令前者得到治愈（216）。在卢梭的《纳西索斯》中，这个以喜剧形式讲述的故事是：在一个布尔乔亚家庭的语境里，爱就会走向那样的结局。拯救者是瓦莱里爱着的如天使般的对象——在社会上柔弱无力的（有所依赖的）妇女，转而成为解放者和修正者的"弱者"（inferior）。正如戏剧结尾赞颂的那样，瓦莱里克服了他的自爱；由于他在倒数第二幕中的奇谈怪论（XVII），他对自爱的克服变得复杂化了。"仅仅因为我崇拜你，我才想要爱它［画像的原型，他自己］。"（Et moi je ne veux plus l'aimer que parcequ'il vous adore: *CW* X, 158/*OC* II, 1016）卢梭在喜剧结尾描绘了一场"和解"（安杰莉可用语，她在回复上面那句引文时用了这个词：*CW* X, 158/*OC* II, 1016），难道这场"和解"不是一个"拯救神话"吗？

考虑了我们的处境，他至少将自己解放到了那样一个程度（或者，至少在清晰阐释的时刻，让他自己的思想解放到那样一个程度）：让自己摆脱了它的掌控。

加入文人共和国（republic of letters），卢梭希望为他人贡献些什么呢？我们在第一节讨论的顺势疗法药用论证可能具有某种交易，尽管它现在带来了一种不同的含义。卢梭施展其文学才能，使我们清醒地认识到自身的腐败——甚至，若无这样的腐败，卢梭的文学手段也将不复存在；他引导读者迈出一步，从而有可能改善我们的处境，至少他可以论称这对读者有益，因为如果我们认识不到向自己隐藏起来的失败，那么任何进步都不可能。

但是，超越理智认识的进步是可能的吗？正如我们看到的那样，即便在《序言》中，他也否认那是可能的，并且再次确切地声称，他的哲学"具有高度安慰人心的力量，也颇为有用"。然而，我们也难以表明，他确实为许多真正的对改善的期待提供了基础。在此，卢梭似乎存在矛盾，但也颇富助益。一方面，通过《纳西索斯》这样的喜剧诚实地承认我们的困境，卢梭带来了宽慰人心的笑声。它也会带来与理解相伴的愉悦与自由，这便是理论的满足（satisfaction of *theoria*）。并且，进步依赖于理解。另一方面，在某种意义上，我们给自己编造了一个牢笼，并且深陷其中；（正如卢梭声称的那样）认识到这一点不仅表明我们没有回头路，也表明任何向前的道路都在一开始就陷入困境（因为同一个可笑的自我总是随之出现）。

除了这个关于进步的可能性的问题，我们还可以提问：进步是否明确地值得欲求？卢梭暗示了答案，这个答案也是矛盾的。我认为，这个答案体现了他反思人类境况的深度。当他写下上文引用自《爱弥儿》的那些文字时,卢梭是在向读者言说,而非向爱弥儿(Emile)言说。爱弥儿对苏菲(Sophie)的爱很可能被那一说教摧毁。如果我们用心对待卢梭的话语,难道我们的情感不会也因此遭受痛楚吗?如果这样的话,如果我们对观点进行归纳(正如我已经表明的那般),那么,关于人类生活深深的自恋主义的启蒙计划就并非明明白白地值得欲求。我不仅提到卢梭正在批评的"启蒙"计划(正如我们对它的称谓),也提到了他对它的批评本身便是启蒙公众的努力。提瑞西阿斯的告诫可以被看得很广泛。让我从约书亚·柯亨(Joshua Cohen)那儿借用一个术语:卢梭的哲学可能要求我们的某些知识是"自我擦除"(self-effacing)的。[31] 在后面的章节中,我将重新回到这个观念上来。

总而言之,《序言》及其辩护的《一论》告诉我们,在我们相互依赖和腐败的社会状态,我们并非看起来的样子。上文引用的《爱弥儿》中的段落告诉我们,我们不能既做自己,又仍然得到他人的爱。奥维德的故事表明,没有被认为是真实他人的另一个人的爱,我们就会枯萎;但是,它也表明,通过某种深刻的方式,这个真实他人也是"我们诸多过错的作品"(借用卢梭在《爱弥儿》中的表达,上文有所引用)。《纳西索斯》表明了同样的观点,并且强调,合理化与强制(社会以及个人的强制)模糊了我们在他人身上爱上自己的程度。让我们

---

[31] Cohen, *Rousseau: A Free Community of Equals*, 87-96. 柯亨注释,他从德雷克·帕菲(Derek Parfit)那儿借用了"自我擦除理论的观念"(Cohen, 180, n. 5)。在第五章,我尤其回到了那种观念以及柯亨那敏锐、富有洞见的著作上来,在那里,我也考虑了卢梭的社会契约理论是否允许提出"公民宗教教义"(dogmas of the civil Religion, *SC*, 4.8.33/*OC* III, 468)这个公开表达的哲学问题。

广泛地讨论这个问题：没有了虚构的作品，我们不知道还能如何生活；我们不能回到一种不需要它们的境况；我们不确定这样做是否确实值得；但是，如果我们从未认识到我们对自己的无知，我们就颇为卑贱。所以，我们既能又不能容忍我们对这些虚构与故事的认知。甚至诚实的价值也变得可疑。[32]

在此关节点，卢梭把我们留在这个难题中，我们既没有明显的出路，也没有任何方式可以宁静且诚实地待在里面。这种"苏格拉底式的"以及或许是悲剧性的结论富有洞见——如果我们仔细加以品读的话。卢梭的戏剧与如下主题有关：为了他人与自己的利益写作戏剧和"文学"，即便戏剧采取了一种太过人性的喜剧形式。当然，卢梭的戏剧设定了上述困境。

五　自恋主义、戏剧风格与哲学：卢梭与斯密的对话

乍一看，关于这章讨论的问题，我们的两位思想家似乎在不同的领域中行动。斯密没有发表，（据我所知）也没想过要发表戏剧、歌剧、小说或诗歌。从我们在卢梭的《一论》与《序言》中发现的明确方式来看，他也不是艺术、文学、科学与哲学的批评家。[33] 卢梭在创作《纳西索斯》与《序言》时，

---

[32] 保罗·卡查凡阿斯（Paul Katsafanas）把我引向了尼采的一段话（*The Gay Science*, Book I, section 14, 88-9），这段话着重于讨论这个问题。在第二章第一节，我还会回到这个问题上来：卢梭的论述是否是引导行为（action-guiding）的？

[33] 在这些文本中，关于哲学与哲学家，卢梭的确有一些积极的事情可说（比如，在 Preface, 98.20 [*OC* II, 966] 中，卢梭试探性地提及"真正的哲学家"[true Philosophers]）。但是，卢梭关于哲学之评论的要旨具有压倒一切的关键性。就斯密而言，他在 *WN* V.i.f.26 的确说："除了在哲学与沉思问题上，诡辩术对人类的观点很少有什么影响；它在哲学与沉思问题上时（转下页）

针对被谴责为戏剧或文学作品的指控，也让它们努力为作者进行辩护。在斯密的作品中，我们找不到任何与之相似的地方；相应地，斯密也无须证明，对艺术、文学、科学与哲学的广泛批评如何与他自己的著述相调和。因此，斯密并不面对在我所谓的"顺势疗法药物"的基础上为艺术、文学、科学与哲学辩护的压力。斯密的确认为，哲学、科学与戏剧能够具有一种有益的政治效果，但是他针对这一目标作出的论证与卢梭的论证大为不同。[34] 在《国富论》的一个段落，斯密讨论了如下问题：如何缓解各种宗教教派"在道德方面非社会性的或令人不快地严苛的"消极后果。我记得，斯密在那里作出了重要的评述。在讨论了治疗"狂热与迷信毒药"的药方，即"研习科学与哲学"（*WN* V.i.g.13, 14）之后，他说：

（接上页）常具有最大的影响。"（他在心里想着"自然"与"道德"哲学）但是，这并不是说一切哲学都是诡辩术。我们也在 *TMS* I.i.1.12 读到，缺乏远见的婴儿"拥有一种针对恐惧与焦虑——人类胸中最大苦痛的解药，当他长大成人，哲学与理性也将努力使其免于恐惧与焦虑，但那也只是徒劳"。所以，哲学只有在有限的实践上的重要性；但这并不是说它一点都不重要。

[34] 我在此处采取的立场与拉斯姆森论述的立场一致（Adam Smith and Rousseau, 58-60），尽管他和我提供了不同的文本证据来支持我们共有的与汉利观点之间的分歧（对此可参见注释 36）。那就是说，斯密可能仍要承担起哲学与日常生活（common life）之间的张力。我将在本章结尾处对此加以简要讨论。我们应当注意，"日常生活"是斯密（例如 *TMS* I.i.3.8; *WN* I.v.21, V.i.f.25）、伯克（Burke，例如参见他于 1759 年 9 月 10 日写给斯密的信，*CAS*, 46）以及休谟（例如 *An Enquiry Concerning Human Understanding*, Sect. XII, Part III: *Enquiries Concerning Human Understanding and Concerning the Principles of Morals*, 162）共同使用的一个表达。我用它指某种类似于"普通经验"（ordinary experience）的事物（斯密经常使用"普通"［ordinary］一词，包括在这个意义上。例如 *TMS* I.i.5.7 ["common and ordinary"], *TMS* I.iii.1.8, *WN* I.v.18）。

那些药方的第二种就是，公共消遣的频繁与快乐。通过鼓励公共消遣，国家给了那些因自身利益愿意参与的人以完全的自由，使之能够用绘画、诗歌、音乐、舞蹈来娱乐人民，而无任何丑闻与丑行；通过各种戏剧的表现与展示，国家将很容易在大部分人民心中驱散悲哀与忧郁的情绪，它们是大众迷信与狂热的保姆……除此之外，戏剧表演也频繁地展示他们［迷信与狂热的"盲目煽动者"］的诡计，使之成为公共嘲讽的目标，有时甚至成为公共憎恶的对象。因此，戏剧一项，比起任何其他娱乐更为他们所嫌忌。

（*WN* V.i.g.15）

医学语言以及对"消遣"的谈论会提醒我们注意上文讨论过的《序言》中的一段话。但是，此处的"药方"（remedy）不是顺势疗法的，它自身并非对某种毒药（或任何一种毒药）的运用，它更像是对另一种疾病的局部治疗。[35]"药方"的特征大不同于《序言》在关注艺术微弱的益处时指出的那些特征（更不用说不同于《纳西索斯》这类戏剧了）。[36]

---

［35］关于斯密对药方的论述，参见 *TMS* I.i.4.10（论作为滋补品的"社会与对话"）；*TMS* III.4.7（作为治疗"自爱幻想"药方的普遍法则）；*TMS* IV.2.1（对于"智慧与德性"的缺陷来说，作为"不过是一种不完美药方"的政府）；*WN* IV.iii.c.9（对于"古老的邪恶"，即"人类统治者的暴力与不义"，没有救治"药方"）；以及 *WN* IV.ix.28（对一定程度的繁荣而言，一个"具有完美自由与正义的精密政体"并不是必不可少的："然而，在政治体中，自然智慧幸运地为人类的愚蠢和不义提供了充足的药方。"）。关于斯密式的药方，我们也可参见本书第五章第四节。

［36］Hanley, "From Geneva to Glasgow" 提供了关于斯密剧场观的一种重要讨论。斯密曾作为格拉斯哥大学职工委员会的成员提交了一个报告，反对（转下页）

与此同时，斯密和卢梭看起来好像分享了共同的基础，并且，差异与共相之混合为两人间丰富的辩证性作出了贡献。跟卢梭一样，斯密对艺术与文学拥有浓厚兴趣及深厚的了解。正如他在1785年11月1日写给拉罗什富科（La Rochefoucauld）的信札中说明的那样，斯密显然计划出版"一种关于文学、哲学、诗歌、修辞的所有分支的哲学历史"（CAS, 287）。很可能，它会包括《修辞学与纯文学讲义》（Lectures on Rhetoric and Belles Lettres）中的材料，以及《哲学文集》（Essays on Philosophical Subjects）中的某些作品。前者表明，斯密令人

（接上页）"在格拉斯哥建立剧场"。汉利以此报告作为出发点（177），论证说，实际上，斯密在《国富论》中推荐设立剧场是一种改善商业社会诸恶的努力，因此具有我所谓的"顺势疗法"功能，正如在卢梭的论述中所具有的功能一样。汉利认为，卢梭的核心抱怨是"存在与表象"之间的分裂（179）。他认为斯密分享了同样的顾虑。相反，我则否认斯密把剧场与艺术视为腐败的表现或效果，比如通过维持或表达存在与表象之间的分裂。在 WN V.i.g.15 中，斯密对剧场的提倡指向了宗教狂热，至少没有首先指向商业社会。这与汉利将之与卢梭进行类比得出的看法相反（192）。我不知道斯密在哪一段话中坚持认为，一个富有德性或令人景仰的社会的确会缺少艺术、文学、科学与哲学；或者他在什么地方说过，只有把它们当成一种阻止腐败人士变得更加堕落的方式才能得到许可。与卢梭的观点相反，究其根本，斯密的观点不是商业社会的行为人恰似舞台上的演员，我将在本研究中表明这一点。当然，我的确赞同，依据斯密的观点，虚荣、自我欺骗以及做值得赞美之事是大挑战（见下文）；并且，在某个时刻，我也赞同，斯密和卢梭一样认识到文学人物倾向于为其名誉争吵。但是，我要论证，汉利举出的证据并未表明斯密在如下观点中与卢梭站到了一起，即剧场威胁了"政治仪轨"（184）。相比起斯密认为能够从中产生的好处，艺术和文学根据《序言》提供的虚弱的顺势疗法药方就显得苍白无力了。斯密不仅在上文引用过的 WN V.i.g.15 的段落里谈到了艺术与文学能够带来的好处，在《道德情感论》中，他也反复使用它们来例证其观点，把教育价值贴附在它们之上（参见 ASVE, 216-17）。我还要说，汉利的论证也包含了科学与哲学——斯密在 WN V.i.g.14 提出的第一种药方；但是，斯密认为科学与哲学值得辩护，难道仅仅是因为它们阻止了更恶劣的腐败？

印象深刻地掌握了修辞学及其历史，以及所谓的文学批评。后者包括了与"模仿艺术"、音乐、舞蹈、诗歌有关的卓越作品。[37] 这并不是说，他自己的作品缺乏文学品质。例如，维维恩·布朗（Vivienne Brown）写过一本具有开创性且引人注目的斯密研究著作，论证说斯密的作品展现出一种复杂的文学结构，借助巴赫金式范畴（Bakhtinean categories）方能得到最充分的分析。[38] 与卢梭一样，斯密很好地意识到了形式、内容、交流与读者之间的关系。

不仅如此，斯密也很好地意识到了包括虚荣与社会立场在内的文学争论现象，并更加宽泛地意识到著作的公共接受度的重要性。斯密借助这一有趣的观察，把我们带入对那些现象的讨论：

---

[37] 我在 ASVE（导论，第五节）中讨论过计划中的文集，此处结论便得自这一讨论。亦请参见吸引人的 Chandler, "Adam Smith as Critic"，关于模仿（mimesis）、美学（尤其是音乐）与同情问题，这篇文章提供了颇有助益的对斯密与卢梭的比较。

[38] Brown, ASD. 亦请参见布朗优秀的文章 The Lectures on Rhetoric and Belles Lettres。在 ASVE (ch. 1) 中，我以一种十分不同的方式论证 TMS 具有一种精心打造的修辞与叙事结构（我在那里引用其他作者，他们也讨论了斯密对修辞与文学技巧的兴趣，以及他对修辞与文学技巧的使用）。Fleischacker, ASWN, ch. 1 ("Literary Method"；亦请参见 270, 272-3) 是对斯密修辞学最好的讨论之一。Labio, "The Solution is in the Text" 中讨论了许多其他贡献。亦请参见 Amrozowicz, "Adam Smith"；Henderson, Evaluating Adam Smith: Creating the Wealth of Nations; 穆勒（Muller）关于《国富论》中"反讽语调"的讨论（Adam Smith in His Time and Ours, 92）; Turpin, The Moral Rhetoric of Political Economy: Justice and Modern Economic Thought; 以及 Valihora, "Adam Smith's Narrative Line" (407-11). 关于其他有用的研究，参见 Herzog, "The Community of Commerce," McKenna, "Adam Smith and Rhetoric," 以及 Pitts, "Irony in Adam Smith's Critical Global History"。亦请参见本章的注释 51。

> 他［一个人］完全知道自己做了什么；但是，很少有人完全知道自己能够做些什么。或许，关于其心灵的独特结构可能会或可能不会承认的内容，每个人或多或少都会有所怀疑。朋友与邻居的信任及好的意见，比任何事情都更加倾向于使之摆脱这种最令人不适的怀疑；他们的不信任与消极意见，则倾向于加强这种怀疑。
>
> （*TMS* III.2.15）

所以，自知的问题是一个大问题；它也在一定程度上包含了一种要求他人确证的需要；对卢梭而言，情况也是如此。紧随着我们刚刚引用的论述，斯密讨论了作者与思想者对"他人情感与判断"的感知，并且注意到，关于自身判断的精确性，如果我们越确定"自身情感的合宜性"，就越少关心他人是否认同我们（*TMS* III.2.16）。这是一个程度问题，并通过某种方式反映了相关的主要问题的性质。斯密讨论了莱辛、伏尔泰、蒲柏（Pope）、格雷（Gray）等，并比较了"文人"、诗人的情感与数学家的情感（*TMS* III.2.16-23）。斯密在这些段落中指出，在文学以及尤其是在艺术中，知识是内在地冲突的；结果，人们作为艺术家或作者的功劳便受到非议（参见 *WN* V.i.b.5）。我们几乎能确切地感受到那些非议，把它们当作个人挑战；为了维护声誉的丑陋斗争（有时候会伴随着对竞争对手的打压）——"文学派系"——也常常随之出现。类似于自恋的事物也在此加入进来，但是通过一种与认识论问题联系在一起的方式；其中的一些认识论问题反映了认知自身能力的困难，有一些则与主题联系在一起。相反，数学则使自己合于一定水平的确信——（斯密暗示）这种确信可由数学家决定——这是诗人所不能获得的；分歧不会像令诗人困扰那样令数学家困扰。

当然，数学家对其数学工作结果的信心可能受虚荣、焦虑、有意遮蔽等因素影响。那么，斯密对这部分讨论做总结时发出如下评论，便不令人惊讶了：

> 我们对自己的功劳具有不确定感，我们渴望积极地看待它。这两者结合在一起，自然足以让我们欲求其他人对它的意见。当那种意见是积极正面的，我们就会受到超出一般程度的鼓舞；否则，我们就感受到超出一般程度的压抑。但是，它们不应让我们想要通过密谋或阴谋获得积极正面的评价、逃避消极的意见。
>
> （*TMS* III.2.24）

考虑到"很少有人能够对他们自己的私人良心感到满意"，关于自己的品格或行为之功（merit），人们在这个问题上"彼此之间大为不同"（*TMS* III.2.28）。无论人们落在光谱的什么位置，斯密都坚持认为，在确证其自我评价的努力中，人们不得侵犯道德边界。冲突、阴谋、批评是一回事，用不正义行动来确保其在这一事情上的位置则是另一回事。一方面是赞美与谴责，另一方面是值得赞美与值得谴责，我们很难在行动中对其作出区分，因为人们可能不会知道其行为出自这两个动机中的哪一个。但是，无论对它们加以区分如何困难，对我们而言仍然可能（*TMS* III.2.24-6, 32）。斯密描述了诉诸普通旁观者"法庭"与诉诸"人的良心法庭，诉诸那假设的不偏不倚、洞晓情状的旁观者的法庭，诉诸那胸中之人、伟大的法官与其行为之裁断者的法庭"之间的对立（*TMS* III.2.32）。不久之后，我将回到这最后一个观念上来。

在《序言》中，卢梭谈论了他是否关心公共舆论，以及他是否配得上他对自己的尊重（《序言》，92.2, 104-5.38-9/*OC* II, 959, 973）。正如我在本章开头所说的那般，斯密对卢梭的论述并不陌生，他当然承认这个问题：依赖他人意见与独立于他人意见之间的关系，以及旁观者观点与人们自我认知之间的关系，都是不稳定的。然而，关于他自己的作品，他并未表现出卢梭式的不稳定，即便他的某些作品引发了重大的争论；他甚至对其作品的接受情况，几乎以冷漠态度待之。当然，他没有发表任何令人痛苦的、做作的东西，没有发表那类在卢梭《序言》或《忏悔录》中颇为明显的忏悔性或沉思性的内容（他在《忏悔录》中评论了《纳西索斯》的演出［参见注释 7］）[39]。这是为什么呢？

答案指向了斯密与卢梭之间许多深刻的分歧。在本章的其余部分，我会更深入地追踪它们。让我们开始吧。首先，斯密指出，公共法庭与"内心之人"法庭的辩证法并非单纯有害。自然"为成就社会塑造了人"，所以"赋予他想要取悦同伴的原初欲望，以及对冒犯同伴的原始厌恶"（*TMS* III.2.6）。它也赋予人们"一种想要变得应当受赞许的欲望；或想要成为他自己的赞许对象的样子的欲望"（*TMS* III.2.7）。"洞察一切的造物主"（all-wise Author of Nature, *TMS* III.2.31）提供了这两者。如果仅仅依赖有偏见的旁观者的法庭，那么危险显而易见。但是，彻底忽略那一法庭也同样会带来危险。我们不仅需要它

---

［39］ 马歇尔评论，作为哲人，"斯密明显缺乏对其公众形象及其出版著作之评价的焦虑"。参见 *The Figure of Theater*, 188。

来"唤醒""抽象且理想的旁观者"(*TMS* III.3.38),也面临着自我欺骗(*TMS* III.4)与自我认知的问题,面临着"错误良心"的问题(*TMS* III.6.12),以及走向"极端自我崇拜"的倾向(*TMS* VI.iii.28;斯密引用了苏格拉底及其他人)。要解决这些问题,我们的人类同伴——真正的旁观者也要在场(第四章在涉及自我欺骗时,我将回到这点上来)。不仅如此,通过观察我们自己和其他人的行为,我们在时间中理解并形成了"确切的合宜与完美"观念。我们不可能抛弃这两大法庭中的任何一个。我们属于,并且需要它们二者。当然,这两大法庭可能相互冲突,但并非必然如此。

其次,在自尊(self-esteem)问题上,在获得作品功劳之确定性问题上,以及在我们在何种程度上能把对我们观点的批评视为个人性的问题上,斯密认为哲学更像数学,而非诗歌与"文学"。[40]当然,"哲学"在斯密的用法中的确比在我们的用法中有更加广泛的意义。但是,"哲学"无疑包括了他自己的著述。在刚刚讨论过的段落中,斯密告诉我们说,"自然哲学家独立于公共意见,接近数学家;在关于其发现与观察之功劳的判断上,他们在一定程度上享受着同样的安全与宁静"(*TMS* III.2.20)。他在下一段继续说,他们的"道德"(这里所关乎的是他们参与竞争者的竞争和冲突)"或许在一定程度上受安全水平差异的影响"。斯密对此效应的论述再适合不过了,但它可能因为这一更深层的理由与道德哲学相关,即依据他的论述,对美学和理智问题的评价不能要求同情(sympathy,一

---

[40] *WN* I.x.b.24 的段落认为,"公众崇敬"构成了大部分对"诗歌与哲学"之卓越的奖赏。在我看来,其角色与这一点并无矛盾。

种"想象的处境交换")产生和谐。正如他注意的那般,"我们和我们的同伴认为,一切科学与品位的普遍主题与我们中的任何一人都没有特殊关系"(*TMS* I.i.4.2)。在这里,斯密似乎描绘出第三方对这些主题的评论,而非作者对之的关注。当然,赞许情感(sentiments of approval,比如惊奇、惊讶与崇敬)可能包括在思想主题当中,并且也是赞美"理智德性"之基础(*TMS* I.i.4.3)。然而,在数学类型——以及如我所谓的哲学类型——的思想语境中,它们似乎在一定程度上与获取他人崇拜的问题相隔绝。如斯密所说,通过"人们的反思与沉思",对效用(utility)之美的认可"不涉及任何类型的他人情感"(*TMS* IV.2.11-12,I.i.4.2)。值得注意的是,刚刚引用的短语开启了一个与在社会外长大的孤独者的情感与自我认知有关的思想实验(*TMS* III.1.13)。

让我在这里勾勒出卢梭与斯密立场存在分歧的第三个原因。如我们在上文所见,包括《序言》在内,卢梭对哲学多有批评。尽管他同意思想冲突将会表现出非人格化特点,但是他随后又推论说,哲人因此让自己与那些具有道德重要性的问题隔离开来,尤其是与对他人的真实同情隔离开来。斯密清晰意识到了他所谓的"体系之人"(man of system)的危险(*TMS* VI.ii.2.17-18)。并且,当在《国富论》中讨论现代大学如何教授纯理论哲学时,他不仅舍弃了"有时被人们称为形而上学的本体论科学的蛛网"(*WN* V.i.f.29),也批判了那种"臣服于神学"的道德哲学(*WN* V.i.f.30)。他坚持认为,在某些方面,哲学对实践而言是重要的;但是,它在我们关于独立于心灵的事实之本质能够论称的内容上是有限的。然而,斯密并不认同卢梭的下述观点:哲学沾染了对同伴的冷漠,或者,哲学反映并引发了腐败。[41]

对卢梭而言,是什么令哲学变得如此成问题呢?或许,我们可以将某些原因追溯到被他认为是此类反思具有的缺陷上去。正如他在《二论》中拿"野蛮人"的健康状态与我们进行对照时所说:"如果它(自然)让我们命中注定是健康的,那么我几乎就敢于断定,反思状态是一种背反于自然的状态,沉思的人也是一种堕落的动物。"(DI, 138.9/OC III, 138)以此观之,反思是成问题的,这部分是因为它包含了自我与他人之间的比较,并且是以一种人身化与竞争性(personal and competitive)的方式进行的,或迅速变得人身化和带有竞争性——亦即,以一种包含了自恋以及我在《序言》语境中加以考察的诸多疾患的方式。[42]不仅如此,正如我在下一章讨论的那样,卢梭指控了对人性的反思,认为它变得具有自我破坏性

---

[41] 弗莱西艾克强调了斯密在多大程度上标示出"对普通人类的判断力的可靠性的非同寻常的坚定承诺"。在此过程中,他评论说:"或许,我们能够从休谟的怀疑主义中获得一条与哲学能力有关的线索,来取代'日常生活'的判断,斯密是对哲学本身有所怀疑的现代哲人之一——至少是从一个根本主义的立场、从一个外在于它所考察的思想与行为模式的立场对哲学有所怀疑。"正如弗莱西艾克在同一页注意到的那般,斯密的这一路径与对"普通个人"的自由的辩护有关。

[42] 在《序言》中,卢梭也(有些令人迷惑地)声称:"他(人)生来就是要行动、思考,而非反思。反思只会让他不幸福,不会使之变得更好或更加明智……"(Preface, 102.32/OC II, 970)关于卢梭令人震惊的对于反思的消极看法,斯塔罗宾斯基作出了启人深思的讨论,参见 Starobinski, "Jean-Jacques Rousseau and the Peril of Reflection"(The Living Eye, ch. 2; 尤其是 59-67)。斯塔罗宾斯基也在那里评论说:"实际上,卢梭的反思理论正是一个冲突的焦点。"并且,尽管反思有统一的能力,"它也令我们意识到差别。它摧毁了先前将人与自然、动物及同伴团结在一起的同情联盟"(59)。在这几页里,斯塔罗宾斯基将反思与镜子的主题联系起来,实际上联结了两种意义的"反思",然后转向上文提到的对《纳西索斯》《皮革马里翁》及自恋主义的讨论。另请参见第二章的注释35(及其附带的讨论)。

（self-vitiating），并且认为，霍布斯这样的哲人也不知不觉地将由社会塑造的观点投射到人性上。

对斯密而言，反思与哲学当然包括了比较，但是，它们平等地包含了一致性、和谐、组织化、启发与解释；它们有能力产生一种获得宁静的手段。[43]斯密曾经评论说："玄思哲人（contemplative philosopher）最高贵的思考很少能够弥补他对最小的积极义务（active duty）的忽视。"（*TMS* VI.ii.3.6）正如这一评论所表明的，他并非对下面这些可能性完全不加考虑，即关于我们的道德义务，理论可能会制造出种种借口。但是，很清楚的是，他并未把那看成是一种必然的，甚至可能的结果。正如我们将要讨论的那样，斯密的确认为，若无哲学的纠错，日常生活在某些方面要更好一些（例如 *TMS* IV.1.9-10）——那看起来是对卢梭之哲学与反思批判的让步；但是，这一表面上的让步却显著地转换了阵地，在斯密看来，某些哲学干预（比如斯密的哲学干预）是必要的，也是有益的。

正如我已经提到的那样，在《道德情感论》第Ⅲ部分，斯密从对如下内容的讨论开始论述：阴谋、诗歌、数学、确定自身功劳的问题，以及涌现出来的良心和"抽象且理想的旁观者"（*TMS* III.3.38）。这把我带到卢梭与斯密之间第四个重要差异面前，它也与我在此处的讨论相关。众所周知，斯密发展了"无偏旁观者"（impartial spectator）观念，并在 *TMS* III.3.4 将其打造为我们对抗"最强的自爱冲动"（the strongest impulses

---

[43] 关于宁静（tranquility）这一点，参见我在 *ASVE*, 337, nn. 30, 31; 339, n. 35 中对斯密的 *AP* 与 *HA* 的引用；以及在 339 对如下效果的讨论，即 *TMS* 与 *WN* 是满足理智想象的同一基本的努力的例子。在 *ASVE*, 344-9, 我研究了哲学与宁静对斯密而言以何种适当方式联结在一起。

of self-love）的最好守护者。我们将其称为"理性、原则、良心、胸中居民、内在的人、伟大的法官，以及我们行为的仲裁人"。关于无偏旁观者的复杂观念，人们已经有了许多著述和讨论，在本书中，我也会反复回到它上面来，但现在我只想强调，斯密把它与理性关联起来。[44] 根据斯密的论述，在无偏旁观者这一形式中，反思扮演了一种不可忽视的角色。它对行为能力（agency）及自由都至关重要（我将在第四章加以讨论）。"自爱的自然误导也只能借助无偏旁观者的眼睛才能得到纠正。"（TMS III.3.4）它把我们放进一个视野当中，让我们看到自己"真实的微不足道"（real littleness, TMS III.3.4）。并且，为了驯服不合宜的激情（正如他在此实际要说的那样），它也具有实质的重要性。斯密并没有说被人们当作无偏旁观者加以运用的理性是哲人的理性，或说唯有哲人能够采取"理性、有原则与良心"的立场，尽管他的确清晰地阐明了采取那种立场可能具有挑战性（例如 TMS III.3.4, 28）。我们如何通过认同无偏旁观者立场来实现自我治理（self-governance），以及旁观者如何成为一切行为人的构成性要素呢？我们可以预见，斯密关于这两个问题的看法帮助他避免了"逃避与自我确证的病态策略"。我在第三节提到了这一策略，它也与奥维德的自恋主义有所关联。

相反，在本研究正在考察的文本里，卢梭没有提供一个

---

[44] 斯密也将它与影响联系起来；请在我们刚才引用的那段话的结尾处参见斯密与爱有关的评论（TMS III.3.4），以及"无偏旁观者的情感"此类表达（TMS III.3.25）。最近，Den Uyl, "Impartial Spectating and the Price Analogy" 驳斥了无偏旁观者与良心、"胸中居民"的同一性。如果邓·乌尔是对的，我在本书中关于无偏旁观者的评论就需要修改，但我相信，它并不会在根本上被颠覆。

不偏不倚的立场和反思性的旁观者立场作为自爱或自我认知问题的解决方案。的确，正如我在下文讨论的那样，虽然同意（如果并不坚持）旁观者立场的主导已经变得普遍，但在卢梭看来，那个立场似乎内在地就是可疑的，这部分是因为它与自恋之间的纽带，与自我的疏离，以及欺骗。所以，辩论就会部分地涉及视角（perspective）：它是什么？是谁的？它真能对抗自爱与自恋主义，或者，它能为更多相同的情况提供不同的可能吗？有时候，这听起来似乎在说，卢梭的选择是某种内省，或以某种形式重建的视野，它们或许源于卢梭声称的他在前往万塞纳（Vincennes）路上经历的精神重生。[45] 斯密从未说过他经历了任何此类事情，也不要求无偏旁观者经历此类事情。相反，他坚持认为，"值得赞美的爱"是自然而然的（*TMS* III.2.1, 2; 参见 III.2.7）；并且，为了让自己值得赞美，我们必须"成为自身品格与行为"的无偏旁观者（*TMS* III.2.3）。无偏旁观者，甚至一个人自己，通过经验、习惯、反思得以洞察世事，变得完善起来。我们通过想象"其他人的眼睛"（III.2.3）会做什么，或应当看到什么，而获得自我认知。鉴于无偏旁观者是这样一种自我认知，它便也是社会性的。所以，它不会是抛弃那一中介的内省形式，更不必说它会滑落到某种直接的情

---

[45] 我在第二章讨论了"万塞纳启示"（illumination of Vincennes）。依据卢梭的论述，那种惊艳使他能够创作 *FD* 以及后来的作品，包括《序言》（因此，《纳西索斯》先于这一启示）。关于通往卢梭自我认知的两条道路，参见 Starobinski, *The Living Eye*, 63-4（他在那里并未提及转变的经验，然而，他却谈到了"直接直觉"和"内在经验"，而非内省）。关于卢梭论述真诚、自我透明性以及所谓"自我发现之权威"（the authority of self-discovery）的观点，威廉斯提出了引人瞩目的问题。参见 *Truth and Truthfulness*, 178, 以及 199-200。

感统一体的内省形式了。的确,斯密实际上论证了,抛弃中介也就是放弃了认知,从而向自爱的诱惑力屈服。

乍一看,"无偏旁观者"观念在直觉上似乎可行。但是,如果我们再做进一步考察,部分借助源于斯密自己的帮助,卢梭式的怀疑就产生了。在讨论自我欺骗之始,斯密就指出:在这一刻的冲动中,当"我们自身激情狂怒",以致"所有事情都因自爱得以放大、遭到歪曲",我们能够为自己提供许多合理化的借口。他援引马勒伯朗士(Malebranche)来说明,"只要我们能够持续地感受到它们,这些激情……全都证成了它们自身,对其目标来说似乎是合理且相称的"(TMS III.4.3)。正如我贯穿当前这一研究所讨论的那样,在日常生活中,投射式幻想与认知错误为人们所熟见。甚至现在,我们也想要了解:当我们"以公平法官彻底的不偏不倚"来谈论对自身处境的反思时(TMS III.4.3),是否会遇到自恋主义带来的威胁(在这个术语的奥维德式意义上)。无偏旁观者当然是自我与他人的混合,尽管它并非简单地就是真实旁观者的共识。它要求我们立足如下观点来想象自我:它不是康德式或功利主义式的不偏不倚主义者(impartialist),然而,它要求在一定程度上超越自我。[46] 但是,那不是对作为主体的自我之放弃——我仍然观照着自己;并且,我在"扮演旁观者角色"中寻求自我认知(TMS III.1.6)。

在我通过旁观者想象自己时,我就像纳西索斯或瓦莱里,单纯通过这样一种方式隐藏起合理化的赞许(或谴责),从而

---

[46] 也就是说,关于无偏旁观者的构成,参见 ASVE, 139-44。正如我在那表明的,"无偏旁观者是对道德生活日常交换的改良"(144)。

展现出自我的某个方面,却又不让自己承认那一点吗?考虑到作为"行为人"的我以及"扮演旁观者角色"的我两者都反映了一种复杂的、有其历史条件的规范、期待与信念的社会网络,在接受斯密所谓的"每一个理性的人"的立场时(*TMS* II.i.2.3),我是否真正获得了必要的视野?卢梭可能会继续说:当我们在细细思虑纳西索斯问题时对之施加一点怀疑论压力,那么,斯密式的解决方案看起来就越来越像是一个理性化公式。卢梭也可以论证说,究其根本,行动者(或行为人)-旁观者关系是戏剧性的,因此伴随着本章之前讨论过的诸多问题。

请回想卢梭批评剧场和戏剧的那一部分,他认为剧场与戏剧关系到广义的腐败。我们的一种担忧是:人类生活自身也变成一个剧场,在那里,掩饰与操纵诸关系扎下根来,人们也忘记了他们正在表演。斯密是否赞同卢梭——尽管我已经勾勒出诸多分歧——认为行动者-旁观者关系在根本上是戏剧性的?许多解释者认为斯密会赞同卢梭。至于人们为何想要谈论斯密道德情感理论中戏剧风格的作用,此中也没什么神秘之处:[47]斯密的现象学(phenomenology)围绕"行动者"(actor)(或"行为者"[agent])与旁观者组织起来,并且,斯密也可能受剧场启发使用这些术语。旁观者首先涉及评价和判断。斯密也谈到了行动者努力取悦旁观者,即喝彩(或不予喝彩)自然归属的那一方(尽管如此,调整的过程在两个方向上前进这一点仍颇为重要:*TMS* I.i.4.7)。虚荣现象看起来更像是一个为了他人的角色扮演

---

[47] 其中主要的解释者是马歇尔。参见 Marshall, *The Figure of Theater*, ch.5(167-92)。在 Barish, *The Antitheatrical Prejudice*, 243-55,我们也可找到此观念,尽管不得不说他毫不留情的、单方面的、消极的讨论严重限制了他的处理的价值。

问题。进而言之，斯密在讨论斯多葛主义时谈到了"人类生活图景"（*TMS* VII.ii.1.23），类似的话语也出现在论述天文学史的文章里（*HA* II.12, *EPS*, 46）。似乎"同情"也包含了一种行动，即在某种意义上扮演他人。有时候，斯密用我们对"悲剧或爱情小说"中角色产生同情的例子来解释这一过程（例如 *TMS* I.i.1.4）。当然，在斯密的时代，"戏剧风格"（theatricality）的语言、将世界视为舞台的话语（诸如此类）就像古代一样寻常。[48]

然而，我们应当细心阐释与剧场的这些共鸣（resonance）。它们在一个方面抓住了斯密理论中的一些重要内容，这个方面所关注的是理论家或哲人对世界的理解。将理论家（比如 *TMS* 的作者）比作戏剧批评家，这就是像"批评家"而非"语法学家"那样领会斯密对伦理学的论述（*TMS* VII.iv.1, 2）。那种比较保留了必要的客观性概念（批评是客观的，但仍然位于剧院之中，没有获得某种像神一般的没有特定立场的视角），它适合那些在《哲学文集》中再版的更加理论化的天文学和物理学论文；它也足够灵活，从戏剧的社会、经济条件到美学特征等，都能够满足理论家想要探询的考虑范围。[49] 结果，它有助于我们把注意力聚焦于如下理念：看起来没有关联的事件却具有统一的模式，比如，潜在情节很可能不为剧中角色所知，并包含了戏剧性的反讽。在那些方面，于我看来，谈论斯密理论中的"戏剧风格"的作用颇有助益。

---

〔48〕我刚才勾勒出来的观点邀请人们考虑将斯密的做法看作把社会和道德生活的特征归纳为戏剧性。对之的证明，请参见 *ASVE*, 65-70, 82-3。在第三章，我也触及了模仿在斯密同情理论中的作用。

〔49〕关于其具体表现，参见 *ASVE*, 67-72。关于理论与实践（或行为人）观点之间的差异，其底下的支点与 Schliesser, "Adam Smith's Theoretical Endorsement of Deception" 提出的支点协调一致。

与此同时，在日常生活层面谈论同情与旁观者的"戏剧性"特征可能令我们误解斯密对此问题的观点。在接下来的章节里，我还将更加细致地讨论如下问题：与卢梭有所不同，对斯密而言，行为者和旁观者的互动不必然是伪造的、矫揉造作的，或不真实的。斯密的同情理论包含了想象性的理解，但是，既然对他而言，其理论基石中并无人格背后的内在自我、自我必然扭曲的行动者（无论被他人看见，还是在反思中观看），那么，对行为者-旁观者的同情的互换的"戏剧风格"的谈论，其根本点就是成问题的。相反，从卢梭的立场来看，作为社会存在，我们在根本上是被掩盖、隐藏且不透明的（transparent，请回想斯塔罗宾斯基使之变得如此关键的卢梭的术语）。对此，依据卢梭立场进行的论述是有意义的，因为他的分析强调了存在与表象之间的区分、人本身（who one is）与其表现为的那个人（who one appears to be）之间的区分、自然自我与人为自我之间的区分。根据这一论述，我们将会面临一种困境：如果有人自觉地扮演了一个角色，那么（卢梭式的思维就会认为）他欺骗了旁观者；但是，如果他成为了这个角色，与之融合为一，并迷失于其中，那么，他就堕入对自己无知的深渊里。

我要说，那不是斯密的根本观点，尽管他当然承认欺骗、自恋主义、虚荣、幻想等现象。我要重申，既然根据他的论述，无人位于旁观者所注视的"人身"背后，那么，我们最好避免谈论一个"被遮蔽起来的"内在自我以及表演出来的外在自我。[50]斯密否认，就其令行动者困境具有根本性地位的意义

---

[50] 我在 *ASVE* 中指出，当马歇尔强调自我与他人之间（以及自我各部分之间）的"戏剧性距离"（theatrical distance），以及与之相伴的"彻（转下页）

来说，戏剧风格弥漫于生活当中。对斯密而言，他维持了内在与外在、行动者与旁观者之间的区分。但是，对他来说，那种区分的特征可以通过视角、正确的视界、语境或情境叙述诸观念得到归纳，而非通过戏剧风格或"表演"观念得到归纳。[51] 相应地，接受无偏旁观者的立场并非以某种方式成为观众，人们则在他面前富有说服力地进行"表演"；它更像是以行动者的身份采取了针对自我或他人的视角，并确实与那视角融合为一（或者如我将要论证的那样）。

让我以对这一章进行总结的方式回到奥维德的故事及《纳

（接上页）底分离"（radical separateness）时（*The Figure of Theater*, 180, 170），我想要强调：对斯密而言，自我和他人（行动者与旁观者，或者，如果你喜欢，也可以称之为演员与观众）从一开始就难以分离地绑在一起（*ASVE*, 109-10）。亦即，我强调，对斯密而言，社会交往（sociality）与社会性（sociability）持久地拥有或持久地是一个"自我"（self）。在当下这个研究中，我论证了对马歇尔的论题的反驳，即根据斯密的论述，行动者和旁观者之间，或作为行动者的自我与作为旁观者的自我之间具有一种"认识论空间"（epistemological void, *The Figure of Theater*, 176, 亦见 170）。那种观点把斯密引导向一个谜题，它与卢梭面对的难题类似。的确，在讨论卢梭的时候，马歇尔谈到了人与人之间的"认识论空间"，并提炼出这两位思想家在那一方面的相似性（*The Surprising Effects*, 172, 169）。马歇尔也评论说："根据斯密的表述，同情包含了自我的丧失、一种转变和变形。"（*The Figure of Theater*, 179）在这些要点上，马歇尔对斯密的阅读可被当作一种对斯密的卢梭式批评（当我在接下来的三章处理两位思想家之间的对话时，我将会考虑对它的调整）。但是，我将要论证，它没有抓住斯密致力于实现的目的。

[51] Valihora, "Adam Smith's Narrative Line" 一文很优秀。我非常赞同作者在这篇文章中对（与戏剧风格相对的）叙述的强调。关于复杂的思想线索，瓦里霍拉（Valihora）向读者提到了（419, n. 2）Greiner, "Sympathy Time"。在第三章，我论证说，如果沿着叙述的而非戏剧的线索，那么，斯密正在叙述和分析的行动者和旁观者之间彼此交换的"同情"自身可以得到更好的理解。这与如下观念并不相符：在批评家和/或系统理论家的层面，戏剧批评家的比喻也颇为有用。参见本章注释38。

西索斯》中描绘的自恋主义问题上来,以带出我们的两位思想家的复杂对话的另一面。让我重申,"奥维德式"自恋主义的两个关键构成要素是自我投射以及对此投射的无意识。*31* 就像我们在瓦莱里与奥维德的纳西索斯事例中所看到的那样,那种无意识能够得到克服或遭到破坏。斯密可能会认为,虚荣适于用来描述奥维德的自恋主义,克服虚荣则是"心灵的自然之眼"(natural eye of the mind)的关键职责(*TMS* III.3.3)。在一处讨论中,斯密评论说:"矫揉造作与日常谎言是最荒谬、最可鄙的邪恶,虚荣则是其根基。""愚蠢的撒谎者"及"自认为重要的花花公子"(他们假装具有"卓尔不群的位阶和荣誉",但深知自己并不拥有这些)的虚荣"源于想象的如此显而易见的虚构,以致我们很难理解它怎会加之于任何理性造物身上"。虚荣把他们放到那些"想象自己受到欺骗的人"的处境中,并且使之"不是根据他们原本应当在同伴面前表现出来的样子,而是根据他们认为同伴实际上会怎样看待他们的方式"来看待自己(*TMS* III.2.4)。易言之,他们的幻想并非因为他们想象自己处在(表面上或实际上)与其他人一样受到欺骗的他人的处境中,而是因为在其他人对他们具有的感知上(比如崇拜),他们需要一种特别的信念。在此,斯密强烈暗示:虚荣是自我欺骗;出于一种想要高度评价自己的欲望,虚荣者将他们自己的观点投射给他人,他们想要相信其他人也会相信这种观点。仅当虚荣者努力让自己不去了解他们所知的内容时——亦即,仅当虚荣者努力避免自我认知时——这样做才会完全成功。我刚才从《道德情感论》中引用的句子抓住了这个过程固有的含混性,正如它提到,虚荣者所"知道"的是一回事,而他们(想要)相信的却是另一回事。[52]

当然，斯密不是从一种道德观点支持虚荣，他在结束刚才讨论的段落时指出，通过一个信息充分的视角来看我们自己——实际上就是良心要求的无偏旁观者立场——我们就能破除幻想。稍后，在 TMS III，斯密告诉我们，"揭开自我欺骗的神秘面纱"有多么困难（TMS III.4.4），以及"这种自我欺骗，人类这一致命弱点，正是一半人类生活失序的源头所在"（TMS III.4.6）。[53] "自爱的欺骗"（TMS III.4.7）、"自爱的误导"（TMS III.4.12）可在一定程度上得到治疗，从而导向"对正义、真理、贞洁、忠诚的义务""可接受的遵守"。"人类社会的存在则依赖"对上述义务的遵守（TMS III.5.2）。这些自恋性欺骗或误导将尽可能得到纠正，我们也能够并应当在此道德语境中追求自我认知。

在斯密的理论中，奥维德式自恋主义经过另一番调整富有争议地呈现出来；并且，它也与虚荣有所关联。如其所说，"贯穿于一切不同阶层之间的竞争"让我们通过追逐财富致力于"改善我们的处境"；此种竞争便以虚荣为基础。"虚荣总是建立在如下信念的基础上，即相信我们是关注和赞许的对象"（TMS I.iii.2.1）。想象用"欺骗性的色彩"（delusive colours）描绘了"大人物的处境"（TMS I.iii.2.2）。斯密在一段引出了讨论——

---

[52] 参见 TMS VII.ii.4.7。此处的论述表明，关于其他人对他们的看法，虚荣者在一定程度上认识到其信念的错误。但是，在 TMS VII.ii.4.8，斯密似乎清除了其含混性："谁如果欲求明知并不属于自己的值得赞赏事物的赞誉，就犯有虚荣的罪过"（再次使用了花花公子的事例）。参见 TMS VI.iii.36-7。

[53] 在 WN V.i.g.24 一个非常重要的段落中，斯密也使用了与"迷信欺骗"相联系的面纱之比喻。我将在第四章第五节回到 WN 的那一部分上来，并讨论欺骗和自我欺骗的问题。

该讨论呼应了斯密对卢梭《二论》中一个关键句子的亲笔翻译（在后者的《书信》中）——的论述中说想象的错谬是一种有益的错谬，尽管它可能是非哲学的："多亏这一欺骗，人类的勤劳才得以兴起并维持在长久的运动中。"（*TMS* IV.1.10）[54]随后，在同一段落里，斯密提到了现代非常著名的"无形之手"。在此语境下——由想象之"欺骗"建构虚荣的语境下——奥维德的自恋主义只要维持在道德的界限内，就表明是正当有效的（斯密明显认为它能够维持在这一界限中）。或许，在另一类情形中，自我认知是有害的：如果每个人都以一种"抽象和哲学的方式"来看待"欺骗"的话（*TMS* IV.1.9），我们很可能会集体变坏。似乎，对斯密而言——正如我们论证的，也对卢梭而言——哲学（如斯密的著述所证明的那般，哲学彰显了我们加于自身的幻想和欺骗）必然在某个方面会"自我擦除"（self-effacing）。

在第三个领域，对斯密而言，类似于奥维德式自恋主义结构的某些事物得以展开，并且，自我擦除也可能再一次发挥作用。当日常生活依赖与独立于心灵之价值客观性有关的信念时，斯密一再坚持认为，价值实际上从我们身上产生——亦即，从情感（sentiments）或"理智与感情"（sense and feeling）中产生（*TMS* VII.iii.2.7，参见 III.5.5、I.i.3.10、I.i.3.1）。然而，其著述的每一处都好似在说，"无偏旁观者"认识到的价值（*TMS* III.3.4）已经在那儿了。诸价值因某种过程才表现得独立于心灵，但那只眼睛并未认知到这一过程。在

---

[54] 很长时间以来，*TMS* 的编者及叶礼庭（*The Needs of Strangers*, 111-12）和其他人就已经注意到了我所提到的呼应。另请参见 Schliesser, "Adam Smith's Benevolent and Self-interested Conception of Philosophy," 350-1 关于"欺骗"及其与实践及理论诸面向之差异的观点。

这里，我指向休谟怀疑主义之斯密版本的复杂问题。[55]斯密也告诉我们，哲学"绝不能打破自然在原因及其结果之间建立起来的必然联系"（*TMS* VII.ii.1.47）。这表明，在某种程度上，日常生活的信念与行为和这种哲学怀疑主义相互隔绝。然而，我们有理由认为，对斯密来说，（广义上的）哲学能够也应当影响与价值有关的日常信念。例如，他不能彻底放弃对曼德维尔"完全有害"的心理自我主义后果的担忧（*TMS* VII.ii.4.6, 12-14）。曼德维尔的心理自我主义是他极力反对的原则。[56]不只如此，他当然想要节制狂热宗教教派的影响。作为日常生活的参与者，我们让自己意识不到关于价值客观性哲学教会了我们什么；但是，我们正投射着的事实并未不可更改地从我们的意识中清除。

在这三个领域中，有些事物与奥维德的自恋主义相关。关于我们正在做什么的真实论述是否会揭示出我们必须告诉自己我们正在做什么？以及社会关系是否能够承受自我认知的测试？这类问题现在已经为我们所熟知。当斯密提出这类问题时，上述三个领域就展示了自身。关于自恋主义在人类生活中的重要性，或是关于彻底根除它的可能性与可欲性，我们这两位思想家并非全无共识。在本章第四节结尾处，我表明，关

---

[55] 关于亚当·斯密是某种休谟式怀疑论者，我在 *ASVE*, 155-73 作出了论证。斯密的短语"必然联系"（necessary connection）出现在我将要引用的句子里。我将在此精神中诠释此短语。关于另一视角，参见 Hanley, "Skepticism and Naturalism in Adam Smith"。菲力普森（Phillipson）认为，无偏旁观者向我们提供的伦理自主是一种欺骗，这种欺骗具有一种功能：相比起我们在伦理幼年和依赖状态下的情形，它使我们在根本上更为社会化（*Adam Smith*, 157; 参见 147）。我将在第五章第四节回到这个问题上来。

[56] 我们可以在 *ASVE*, 176-7 找到这一例证及我的观点。我将在第三章专门回到自我主义问题上来。

于我们如何生活在关乎自己的宁静和诚实中,卢梭把我们留在一个难题(*aporia*)里。我希望,为了推动如下思考,即斯密的立场,以及他对卢梭的"回应"出乎意料地复杂,我已经说得足够充分了。我们有待见证,它是否把我们留在一个类似的困境中。接下来,请让我们考虑,通过从不同角度(尤其是从《二论》的角度)接近这一复杂的问题之网,并同时关注自我认知、叙述和幻想的关系,我们能否获得进展。[57]

---

[57] 本章前四节源自我的 "Narcissisme, amour de soi et critique sociale. *Narcisse* de Rousseau et sa *Préface*"。那篇文章的草稿曾提交给波士顿大学现代晚期哲学工作坊(2011)、巴布森学院、加利福尼亚大学(戴维斯分校),以及卢梭哲学国际研讨会(Philosophie de Rousseau/Rousseau's Philosophy, École Normale Supérieure de Lyon [France])。非常感谢听众们的评论。兹纳·吉安诺保罗、保罗·卡查凡阿斯、克里斯托弗·凯利、安妮丝·卡拉、约书亚·兰迪(Joshua Landy)、克里斯托弗·里特文(Christophe Litwin)、乌里达·莫斯特法伊(Ourida Mostefai)、约翰·司格特对这一章内容发表了评论,感谢他们。感谢帕特丽夏·约翰逊(Patricia Johnson)在奥维德方面提供的帮助,感谢瓦勒里·威康斯细致的编辑助理工作。

第二章　系谱叙述、自我认知与哲学的范围

34　　　当一切同时运动起来时，好像无一物在运动，恰似在行船上一般。当每个人都朝向腐败移动，也好像没有人在移动。但是，如果有人停止了，他自己就成为一个固定的点，彰显出其他人的汹涌不息。

帕斯卡[1]

引　论

在前一章，我讨论了卢梭的戏剧《纳西索斯》及其《序言》中几个引人注目的特征。卢梭自己也强调了这两部著述（尤其是戏剧）中的一致性问题，及其对写作的批判性评价。所以，就像其著作间的联系问题以及自我认知问题一样，上述一致性问题也吸引了我们的注意力。《纳西索斯》以及奥维德的纳西索斯与艾寇的故事描绘了一种特殊的自爱变体——即我所谓的奥维德式

---

[1] Blaise Pascal, *Pensées*, 220 (L.699).

自恋主义；它也使自我认知问题令人望而生畏，若将其放回卢梭在《一论》与《序言》里描述的社会语境，则更是如此。

就在《序言》发表两年之后，卢梭出版了《论人与人之间不平等的起源》。很快，斯密就在其《致〈爱丁堡评论〉诸作者信札》中关于这部著作提供了许多准确的观察。这些观察包括了《二论》与曼德维尔《蜜蜂的寓言》第二卷之间的比较。斯密评论说，卢梭对"野蛮生活"的描绘"用最美丽、最适意的色彩，用一种谨慎、注重细节的高贵风格，使之在每一处都充满张力，甚至有时还颇为庄重，令人荡气回肠"。这并非一种漫不经心的观察，因为斯密继续说："通过这种风格，再加上一点哲学的化学作用，放荡的曼德维尔的原则与观念似乎就有了柏拉图道德观的一切纯粹性与崇高气质……"[2]斯密正确地表明了《二论》的形式与内容之间存在一些联系。"哲学的化学作用"（philosophical chemistry）这个表达引人注意，可能指向其联系的一个方面，亦即自爱问题。[3]或许，斯密想要表明，在卢梭的故事里，自爱的一个含义是对曼德维尔式联合（Mandevillean associations）的净化。

---

[2] 这些引文来自 Smith, *Letter* 12, *EPS*, 251。我将在第三章重新回到《信札》以及斯密对曼德维尔的评论上来。

[3] 休谟在《道德原则研究》（*An Inquiry Concerning the Principles of Morals*）的附录二中使用了"哲学的化学作用"这一表达（参见他的 *Enquiries*, 297）。其语境是，休谟反对用一种"伊壁鸠鲁式或霍布斯主义"把"每一种感情（甚至友爱）都解释为自爱"的企图。斯密似乎指向了一种相反的过程、一种卢梭对曼德维尔自爱观念的脱毒处理（de-toxification）。拉斯姆森认为，"哲学的化学作用"涉及卢梭"人类的自然善好信念"（*PPCS*, 66），并强调说，斯密并未分享那种观念。Hont, *Politics in Commercial Society*, 21 也注意到了这一对休谟的指涉。亦请参见 Melzer, *The Natural Goodness of Man: On the System of Rousseau's Thought*, 25-6 中的有趣评论。

令人惊讶的是，斯密翻译了《二论》中三个非常重要的段落，并继续用一段看似拒斥性的评论作为译文的序言。他如是写道：

> 其著作［卢梭的《二论》］分为两个部分：首先，他描述了人的孤独状态；其次，他描绘了社会最初的起点及其逐渐进步。我们对任一部分进行分析都会徒劳无功，因为这部著作几乎完全由修辞与描绘构成，每一部分都未给出任何正当的观念。

斯密没有做出分析，而是提供了卢梭"雄辩"（eloquence）的样本，意在让读者自行判断。[4] 斯密亲笔译出的这三个段落篇

---

[4] 刚才引用的这段话来自斯密的 Letter 12, EPS, 251。有趣的是，斯密忽视了卢梭为 DI 做的注释，几乎完全关注它的两个主要部分。皮埃尔·弗斯（Pierre Force）援引了 LRBL，他论证说：斯密（在《信札》中）使用"修辞"（rhetoric）的意思不过是"首先志在说服"，使用"描述"（description）则意味着"它主要是一种叙述"（Self-Interest before Adam Smith: A Genealogy of Academic Science, 24）。所以，他说，斯密对 DI 特征的归纳"比起听起来的样子较少具有批判性"。但是，当我们完整地把弗斯引用的段落（LRBL i.149, 62）读下来就会发现，斯密在那里对"修辞"的定义的确展现了许多赞赏。在《信札》中，斯密归纳了 DI 的特征，并用它驳回进一步的"分析"。值得注意的是，在其未发表的《论模仿艺术》一文里，他讨论了绘画和音乐理论。在那里，斯密评论说，卢梭是"一个作者，相较于精确地分析，他更擅长热烈地感受"（IA II.24, EPS, 198）。斯密在那里长篇引用了卢梭的《音乐词典》（Dictionnaire de musique），将之称为"非常雄辩的描述"（IA II.25, EPS, 199）。在"关于语言首次形成的思考"中（"Considerations Concerning the First Formation of Languages"，斯密将其附于 TMS 第 3—6 版，并以"论语言的起源"［"Dissertation on the Origin of Languages"］为题），斯密提到了卢梭的名字，称他"天才独具，善于雄辩"（斯密也在那里提到了 DI 第 I 部分对语言起源的论述；参见"Considerations" 2, LRBL, 205）。对其讨论（包括斯密的《信札》），亦请参见 Stimson, "The General Will after Rousseau"。

幅较长,并经过了精心选择;实际上,它们也邀请读者进行分析。正如我将在第四章讨论的那般,它们包含了对斯密的实质性挑战。对于卢梭在《二论》的"献词"(Epistle Dedicatory)[36]中展示出来的对日内瓦人的"公正赞颂"(Letter 16, EPS, 254),他用一段奇特且简洁的文字(由一个较长的句子构成)给出了积极的评论。斯密提到的那篇献词位于《二论》的两个部分之前。据斯密品读,卢梭式的修辞似乎不只是"修辞与描绘";因为他发现,这篇献词展示了一个好公民对其国家所有的那种立场。[5]《信札》对卢梭的讨论便以那段简洁的文字作为结尾。

实际上,我们很难彻底了解《二论》主体风格的要点,卢梭关于自己正在做什么的评述也使之更为神秘莫测。当斯密说文本大部分由"修辞和描绘"构成时,他并非完全失当;尽管人们可以立即补充说,它是一种非常独特的修辞与描绘。当然,在任何为我们熟知的意义上,卢梭的文本都没有表现为一种论证或解释。人们能够理解,斯密为何不情愿对此文本两部分中的任何一个进行分析。

卢梭以这种引人注目的方式呈现其思想,意在何为呢?在本章第一节,我对此提供了一种解释。在下文(a)部分,我对系谱性论述以及卢梭使用系谱性论述时展现出来的困难进行定位讨论;随后,在(b)部分,我将转向自我认知及其匮乏问题,并在一开始考察他对亚里士多德的启发性引用——卢

---

[5] 相比斯密借简要评论指出的内容,卢梭的献词远为复杂。相关讨论,请参见 Starobinski, "The Discourse on Inequality," in *Transparency*, 286-8; Bertram, "Geneva in Rousseau's Political Philosophy"; and Sorenso, "Rousseau's Authorial Voices"。亦请参见 Rasmussen, "Smith, Rousseau, and the True Spirit of a Republican"。

梭把那段引文当作《二论》的开篇题词。[6]卢梭关于自我认知的非亚里士多德式假设引导我讨论系谱性论述、相对主义以及自我参考（self-reference）问题之间的关系，也引导我观察与许多当代系谱性论述相关的卢梭的系谱学方法。在（c）部分，我考察了卢梭关于如何通过开悟成为自己，并因此认知自我的引人入胜的叙述，尤其是在前往万塞纳的路途中，他如何"成为卢梭"——即那个在两篇论文中回应学院竞赛挑战的卢梭，正如他所做的那样——的叙述。卢梭在《二论》中论述了我们如何成为我们现在这种存在者，我希望表明，这如何与我们对《二论》论述内容的理解有关。我将会解释，考虑到对自我的无知无处不在，卢梭假设了一种他有写作《二论》系谱学的能力的系谱学。系谱学与自我认知之间的关系问题在这里再一次出现。随后，我将尝试用关于"万塞纳启示"的著名故事（正如它被不时提及）承载我们对《二论》系谱学叙述的考虑。

在（d）部分，我更加细致地解释这一论述如何在形式与内容上获得一致性；在这一努力中，我考察了卢梭系谱性叙述形式的许多显著特征。《圣经》对人类的堕落做过一番论述，而我讨论了对之的反映。有人认为，这是一种关于损失（loss）的论述。我也讨论了这种观念，以及论述形式在何种意义上表

---

[6] 有缺陷的自我认知观念足够广阔，能够包含对自我的异化（对此，卢梭实际上有所抱怨：*DI*, 170-1.27/*OC* III, 174-5 and 187.57/*OC* III, 193）、自我欺骗，以及我们在此前章节中所谓的奥维德式自恋主义这类问题。这个观念也允许如下可能性：它是我们（至少是相互地）对自己做的某种事情；它是一种我们可能忽视的情况，以及我们可以从中逃离的情况（正如它并非彻底无可救治的盲目）。卢梭的诠释者们经常使用"异化"（alienation）这个表达，当然，它也散落在常见的论述中。卢梭自己没有使用它，但是为了我的目的，我会使用这个词。

达一种人性概念（在那里，我援引了斯蒂芬·木霍尔的作品）。最后，在第一节的（e）部分，我简要地重新思考了这样一个问题：卢梭的系谱学是否服从于自我参考。我也简要回顾了一个更为广义的元哲学（metaphilosophy）问题，即对其故事的理性基础，人们持有何种怀疑论上的疑虑。我也再次简要地考虑了他的论述是否以行动为引导。

我在第二节讨论了在系谱学、自我认知、运用历史调查以及哲学的实践与方法等问题上，斯密与卢梭的观点之间的差异与相似。通过反思斯密之论述指向的进步前景，我对该节加以总结。

一　卢梭《论人与人之间不平等的起源》中的系谱叙述与自我认知

（a）为什么是系谱学？几点方向性的思考

《二论》的所谓"文学形式"异乎寻常地复杂。《二论》不仅包含了采用系谱学形式的两个部分，还包括了开头的两幅图画（参见注释25）、题词页上一句源自亚里士多德的引文（我将在下文加以讨论）、"献词"、卢梭附录在文本上的大量"注释"、一则简短但内容繁密的"对注释的说明"，以及其他的内容。[7]在构成其文本主体的系谱学叙述当中，卢梭给了我们一

---

[7] 在其1763年《致博蒙书信》（*Letter to Beaumont, CW* IX, 28/*OC* IV, 936）中，关于 *DI*，卢梭自己也使用了"系谱学"（genealogy）这一术语。在《诸观察》中（卢梭对斯坦尼斯拉斯［Stanislas］的回复），关于 *FD*，他也提到了"系谱学"（*CW* II, 48/*OC* III, 49）。短语"系谱叙述"（genealogical narrative）并不是我的发明。例如，我们可以在 MacIntyre, *Three Rival Versions of Moral Enquiry: Encyclopaedia, Genealogy and Tradition*, 55 中看到。感谢（转下页）

些实质性的题外话，比如对语言谱系的补充（*DI*, 145-9.25-32/ *OC* III, 146-51）；他也作出了一些简短的哲学评论，例如对自由意志与自由的评论（*DI*, 140-1.15-16/*OC* III, 141-2）；并且，他也与霍布斯及曼德维尔之偏好进行论辩（*DI*, 151-4.35-7/*OC* III, 153-6）。在行文中，他既提供了规范性评论（比如"自由是人类最高贵的能力"；*DI*, 178.41/*OC* III, 183），也提供了描述性评论。所以，在文学上，《二论》是一场复杂的展演。[8] 在这一节，我聚焦于卢梭在其文本主体部分对一类系谱叙述的使用——亦即，其实质论述（第一部分与第二部分）的文学形式——尽管我还将提及《二论》的其他章节。在上文引用的那些句子中，当斯密认为这部著作主要由"修辞与描绘"构成时，那一类叙述正是斯密提及的内容。

一方面，卢梭选择系谱学呈现方式并不令人惊讶。他的叙述将事件序列上溯至"纯粹的自然状态"（*DI*, 146.26/*OC* III, 147），下延至卢梭的世纪，并且，他还在邻近结论处预告了将

（接上页）克里斯托弗·凯利敦促我在一开始区分了作为整体的 *DI* 复杂的文学形式，以及作为两部分的文学形式。在上文中，我已经注意到了这里讨论的关于形式与内容之关系的问题，与如下老问题——即柏拉图为何要写作对话——促生的那些问题并列（参见我编著的 *Platonic Writings, Platonic Readings*）。

[8] 关于 *DI* 叙述维度的细致且吸引人的讨论，参见 Bachofen, "Logische Genesen, geschichtliche Anfänge, Begründungen im Recht"。巴霍芬区分了 *DI* 中三种"故事系谱"的类型，例如那些关注非时间性的"逻辑系谱"（比如，语言的系谱），关注历史起源的系谱，以及关注以道德正确性为基础建立政治制度之理性条件的系谱。亦可参见 Litwin, "La théorie de l'homme entendue comme généalogie morale"，该研究尤为关注如下论述：卢梭发展了系谱学，用来弱化原罪教义，以解释道德腐败。在同一本书的一篇文章里，伯纳迪表明，在 *DI* 中，我们最好将"自然状态"与"文明状态"观念理解为一种"视觉机制"（dispositifs optiques）；这种"视觉机制"允许人们研究人性所经历之变化（"L'homme civil, l'homme naturel," 50）。

要发生的事情。卢梭正在回应第戎学院公开提出的悬赏问题。他对问题的表述是:"人与人之间不平等的源头为何,以及它是否得到了自然法的授权。"[9]这一挑战包含了两个部分,每个分句一个。卢梭的回应采用系谱学形式,它在构成方式上当然反映出我们刚刚引用之问题表现出来的历时性视角。那是一种解释性与哲学式的选择,它并非严格地为学院征文所需要,但也符合其要求。《二论》主体部分的文学形式是卢梭所做的一个尽管极为傲慢但却是可以理解的决定。

当然,这并非卢梭首次回应来自学院的挑战。在其获奖的《一论》里,他就已经暗示了相同形式的回答。学院那时的竞赛问题为"科学与艺术的复兴是否有助于道德的净化"(*FD*, 3/*OC* III, 1)——正如我在下文讨论的那样,这个问题对卢梭具有一种戏剧性的影响——很明显,设问便划定了时代。在回答这个问题的时候,卢梭通过将"我们的道德更加质朴、自然"的早先时代与我们当下状态对照(*FD*, 7.12/*OC* III, 8,以及 18.41/*OC* III, 19-20),强调这个问题对时期的划定。[10]将《二论》对我们当前状态之诊断置入一定的编年和发展的故事语境的做法,在卢梭自己的文集中并不新颖。

也因为一些其他的原因,《二论》实质部分的文学形式并不令人感到惊讶。首先,卢梭有一些引人注目、年代上比较接

---

[9] *DI*, 130/*OC* III, 129. 卢梭对此问题的表述用"origine"取代了学院的"source"。*DI* 的标题舍弃了学院问题的第二个分句,并在第一个分句中引入了"基础"(Foundations)。

[10] 在 *FD* 中,一个关键段落哀叹我们无力表现自身之所是,始于"今天"(Today, 8.13/*OC* III, 8),下一个段落则提到了与"我们这个世纪的启蒙"相关的诸多邪恶。再后一个段落(8.15/*OC* III, 9)则提到了"我们的道德"。在第四章引论,我将回到时期划定的问题上来。

近的先例，比如霍布斯与洛克的自然状态理论。此外，关于此种或彼种德性之起源、社会系统或事态的历史与演进性认知，不仅在那些作者身上，而且在曼德维尔身上也颇为明显。在古人当中，我们可以提及赫西俄德的《神谱》。柏拉图也以某种模糊的历史化方式运用叙述，这些叙述有时就是系谱性的（比如在《理想国》前几卷中的"美丽城"（Kallipolis）的起源，以及《理想国》第八卷中对诸政体衰亡的叙述，《法篇》第三卷对诸政体的论述，以及《普罗塔哥拉篇》中普罗塔哥拉的长篇讲辞），在其他时候则采用明显的神话方式（如《斐多》中的大"颂歌"[palinode]，以及《政治家篇》的宇宙及其循环故事）。我们可以推测，卢梭至少知道那些文本中的某些内容。此外，卢梭很可能非常熟悉另一个古代先例，即卢克莱修。《物性论》（De rerum natura）在一种好的科学精神中频繁地展示一种系谱性解释的倾向——第五卷论及社会之演化，与当前目的最为相关。[11] 在某些方面，布封（Buffon）的作品也是一则相关的先例，这在卢梭《二论》注释的引文中颇为明显。[12] 这指向了卢梭《二论》的文学形式为何看起来可能不令人惊讶的另一原因。在那时，各种科学解释模式已经得以确立，并采用了追溯起源的形式。当然，借用大卫·高蒂尔（David Gauthier）的有趣表达，卢梭的"堕落传说"（legend of

---

[11] 参见 Black, "*De rerum natura* and the second *Discourse*"。关于卢克莱修，亦请参见卢梭为"论现代音乐"（"Dissertation on Modern Music"）写作的献词（*CW* VII, 27/*OC* V, 155），以及同一卷书中的"论旋律原则"一文（"On the Principle of Melody", *CW* VII, 260/*OC* V, 331）。

[12] 参见 *DI*, Note II, 189-90/*OC* III, 195-6，以及于 371 处古热维奇的编者注。根据 Starobinski, "Rousseau and Buffon," in *Transparency*, 323-32 的讨论，卢梭与布封的关系很复杂。

the Fall)拥有一个最富影响的先例,它就是《圣经》。[13]

另一方面,系谱叙述在《二论》中的发展令人感到迷惑。在不平等能否通过考察其如何产生得到确证上,卢梭论称要实现一个规范性立场。正如腓特烈·纽豪瑟注意到的,到现在为止,我们非常清楚这一论证策略,尤其是从尼采那里。在此联系中,纽豪瑟正确地提到了费希特、黑格尔、费尔巴哈、马克思、海德格尔与福柯。[14] 在《道德原则研究》中,休谟关于作为德性的正义的故事将提供另外一个比较点。[15] 然而,正如纽豪瑟指出的那样,我们尚不清楚如何回答"系谱与批判之复杂关系"的问题。为什么有些事态的系谱与我们对道德、政治或认识论权威的哲学评价有关系呢?问题在这里变得格外尖锐了。因为,卢梭就不平等得出的规范性结论被压缩为《二论》简短的最后一段,这实际上就是他对学院问题第二部分的回答。它并不明白晓畅,而是意义含糊,令人困惑。它与《二论》更具描述性的论证模糊地绑在一起(请考虑纽豪瑟提到

---

〔13〕 Gauthier, *Rousseau*, 25. 在我引用的短语中,高蒂尔提到了 *DI* 的系谱叙述。

〔14〕 Neuhouser, "The Critical Function of Genealogy in the Thought of J.-J. Rousseau," 371-2. 关于 *DI* 系谱维度的有益评论,参见巴霍芬与伯纳迪为 *Rousseau* 写的导言,19-32,以及他们为 *DI* 中相关段落写的注释。在 Bouchilloux, "La Stratégie du 2e Discours" 中,我们也能找到相关讨论(紧随其后的段落[24-35]包含了作者与各种对话者之间的交流);在其他事情当中,作者也论证了卢梭的论证策略与笛卡尔的"假设-演绎"方法之间的相似性。这并非我在本章采取的路径,但它可与我的两相比较。关于系谱学之多元用法的有益讨论,参见 Guay, "The Philosophical Function of Genealogy"及"Genealogy and Irony"。关于18世纪一切哲学方法的总体观察,参见 Brandt, "Philosophical Methods"。

〔15〕 在本章第一节(b)部分的结尾,我将要回到休谟的正义系谱问题上来,对之进行简要讨论,并将其与伯纳德·威廉斯的评论联系起来。在《忏悔录》第十二卷,卢梭指出,他非常熟悉休谟的《英格兰史》(*History of England* [*CW* V, 527/*OC* I, 630])。

的、卢梭通过说明提供的"无效药方")。[16]

尽管在这一节，我并非首先聚焦于社会不平等的确证与卢梭讲述的故事之间的关系，但是，纽豪瑟的重要作品让我受益匪浅。[17]我在此聚焦于系谱计划的另一方面，一个与自我认知问题相关的方面。卢梭告诉我们，唯有通过精确地把握人性，我们才能接近社会不平等问题。这有助于解释卢梭在《二论》中的方法论评述（在有关自我认知的重要性及困难的陈述，以

---

[16] 关于本段对纽豪瑟的引用，参见 "The Critical Function of Genealogy," 373 and 381。

[17] 我认为，纽豪瑟论证的关节在此："关于我已经呈现的观点，与其说卢梭的系谱是一种历史的设计，不如说是一种分析性的计划。其目标是通过把复杂的人类现象拆解为基础构成部分，以此来理解它——对手边的事例来说，它志在把道德不平等理解为自恋在不受特定社会条件限制时产生的结果。"（"The Critical Function of Genealogy in the Thought of J.-J. Rousseau," 384）纽豪瑟继续说："那么，系谱与批判直接联系在一起，因为它帮助我们令一众社会条件'去自然化'（denaturalize）。我们愿意不加反思地接受这些社会条件，因为我们把那些安排看成'永恒给定者'（eternal givens），'依据的乃是事物本性'（due to the nature of things）。"（386）我想说的内容与纽豪瑟的观点相容，也与我将在本章结尾处提及的可能限制相容（参见注释 64），与我力图保存的限制性条件、志在解释自然状态中作为社会存在的人与我们已经变成的"人为人"（artificial men）之间的对反（*DI*, 186.57/*OC* III, 192）的诠解的额外说明相容。相应地，我在此提出的内容都无意否认，*DI* 的系谱叙述可能会有"分析性"或解释性的用处。纽豪瑟杰出的作品 *RCI* 详细发展了文章的论题，并为 *DI* 的描述性与规范性诸方面间的关系提供了一种解释。我们可以在 *RCI*, 208-12（参见 54, 59, 62-3）找到作为去自然化及"分析性探研"之系谱的观点。巴霍芬与伯纳迪提供了一种并不相似的想法：反思自然状态是为了区分文明人境况中的必然与偶然，以此阐明文明人的处境。既然卢梭关于自然状态的反思再无其他目标，那么他就必须根据这一理论虚构来工作。亦即，与我们同属一类的存在居住在自然状态中，但缺少经社会化获得的此种或彼种特征（*Rousseau*, 216, n. 47; 另参见 22）。关于如下观点陈述（在讨论尼采的语境中），请参见 Pippin, *Nietzsche, Psychology, and First Philosophy*, 45，即，通过向我们展示事物原本会以其他方式出现，系谱就可以得到"解放"。请参见在同一脉络中的 Nehamas, *Nietzsche: Life as Literature*, 112; Williams, *Truth and Truthfulness*, 20-1。

及理解我们"原初条件"之需要的陈述之后,卢梭作出上述评论;*DI*, 124.1/*OC* III, 122),即"我已经［在 *DI* 中］发起某些论述、冒险作出一些推测;与希望解决这些问题相比,我的意图更近于对之作出阐释、将之还原为真实状态"(*DI*, 125.4/*OC* III, 123;卢梭继续强调这一计划的难点)。尚未解决的问题似乎关涉到学院提出的挑战,通过对系谱的叙述,及其对自我认知不可否弃的坚持,"真实状态"便大体可得到表达。在此,让我通过标示出范围的方法罗列其他的五大疑难;这五大疑难与我致力于澄清的问题密切相关,即便它们进一步补充了我们对卢梭系谱方法的理解。

很难说是我最先作出如下评论:该论述不可能是一个历史的系谱,至少其对自然状态的原初描述不是;因为,那种描述对应的事实不可被发现。卢梭自己就简单地把那种描述的真实性问题放到一边。正如他在绪论(Exordium)所言:

> 所以,让我们抛下一切事实,由此开始吧,因为它们不会影响这个问题。我们不应把与此主题相关的探研当作历史事实,而要仅仅把它们看成是假设和有条件的推理。相比起展现其真实起源,以及物理学家们关于世界之形成所做的日常研究,这些探研更适于揭示事物的本性。
>
> (*DI*, 132.6/*OC* III, 132-3)

42

现在,在故事的讲述中,对人类学与社会学事实或假设的运用已经不受阻碍了,卢梭也在此处或彼处强调了广义上的"自然主义"和历史调式。的确,它们令故事显得更为真实、更吸引人,也潜在地更能实现其劝说目的。但是,正如上述引文第二句表明的那般，卢梭的作为一个整体的论述不能被确切地称为历史。[18]然而，如果它不是历史性的，不是对事实"真实起源"的描述，那么，其目的何在呢？

其次，卢梭对自然状态看似赞颂的描述有些令人困惑；因为，与我们最初的印象相反，自然状态的"野蛮人"不能真实地作为一种人类自我（the human self）的范式或模式发挥作用，更不用提（正如在很长时间里表明的那种）自由自我（the free self）了。但是，这一描述的重点何在呢？我们应当如何理解如下事实：卢梭的故事的确产生了一种原初的印象，即野蛮人的生活是一种典范的生活？[19]

---

[18] 古热维奇对如下观点提供了一种精细的分析："这些事实"（the facts，在我刚刚引用的那段话的第一句中）指涉他（古热维奇）所谓的"《圣经》事实"。参见他的"Rousseau's Pure State of Nature," 24-8. 古热维奇继续论证，在卢梭看来，"纯粹自然状态"不可能存在（55），以及关于那种状态，卢梭的目的是"不确立事实"，而是要进行"一个思想实验"（37）。关于卢梭在 DI 中对语言起源所做的补充，古热维奇有如下论证："卢梭证明，每一个试图为语言——或交互理解，或道德关系——赋予一个绝对起点的努力都不可避免地是循环论证。但是，当我们将其当作论证解读，这个论证就是一种有说服力的归谬法，用以反对完全孤立、自足、无言个体的前提，也由此反对一种可能的'真实给定事实'的纯粹自然状态。"（55）古热维奇总结道："更确切地说，我们可以把《二论》第一部分看成是卢梭对其原则的陈述，这些原则可以被推测为存在、具体的，并被赋予了一种当地的习惯和名字。"（59）参见 Kelly, "Rousseau's 'peut-être'"。纽豪瑟提供了一种具有说服力的论证，他认为，卢梭并没有假设自然状态是一种历史状态（一方面是为了避免产生宗教冲突；参见 RCI, 32-7，以及 DI, 125.4/OC III, 123。关于一种不同的立场，参见 Plattner, Rousseau's State of Nature: An Interpretation of the Discourse on Inequality, 17-30。

[19] 关于纯粹自然状态中野蛮人的非理想性特征，参见 Lovejoy, "The Supposed Primitivism of Rousseau's Discourse on Inequality"。洛夫乔伊（Lovejoy）认为，卢梭"彼此冲突的趋势"之一就是用富有吸引力的颜色描绘自然状态（22-3）。我对卢梭的复杂描绘的解释，包括卢梭对自然状态似是而非的褒奖，在许多地方都与洛夫乔伊存在分歧。关于"野蛮人"（Savage）（转下页）

再次，请考虑表面上的必然性（以及与之相伴的不可避免的含义）与卢梭故事中的偶然性的奇怪混合。正如他所讲述的那样，事情一旦发动起来（或展开来、解开来？），就再也不会回到自然状态，不再能复原，那些产生不可预见及意外结果并以此为其表面特征的过程就不会停止；然而，每一步又都是偶然的。[20] 当然，正如我们在诸系谱中期待的那样，在定义上，我们如何从彼处到达此处的故事是可以回溯的；作为故事，它也宣示了可理解性。但是，卢梭故事的阴暗结局确实表现得不仅可被理解，也不可避免，并且可以预见（因此可以推测，它并非偶然）。根据他的论述，变化的"逻辑"何在？正如我们已经提到的那样，许多评论者已经指出：诸系谱强调，所谓"固然"之物实际上皆为偶然。卢梭坚持认为，人拥有自由意志（*DI*, 140-1.15-16/*OC* III, 141-2），以及变化影响了结果（例如，*DI* 关于发现冶金术的论述；*DI*, 168.21/*OC* III, 172）。他的这一坚持支持了上述观点。在此语境中，"偶

（接上页）这一表达，参见 *DI*, 187.57/*OC* III, 193 及别处；在那段话中，卢梭也提到了"野蛮的人"（Savage man）。我将在第四章和第五章回到自由问题上来。在本书中，鉴于我频繁地提及卢梭设想的"野蛮人"形象，我将经常省略引用符号（但是保留大写的字母）。当这个词为卢梭所用，我便从其语境中进行理解。

[20] 人们想到了斯密的"无形之手"隐喻。卢梭在此使用了这一表达（引用科尔本［Kolben］），但是，其语境并非社会系谱语境（*DI*, Note VI, 195.5/*OC* III, 200）。请注意卢梭在 *DI* 中的评论，即他所描述的过程"不可避免地摧毁了自然自由，永久地确定了财产法与不平等"，等等（*DI*, 173.33/*OC* III, 178）。正如我在第一章第一节注意到的，在《序言》中，卢梭坚持认为，人类没有往回走的路了（*Preface*, 103.35/*OC* II, 971-2），一如他在《诸观察》中所做的那样（50-1.62/*OC* III, 55-6）。为何不再有回头路呢？洪特（Hont）评论说，对卢梭而言，"在社会之外，因社会而变得病态的造物绝不能立足，但是，在反复出现的辩证法中，它注定要令其本质性特征再生"（*Politics in Commercial Society*, 73）。

然"与"必然"意味着什么呢？它们如何与因果关系问题联系在一起？[21]

最后，作为系谱学家，卢梭应当怎样被置于与他给出的系谱有关的处境中呢？这一点完全是不清楚的。亦即，如果系谱是正确的，我们也并不清楚人们如何能够知道它是正确的，正如我在下文将要解释的那样，因此便有了我在上文提及的元哲学问题。这一自我参考问题不同于"关注何种历史发展阶段能够促使系谱学家出现"的问题。最后，正如我们已经注意到的那般，卢梭的故事还包含了其他讨论——例如，与语言起源有关的讨论。它们与主要文本中的故事及《二论》其他部分之间的关系也值得加以评论。[22]

在某种程度上，我将要阐明所有五种彼此联系的困惑。接下来，我将转向文本中不可否认的普遍论题，即自我认知及其

---

[21] 参见纽豪瑟在 RCI, 158-9 的评论。对于与目的论相关的问题，这几页也非常有帮助。我的意思是，至少在这个文本中，因为卢梭，偶然性、必然性、因果性变得如此欠理论化（under-theorized），以致对于它们，我们没什么可说的了；因为他的论述不可能是历史性的，结果便更是如此。效力较弱的"可理解性"观念不同于因果性观念。在他们为 Rousseau 写作的导论中，巴霍芬、伯纳迪证说，卢梭的系谱学包含了一种因果性理论；根据这一因果性理论，"效果总是多于原因"；那些偶然发生的事情"表现得仿佛是一种必然。一如我们所言，必然性则是沉积下来的偶然性"（31）。我并不清楚这些论证的含义为何。我注意到，巴霍芬与伯纳迪在那里没有解释，如果只在往回看的时候（因果）"必然性"是可以理解的，卢梭如何可以预测将会发生什么（28, 31）。那类困难促使我避免在此谈论因果性，并继续谈论可理解性观念。关于 FD 中的因果性，参见第一章注释 11。

[22] 这些困惑多种多样，以我不能在此加以探索的方式交叉出现；例如，正如已经注意到的那样，与语言有关的附录在结论中明确承认，我们难以解释语言的起源（呈现为更大系谱中的一个阶段，参见 DI, 147.27 and 149.32/OC III, 148-9, 151）。正如卢梭自己用语言进行论述，他的作为论述的系谱学似乎不能解释其自身的可能性。

缺乏。[23]

(b) 自我认知问题

在《二论》中，自我认知问题很快就出现了。他对亚里士多德《政治学》(Bk. I, 1254a36-7) 的选择性引用构成了《二论》的开篇题词 (*DI*, 113/*OC* III, 109)。[24] 在这段引文里，自

---

[23] 正如我在本书的引言里注意到的，我的路径具有与 Starobinski, *Transparency* 的复杂且丰富之解释的家族相似，作者在其中也强调了自我认知问题。然而，我并不赞同斯塔罗宾斯基的如下观点：卢梭的文集表明了"统一的意图，即保存或重建一种妥协的透明状态"(*Transparency*, 13)。这部分是因为我对卢梭的文集没有作出任何此类论断，部分则是因为我的更受限制的分析，相比起伴有自我再定位的自我认知类型，卢梭对自我无知提出的解药则没有那么透明。我将要论证，对他自身而言，或对其他人而言，*DI* 中刻画的野蛮人并非透明的（参见 *Transparency*, 15, 18, 24 及别处），就好像缺少了我们想要拥有的那种自我。关于对"源头"（如果那意味着野蛮人的境况）的看法，我也不能提出任何保存或重塑（preservation or restoration）的问题。我将要提问：对卢梭而言，自然的原初状态是否为一种"天堂"（参见 "The Discourse on Inequality," in *Transparency*, 290, 293），以及卢梭是否"努力保持自然状态记忆的鲜活"(293; 参见 291)。

[24] （在古热维奇的版本中）卢梭使用的拉丁译文的英文译本写道："我们不能在已经腐败的存在中考察所谓的自然，而必须在自然善好的存在中考察自然。"相比起卢梭引用的"腐败"(depraved) 这个词的拉丁文翻译，它所对应的希腊语（diephtharmenois）具有更为广泛的含义（也比英文词 depraved 具有更加广泛的争议，感谢杰弗里·亨德森 [Jeffrey Henderson] 与我讨论这个问题）。"腐败"为之带来了一种强烈的奥古斯丁式和帕斯卡式的强调，即，它当然更适合于卢梭的图景，而非亚里士多德的图景。关于奥古斯丁、帕斯卡与卢梭，参见 Charles Taylor, *Sources of the Self: The Making of the Modern Identity*, 355-7; Brooke, *Philosophic Pride: Stoicism and Political Thought from Lipsius to Rousseau*, 200-1; 以及 Douglass, *Rousseau and Hobbes: Nature, Free Will, and the Passions*, 15, 197。道格拉斯的杰出作品也揭示出了卢梭与奥古斯丁传统之间的分歧（例如 158-9, 185-6）。另请参见 Hulliung, "Rousseau, Voltaire, and the Revenge of Pascal" 以及 Garrett, "Self-Knowledge and Self-Deception in Modern Moral Philosophy"。关于卢梭对亚里士多德式目的论（下文将要提到）的拒绝，以及对现代科学观的接受，关于卢梭在 *DI* 中的方法，参见 Masters, *The Political Philosophy of Rousseau*, 112-18。

我认知问题颇为明显。这段引文立即将卢梭的文本放进了一种与亚里士多德的对话中，因为很清楚的是：关于如何理解自然，尤其是人性，他们既有共识，又存在根本分歧。[25] 我们必须在一定程度上借助某一标准，而非我们找到的某种习俗来进行自我定位——我们称那种标准为"自然"（nature）——并且，在某种意义上，（可被腐化的）习俗与（不可被腐化的）自然构成了相反的配对。然而，亚里士多德并不具有一种只能历史地或通过系谱学展示的自然观。他的自然观——当然是指人性——具有一种稳定的形式，我们可以将之理解成非系谱性的（我们承认，亚里士多德的确谈到了人性的现实与否。不仅如此，正如评论者们注意到的那样，在此文本中，卢梭的人性路径没有假设任何亚里士多德式目的论。野蛮人似乎能够以"纯粹"形式展现人性，但不能被理解为人性之完善或完成意义上的目的（telos）。重新成为野蛮人（如果那是可能的）将是我们对自己当下状态的自我放弃，因此就不是一种完善（当然，我们对此还可以说得更多一些，在下文我还将回到此问题上来）。以现在的状态，我们很难在亚里士多德式"目的"的意义上将自己理解为实现了人性目的（甚至可以认为，野蛮人的生活并非我们的目的）。

进而言之，卢梭当然拒绝亚里士多德的自然奴隶原则。正

---

[25] 卢梭不仅用题词来阐述他部分同意的观点，实际上也把自己的论证放入与其他观点的辩证张力之中。他也做了一些与想象相类似的事情，正如 Scott, "The Illustrative Education of Rousseau's *Emile*" 中精心地展示的那样。值得注意的是，卢梭把一些引人注意的图像放到了 *DI* 文本本身之前；就这方面而言，视觉优于言语。关于 *DI* 的辩证结构，参见 Starobinski, "The Discourse on Inequality," in *Transparency*, 289（也见 296）以及 Velkley, *Being after Rousseau: Philosophy and Culture in Question*, 33。

如我们在二手文献中注意到的那样，亚里士多德花了好几页的篇幅来论证这一原则，卢梭的引文则出自这几页内容。所以，关于不平等的起源与确证——亦即，关于学院征文提出来的问题之一，他们两人也怀有深深的分歧。对卢梭而言，亚里士多德关于自然奴隶的沉思是卢梭指控霍布斯所犯错谬的首要例证（*DI*, 151.35/*OC* III, 153），亦即，霍布斯将回归自然等同为一种历史的或习俗性的观点，这是一种错误的、缺乏自我意识的解读。西方传统中最卓越的两位哲人犯下了这样的错误，暗示了理论洞见并非清晰自我意识的保证。

这一点还指向了亚里士多德与卢梭在"自我认知是否可行"问题上更为深刻的分歧。对亚里士多德来说，我们能够把习俗性观点的常态（endoxa）与表象（appearances）当作指引，成功地对其加以整理与评价。[26]坦白地说，依据他所面对的图景，心灵机能与实际情况处在基础性的和谐之中。我表明，卢梭的起始图景颇为不同，它以某种方式让我们想起柏拉图对我们处境的描述，以及某种宗教情感（据我所知，对亚里士多德来说，这种宗教情感是陌生的）。在此图景上，我们陷入了对自我无知的幽深泥潭里；我们"堕落了"。[27]我们不能

---

[26] 关于亚里士多德的 phainomena 及 endoxa 概念，参见 Nussbaum, *The Fragility of Goodness: Luck and Ethics in Greek Tragedy and Philosophy*, ch. 8 (240-63)。

[27] 参见 Kelly, *Rousseau's Exemplary Life: The* Confessions *as Political Philosophy* 中富有启发性的评论："让我们从整体上加以考虑，这一离题讨论（在《忏悔录》第七卷，它也包含了重要的朱丽埃塔插曲［Zulietta episode］）展现了作为整体的《忏悔录》的问题：卢梭把文明化的人刻画为由其自身想象创造的想象之囚徒，其想象受到共同体的刺激与引导；但这一图景没有标明，我们如何能够把自我从想象的奴役中解放出来，理解这种奴役。卢梭的论述排除了任何对可以治疗这一处境的真理的认知的自然求知欲或能力的可能性。让我们借用柏拉图的意象，卢梭把文明化的人展现为好像生活在想象（转下页）

摆脱对自我系统性的（但并非完全的）无知，这一系统性的无知包括了对我们的无知的无知。在《二论》中，这一观念不是新出现的；《一论》也提到了作为"幸福奴隶"的"文明化民族"（civilized peoples, 7.9/*OC* III, 7）。在两部论述中，这一现象都是卢梭的核心关切；[28] 我想要表明，持续面对之，有助于我们解释卢梭在《二论》中对系谱叙述的选择。通过展现我们

（接上页）构成的洞穴中一样，好政体的公民与腐败的人同样生活在洞穴中。卢梭需要解释的是，洞穴外的自然世界与洞穴内的自然世界是相通的。"（183）凯利继续说，这是"《忏悔录》的主要问题"（183），卢梭将在第八卷转向这一问题。正如凯利正确指出的那样（43-7, 187, 197, 244），"万塞纳启示"在那里得到了讨论，并且这对相通性问题来说是关键性的。我赞同凯利观点的主旨，他的讨论很有帮助，这将在下文变得清晰起来。在本章中，我努力表明（通过与凯利关于《忏悔录》之论证并肩而行的方式），"启示"与系谱叙述如何解决 DI 提出来的自我参考和可通达性（accessibility）问题。在第四章，我将简要回到朱丽埃塔插曲上来。关于卢梭、柏拉图，以及无知之链（参见下文的注释），亦可参见 David Williams, *Rousseau's Platonic Enlightenment*, ch. 5（尤其是 129-42）。

[28] 在 *FD* 第一部分一开始，卢梭就提到了"科学、文学与艺术"带给我们的隐藏的"铁链"，它令我们的"原初自由"的情感窒息，使得人民"热爱其奴役"，他们就这样成为了"文明化民族"（*FD*, 6.9/*OC* III, 7）。亦请参见 *DI*, 161.1/*OC* III, 164，及其尖锐评论："所有人都相信他们令其自由变得可靠，并在这信念中奔向他们的锁链。"（*DI*, 173.32/*OC* III, 177；至少在那相对较早的阶段，人民的确想要自由）*DI* 的"献词"一开始就表明："一旦人民习惯了主人，就不再能够离开他们。如果他们想要取下颈轭，就越发远离了自由，因为，正如他们错误地将不受限制的放任状态当成自由（事实上，这恰好是自由的反面），他们的革命几乎总是把他们交给那些诱骗者们，他们只会固化其锁链。"（*DI*, 115.6/*OC* III, 113）这样的段落还有许多，可以成倍地加以引用。当卢梭抵达其 *DI* 故事的可怕终点，即其对"不平等最后阶段"（这是一个新的自然状态）的描述时（*DI*, 185-6.56/*OC* III, 191），他评论说："留给奴隶的唯一德性就是最盲目的服从。"（*DI*, 185.55/*OC* III, 191）奴隶就是专制政体下的民众。按照他自己的论述，卢梭在 *DI* 中阐述的对自我的无知将会以新的形式回归。请注意，（除了别的方面）当"万塞纳启示"为两篇论文开启道路，卢梭也告诉我们说，在 *DI* 中，他完全发展出了各项原则（*Confessions* Bk. VIII, in *CW* V, 326/*OC* I, 388）。

的自我概念如何产生，系谱学能够帮助我们看到（甚至经验）它们与真实情况之间的鸿沟，以及个人与其从事的社会工作（它把令我们陷入对自己的一无所知中包括在内）之间的鸿沟，从而把我们从睡眠中唤醒，并为自我认知指明方向。在本章第二节，我将发展如下观念：在这里，斯密比卢梭更像亚里士多德。相应地，幸福－奴隶问题（happy-slave problem）并未向斯密的观点展示那种它向卢梭的观点展示的威胁。[29]

在我的论证中，另一个核心部分是：正如我在下文将会论及的那样，卢梭通过具有挑衅特征的对比（contrast）展开其原初（人类）自然的观念，尽管他不只是为了那种目的。[30]野蛮人——我们可以推定它为人性的原初形式（arche），但的确不是人性的目的——因而在此论述中具有一种复杂的功能。与我们当下的境遇相比，这一造物几乎是另一种存在，是一个幻想故事中的角色（再次重申，我怀疑，亚里士多德将会接受那种对其完美人性概念的描述）。它能够提供一种外在于我们的观点，

---

[29] 叶礼庭评论道："当世俗的乐观主义者已经信奉了精神需要的永恒性，奥古斯丁式的基督徒们就专注地凝视幸福奴隶的噩梦：其存在被物质吞并到如此程度，以至所有精神需要都枯萎了。"（*The Needs of Strangers*, 78）这当然是卢梭——而不是斯密——的观点的一个先导（我也提到过柏拉图）。值得注意的是，在讨论决疑论与信守承诺之义务过程中，斯密提到了一次奥古斯丁（*TMS* VII.iv.12）。他也提到帕斯卡一次，认为他是"哀怨的道德主义者"，谴责我们在他人处境悲惨时享受幸福。依据斯密的评价，这一形象是"彻底荒谬且非理性的"（*TMS* III.3.9）。

[30] 卢梭的自然状态（以及野蛮人的状态）意在与我们当下的处境加以对照，这种观点并不新颖，参见 Starobinski, "The Discourse on Inequality," in *Transparency*, 303。的确，在一定层面上，它只不过是对两种处境间剧烈差异的归纳，很可能 *DI* 的每位读者都能认识到那一点。我希望，我对此观念的使用有助于对文本的解释。我也赞同斯塔罗宾斯基的如下观点：关于野蛮人的故事是神秘的（"The Discourse on Inequality," in *Transparency*, 303）。

以及与我们当下处境的强烈对比。对此，我们可以采取非系谱性的方式加以讲述。但是，如果我们将其放到历时性故事的模式里，这将同时实现许多目的，兼具理智与情感，实现促使我们认识到我们对自身的无知状态这一总体上的要务。我要论证的是：就其形式和内容而言，卢梭的系谱性叙述并无恶意，它志在回应一幅我们深度缺乏自我认知的图景。[31]

或许，这有助于我们理解卢梭对其方法论的一则陈述，否则，它听起来像是规约、无效推论与循环论证的综合。他写道：

> 我承认，既然我必须描述的那些事件能够以许多种方式发生，我就只能以推测为基础，在它们中间进行选择；但是，当它们最可能从事物本性中衍生出来，亦为发现真理的唯一可行方式时，不仅这些推测变得理性，如下情况也不会出现，即我想要从我这里推论出来的那些结果不过是推测性的，因为——根据我刚才确立起来的原则——任何其他体系都无法形成不能给我带来相同的结果，或我不能从中得到相同的结论的那种东西。
>
> （*DI*, 159.52/*OC* III, 162）

我在第二个分句中提到的"真理"不仅包括了关于"纯粹自然状态"所描述之人性的主张，还包括了关于我们对自我无知的

---

[31] 值得注意的是，人们对人类境况之真相具有某种盲目，当其与不平等相关时，考虑到幸福奴隶问题，以及所有从此安排中受益的那些人的既得利益，这种盲目尤其显著。*DI* 的首要论题 "不平等" 与其另一主题 "自我认知" 之间具有一种亲密的关系。

当下境况的主张。在这一境况中，在某种意义上，我们人为地与我们的真实情况疏离。或许，缺乏自我认知并不是推测；或者，在卢梭看来，它至少也是有待表达与解释的关键现象。所以，根据他的论述，关于我们现在是谁，每一种可接受的解释都必须找到一种方式；这种方式不仅要确切归纳出我们当下境况的特征，解释为何我们对它如此健忘，还要在面对我们受误导的自我形象时有效传播真理（因此，修辞方面就非常重要）。

引文对"真理"的提及与《二论》其他地方有所共鸣。因为一切谈论均与人性发展相关，故而便仍有对人性（及其原初原则）的谈论；在这本书的结尾，卢梭对社会不平等的可防卫性（defensibility）有所论断，无论这一论断如何不稳固。他也对多个主题（语言、某种社会交往处境下自我的外在化，以及回到自然状态的必然性，等等）作出了许多论断。这个故事也表明，现在，我们对自己已经少有认识。这些就是关于真实情况的所有论断。不仅如此，卢梭对其自我觉醒的论述也对真理作出断言。我将在本节（c）部分讨论他的自我觉醒。所以，看起来，问题原本就与认识有关，其计划看似为一种对真理的发现。

哲学中的系谱论述拥有一种声誉——无疑，我们可以恰当地说，它源自跟某种尼采解释的联合：它不仅是揭示或解构的方法，也是对彻底的怀疑主义或透视主义（perspectivalism）的表达。比如，约翰·柯克斯（John Kekes）按照这些线索归纳了一种系谱形式的特征。[32] 这也或多或少是阿拉斯戴尔·麦

---

[32] Kekes, *The Nature of Philosophical Problems: Their Causes and Implications*, 91-3. 柯克斯论证说，我们可以把哲学系谱学家们的"偶然性"观念理解为对如下相对主义的支持，即"对客观事实的真实描述并不存在"等（柯克斯谴责之"荒谬"，91, 92）。或者，我们也可以将之理解为"这样的（转下页）

第二章　系谱叙述、自我认知与哲学的范围

金泰尔（Alasdair MacIntyre）在《道德研究的三种竞争视角》（*Three Rival Versions of Moral Enquiry*, 48-9）中对系谱学的归纳。稍后，在这本书中，麦金泰尔指出，系谱学"能使我们从欺骗与自欺中解放出来"（214）。但是，如此理解的系谱学最终要面临一个众所周知的自我参考问题。正如麦金泰尔在同一著作中指出的那样，"系谱学叙述能在其自身当中为系谱学家找到一席之地吗？"（55）在其《道德研究的三种竞争视角》对那个问题的深刻（在我看来，也是富有说服力的）讨论中，麦金泰尔论辩说，系谱学尚没有找到一种站得住脚的，立足于自己基础的答案（214-15）。在我看来，自麦金泰尔写下那些文字以来，还没有一种这样的答案出现。到目前为止，当我们这样来理解系谱学时，它便遭到了自身标准的驳斥。

如果卢梭接受这一系谱学版本，那么，《二论》就臣服于自我参考的诸多困难。但是，当卢梭的目的是要把我们从欺骗与自我欺骗中解放出来，以及更加广泛地把我们从对自我的无

（接上页）论断：它在最基础的层面上由我们的自然与境况的基本事实定义；那些我们认为是客观事实的东西取决于我们的评价，它随后又依赖于我们自己及我们的环境诸特征的多样性——环境本可以是其他模样。这一论断"无疑是真实的"，但它只是一个"与我们有关的"论断，而非关于客观状态的论断（92）。但是，柯克斯继续说，如果我们这样理解，即把那些"对我们天性与条件之基础事实的描述放到一边"，我们对诸事实的评价就是偶然的（否则，它本可以是历史发展的产物）；关于这些评价，任何"达致客观真实"的努力都身涉险境，于是，"系谱学家就是历史学家"。所以，系谱学家（用"破坏性努力"）揭开了一切理解模式之守卫者的真实目的。柯克斯采用那种系谱学形式，使之导向"最强大的相对主义形式"（93）。另请参见下文的注释37、39。亦请考虑 Foucault, "Nietzsche, Genealogy, History," 160。如果我正确地研读福柯，他是将所谓的"历史感"与正确理解的系谱学结合在一起，那便是柯克斯批评的那类立场。关于另一种有趣的讨论（包括了对福柯的评论），参见 Geuss, "Genealogy as Critique"。

知中解放出来，当他的一些说法当然意味着揭穿真相，并且的确需要像一个系谱学家那样对他与其系谱叙述之间的关系给出论述时，那么，他在《二论》中没有给出任何明显拥抱怀疑论假说或解构性结果的指示——而依据麦金泰尔的描述（而非麦金泰尔对其反面作出的宣称），这正是系谱学的特征。当然，我仍然认为这一类图景出自卢梭之手，它表明卢梭结合了怀疑主义与历史主义。我将在下文重新探寻这一复杂问题。

假设卢梭的图景并不屈服于自我参考的困难，那么关于《二论》的形式，我们面前就有两种根本性的思想，它们彼此之间充满了张力。首先，系谱学是对如下观念的某种回应，即我们没有意识到我们朽坏的处境。其次，它提出了对真理的要求。非常明显，我们不仅非常需要自我认知，还特别难以获得自我认知。的确，卢梭在序言的第一句话里就说：

> 在我看来，在所有人类知识中，人的知识（II）最有用，取得的进步最小。我敢说，刻在德尔菲神庙上的铭文就比道德学家们的大部头著作包含了更加重要、更为困难的戒律箴言。
>
> （*DI*, 124.1/*OC* III, 122）[33]

引人注目的是，卢梭认为，自我探究（inquiry into self）的特

---

[33] 卢梭附加在这段话（引文中的 II 之后）上的注释包含了源自布封的关于自我认知问题引人注目的引文。它包含了这样一句话："我们的灵魂如何摆脱所有心灵幻象呢？［我们的内在意识］就驻居于我们的灵魂里。"（*DI*, Note II, 190.2/ *OC* III, 196）在这里，我的论证假设，卢梭很好地理解那个问题的重要性。

征是：在人类知识中，它不仅有用，而且是取得进步最小的领域（那么，亚里士多德也不能穷尽对此主题的探讨）。考虑到数千年专注且精深的研究至少又返回到苏格拉底的著名论断中，即他主要致力于遵从德尔菲的命令，"认识你自己"（《斐德若》229e-230a），那又如何可能呢？为什么获得任何进步都如此困难？关于卢梭为什么认为事实如此，我已经提供了一个总体性的解释。序言中紧随其后的句子与段落有助于进一步充实这个问题。他在第一段强调了"连续不断的时间与事物已经在其（人类）原始构成当中造成的变化"，并提到了格劳卡斯（Glaucus, *DI*, 124.1/*OC* III, 122)。[34] 然后，他也勾勒出对其境

---

[34] 在《理想国》的结尾，611d（或许这是卢梭论述的源头），柏拉图也提到了格劳卡斯故事。关于卢梭使用格劳卡斯意象的评论，参见 Velkley, *Being after Rousseau*, 36-40, 以及 Starobinski, *Transparency*, 15-20。它们两者都致力于提出，当卢梭使用这一意象时，在某种有待发现的人性和历史与人为的人性之间存在张力。我们将会看到，我赞同威尔克莱（Velkley）的如下观点：宽泛地说，卢梭正在逐步地将读者引向自我认知，并且也把读者引向一个与野蛮人有关的故事；但是，他也想让读者看到那个故事的缺陷（参见 *Being after Rousseau*, 37）。我受益于他的卓越讨论。威尔克莱与我在如下方面具有明显不同的想法：如何描述那些步骤（例如，我不会把"纯粹自然状态的观念"称之为一种"有益的意见"，或认为其目标是"对反思的必然性的洞察"; 161, n. 9），以及如何对受众作出归纳（我并不认为它是一个哲学与非哲学读者对抗的问题，参见 36 及下文注释 63 的内容）。在这里，我也并非要支持威尔克莱关于野蛮人有何象征的观点（尤其是"直接自我认知"的可能性: 37），赞同他对整体问题的强调（14, 35, 60 及别处），或者赞同他关于想象与其原型间关系的复杂观点（37-8）。威尔克莱聚焦于内在于野蛮人描述的不连贯性；关于这个问题，我是一个不可知论者，并且聚焦于野蛮人是否代表了一种可描述的理想。我努力根据卢梭的潜在假设（即，我们对自己的无知是无知的）来梳理系谱叙述的作用，并且认为：与野蛮人有关的故事志在把我们从无知中唤醒（部分地通过它所提供的戏剧性对比），而非把握一种我们已经拥有的与我们自身相关的信念（参见 *Being after Rousseau*, 37）。在很大程度上，威尔克莱聚焦于主体文本与卢梭注释之间的关系（*Being after Rousseau*, 36, 43-8）。关于格劳卡斯意象的另一种观点，（转下页）

况的悲剧性反讽：我们的"每一个进步"都令我们进一步远离我们的"原初状态"，也令那种状态变得越发难以理解。所以，"在某种意义上，我们不可能通过研究人来认识他"（*DI*, 124.2/*OC* III, 123）。自我发现（self-discovery）似乎将会是自我削弱（self-vitiating）。

依据对变化的更为深入的指示，我们可以得出结论。卢梭在《二论》的序言中写道：

> 我们要在当前的人性中把原初的事物和人为的事物拆解（disentangle）开来，确切地认识一种不再存在或许也可能从未存在过的状态，这绝非易事。但是，为了能够确切地评价我们当下的处境，我们必须对上述状态获得确切的观念。
>
> （*DI*, 125.4/*OC* III, 123）

看起来，因为某种牵连（entanglement），我们在给出人性观点时，能够正常诉诸的制度与经验证据已经被历史地和概念地调节了。通过假装它们构成了客观的、被不偏不倚地认知的事实或主题，自我认知的努力强化了那些因继承而来、由文化塑造的偏见。在（紧接着序言的）绪论中，当卢梭批评一些对人性看似科学或客观的描述时，这几点的力量颇为明显（*DI*, 132.5/*OC* III, 132）。我们已经注意到，霍布斯随后就因其犯下

（接上页）以及对威尔克莱诠释的评论，参见 Kelly, "Rousseau's 'peut-être',"80-2。参见 O'Hagan, *Rousseau*, 34-5。在 37，黑根（O'Hagan）评论道："在卢梭的体系中，与［霍布斯这样的前辈］相反，自然状态是一种理想类型，通过对各种社会因素的抽象，他人为地构建了这一理想类型……"

第二章　系谱叙述、自我认知与哲学的范围

的错误受到谴责——他错误地将当下的习俗性事态投射到我们的天性上（*DI*, 151.35/*OC* III, 153）。总而言之，理性，包括哲学理性，似乎从一开始就感染了它志在或假装想要治疗的偏见，并在客观性的欺骗性伪装下带着它们继续前行（或者，卢梭在这里似乎如此暗示）。理性（包括哲学理性）倾向于令事情的当下状态合理化，而非揭露其基础。[35]系谱性叙述必须以某种方式打破这一难题。

但是，根据我在前两段引用的那段话，这难题看似无解。如果我们不能知道我们的原初状态，那么，与此有关的"确切观念"如何得到证明？卢梭的话很可能意味着：作为历史事实或状态，它是不可知的；但是，那种"确切观念"却是可以获得的。罗伯特·瓜伊（Robert Guay）在提到卢梭对其方法论的评论时，非常强有力地提出了这一点，他说："在卢梭的历史计划里，因为涉及到关于过去（past）的认识论难题，事实不仅是匮乏的，也是不相干的。"[36]所以，如果要确定我们是否已经详细论述了正确的"确切观念"，我们一定可以找到其他的方式。然而，如果对自我的无知达到一种卢梭似乎正指出的

---

[35] 关于反思的问题（对卢梭而言），另一种视角，请参见 Starobinski, *Transparency*, 199；亦请参见我在第一章第五节提到的讨论。非系谱学的、哲学的理性是必然还是偶然地适合于那一对反思造成困扰的问题？（感谢保罗·卡查凡阿斯提出这个问题。）至少，在 *DI* 中，尤其是当我们把注释纳入考虑之时，答案很可能是"偶然地"。

[36] Guay, "Genealogy as Immanent Critique," 174. 稍后，在同一段落中，瓜伊继续评论道："通过这样的方式［在瓜伊引用的卢梭的构想中，通过使用'假想的'理性来揭示'事物本性'］，卢梭把历史叙述从偶然发生的事件中转向人类行为能力之内在特征的规范性分析。正如在系谱学中，叙述性因素的功能是就我们是谁以及我们正在做什么表达出一些内容。"（174）与之类似的说法，参见 Neuhouser, *RCI*, 6-7, 以及上面的注释 17、18。

极端状态,如果获取新知识的努力甚至令我们更加难以认识自己,那么我们不仅难以真正理解这些问题,也不可能真正理解它们。如果情况如此,我们就面临着其他一些困惑:我们如何知道我们在洞悉人性时是否会遇到什么问题呢?也即,我们最初如何知道我们关于自己是谁或是什么怀有错误的认识呢?如果论述正确,我们又如何知道它是正确的呢?如果系谱学是答案的关键,那么(借用柯克斯的观点),无限回溯的威胁就会出现,因为每一个系谱似乎都要求另一个。我们似乎被立即带回到对相对主义、历史主义以及内在一致性的关注上。[37]

进而言之,即使有人找到了一条通道,可以通往处在争论中的关于觉醒的知识或认知,但既然其他人仍然不能摆脱对自己无知的无知,他如何有效地将其传递给任何其他的人呢?我们不仅必须解决系谱学的系谱学问题,还必须理解《二论》的系谱学这样的事物如何能够实现其目的,帮助读者认识自身的无知——根据这种系谱学,对自我无知就是当下的处境。

关于我们当下的处境,我要表明的是:对于卢梭一开始就提出的——我相信,下文得到了他的作为一种整体的论述的确认——关于我们是谁或我们是什么的问题,我们似乎受到了误导,尽管此误导并非彻底的和不可救药的。正如评论者已经表明的那般,它是一个人的身份认同问题,因此也是一个人如何理解自身的问题。[38]这些解释表明,卢梭描绘的自我疏离关乎

---

[37] Kekes, *The Nature of Philosophical Problems*, 94-5.
[38] 正如罗森提出来的那样,"总体而言,卢梭提出了一种关于错误意识的真正的政治理论";并且,"卢梭认为,错误意识观念是一种错误的身份认同形式",这种观念认为"人们以某种方式丧失了自我","他是第一位提出这种观念的思想家"。*On Voluntary Servitude: False Consciousness and the Theory of Ideology*, 92, 93. 对卢梭的众多文本进行考察之后,罗森提出了他的(转下页)

个人认知、情感、性情与意愿能力,并在很大程度上与社会构成绑定在一起。那么,我们需要论述:作为系谱讲述者,卢梭如何认识到他自己(和我们)的处境。

在我们转向卢梭对自己如何从其时代之昏睡中苏醒的描述之前,我最后有两条评论。首先,在上面那段来自《二论》序言的引文中,对"人为"(artificial)的提及要求我们比较卢梭对系谱学的使用,以及休谟在讨论作为"人为德性"之正义时对系谱学的使用。在那里,休谟对系谱学的使用颇为明显。正如伯纳德·威廉斯(Bernard Williams)论证的那样,休谟的系谱学提供了一种关于正义的"功能论述",我们可以认为,它是"辩护性的"(vindicatory,因为它保存了——如果不称之为提升的话——我们对那种德性的尊敬)。[39] 尽管如果没有某种正义体系,任何社会都不能存在;但是,休谟

(接上页)观点。他继续通过对照的方式来讨论斯密(95-9)。我非常同意他的卓越分析这一点会变得明晰起来。参见 Ignatieff, *The Needs of Strangers*, 122:"关于人们如何奴役自身,以满足盘旋上升的需要,卢梭的论述是最早的关于错误意识的现代理论。"(另请参见 95)斯塔罗宾斯基评论道:"卢梭最先提出坏信念的问题。"(*Transparency*, 38)参见高蒂尔关于卢梭的"错误身份认同"的讨论(*Rousseau*, 153-4),以及我在第一章注释 24 引用的伍德的文章。在第四章,我讨论了"自我伪造"(self-falsification,正如我这样称谓的)是否原本就存在于斯密的图景中;我也简要地讨论了"坏信念"的观念。在当前这一章里,关于把我们引向卢梭所描述境况的那些因素(例如自恋、想象及劳动分工),我没什么可说的了。我们的身份认同观念与自我概念是可疑的,系谱学也在某个方面唤醒了我们,让我们关注这一事实;这是许多讨论,尤其是那些聚焦于尼采的讨论的主题(例如,参见注释 51 中引用的吉美斯[Gemes]与萨尔[Saar]的文章)。

[39] 参见 Williams, *Truth and Truthfulness*, 33-6。威廉斯注意到,"并非所有系谱学都是辩护性的"(37)。在这几页中,威廉斯从休谟在《人性论》中的论述开始研究工作。参见柯克斯对"颠覆"和各种系谱学的讨论(*The Nature of Philosophical Problems*, 89-90, 95-7)。我没有假设卢梭了解休谟的正义观。在下一章,关于卢梭《二论》中"人为"的可能含义,我将略加讨论。

的系谱学却帮助我们把正义理解为对一个问题的回应,即如果没有这样的正义体系,人们将有理由采用它(或者,我让威廉斯在此这样说)。我能根据这些总体性线索来理解卢梭的系谱学吗?

在我看来,答案在很大程度上是否定的。至于为何,当说卢梭故事的视野是无限的,所以,他讲述了许多不同的发展,它们只是间接地且令人困惑地与自然状态图景有关(无论它是内在的、"纯粹的自然状态",还是从中缓慢产生的前政治的社会状态)。不仅如此,在威廉斯的意义上,卢梭故事的结果不是辩护性的,因为当我们拥有社会制度时,我们对它的信心似乎因卢梭的论述而遭受了决定性的削弱(关于它前往何方,考虑到他天启般的预言,我们的信心就更是如此了)。然而,我们也不能认为,卢梭的论述采用了一种纯粹的"批判性"态度(请回顾我在注释14引用的纽豪瑟的文章的标题),或者认为他只想驳斥、颠覆人类制度的合法性——至少不是每一种可能的制度(例如,尤其是语言——如果语言也被认为是一种制度的话)。他的系谱学包含了一种"批判性"目标,但并未因此得到完全或详细的讨论,或在本质上追求这一"批判性"目标。

54

第二条评论:《二论》提供的这种自我认知(如果它的论述是确切的),以及卢梭在"万塞纳启示"中指出的那种自我认知,同时聚焦于人性以及它囊括其中的社会/政治语境。甚至,我们可以大胆地说,显然,我们想要知道的内容不同于具体化的自我认知,例如,在《忏悔录》中,特定的自我认知就非常明显;当然,这两者彼此关联。的确,卢梭通向前者的道路必然是其自传的一部分,并且,正如刚刚提到的那样,它也是他自己深度转型的一部分或一个片段；然而，即便如此，在他前往万塞纳的路上，他所发现的与自己有关的东西——尽管它经历了深刻的转化——同等地可用于我们其他人身上，正如它用在卢梭身上。在我刚刚引用的那段话里，他说"启示"打开了他的双眼，让他看到"社会体系中的对立"以及如下事实："人自然是好的"，但却变得邪恶了。这些也是我们必须看见的"伟大真理"。我已经说得够多了，足以指出《二论》里的那种自我认知既不是回忆，也不是复原。[40]，我要重申，我们必须重新获得的真实自我不是自然状态中的野蛮人——即便，根据下文提供的论述（本节［d］部分），卢梭的叙述的确给我们这样一种印象：野蛮人的处境优于我们的处境。[41]

接下来，让我们考虑，卢梭如何作为一名有自知之明的系谱学家打造他的系谱学。

（c）前往万塞纳路上的启示

在两个不同的情景中，卢梭努力解释他如何看到其观点

---

[40] 我在本章归纳了自我认知的特征；它不同于 Benjamin Storey, "Rousseau and the Problem of Self-knowledge"，或许也与之不相匹配。在那里，斯托里（Storey）专注地表明：对卢梭而言，推崇社会性的自我认知（正如《爱弥儿》的"社会"[sociable]概念）与赞赏孤独的自我认知（例如 Reveries, 267）之间的冲突不可化解（273-4）。我当然同意斯托里的如下观点：卢梭并没有促使我们回归野蛮人的生活（258）。关于个人自我认知，以及人性的知识（knowledge of human nature），我在本段开头阐述的思想与斯托里在"Self-Knowledge and Sociability in the Thought of Rousseau," 152 的观点尤为一致（在那篇文章里，斯托里尤为聚焦《忏悔录》）。

[41] 在本研究的诸多关节处，我都使用了"真实自我"（true self）这样的表达，用来指涉 DI 187.57/OC III, 193 处的 ce que nous sommes——"未遭腐化的人类自身"。它是对卢梭短语的不完美注释，但在卢梭的学术研究中，我们对这个词却非常熟悉，更不用提在日常语言中了（参见注释 6，论"异化"）。

的体系性错误；例如，他如何获得一种新的视角，并且，因此视角，他才能写作《一论》，写下那些与众不同的观点。这是卢梭如何成为自己——那个理解了我们是"幸福奴隶"的思想家——的系谱。身处危险当中的不只是认识问题——不只是一个与诸分立信念有关的问题——还有与人的身份有关的问题（请回顾我在上文对罗森和其他人的引用）。

这样说是恰当的：就他所宣称的（一种条件有待稍后解释）同一事件，即所谓的"万塞纳启示"，卢梭讲述了一个故事——或者，更加确切地说，是故事的两个版本。[42] 两个论述都非常清晰地呈现出"启示"发生于1749年。当时，卢梭很明显是独自一人走在前往万塞纳的路上。那时，他的朋友狄德罗正被囚禁在万塞纳（有趣的是，为了我们的目的应说明，他是因为写作了《供明眼人参考的论育人书简》["Letter on the Blind for the Use of Those Who See", 1749] 这篇文章被囚禁在那儿的；卢梭在《忏悔录》第七卷提及"万塞纳启示"事件之前，就提到了这个事实 [*CW* V, 292/*OC* I, 348]）。同样有趣的是，出于我们的目的应说明，他的目的地是一座囚禁朋友的监狱。这个语境不仅指向了正义问题，也指向了"盲目"（blindness）这个词的比喻意义与字面意义。

卢梭碰巧拥有一份《法兰西信使》(*Mercure de France*，以下简称《信使》)，在行走之间，他扫了报纸一眼，并注意到第戎学院提出的征文问题（"科学与艺术的复兴是否有助于实现

---

[42] 在 Rousseau, Judge of Jean-Jacques: Dialogues, in *CW* I,131/*OC* I, 828-9 的第二篇对话中，卢梭也提到了这个事件。但是，相对于我在此处的评论，那一描述并未增加任何新的内容。关于卢梭在同一时期做的简要描述，亦可参见 *Letter to Beaumont* (*CW* IX, 21/*OC* IV, 927)。

道德纯良"［*FD*, 3/*OC* III, 1］)。在这件事发生十三年之后，在第二封《致马勒布书信》(*Letter to Malesherbes*，1762 年 1 月 12 日）中，卢梭首次论述了这一改变生命的事件。[43] 这件事发生大约二十年之后（很可能是在 1769~1770 年这个时期），卢梭在《忏悔录》中提供了第二次论述，并且，他想在身后发表这部作品。在那里，卢梭评论了他在细节回忆上的弱点，并提起《致马勒布书信》，说这封信包含了此事件的细节。但是，他也提到，他生动地记得阅读学院问题时的印象（*CW* V, 294/*OC* I, 351）。这两次陈述并非完全相同，然而也没有彼此不一致。我偶尔也会把它们当成同一个叙述加以提及。

一开始，它们讲述了卢梭生命中的一个关键片段；它们都以第一人称进行讲述，或者说是自传性的故事。它既不是一则论证，也不是对论证的论述。然而，它们描述了镜头（lens）在何时何地发生了突然的、戏剧性的改变，以及它在那时是如何被感知的——它描述了视角的巨大改变以及自我的重新定位。两者是与同一类事物有关的故事：精神转变，或者，重新设想（re-envisioning）。两者都想要得到阅读、都是想呈现给某人及有读写能力之公众的故事（马勒布，以及大量不得其名的《忏悔录》的读者）。作为公开的、通过写作进行的自我展示，两者都与他在诸论文及其他地方批评的文学界绑定着。进而言之，在很大程度上，两者都未被独立证实。在此关键时刻，其他任何人都不在场。我们几乎完全依

---

［43］关于《致马勒布书信》，参见 *CW* V, Appendix I, 572-83/*OC* I, 1130-47。我这里正在讨论的《致马勒布书信》是四封书信之一，但是，我将像刚才表明的那样引述它。

赖于卢梭的叙述。

在《致马勒布书信》(以下简称《书信》)中,卢梭展示了他对学院问题的阅读,称它好像"一种突然的启示",它如此有力,以至于"心灵因一千道光芒照射而眩晕"(*CW* V, 575/*OC* I, 1135)。心烦意乱,头昏眼花,心脏急速跳动,难以呼吸,他坐在一棵树下,无意识地哭泣。在引自《书信》的这段文字中,卢梭继续说:

> 噢,先生啊,我原本能够把在树下看到和感受到的写下来,我原本可以把社会系统的矛盾看得多么清楚啊;我原本可以用什么样的力量彰显我们制度的一切滥用,可以多么简洁地表明人天生是好的,正是因为这些制度,人们才变得邪恶了。在树下,让我在一刻钟时间里受到启示的那些伟大的真理,但凡是我仍能记得的一切,我都把它们分散进我的三部主要著述中了,即《一论》《论不平等》以及论教育的那部著作。这三部作品不可分割,并共同形成了同一整体。

(*CW* V, 575/*OC* I, 1135-6)

《忏悔录》的论述声称:"在阅读《法兰西信使》的时刻,我看到了另一个宇宙,我也成为了另一个人。"(*CW* V, 294/*OC* I, 351)。卢梭为我们描述他如何看到我们无知却不知晓,以及我们如何屈服于双重的无知。正如他在上述引文(刚才引自《书信》的那段话)第一句中所说,他要让我们"看见"我们生活于其中的"矛盾";卢梭想要治疗我们对自身处境的无知。请注意,他的"启示"已经指向一种历时叙述:我们已经"**变得**

邪恶了"（增加了强调）。与此同时，他并没有说，他突然意识到或想到《二论》的系谱学叙述。[44]

卢梭详细叙述了，他告诉了狄德罗他因精神极度兴奋而产生的迷狂及其原因，以及狄德罗鼓励卢梭去竞逐奖项："我这样做了，并且我从那一刻起就迷失了自己。我的余生和不幸都是那一迷乱时刻不可避免的后果。"（Confessions Bk. VIII, in CW V, 295/OC I, 351）。即便在受到启示之后，卢梭还是被推着进入文学世界，进入它的所有邪恶与诱惑，而且要么没有充分的自我认知，要么只有单纯的好结果（根据他自己的论述）。这在《致马勒布书信》中找到了回音，正像卢梭描述的那样，他"几乎不由自主地成为了作者"，并且当被竞争性商业世界"消费"时，他或许也经历了"自恋的隐秘回归"（a hidden return of amour-propre, CW V, 575-6/OC I, 1136）。然而，正如他在那里说明的，他也接受了把赌注押在真理之上的座右铭，当然，他也创作出了最伟大的作品。于是，他演绎了其叙述描绘的对"完美性"的反讽（irony of "perfectibility", DI 141.17/OC III, 142）。正如在整体的叙述中，一旦向下的滑落开始出现，我们似乎找不到办法来完全阻止，即便某种类型的属人的卓越是可能的。

---

[44] 关于当他在圣杰曼森林里漫游时，如何思索着第二次学院征文问题的答案，卢梭的故事颇具启发性，但或许是虚构的。参见 Confessions Bk. VIII, in CW V, 326/OC I, 388-9. 值得注意的是，卢梭展现出他在森林中的时间如同在自然中一样孤独，并且具有透视性；但它并不是一种对话类型或转变灵魂的启蒙。这一 DI 的微系谱学由卢梭在《忏悔录》第八卷中更早的论述构成，去万塞纳路上的启示已经向他传达了他想要表达的内容的实质，DI 正是结果之一。参见巴霍芬对"沉思"（méditaiton）非常有趣的反思，以及在森林中漫游的故事：La condition de la liberté, 56-64。一个可引申的问题是：如果 DI 回答的学院问题正是卢梭在前往万塞纳路上读到的问题，那么，他作出的反应会像他所记录的那样，一如他在读到 FD 所回答的问题时产生的行为吗？

前往万塞纳路上的这一段经历当然是一种精神启示，但不是神启（revelation）。没有任何神圣的行为人在此发挥作用。这一转变完全是世俗性的，它所传递的一个关键信息——"人自然是好的"这一论题——很明显是对原罪原则的拒绝。[45]（在这一节［d］部分，我也要论证：与此原则关联在一起的那种观念被卢梭保存下来。）所以，不仅政治、社会和道德观点得到了重塑，宗教观点也是如此。请注意在这一切因素中意外和偶然的影响：看起来，这里没有什么是提前计划好的，也没有一只神圣的或是属人的手来进行引导。卢梭对任何拥有类似启蒙经历的前辈保持沉默，这似乎与卢梭的沉默相协调。他表现得好像是第一个恰当地看待这些事情的人。[46] 我将会转而讨论这些想法。

在很大程度上，卢梭的论述与视野有关，或者说，就如已经表明的那般，它是一种重新设想。既然迄今他所相信的每件事情都被系统性地颠倒过来，这就如人们曾经期待的那样了。正如在这章较早时候我所进行的讨论：从已经接受的前提得出的任何结论都不充分，因为他们自己很可能被反对的事物的安排所影响（并因此影响他的信念与"直觉"，正如我喜欢这样称呼它们）。在上文引用的《致马勒布书信》的一个段落里，卢梭引人注目地表明："启示"传授给他的内容远远超过他在刚才提及的三部著作里能够阐发的内容（请回忆那些作品的篇幅与内容）。这也证明了如下观念："启示"是对整幅图景的重

---

［45］ 正如卢梭自己在《致博蒙书信》（*Letter to Beaumont*）中明白地指出的那样（*CW* IX, 28/*OC* IV, 935），也正如评论者们常常见到的那样。

［46］ 但是，正如凯利在其《忏悔录》译文的序言（*CW* V, xxviii）中注意到，卢梭在《忏悔录》中对其生活的论述令如下这点变得很明显：他对启示内容的"发现""不会在任何地方出现"（尽管显现出来的是相反的面貌）。亦即，就他的启蒙而言，其系谱学故事自身也是以文学方式打造的系谱叙述的一部分。

新聚焦，是认识所有事物的新方式。正如上文论证的那样，如果前提假设是，关于自己，我们受到了深度且广泛的误导，那么，那正是人们可以预料的。

然而，尽管没有受到来自上天的推动，或受到世间智者的启蒙，但是，卢梭自我反驳（peritropê）的近因（参见柏拉图《理想国》518d）就是对文人共和国的表达——至少是一份印刷出来的刊物以及一份竞逐奖项的宣言。所以，尽管强调用全新的方式来看待每一样事物，其过程却潜在地回应言辞与理性，因为他是被一个问题唤醒的。[47] 这一过程并非确切地是对话式的，因为，这个事件以书写文字为媒介发生；并且，在抵达万塞纳之前，这个事件是在缺乏其他人见证的情况下发生的。或许，写作（至少是以学院征文的形式）要比另一人在场时的呈现更为优越，因为它让卢梭在一种自然的孤独幻象中经历这一重新定位。如果没有那个刊出的问题，"启示"很可能不会触发这一转变。在那种处境里，"启示"依赖一种特定的历史阶段与文化演化。

卢梭流下了泪水，对之却没有了解；其效果不只是认识论上的，也是情感上的（很可能这些是伤心的泪水，尽管它们或许也表达了其发现的重大意义）。正如他在上文引用的《书信》段落里所说，他在树下既"看见"，也"感受"，所以，它看起来就是《忏悔录》中的成为"另一个人"所说的。它对情感产生的影响非常重要。我先讨论卢梭以自己的系谱学故事启蒙他

---

[47] 学院提出问题这一事实表明，我所提及的自我认知的欠缺并不完整。尽管我们可以认为，这把我们的疑问向上游推进了：学院成员如何能够看到我们可以就统治规范提出重要问题？

人的努力,稍后,我将要回到它对情感的影响上来。

现在,卢梭明显地向我们呈现了一种转变叙述(conversion narrative),并且,它也非常清楚地模仿宗教皈依(religious conversion)的故事,尤其是奥古斯丁的故事,以及在他之前的,保罗在前往大马士革路上的故事,正如诠释者们已经注意到的那样。正如雷纳托·伽里阿尼(Renato Galliani)表明的那样,前者的相似尤其引人注意。[48]然而,也如评论者以各种方式指出的那般,卢梭的叙述也与那些著名的皈依故事存在竞争,原罪问题表明了这一点。

进一步说,如果伽里阿尼的讨论是可信赖的,那么,卢梭对"启示"的叙述就不单纯是一事实性论述。卢梭很可能在1749年去万塞纳看过狄德罗,并与他讨论了《信使》上通告的学院竞赛。[49]的确,在完成《一论》写作前的某一刻,他的确开始以相当不同的方式来看事情。当卢梭后来力图为其生活赋予一种特定的形式时,或许是为了自己的利益,但也的确是为了读者和批评者的利益,他极大地超越了那些光秃秃的事实。他对"启示"的论述是用心打造的文学性叙述,具有修辞与哲学意图。它们诉诸传统的和广为人知的皈依修辞(tropes),即便并不认同它们。它们也试图打动读者(正如他论述自己重生

---

[48] Galliani, "Rousseau, l'illumination de Vincennes et la critique moderne," 415-27. 我在此处对伽里阿尼的提及是要指向这篇文章。关于这一论证的另一个版本,参见他的 *Rousseau, le luxe et l'idéologie nobilaire: étude socio-historique*, ch. 1. 另请参见 Riley, *Character and Conversion in Autobiography: Augustine, Montaigne, Descartes, Rousseau, and Sartre*, 111-14 富有启发的讨论。

[49] 参见 Galliani, "Rousseau, l'illumination de Vincennes et la critique moderne," 421, 439. 狄德罗提到,他在万塞纳狱中看到卢梭,并且与之就回答学院问题进行了交谈。参见他的 *La Réfutation d'Helvétius*, 784(感谢查尔斯·沃尔夫[Charles Wolfe]提供这一参考文献)。

为"另一个人"那般,皈依修辞也颇为感人),或许通过这样的方式,读者能够给予卢梭一种同情式的倾听,并与他一起准备重新想象事物的可能性。伽里阿尼评论说,通过这些论述,卢梭含蓄地维护了他的原创性与真诚(422)。那表明,卢梭希望把权威,因此也把说服力带入他的系谱论述。伽里阿尼也表明,"启示意味着赋予人价值,使之成为一个特别的存在,而他的作品也是独一无二的"(441)。

卢梭为何要做这一切呢?还有其他原因吗?我开始提供的解释又回到自我认知的论题上来,并普遍缺乏关于自我的明晰性。如果在两篇论文中卢梭关于幸福奴隶和我们深陷无知处境的论述为真,那么,正如我在本节稍早评论的那样,他却没有论述人们如何看到这一事实。某种启示和皈依形式突然闪现,并致使镜头大幅度重新调焦——这一重新调焦具有认识论与情感表达两个维度,它发自(至少在启示时刻)相当独立于与文人共和国的牵连的内在来源,而非发自对诱发之的问题自身的阅读——这种启示和皈依形式似乎是可以尽可能多地提供的。[50] 在我们考察过的那段话中,卢梭的确提供了。

---

[50] 亦即,如果有人假设了一个世俗的与广义自然主义的框架。我认同伽里阿尼的评论,即"万塞纳启示允许卢梭将其工作统一起来,为之赋予一个方向和一个具有典范意义的价值"("Rousseau, l'illumination de Vincennes et la critique moderne," 421)。然而,就其坚持使用在文化上已经习惯了的皈依修辞这一点上,认为卢梭是"一个传统的人"(426-7),这个观点是言过其实了。卢梭谈起他在前往万塞纳路上,偶然读到《信使》广告。伽里阿尼表明,我们可以将卢梭的谈论诠释为"超人意志"的再现(431)。我同意,卢梭任自己利用这类转变叙述(伽里阿尼在427-8细致地阐述了它的象征性方面),以便能够增强其在情感与修辞上的效果(429)。但是,我想要论证的是,卢梭做得非常审慎(不只是因为这样做是传统的),部分地当作对一种特殊认识论以及情感挑战的回应。参见凯利对"启示"之偶然特征的指导性评论,我的论述再一次与之保持一致:*Rousseau's Exemplary Life*, 46, 189-90, 243-8。

我们可以说,《一论》具体呈现了卢梭对自我认知问题的回应。尽管如此,我在此处聚焦于《二论》——根据卢梭自己的论述(在《致马勒布书信》中),《二论》也因其"启示"产生——承担了它所宣称的使读者能够洞见自我的计划。《二论》中叙述的系谱学意在通过另一条路径重新定位读者以启蒙他们;由此,卢梭自己也因这一路径得到重新定位。启示在卢梭前往万塞纳路上来临的方式是突然闪现,然而,理解《二论》叙述很可能需要一种非常不同的认知和情感努力。这与如下观念并不一致:已经公开的"启示"叙述也为其他人提供了一个模范。他描述了自己作为《二论》作者的系谱学,这一描述当然有意为《二论》赋予权威。

确实,卢梭关于自身"启示"的叙述仍然是颇为神秘的;尽管它们给予了我们一些条件,并在一定程度上告诉了我们"启示"的内容,但它们并未真正对之作出解释。他的"启示"并不是什么他为之承担许多责任和负有许多功劳的东西;然而,他描述得好像发生在他身上一般。按照那一方式,他对其独自醒悟状态的论述是反系谱学的。他试图通过对此事件的陈述来解释如下认识,即他不知道自己无知(更不用说别的了)。对一个熟悉宗教皈依故事,并对其保持开放的读者而言,卢梭的故事在原则上听起来颇为合理。对这样一名读者而言,卢梭的论述可以成功地使如下观念变得合理:尽管人类处境仍然深深陷在诸种欺骗之中(《致马勒布书信》提及的"矛盾")——那种转变或启蒙使这些欺骗变得明晰——但有人能够理解人类的处境。那么,是这位认定卢梭的故事合理的读者弄错了吗?

这个问题向我们指出了一个元哲学问题:基于自我的不可认知性论题,以及本章稍早时候讨论过的观点(即反思是有限的,且受到历史语境的塑造),我们是否可以找到一条通往卢梭细致论述的那种启示之路呢?如果它是一个改变基础构造或基本图景——或者,在一个较早的构想中,用来观察事物的透镜——的问题,那么,至少对首位发现者来说,他需要类似于"突然转变"这样的遭遇。不仅如此,某种特定类型的宗教皈依以我们提到的那些假设为依据,这并不会让人感到难以置信,这些假设包括:我们官能的腐化、视野与性情之根本改变的重要性,以及我们要在那些大的图景内部进行推理而非围绕它们进行推理的观念。问题便是(本节[e]部分将再次进行处理):对理性推理来说,我们是否能够对"大的图景"自身进行评价,即便通往新图景的道路采用了新的启示形式。

在《二论》当中,卢梭在每一个事件上都唤起读者重新想象社会、政治和人类的景象。对唤醒和调焦(awakening and refocusing)的任务来说,想象都具有实质意义,即便它可能让我们变得盲目。情感也是如此,因为卢梭讲述的故事呼唤重新定位视野与认同,情感则构成了其中的一个部分或片段。卢梭提供的言语意象与叙述确实想要把想象、认知及情感联合起来。人们会对熟悉的故事与体裁产生共鸣,这是令三者联合为一并使人们将之称作"他的规劝成果"的方式之一。借用肯·吉美斯(Ken Gemes)倾向于使用的表达,卢梭从头至尾都"引人注目地处在我们的自我概念的中心"。[51]

---

[51] Gemes, "We Remain of Necessity Strangers to Ourselves," 192. 吉美斯正在讨论的是尼采,而非卢梭。类似地,参见 Saar, "Understanding Genealogy," 311。既然卢梭在发表 *DI* 时没有公开他自己的"启示"故事,那么他当时必然假定,*DI* 本身会影响读者的"自我概念"。无论如何,他都决定要描述"启示";他的论述也变得广为人知,经常被人引用以阐释他的作品。

（d）《二论》之形式与内容的相关特征

《二论》如何实现这一规劝呢？通过对此问题作出回答，让我就系谱叙述那些引人注目的特征提供一些观察——既涉及它的文学形式，也涉及某些总体特征。让我们看一看，它们是如何关联在一起的。

正如我已经说过的，《二论》的两个部分采用了系谱学形式，也就是从自然状态到当前及未来的发展叙述。现在，系谱学和叙述并不必然就是同一件事情了，系谱学可以等同于一种编年史——关于事件序列的编年史叙述：这一件事，然后是那一件事，之后是另一件事——但是，它还有言外之意，即每一步都在一定程度上源自先前的那一步。那么，这样一种编年史将会表达某种秩序，一种叙述很可能于此更甚。在当前的系谱学问题里，叙述会描画出转变，并解释——至少在一定程度上——"为何如此"（why，尽管并不必然是因果性的"为何"）。[52] 不仅如此，正如总是被经典地认为的那样，一个具有良好构架的叙述要有开头，中间和结尾。《二论》的叙述的确或多或少地展示了那种结构，并以回到（与现在不同的）自然状态作为叙述的适当结尾。人们的确能够讲述一种并非系谱

---

[52] 在这里，Peter Goldie, *The Mess Inside: Narrative, Emotion, and the Mind*, 2 写道："叙述或故事是某种能被告知或讲述之物，或者只是通过叙述性思考得出的思想。它不只是干巴巴的记录或编年史，或对事件序列的罗列，而是对那些事件的再现，它们被塑造、组织，并且被涂上了颜色；从一个特定的视角或多个视角呈现那些事件，以及包含在这些事件当中的人，从而赋予相关事物一个叙述框架——一致、富有意义，并引入了评价和情感。"我觉得这很正确。我也表明，*DI* 的叙述系谱包含了那些特征。亦请参见此非凡著作的第 8 页。

学的叙述。当然，系谱学像山一样古老；叙述也是如此，以及，对那个问题而言，系谱学叙述也是如此。系谱或叙述都可能是事实性或虚构性的。卢梭采用了两种很好地得到确立，且为人所熟知的论述模式——系谱学与叙述——并把它们一起用在规劝性的、调整视野（perspective-adjusting）的努力中。

根据这一叙述，起点被卢梭如此积极地标记，当下的阶段却是如此消极（我们可以预言，前方是专制主义和契约的瓦解；*DI*, 186.56/*OC* III, 191）。鉴于此，我们很难（尤其是第一次读的时候）不把这解释成一则讲述衰落、失和以及朽坏的故事，那的确是它的部分观点——尽管卢梭为如下后果提供了（确切地说，他是轻声说出的）重要限定，即因为同一种"追求荣誉的狂热"，"我们拥有人们中间最好与最坏的品质，拥有我们的德与恶，科学与错谬……"（*DI*, 184.52/*OC* III, 189）。在修辞上讲，我们对关于堕落的《圣经》故事的共鸣是正确无误的，也被人频繁注意到。为了有效地传播他的图景，卢梭利用了那种共鸣，正如他在与"启示"有关的故事里所做的那样。当然，这又扩展到他与《圣经》论述之间的差异：他的论述并不依赖宗教，正如他在绪论（*DI*, 132.6/*OC* III, 133）中坚持认为的，也如他在《二论》结论段落中实际重申的那样。[53] 当然，我们也可以在其他文化语境与资源中找到从黄金时代堕

---

[53] 正如卢梭在那里写下的那样："我努力论述不平等的起源与发展，政治社会的建立与滥用；迄今为止，单凭理性之光，独立于借神圣权利之许可授予主权权威的神圣教义，我们就能把这些事情从人的自然本性中推演出来。"（*DI*, 188.58/*OC* III, 193）其他人也注意到了与《圣经》的共鸣，例如 Starobinski, "The Discourse on Inequality," in *Transparency*, 290："这[*DI* 的故事]是人类起源的世俗化、'去神秘化'版本，它重复了《圣经》文本，并用另一种调式予以替代。"

落的故事（例如，在赫西俄德的作品中）。所以，对卢梭神话的这种共鸣也是多维度的，并且具有辩证的复杂性。

叙述是一种想象行为，而非（正如已经提到的那样）历史研究。卢梭刻画出了众多源头。即便一个人对我们当下状态保持清醒，他也不了解这些源头以及从那时延展到现在的事件序列（正如同样也已经提到的那样）。结果便是，卢梭的故事（至少对起点的刻画）"对变化的经验是具有免疫力的"。[54] 我们可以由此推出，这个故事不是记忆的结果。但是，为了吸引读者的批判视野，卢梭可以通过这种方式来想象诸源头。我们习惯了这些故事，也习惯于把我们自己等同于审视我们自身与他人的视角，这些视角把我们转移进另一个非常不同的世界。通过利用为人熟知的自黄金时代堕落的修辞，卢梭用提了一个问题这样的方式来吸引读者的想象：如果事情以此方式出现，即你变成了一个幸福的奴隶却并不知情、受此束缚，那会怎样呢？如果我们与现在的样子大不相同，那又会怎样呢——我们仍然想要变得像我们现在一样吗？如果我们与现在不同，那看起来又是何种模样？故事把读者放到了旁观者的位置，他能够以第三者的身份来思考整个故事；如其所示，它也把人们之前的自我放在合适的章节里。这是一条道路，通过它，我们就可以获得视野。

卢梭用来讲述故事的那些术语，不仅要求我们用一种不太熟悉的方式利用想象组织我们的处境，还要吸引我们、激发我

---

[54] 关于此处引用的表达，参见 Guay, "Genealogy and Irony," 42。瓜伊首先援引了尼采，他在考虑一种系谱学目的的观点，这种观点在许多方面都与本章要探究的观点类似。亦请参见上面的注释 36。

们的情感。在他对自身的"启示"的回应中，正如我们已经表明的那样，我们看到了不同的内容，也有了不一样的感受。我们的确钦慕野蛮人，轻鄙"文明人"（*DI,* 187.57/*OC* III, 192）。我认为，我们会因曾经（神话中）的情况感到失落，所以，我们会将当下的处境经验为一种自我疏离。既然根据他的论述，我们的确是自我疏离（self-estranged，如其所言，"社会人"总是以一种混乱、不自由的方式，以一种"表演"的形式"外在于他自己"；*DI,* 187.57/*OC* III, 193）到了一种塑造了自身身份的程度，自我认知便也要求这类情感与认识上的调适。我们的自我理解不仅遭遇了认识论上的缺陷（以及，对卢梭而言，它必然因此包括了错误的信念），也表达了一种精神疾病——正如卢梭十分清楚地表明的那样，它对我们是坏的。

卢梭为读者持着某种镜子，它是与上文讨论过的观点保持一致的策略，于是，自我认知便不能简化为对自我的反省或哲学反思。在前往万塞纳的路上，他突然在社会、政治、道德状态与演化的语境中来看待人类境况。濒临险境的自我认知与放大的自我有关：它与我们在社会、政治、道德人格中变成了谁有关。甚至，就像卢梭的孤独的"启示"因读到学院有奖征文通知而闪现，这里也是：读者的启蒙将会揭示出卢梭在两篇论文中加以批判的体系，即文人共和国体系，及其写作、发表、作品，等等。尽管它们可能是腐败症状，但是在正确的人手中，它们也可以得到修正。我在前一章讨论过的顺势疗法修辞（homeopathic rhetoric）的观念，在此也具有相关性——尽管我们将清晰地看到，卢梭在《二论》中运用的修辞形式极大地背离了他在《序言》及其他地方称谓的（在腐败社会中）"防御性"的顺势疗法修辞的手段及目的。[55]

在把自我认知问题与系谱学绑在一起之后,卢梭给了我们一种方式,让我们理解到问题在我们自身。他通过在我们身上激发出一种失落感,部分地完成这一任务:感受到我们不是自己应该是的人或物。他也通过运用这个非理想的、腐败的世界完全熟悉的修辞(比如,系谱学与叙述),与既有的故事(尤其是《圣经》故事)产生实质性共鸣,部分地实现这一任务。并且,他自己也通过这一方式改变甚多。

正如我们在上面指出的那般,当人们认识到,与其说野蛮人是历史上存在的事实,不如说他是一个想象出来的形象;不仅如此,他也是我们绝不渴求实现的对比(contrastive)形象——如果我们想要维持我们现在获得的这类自我,我们就不会渴求他;这时,这一策略的复杂性就会再次浮现。请回想,至少在自然状态的最早阶段,野蛮人没有语言,他们是孤独的,缺乏想象,甚至缺乏对自身必朽性的认识,只知道那些最基本的习惯,而且他们明显没有任何复杂的情感。如果野蛮人拥有一个自我,那么,除自保欲望和怜悯(*pitié*)能力以外(或许,"完善性"与自由意志也要加入这一列表),我们现在几乎要放弃与自身有关的一切才能重塑这样一个自我。那么,在进一步的反思中,对我们的衰败阶段而言,野蛮人的图景的确是一个特别具有吸引力的选项(我将要论证,对于自然状态中"最幸福、最持久的阶段"来说,这个观点仍然成立[参见 *DI*, 167.18/*OC* III, 171])。野蛮人不是朝气蓬勃的人性图景。这一系谱学故事不可能是怀古叙述,尽管它的确唤醒了怀古之

---

[55] 参见本书第一章第一节。

情;它是一种终结怀古叙述的叙事。我建议,我们应该认为,卢梭致力于在读者身上激发自我认知系谱,而这些彼此冲突的认识则对此系谱有所贡献。

许多人都注意到了它与《圣经》之间的共鸣。如果人们认为,卢梭明显不是单纯地重讲《圣经》故事(他的故事是世俗性的),那它就再一次变得有用起来。为了让大家看到缘何如此,我将借用一些观念。这些观念由木霍尔(Mulhall)启人思考的著作《堕落的哲学神话》(*Philosophical Myths of the Fall*)发展出来。在这本书中,木霍尔论述了尼采、海德格尔,以及维特根斯坦。[56] 在那里,木霍尔表明,当"基督教的原罪原则"得到各种各样的解释,"位居其核心的则为如下概念,即此类人性悲剧性地具有缺点,弥漫在其结构与制度中"(6)。他指出,这个原则与"启蒙的核心教条"相悖(7),并且,他引用了维特根斯坦在《文化与价值》(*Culture and Value*)中所做的区分,以阐明这类原则的一个关键特征。在他引自维特根斯坦的那些文字中,部分内容为:"人们虔敬到这样一种程度:与其说他们认为自己是不完美的,不如说认为自己是病态的。"(7)如果我们认为我们自己在精神上患有疾病,例如,为了获得救赎,我们依赖"神圣的帮助"(divine assistance)——即便在某种意义上我们要对自身的(原)罪负责——那么,如果没有那种帮助,(木霍尔继续说)我们必须认为自己"备受奴役,但是受到我们自己的奴役(不仅是不自主的,而且是自发

---

[56] 在我下文引用的那段话中,木霍尔所谓"从基督教人性概念"派生出来的内容要求我们比较卢梭论述中十分明显的奥古斯丁和帕斯卡式元素(参见上面的注释24)。然而,为了当前这个目的,关于木霍尔对基督教特征的归纳,我们并不需要依赖其确切性。

地不自主的);正如我们已经自由地放弃了自己的自由,我们也使其恢复变得难以为自己所触及"(9)。

木霍尔论证说,尼采、海德格尔、维特根斯坦共享了这一观点,但却是通过一种世俗的方式。正如他评论的那样,这三个人都想要

> 保留一种可识别的基督教人性概念的推论,它总是已经把我们带离同真相、理解与明晰性的关系,显然,那是我们与生俱来的权利——因此,它在结构上便是堕落的、误入歧途的,然从那种堕落状态获得拯救仍是可能的——但是,他们拒绝接受这种拯救唯有从一个超越或神圣的源头才能获得这一点。
>
> (木霍尔,《堕落的哲学神话》,11)

木霍尔继续说,既然对这些思想家而言,救赎并无神圣之源,"我们就必须学会过一种伴随着在本质上令我们困惑的关于我们自身的概念的生活"(12)。

我的建议是,在很大的——但绝非无限的——程度上,卢梭也同意这一人性观(正如我要表明的那样,相反的是斯密并不认同它)。在《二论》的一个段落中,他清楚地阐释了这一观念,即在人性中系统的然却是自行产生的错误或疾病关心着完善性:

> 我们被迫同意,这种独特的、几乎是不受限制的官能[即自我完善的能力]是人类一切不幸的源头。我们被迫同意,随着时间的推移,这一官能使他走出了原初境况;

在原初境况中，他原本能度过宁静而无辜的时光。我们被迫同意，历经多个世纪，这一官能促使他的启蒙与错谬、邪恶与德性繁盛，最终使他成为自己和自然的僭主（IX）。这真令人感到悲伤。

(*DI*, 141.17/*OC* III, 142)

但是，实际上，这一令人"悲伤"的真相正是卢梭在其故事中再现的内容。在模仿《圣经》，写作"堕落"的系谱时，他抓住了基督教观念，即我们"在结构上便是堕落的"（structurally perverse，用了上文引述的木霍尔的表达）。进而言之，在写作那个故事的完全世俗化的版本时，他想要表明，这一疾患并不是被施加在我们身上的。与此同时，准确地说，它也并非自我选择，不是我们个人应当为之负责的东西（因为，个人又能从何种立场选择它？）[57]。它并非某种原初的不道德性的结果；我们不是天然就坏，只是屈从这种看似无可救药的疾病（部分是因为"自我完善的能力"；*DI*, 141.17/*OC* III, 142）。机运（chance）以及某种类似"无形之手"的效应将随着时间的过去

---

[57] 关于"完善性"与自由意志的富有助益的讨论，参见 Neuhouser, *RCI*, 43-51。以及，关于神义论、邪恶、拯救的相关内容，请参见他的 *Rousseau's Theodicy of Self-love: Evil, Rationality, and the Drive for Recognition*, 2-3。Guay, "Genealogy as Immanent Critique" 评论说，卢梭表明了一种"论证模式"，据此，我们对自由的运用最终将会令我们深陷奴役。瓜伊看到，这一模式"作为一种批评的构成要素走向了系谱学：反讽的历史力量"（173）。他也注意到了这一步骤（他认为这一步预言了尼采的论断）："一种适当的批判性叙述将讲述如下故事：我们如何因为我们自己的力量持续地令事情恶化，并且在我们最成功的时候，事情尤为糟糕。"（例如，通过现代启蒙机制的发展；173）参见 Bachofen, "Der erste Naturzustand als *wahrer* Naturzustand," 122-4 的总结性反思，以及 Pippin, *Nietzsche, Psychology and First Philosophy*, 61。我将在第四、五章重新回到自由问题上来。

发挥巨大的作用。在人类身上，那些包含了实质性变化的事态将以难以觉察的方式出现（卢梭不止一次使用了 imperceptibly 这个词，例如 *DI*, 165.14, 15/*OC* III, 144；亦请参见 *DI*, 143.22/*OC* III, 144 卢梭对"偶然事件"的提及），没有任何人真正理解他们集体做了什么，或要对什么事情作出回应。并且，正如卢梭想要维持如下观点的效力，即尽管我们患病了，但我们并非天生就是坏的，他也描绘出了最先的"善好的"自我（在道德上既不好也不坏，只是一种前道德状态）。〔58〕最后，正如我们已经讨论过的，此论题要求他认为，同时代的读者对其境况一无所知——因此，需要一种特殊形式的药物性修辞（medicinal rhetoric）。

我认为，系谱学叙述在作为一个为此疾病传达倾向的良好载体的同时，有针对性地提供了一种特殊药物。它不仅非常适合阐述我们天性发展的历时特性，也适合阐述其反讽性的"无形之手"的特征。系谱学表明，通过历时性叙述，X 时刻的事态不仅是诸意图或效用考量的结果，或者将事物导向其最好状态的"神圣之手"的结果。这抓住了主动性与被动性、选择与缺乏选择的奇怪混合——简言之，借用（上文引用的）木霍尔倾向于使用的表达，此即"自发的不自主性"过程。这个序列并不具有预测的前瞻性（直到圆环的最后一部分加诸我们，对此，卢梭的确有所预测）；但是，正如我在这章较早时候提到

---

〔58〕 在 *DI* 的注释 IX，卢梭声称，他已经证明"人自然就是好的"（*DI*, 197.2/*OC* III, 202）。关于这一论题的意义，我认同 Joshua Cohen, *Rousseau*, 113 的评论："更具根本性的是，我不认为，他〔卢梭〕对自然善好概念的主要陈述的确超越了如下内容，即人自然是无辜且清白的，德性也与我们的人性相适合——在霍布斯式的背景中看，这些论断也绝非微不足道。"

的那样（第一节［a］部分），我们还是可以回顾性地对它进行理解。系谱学似乎是一种用来呈现这一切的有效方式。

在讨论木霍尔的建议时，我指出：当把它们与卢梭联系起来，我们就需要限定条件了，其中之一是：为了让我们恢复健康状态，我们的"结构性与构成性堕落"之疾（木霍尔，《堕落的哲学神话》，119）似乎是可治愈的。正如我已经解释过，卢梭的任务是诱发视野与情感的转变。但我接下来想要表明，这并不是要重塑一种先在视野（antecedent perspective），不是向原初状态的复归，不是一部奥德赛式的归家故事（nostos），也并非任何形而上学意义上的超越，不是完成或完善。考虑到其视野揭示出来的内容，它甚至也不是某种特别的快乐或喜悦。

然而，系谱学的确通过（假定的）祖先或后代，将我们与野蛮人的形象绑在一起。我们以某种形式保留了我们祖先的一些明确的特征（见下文）。更进一步的是，甚至在人类发展的许多阶段，卢梭对野蛮人的赞美都会引发最原初的崇拜，它将我们与那个形象绑在一起。[59] 多亏了那一赞美（它一直持续到 DI 的倒数第二段），这个故事可以清楚地意味着古代野蛮人的生活要远远好过我们，令我们望尘莫及；我们已经堕落并离开了古代野蛮人的生活，并且，我们应该力求尽快返回。正如我已经表明的那样，我们的反思被唤醒并得以运用，我们的确想要质疑这些问题。我认为，对卢梭引领我们走上的教育旅程

---

[59] 在卢梭关于我们发展中"最幸福、最持久的时期"所做的评论中，这一赞美仍然可见（DI, 167.18/OC III, 171）。关键是，那个阶段先于因为冶铁与农耕的发现而产生的"巨大革命"（DI, 168.20/OC III, 171）。然而，按我所指明的方式，故事的那一章甚至发挥了相反的功能（甚至，当我们引入了野蛮人的存在与其他每一个人的对照阶段的可能性时，情况也是如此）。

来说，这一过程的两个时刻颇为重要，它们构成了这一系谱的一部分：读者要从对无知的无知中醒来，然后才能转向自我认知。请让我对这个两步骤过程（two-step process）作出更深入的评论。

正如我注意到的那样，在《二论》中，卢梭的系谱看起来像是对遗失（loss）的叙述。这样看来，它也让我们对《圣经》故事产生了强烈的共鸣，或许也对其他许多故事产生了强烈的共鸣（对某个读者来说，他可能会想起柏拉图《斐多》中灵魂下降的神话）。显然，卢梭的故事想要激发起我们对当下状态的不满，唤起我们对某种更好事物的渴望。但是，与基督教或柏拉图神话不同，在卢梭的故事中，表面上的理想世界（自然状态）一开始让我们的境况显得如此不幸，也变得没有那么理想了；甚至在许多关键的方面，它也的确与我们无关。那是教育旅程的第二步。所以，根据这一解释，我们就有了双重遗失：遗失了自然状态，然后又遗失了自然状态代表的理想世界。与其说这是"上帝缺位"之哀叹，不如说这更像是"上帝死亡"之叹。所以，我们并不是简单地比较我们的命运与在自然状态下仍然保持无辜的诸存在的命运。根据我所提供的论述，通过这一双重教育的方式，野蛮人与自然状态跟我们的境况之间形成了对照，但是没有提供任何类似于我们渴求获得的标准这样的东西。[60] 我已经表明，追随木霍尔，疾病的观

---

[60] 参见斯塔罗宾斯基关于自然状态的评论：作为一种"记忆"，自然状态"有助于实现艾瑞克·威尔（Eric Weil）所谓的'比较概念'"（"The Discourse on Inequality," in *Transparency*, 293）。在那里，斯塔罗宾斯基将此"固定点或量杆"刻画为"定义仁慈的最细微标准"，它与我在此表明的内容大为不同。尽管如此，在294，斯塔罗宾斯基说"卢梭没有把它［自然状态］谋划为人们应在实际行动中遵守的规范"，我对这一点却颇为认同。

念——它在某种意义上是自身造成的或结构性的弊端——更适于阐释卢梭的批判视野最终表明的内容。

我提到，根据卢梭的论述，我们不仅通过可被叙述的血统，也通过保存那些可以追溯到古代野蛮人形象的诸多特征与古代野蛮人联系起来。这些特征包括了自我保存的欲望以及怜悯的能力（*DI*, 127.9/*OC* III, 125-6）。所以，尽管我们部分地通过想象我们成为了何人的对立面，获得了对原初状态的"确切观念"（*DI*, 125.4/*OC* III, 123），我们也反向地把在自己身上发现的那些特征归诸他们来规定他们。在这两种情况中，野蛮人与自然状态都出自想象，并且服务于那些与之相关的对比性目的。[61]

请让我转向由卢梭故事讲述的终点，并转向其努力实现的劝导功能。终点像起点一样引人注目。在《二论》的最后六个段落里（不算最后一段。我在本章开头就暗示了它外在于叙述），卢梭转而使用虚拟和条件性语气（subjunctive and conditional moods）。他用如下方式引入了这一转变："如果这是我们进入细节阐述的地方，那我就能够很容易地表明……"（*DI*, 183.52/*OC* III, 188）一连串的论点紧随其后，它们就是他想在适当位置展示的，很快就获得了预言的特征。正如我已经评论过的，强者的统治扎下了根，我们对自己的无知又将回

---

[61] 我将在下一章转向卢梭的怜悯观念，以及斯密的同情观念。卢梭何以知道，这两个特征存在于野蛮人之中呢？他说，他不是通过检索科学著作发现了它们，而是通过"沉思人类灵魂最初、最简单的运动"发现了它们（*DI*, 127.9/*OC* III, 125-6; 参见 133.7/*OC* III, 133）。但是，他的沉思如何砍断令"科学著作"不合格的那些幻想呢？他如何能够看到，那时的学问的错误如此严重？正如上文讨论过的，我们需要某种东西，它类似于前往万塞纳之路上的"启示"。沉思、在森林中的漫游等能够提供更深入的洞见（回想一下注释44）。

归，这令人痛心和可悲。接下来，卢梭评论道：

> 这是不平等的最后阶段，其终点与我们出发的起点相遇，令圆环闭合……在这里，所有事情都再次回到仅仅依凭强者法律的状态，最终也回到了一个新的自然状态，它不同于我们一开始从中出发的那种自然状态；先前的自然状态是纯正的，后一种则是极端腐败的结果。
>
> （*DI*, 185-6.56/*OC* III, 191）

卢梭在这里的描述看起来更像是霍布斯的"自然状态"。[62]确实，根据卢梭在《二论》第 I 部分对霍布斯的批评（*DI*, 151.35/*OC* III, 153），他现在把后者的"自然状态"视为背离自然状态产生的最终阶段（concluding stage）。一切人反对一切人的战争以及野蛮力量的统治闭合了"圆环"，尽管起点与终点并非在回归的意义上相遇（在我们刚才引用的那段话里，卢梭指出了这两者的不同）。在此呈现的历史哲学并非确切地是循环式的。在这里，卢梭几乎没有表明任何超越霍布斯式自然状态的运动的可能性，我们更不必对之抱有任何期待了。或许，那种霍布斯式的事物状态将会持久不变。我们没有理由认为，如果有什么会从一切人反对一切人的战争中浮现，它将会是原初的自然状态。所以，论述不是一个圆环，可能也不是一种循环论证。这也不是一种"历史终结论"——如果在一种有时可以归诸黑格尔的意义上，"历史的终结"意味着某种类似历史之"完成"的事物。

---

[62] 正如 Bachofen and Bernardi, *Rousseau*, 272, n. 188 所注明的（他们也提到了洛克）。

鉴于缺乏自我认知的问题（unknowingness-of-self problem），这一冷酷预言的功能何在呢？然而，开启"圆环"的原初自然状态图景提供了一种对照性视野，在表面上，这种视野也会带来拯救（因为，它告诉我们，我们并非自然而然就是坏的），结束这个故事的战争状态图景则确实意味着震惊与警示。情感再一次参与其中——例如，恐惧与害怕。人类旅程的终点与自然状态的美丽形象之间产生了强烈的反差（请考虑卢梭在绪论结尾处的评论；DI, 133.7/OC III,133）。它也激发了如下问题：是什么导向了那个不可避免的可怕结局呢？至于那些驱使我们朝那一方向前进的动力，其逻辑为何呢？

《二论》倒数第二段非常著名（DI, 187.57/OC III, 192-3），它紧随这段冷酷预言到来。的确，卢梭在那里要求读者进行概括地反思。他让我们想起野蛮人形象，鉴于我们已经认识到自己将要前往何处，那么，与之进行比较，我们所有人都显得更成问题。现在，受到卢梭警示，被他唤醒的读者了解到，当下的事态有其相关的历史；他们也想要理解其逻辑，也想要理解我们为了应对"圆环"的闭合可以做些什么。这个文本当然为我们指出了对民情（mores）、政治以及其他典型的人类现象作出历史解释的重要性（即便 DI 自身并非一篇历史论文）。甚至，对自我的人为性（artificiality）的认知，及其真实本性的问题，也是读者收获的一部分。这个多步骤的教育过程表明，我们现在所知道的自我的形式是社会性的，以及我们不再有重返野蛮人的自我的方法——即便那是可欲的。然而，读者也看到，如我们所知，当自我发展为其自身，它就变得妥协了——或者，更确切地说，即使当其在"完善"自我的时候，其本性也是要与自我妥协。

读者也许可以从卢梭的故事中推断出，对我们自身最为重要的事物（例如，我们的德性）与众多我们宁愿没有的事物（例如，我们的邪恶）一起到来（请回顾 DI, 141.17/OC III, 142，以及 DI, 148.52/OC III, 189）。所以，希冀清除后者、只保留前者的完美主义期待不会开花结果，甚至会事与愿违。系谱叙述再次把我们放到了一个思想框架中，以便能够领会这些听起来时常似是而非的观点。

最终，鉴于卢梭神话的结尾，其叙述在行为人可朽、不完美以及有限视野中是一种教育。无论好坏，每一事物都终结于一切人反对一切人的战争。当然，《二论》中还有更多与自恋、不平等之确证等有关的内容。卢梭指出，《二论》中详细叙述的系谱有可能为"无数哲学家不能解决的伦理与政治问题提供解决方式"（DI, 186.57/OC III,192）。我已经指出了许多问题，被系谱学唤醒的读者有可能受到激励，想要去研究它们。

人们可以论证说，《二论》层层累积起来的辩证且内在的张力，与向不同读者言说的愿望相合。[63] 相反，我主张，其辩证复杂性想要带领读者通过启蒙进程的不同阶段，在他们身上开展一种教育学叙述或旅程——考虑到"我们实际上并不了解自己"这一论题，这一切都有必要。

---

[63] 在这里，卢梭清楚意识到了读者问题（例如 DI, 132-3.6, 7/OC III, 133）。关于 DI 修辞复杂性的诠释，参见 Meier, "The *Discourse on the Origin and the Foundation of Inequality Among Men*"。然而，迈尔（Meier）致力于区分秘传和外传的含义（分别向"少数人"和"众人"言说：212），我在这里不做此假设。的确，正如亚里士多德与霍布斯的例子所表明的那般，对卢梭而言，"哲学式"读者甚至比其他人更不自知。另请参见 Velkley, "The Measure of the Possible"中的有趣论证，威尔克莱评论说："卢梭写作的一个根本前提是读者自然而然地归属不同种类，这种写作与人类的根本问题直接相关。"（217；另请参见上文注释34，以及第五章注释38）

(e) 系谱学、洞察力、实践

斯密如何回应前面提到的内容呢？在对此进行反思之前，请让我回到这个问题上来：从读者立场来看，卢梭的系谱学论述能否成功？这一问题又给我们指向了另一个问题：什么可算作成功的标准呢？学院提出的由两部分构成的问题促生了他的论述。如果以是否回答了学院提出的这个问题为标准，那么答案乍一看来就颇不清晰。如果卢梭具有一个在哲学上合理的答案，它当然要求一种非常复杂的重构——正如纽豪瑟的《卢梭对不平等的批判：重构〈二论〉》(*Rousseau's Critique of Inequality: Reconstructing the Second Discourse*)的标题所示。为了澄清对此类努力的任何评价，我们要求一种独立的讨论。

如果成功的标准是提供一种圆融的叙述（在这里，让我再一次把关于"万塞纳启示"的故事和《二论》放在一起），且此叙述并不屈服于在本节（b）部分与（c）部分加以讨论的自我参考问题，那么，其结果就是可商榷的。我原本担心，作为整体的论述具有严重的历史主义色彩，并且陷入了自我拒斥的相对主义中。这不同于如下问题：自然状态是否为历史的。我已经注意到，这一叙述流露出一种明显的弦外之音：人性、民情、制度的确拥有与之相关的历史。在提及真理与自然时，卢梭指出，他无意拥护一种激进的历史主义立场。在原则上，上述论断也与此事实相符。然而，根据卢梭，如果对人性或自然状态的论述（例如由亚里士多德或霍布斯提供的那些论述）是基于历史条件的投射，那么，我们如何知道，卢梭自己的论述就不会是这样一种投射呢？

卢梭可以回应说，正如通过《二论》系谱学叙述表达的那样,"启示"的内容不言自明。《二论》的叙述是一种精心营造且有内在条理的重构,他可以论称,在此重构的语境中,我们能够看到并感受到自己有完成(或重构)关于不平等之合理性等问题的论证的需要(也拥有了这个需要的前提)。然后,对其"启示"的论述解释了他如何能够令自己摆脱他所描述的羁绊,从而能够帮助其他人去做同样的事情。但是,这种回答并不能令所有怀疑平息。什么样的论证会支持叙述框架或总体图景呢?什么样的论证会支持我所谓的基础假设,亦即我们陷入了对我们无知的无知?"万塞纳启示"与系谱叙述的特质(如我已经勾勒出来的那般)要求我们认为,在元哲学层面,我们找不到无可置疑的方式确保所展示的那种框架正确。这些论述的文学形式——更不必提及内容——表明了对哲学理性视野的怀疑,因此也激发了对卢梭立场之根基的怀疑。[64]

然而,如果标准是一种可以把我们从对现实昏昏沉沉的接受中唤醒,并为我们提供一种启示视角,从而使我们能够批判性地研究自己的境况——一步一步推动我们沿着教育切线(educative tangent)前进——的能力,卢梭《二论》的系谱学或许能够获得辉煌的成功。[65]他对起点或终点作出了论述,就这

---

[64] 我已经表明(注释17),在一种可能的条件下,我对 DI 系谱学的诠释与纽豪瑟在上引著作中拥护的那种诠释彼此相合。由元哲学问题构成的条件朦朦胧胧地显示出来。如果问题不可解决——如果卢梭的确基本上给我们留下了这种观点:纽豪瑟如此富有说服力地采用的那类理性重构在其自身不能被理性地展示的框架或总体图景中展开——那么,在某种意义上,纽豪瑟(以及卢梭,正如他所做的解读)所下论断因他们所依赖的框架而获得了限定。(感谢纽豪瑟对这个问题的讨论。)

[65] 卢梭自己并不认为 DI 得到了广泛的理解,参见 Confessions Bk. VIII, in CW V, 326/OC I, 389。然而,经过一段时间之后,它的确得到了广泛阅读,并产生了影响。

些论述的情况来看，他的故事是一种无法证明的推测（关于起点与终点之间的过程，他的论述也并非总能获得证明）。尽管如此，他仍把《二论》的受众放到一个特殊的位置，让他们能够批判性地思考其自我概念。正如我所说的，系谱学的影响既是理智上的，也是情感上的。进而言之，故事也带来了一种潜在的建议，即正如我们发现的那样，事物的结果取决于一个偶然的历时性过程，并且，正如其他人指出的，实现至少潜在地具有一种富有成效的批判功能。[66]我也详细叙述了各种其他的方式，根据这些方式，故事（它部分的是一个故事）是教育性的。系谱通过它的形式与内容来提供洞见。如果它的根本前提为真，即我们的确需要从对无知的无知中醒来，那么，这就是系谱提供洞见的方式。

让我们暂时同意这种前提，那么，结果是引导行为的吗（在这里，我回顾了第一章第四节简要提出的问题）？作为接受卢梭系谱学叙述以及挑战我们对自身的无知的结果，我们有什么可做的吗？这些问题扩大了《二论》叙述与卢梭更具建构性的作品（如《社会契约论》和《爱弥儿》）之间关系的问题。[67]对当下而言，请让我们涵盖那些可能性，并且表明，

---

[66] 再次参见上文注释17。卢梭对系谱学的使用可能类似于尼采对系谱论述特征的归纳："正如人们普遍相信的那样，质疑我们价值判断及价值目录的起源与批评它们并非同一件事情——无论对我们的情感、理解而言，它在多大程度上是正确的，某些虚假的源头都降低了以那种方式产生的事物的价值，并且为之准备了一种批判性的情绪与态度。"(*Writings from the Late Notebooks*, 95, 2〔189〕)

[67] 我讨论了 SC 第五章提出来的某些观点。参见 Melzer, *The Natural Goodness of Man* 中的观点："卢梭的著述在实质上为堕落的欧洲提供了一种非政治性希望，以及非政治性的建议"(278)；卢梭对"西方的当下与未来也极为悲观"(270)。根据这一观点，卢梭表面上具有建构性的社会与政治计划实际上为一种"退缩与灵性伦理"作出了贡献(279)。Warner, *Rousseau and the Problem of Human Relations*, 223-8 得出了一个兼容性结论。亦请（转下页）

《二论》在最低限度内为变化留下了一个狭窄却并不无关紧要的舞台。在细节上，我不再重复上文已经论证过的内容了：一方面，野蛮人在与我们的比较中闪耀着光芒；另一方面，与对我们的崇敬一起，它也呈现了对我们近乎总体的否定。经过反思，无人渴望成为野蛮人（这一渴望是某种死愿［death wish］）。如果我们认同这一点，那么在我们不太理想的世界中，我们能找到一种方式再造某种野蛮人这样的存在吗？

最开始，这个问题看起来像一个死胡同，尤其是当我们看到《二论》的主体叙述预测的文明结局，就被关注的任何政治或社会行动而言，故事的历史哲学看起来是固定不变的。看起来，它产生的效果类似于现时代预测全球气候变化之灾难性后果时产生的效果。本章此前引用过的评论者们道出的希望，亦即，通过强调民情与制度的偶然性，我们就能改变它们，似乎在系谱学的最后阶段得到了极大的修正。

当我们把这些对卢梭系谱学叙述之首与尾的反应归拢到一起，或许可以得到的言外之意便是：凡是可以合理地希冀的行动，都不得不依赖某种类似于人格校正（personal emendation）或自我保护的事物。或许，《二论》的教诲对苏格拉底在《理想国》卷 IX（591e-592b）勾勒出来的观点颇为友好。《理想国》的许多讨论都可归诸一个结论，苏格拉底表明，人们的首

（接上页）参见 Rasmussen, *PPCS*, 43-8，以及 Gourevitch, "Introduction," xxxi。实际上，我同意这些解释的基本要点；并且承认，当我们考虑卢梭文集的其他部分时，图景就会发生改变。凯利向我指出，在《爱弥儿》中，卢梭实际上提供了零碎的重要建议。尽管我同意一些读者已经如此对待《爱弥儿》的某些部分，然而在我看来，小说语境为这是否becoming为卢梭想要我们遵从的建议这一问题留下了一种不确定性。关于卢梭论波兰与科西嘉的文章的目的与影响，参见 Schaeffer, *Rousseau on Education*, 179-90。

要任务是建立一个内在的城邦（a polis within），它受天上的"范式"（即"美丽城"）的引导。在本章开头，我讨论了斯密在《信札》中启人深思的评论：在卢梭风格和"一点哲学化学作用"的帮助下，"放荡的曼德维尔的那些原则与观念就拥有了柏拉图道德的一切纯洁和崇高"（Letter 12, EPS, 251）。我们可以论证，这种超越我们冲突与腐败境况的观念，与那种柏拉图式的纯洁和崇高多有关联。至于我们在此时此地的生活，人们可以推断，除了建立起保护性的高墙，等待不可避免的风暴，为那些将要继承这个世界的人感到恐惧（参见柏拉图的《理想国》，496d5-e3），我们什么也做不了。甚至，那也要求在我们的"可完善性"中实现一种有利的扭转。多亏了一有利的扭转，在一个很小的规模上——亦即，一个小共同体的规模——自恋的变幻莫测才受到限制，我们才能够获得些许宁静。[68]

关于任何对其论述的此类回应，《二论》中的卢梭都允许我们研究其内容，但使之悬而不定。所以，在一定程度上，他的故事就是一个与深度迷惘（disorientation）有关的迷失——但或许不只是单纯的沮丧气馁——故事，因某些缘故，我们已

---

[68] 参见 Starobinski, "The Discourse on Inequality," in *Transparency*, 301-3"论不平等"一章的结论性段落。如果我对他的理解是正确的，斯塔罗宾斯基在 302 提供了一种富有启发性的思想：*DI* 给日内瓦的献词表明，一个小规模的富有德性的共同体是出路之一。正如我们在此讨论过的，那将根据自我认知问题指向一种连接 *DI* 各部分的方法；它也将带来希望，即某种超越人格校正的事物是可能的。参见 Manent, *An Intellectual History of Liberalism*, 68-79 中启人深思的讨论。对卢梭著作之实践结果深刻的总体讨论，再次参见 Melzer, *The Natural Goodness of Man*, ch. 13 (253-82)，其在讨论的结尾处写道："奴役最为邪恶之处是，它将人转变为奴。卢梭试图用激进的政治原则来对抗这一转变，而非奴役——通过令此类政治世界丧失合法性来实现。"（281）亦请考虑卢梭在 *DI*, 203-4.14/*OC* III, 207-8, Note IX 处的评论。

让自己不再识认这种浓度迷惘。他的系谱叙述还同时展示了对神秘过去的某种期待、对即便可以我们也不会回返的那一过去的认识、对现状的不满、对将要到来的事物的恐惧,以及如下信念:在理解我们处境的基础上建立的生活要好过做一个幸福的奴隶。这一解释回应了我在第一章第四节末尾的评论。然而,成问题的是,自我认知的可欲性问题仍然非常尖锐。因为,一方面,正如我所论证的,系谱叙述的核心目的是把我们从无知中唤醒。但是,另一方面,正如我在此前段落中的评论表明的那样,我们如何应对新获得的自我认知,这一点并不清楚;同样不清楚的是,最终我们是否真的变得更好。现在,被卢梭启蒙的"社会人"很可能要因其"对自身之存在的情感"而感到困扰(*DI*, 187.57/*OC* III, 193)。相反,可怜的幸福奴隶至少主观上是满足的。[69]

二 启蒙、自我认知与实践:一个斯密式的相反故事?

(a) 启蒙、自我认知与哲学视野

在上一章第五节开头,我评论道:乍一看,斯密与卢梭似乎活动在不同的宇宙中。即便再看一眼,它仍旧如此。首先,斯密从未写过,或者计划写作任何类似卢梭的系谱叙述的内容——亦即,始于某个(经验上不可知的)源头、终于"圆环"之闭合的部分地为非历史的、广泛流传的文学故事;他曾轻蔑地将之归纳为"修辞与描绘"。正如这一归纳所表明的那

---

[69] 在"Happiness, Tranquility, and Philosophy"一文中,我提供了关于幸福、满足以及它们与相关事实之关系问题的讨论。

样，那类部分具有神话特征的叙述不是斯密的计划。对斯密而言，其特征可以通过那种方式表征出来，这部分是因为它在原则上不能被证实，以及它没有进行它正在寻找的那类解释工作。正如其他学者已经指出的那般，斯密的确写过历史作品，而且对一切事物——道德、法律、经济、思想体系、修辞以及艺术——的历史论述都怀着浓厚的兴趣。[70] 他依据一种经验（empirical）精神来运用历史，这并不令人感到意外。并且，他在如此诉诸历史的同时，也对反驳保持开放，包括与任何归因有关的反驳（正如其通过著作《国民财富之性质与原因的研究》[An Inquiry into the Nature and Causes of the Wealth of Nations] 的标题所表明的那样）。当杜格尔德·斯图尔特（Dugald Stewart）说斯密参与了"推测历史"时，他说的是一种以经验为基础的历史研究，即便此中的要点是在缺乏直接经验证据的领域形成各种推测。[71] 有人可能会继续说，与斯密相比，卢梭对历史就没有那么大的兴趣；尽管正如斯塔罗宾斯

---

[70] 至于一种卓越且范围广泛的讨论，请参见 Garret and Hanley,"Adam Smith"，其评论说："经过正确处理之后，这些[在 LJ、WN、TMS、EPS、LRBL 中表明的]努力证明，在一定程度上，斯密的文集中弥漫着对人类体系历史演化的关注，这一关注超越了传统定义下的政治学与经济学。"(253) 同时也评注说："我们因此可以说，斯密的历史方法概念，在对过去的呈现与再现上，推崇每一个历史旁观者都发展出一套积极的认知与批判德性。"(257) 弗莱西艾克在 ASWN 中写道："斯密赋予具体事实相对普遍理论（general theories）的优先性，他反复强调，当人类知识是高度语境化的，那么它也就是最可靠的。因此，斯密也许是一切经验主义者中最经验化的，他用一种特别复杂、基于事实的方式，而非以基于理论的方式，追求其'人类科学'版本。"(271) 亦请参见 Forman-Barzilai, *Adam Smith and the Circles of Sympathy: Cosmopolitanism and Moral Theory*, 160-5; Rasmussen, *PPCS*, 92-101, 174-5; 以及 Rosen, *On Voluntary Servitude*, 56。

[71] 参见 Stewart, "Account of the Life and Writings of Adam Smith, LL.D.," 34。关于推测历史，亦可参见 Berry, *Social Theory of the Scottish Enlightenment*, 61-71。

基注意到的,[72] 无论是在《二论》还是在其文集的其他地方,他对系谱学叙述都有一贯的兴趣。我并不是否认,卢梭的确提到了某些历史资料,包括在《二论》中;但是,他没有提供我们在斯密身上发现的那种视野(如果人们进而考虑到斯密的《法理学讲义》[Lectures on Jurisprudence],这一点会变得更为清晰)。

即便我们承认斯密对历史的强调,但是,《道德情感论》与《国富论》的框架却是分析而非叙述;并且,我们也可以说,在当今时代,那一要被解释的现象原则上可行。"在某种意义上,通过研究人,我们反而变得不可能认知他了"(DI, 124.2/OC III, 123),斯密必定认为这是错误的,因为他既以前人著作为基础搭建论述,也想要对他们的体系有所改进。的确,现象,包括人类现象,可能很难为人所理解;其解释都有待商榷,并且也受到了挑战;许多解释完全受到了误导,或全然错误。不仅如此,实际上,"哲学体系"(例如牛顿的体系)提供的可能是正确且富有说服力的解释,被看作"自然用以将其诸多运动绑缚在一起的真实链条",而它们"只不过是想象的发明"(HA IV.76, EPS, 105)。但是,这都不是要说,现象在任一情形中都是不可理解的(卢梭也没有作出相反的断言),以至于我们深深陷入了对它们的无知;或者,研究人性模糊了我们对人性的认识。

斯密对道德、政治和经济展开的历史论述并非总是进步性的。确实,他有时使用了对比性的"野蛮人"形象,并对野蛮人还怀有一些景仰。[73] 与此同时,根据他的论述,"野蛮人"

---

[72] Starobinski, *Transparency*, 276.
[73] 我想到了斯密关于"北美野蛮人"令人震惊的"豪迈大度与自我控制"的记录(*TMS* V.2.9),尽管在对其德性或处境的评价中(关于后者,斯密强调他们必须面对"持续的危险"以及"最极端的饥饿",并且注意到,[转下页]

已经生活在某种社会类型之中了；他从未表明，这是一个从那时到现在不断堕落、衰退的故事。他的历史论述并未表现出怀旧之情，即便它们也远未将"商业社会"（commercial society，他在 WN I.iv.1 中的术语；参见 TMS VI.ii.1.13）描画得明显优越于更早的社会阶段。卢梭的论述在某种层面唤起了一种对神秘的、黄金般的或理想的过去的期许（但是，正如我在这章所论述的，它在另一层面又受到如下认识的限制：我们不会真的想要生活在过去）。在斯密那里，这种期许则是缺失的。[74] 斯密为"欲求并欣赏美"在人类生活（包括精神生活）中赋予了

［接上页］他们常常死于饥饿），他的论述模棱两可。在同一个段落里，斯密赞美了"非洲海岸黑人"卓尔不凡的豪迈大度，而他们正处在欧洲主人卑鄙的奴役之下（关于斯密对在美洲的欧洲殖民者之"愚蠢与不义"的评论，以及接待这些欧洲人的土著之温和、热情与"无害的天真"的评论，参见 WN IV.vii.b.59）。这也提供了一种说明性的对照，更不用提起伦理判断了。当讨论"渔猎民族——最低级、最粗野的社会状态，比如我们在北美土著部落中发现的情形"时，斯密表明：每个人都是战士和猎手，非常自足（WN V.i.a.2；以及 V.i.f.51）；这些在一个"文明化与商业社会中"的"普通人"身上是明显缺乏的（关于这些表述，参见 WN V.i.f.52），从而其进行适当判断与感受的能力会受到灾难性的影响（WN V.i.f.50, 61）。所以，斯密对历史变化的论述并非单纯是进步主义的，他对此类意外结果的强调也有助于削弱任何对未来的无条件的信心。对这些观点富有启发的讨论，参见 Harkin, "Natives and Nostalgia" 以及 Pitts, *A Turn to Empire: The Rise of Imperial Liberalism in Britain and France*, 25-40。在其卓越的讨论过程中，皮茨（Pitts）评论说："对在各类非欧洲社会中发现的其他行为，欧洲人多有所谴责，斯密则打破了这些广泛传布的谴责。"（49）关于卢梭，我们也可以作出同样的评论。

［74］在 WN 第一章的结尾，斯密有个非常著名的说法："后者（一位勤劳节俭的农民）的住宿条件超过了许多非洲国王——成千上万赤身裸体的奴隶的生命与自由的绝对主人。"（I.i.11）正如我们经常注意到的，关于商业社会对其他选项的优越性，斯密的案例中很大一部分都依赖于如下经验论断，即它合理地提高了生活水平，因此提高了最贫穷的社会成员的生活水平（例如，参见 Ignatieff, *The Needs of Strangers*, 110-13）。斯密只是不同意卢梭的如下观点，即商业社会造成了更大的不平等，以及富人与更加贫穷者之间的战争，并且带来了压迫。

一个极为核心的位置，但是，这一期许（longing）——如果这是一个正确的词语——并不是朝着某种我们感到已经遗失了的东西（对我们构成伤害），或某种犹待恢复的东西。[75]相应地，格劳卡斯形象在《二论》序言的第一段中具有重要地位，但在这里的价值却不名一文，无论那个形象是解释为被遮盖起来的原初人性，还是迄今尚未认识到的理念，即人性是历史造就的和人为的（参见注释34）。

《二论》也唤起了对未来事物的恐惧，但它在斯密的历史思考中也是缺位的；正如斯密的历史思考也缺少卢梭对前景所怀有的确信。斯密对未来的发展有多乐观呢？这一点有待争辩，但总而言之，我将要论证，他既非绝对乐观，亦非绝对悲观（把他的理智探究的诸多历史放在一边，显而易见，他们的确是进步主义者）。确实，在斯密看来，如果把所有因素都考虑进来，迄今为止，商业社会优于所有其他选项。[76]但是，意外的结果、"无形之手"产生的效果以及反讽性结果在未来可能是消极的或是积极的（或两者皆是），一如它们在过去的表现。结果就是，斯密不得不说出一些令人感到沮丧的内容；但是，既然人们不能只通过乌托邦的标准来衡量人性与历史（斯密也没有这样做），那它就不是毫无希望的，也不会令人感到

---

[75] 从商业和对财富的追求，情感对公共精神的回应，到理智探研，斯密在一个段落中讨论了所有事物中的美、和谐或秩序。对于这个段落，请参见 ASVE, 330-4。在那几页里，我也论证，对斯密而言，美在道德上具有模糊性，它不时激发出一种不适宜的对系统之爱（TMS VI.ii.2.17），或通过积累财富来获得景仰的动力（TMS I.iii.2.2.1 及其语境）。

[76] 某些相关的讨论，参见 ASVE, 226-7, 256, 304, 307-8, 以及 Rasmussen, PPCS, 9, 13。Heath, "Metaphor Made Manifest" 讨论了斯密对 "无形之手" 隐喻的用法。

绝望。[77]

总之,没有一个"堕落传说"(请回顾高蒂尔的表达)见诸斯密的历史论述,尽管这个或那个群体或社会总有收获与损失,上升或下降。斯密的著作中也没有对全面灾难的预测,也没有任何迹象表明(甚至渴望)最终的重塑、和解或拯救;这些观念不能表达斯密对人性及其历史的论述。我们可以稳妥地说,斯密与卢梭都拒绝了原罪观念,但没有拒绝"人自然为好的"这个观念。我在本章较早的地方讨论了木霍尔的如下观念:尼采、海德格尔与维特根斯坦是在一个世俗化的基督教框架中工作(包括一种世俗化的原罪观念),在这种世俗化框架中,人类"与其说是不完美,不如说是病态"(维特根斯坦语,木霍尔引用)。我要表明,这也的确是卢梭的观点。根据斯密的论述,我们毫无疑问是不完美的,既屈服于虚荣这样的邪恶,也明显具有"骄傲使他热爱支配他人"这个深为恼人的事实(*WN* III.ii.10;亦请参见 *LJ*[A]iii.114, 117, *LJ*[B] 134, *WN* IV.iii.c.9;我将在第四章第二节、第五章第五节回到这一思想上来)。斯密也认识到,有些人腐败了,而且还有许多人容易变得腐败,以及许多人也可能因其生活处境而变得堕

---

[77] 关于在斯密的框架中历史行为者之可能性问题,我所勾勒的观点(在这里,以及本节[b]部分)与弗莱西艾克的论述有部分重合。关于斯密与卢梭对商业社会之立场的相对优点,在对之加以反思的语境中,弗莱西艾克论证道,斯密"对卢梭最深刻、最有趣的回应"发生在方法论层面。他表明,斯密与卢梭不同,斯密紧紧盯住历史,卢梭在评估"我们能从政策中获得什么样的希望与期待"时,则单单诉诸"我们的想象"。斯密的渐进变化路径与"日常政治实践"的深度悲观观点相并相依。所以,按照弗莱西艾克的解读,斯密向我们表明,"我们生活的社会世界通常超乎我们的控制",即便他"不是一个反改革主义者"。参见"On Adam Smith's *Wealth of Nations*," 254-5。另请参见他在 *ASWN*, 262-3, 271 中的讨论。

落。但是，根据他的讲述，我们既非"在结构上便是堕落的"（structurally perverse, 请回想木霍尔的表达），也不是以如下方式变得堕落（depraved, 这个术语本章在上文探讨过）：历史的弧线同时也是我们的发展（因为我们的"完善性"）、我们的无知和我们致命的自我毁灭之弧线。

我在上文论证，卢梭使用系谱学叙述的一个主要动机是自我认知问题——尤其是如下问题，即我们在很大程度上不知道我们对自己的无知。如果我们一开始就承认这样一种境况存在，卢梭就不得不作为系谱学家来解释其系谱学。我表明，关于"万塞纳启示"的叙述应该是用以回应这个问题。针对卢梭的"启示"，我们找不到任何斯密式的类似物；斯密从未论述过一种他会在其中突然以一种极为不同的视角看待事物的转变经验。更重要的是，斯密在任何地方都没有表明，读者要经历任何像转变这样的事情，即便是以不同的方式（亦即，作为阅读斯密著作的结果）。当然，斯密的确重新看待事物，他也持续完善和修正自己的观点（正如多个版本的 TMS 与 WN 表明的那般）。当他在《国富论》（I.ii.4, 5）开篇阐释劳动分工时，他的确对哲人的系谱做了一番评论。并且，关于惊讶与惊奇的"理智情感"如何唤起对哲学解释的欲望，他也有许多话要说。[78] 但是，他没有面对卢梭的"系谱学家的系谱学"问题，因为他没有分享卢梭的"我们对无知的无知"这一构架性前提。

---

[78] 克罗普西（Cropsey）创造了此处引用的这个表达，参见 Cropsey, *Polity and Economy: An Interpretation of the Principles of Adam Smith*, 43, n. 3 关于这些情感的讨论；更加宽泛的对哲学的体系化的讨论，请参见 *ASVE*, 330-44。

在这一章较早些时候，我试图解释，为何卢梭的系谱学想要唤醒并教育读者，否则，他们就处在蒙蔽当中。现在，斯密当然没有离开他的主题或读者；毕竟，斯密想要说服《国富论》的读者，当时的重商主义体系既不正义，也没有效果；以及有一项选择决定性地超越了所有我们考虑过的事物。正如他在一封信札中所言，《国富论》"猛烈攻击了……整个大不列颠商业体系"（《1780年10月26日致安德瑞阿斯·霍尔特书简》["Letter to Andreas Holt of 26 October, 1780"]，收入 *CAS*, 251）。我在本书第一章第五节引用的那些作者详细地讨论过斯密为了带动读者成长而运用的复杂修辞。正如我将在第三、四章更进一步讨论的那样，斯密清晰地注意到，在人类生活中，幻想、欺骗和想象无处不在。即便如此，斯密的著述里也很少有对伟大唤醒者、揭露者或揭示真相者这样的卢梭式修辞的回音；也很少表明他认为事情已经发生了变化，诸如某种经过巧妙处理的力量把看似有害意识形态的东西强加给我们，以致扭曲了所有人的身份认同，以及民情、情感、信念与机制。为了回到我在前一章讨论过的观念，卢梭似乎认为，在一种尤为险恶的意义上，社会及社会中的自我概念都是戏剧性的：作为一种演出，其参与者没有意识到，他们实际上没有按照自己的剧本进行表演。他的《二论》中的修辞也作出了相应的回应。斯密当然想要努力培养并鼓励那些积极的改变，但是，他也像卢梭那样"击中了我们的自我概念的核心了吗"（让我们再次借用吉美斯的表达）。

如果答案是肯定的，那它也具有一些限制条件。贯穿整部《道德情感论》，他都广泛并明显地使用了我在别处所谓的"劝导性'我们'"（protreptic "we"）。这证实了他对"常识"、

"人类的普通情感"（common sentiments）或"普通生活"的依赖（*TMS* III.6.12，*TMS* VII.iv.12，以及第一章注释34），以及对它们加以引导的意愿。斯密的确也用第一人称单数写作，有时候还在一些关键时刻这样做；但是，从《道德情感论》第二句开始，他就经常使用第一人称复数。[79] 这与卢梭的《序言》（从他对自我的提及开始）及《二论》构成了显著的对比。在《二论》中，卢梭以单数形式来呈现自我，并把自己展示为正在带来真理的样子（请回顾绪论中的最后一段："噢，人啊，无论你来自何方，无论你怀有何种观点，请听我说。这里有你的历史，我认为我在自然中，而非在你同类的著作中读到了它，自然从不说谎，你的同类们却谎话连篇。"*DI*, 133.7/ *OC* III, 133）。在这些段落中，卢梭把自己置于假定的由理性、得体之行为人构成的共同体之外，斯密则把自己置于那一共同体之中——尽管他的确让自己与之保持充分的疏离，以便能够综合地、批判地对之进行理论化，一如其著述所展示的那般。

我已经表明，卢梭对流行的观点与信念有深刻怀疑；鉴于此，与亚里士多德派相比，我们可以更准确地称其为柏拉图派。根据一些限制条件，我认为可以正确无误地说：与柏拉图派相比，我们可以更准确地称斯密为亚里士多德派（这些条件包括斯密赋予幻想以及欺骗在生活中的巨大影响，以及他赋予休谟式怀疑主义的巨大影响）。归根结底，至少在我们所考察

---

[79] 相关讨论，请参见 *ASVE*, 48-58。其他学者也注意到，斯密使用了第一人称复数代词，例如 Brown, *ASD*, 27-43（那部作品中讨论了 *TMS* 中的各种"声音"[voice]）。

的文本之中,这两位思想家在认识论上存在一个严重的分歧,它或许反映了同样深刻的形而上学上的分歧。正如我在第一章结尾处所表明的那样,斯密也是一个休谟式的怀疑论者,他强调自己致力于使用一种"实验方法"(借用休谟《人性论》副标题中的表达)对现象进行归类,好像它们是在自我呈现一般。那种怀疑主义与其亚里士多德式观点结合在一起,此亚里士多德式观点即为:我们从现象内部开始哲学思考。是什么在为斯密对普通生活的信心背书呢?

在本章和前一章,我已经开始发展一种回答,并且我也将在下一章回到此问题上来。在此关节点,我将顺着线索,走得更深入一些。斯密批判性地评价了曼德维尔的观点(正如斯密的解读),即道德动机皆可上溯为他(曼德维尔)所谓的虚荣(vanity),即便这一动机有时看起来是利他性的。根据这种观点,我们是心理学上的自我主义者(egoists),尽管我们常常对此缺乏认知。这可能意味着:离开了曼德维尔或其他人的阐述(exposé),我们就不能真正知道,在这些道德语境中,为何我们在做这些我们正在做的事情。值得注意的是,欺骗与信念的语言在这些段落中突然出现,以及斯密将如下观点归诸曼德维尔:任何对明晰的自我主义之外的动机的论断"都不过是欺骗与独断"(*TMS* VII.ii.4.7)。在这方面,曼德维尔的观点很像是我在本章归诸卢梭的基本前提,即我们受到了系统性的欺骗却不知情(当然,这是在我们甩掉无知之前)。如我们所知,当其在《信札》中讨论《二论》时,斯密评论说:"《蜜蜂的寓言》第二卷激发了卢梭先生的体系。"在对这一论断进行论证和阐发之后,斯密继续评论说,对两位思想家而言,由于诸多自私的原因,"那些维持人类当前不平等的正义法律原本是狡點者和強者的发明"（*Letter* 11, *EPS*, 250-1）。事实上，两人都是阴谋论者。[80]

斯密暗示，实际上，曼德维尔阐述的这种观点说服了许多人（*TMS* VII.ii.4.14；亦请参见我在第一章结尾处的评论）；并且，他也想要解释，我们如何可以认为，曼德维尔的理论几乎都是错误的。通过回答这一问题，斯密区分了自然哲学与道德哲学中诸命题的可信度（trustworthiness）。"自然哲学体系可以显得非常真实可行"，令人很难不同意它，即便它"在自然中没有任何基础，也与真理没有任何类似之处"。相反，"一个假装论述我们道德情感起源的作者却不能如此

---

[80] 在 *DI* 第 II 部分第一段中，卢梭曾透过一个未具名角色说出了一段著名的陈述。关于这段陈述（"谁第一个把一块土地圈起来，硬说'这块土地是我的'并找到一些头脑十分简单的人相信他所说的话，这个人就是文明社会的真正缔造者"；*DI*, 161.1/*OC* III, 164），亨德特评论说："有一点很重要，请注意，在其假定的人类史中，卢梭第一个呈现的人（the first individual）也是第一个他允许言说的人，这个人的言谈显然是为了欺骗……语言被证明是有决定性意义的工具，人们用语言锻造了奴役他们的链条。"亨德特还说："一种彼此有利、互相保护的意识形态变成一个面具，遮盖住了有产者的统治，也认可了有产者的权力。"（*The Enlightenment's* Fable, 110-11）亦请参见 Winch, *Riches and Poverty: An Intellectual History of Political Economy in Britain*, 1750-1834, 71。温奇（Winch）指出，相比于卢梭，对斯密来说，"在形成一种不正义的政府公约或穷人与富人之间的协议时，此间并不存在欺骗"——即便富人运用差异化权力来保护财产权。温奇也指出，对斯密而言，关于加诸"穷人之上的法律与政府，它们有益于公众，这是真实不虚的；对卢梭而言，富人与穷人之间的关系是灾难性的，是种单纯的零和类型……富人之所以富裕，仅仅只是因为穷人是贫穷的"（71-2）。温奇的评论有助于我们在具体语境中理解斯密的如下评论："既然公民政府（civil government）之设立是为了保护财产安全，那么它实际上也是为了保卫富人，使之免受穷人的侵犯，或者保卫有产者免受无产者的侵犯。"（*WN* V.i.b.12）亦请参见第三章，注释 90。斯蒂芬·B. 斯密（Steven B. Smith）在对本书第四章草稿的评论中强调了我在此刻画的那一类分歧的重要性（参见第四章注释 65）。

堂而皇之地欺骗我们，也不能走得如此偏远，以至于其论述与真理之间没有多少类似之处"。斯密借用比喻，继续论道："当旅行者论及某一遥远国度"，我们或许会采信"最无根据、最荒谬的虚构，把它们当作最确定的实情"。就好像在抽象的物理学体系中，我们可能单纯地因没有证据而不知道何为真理。斯密继续说：

> 但是，当有人想要假装告诉我们邻居家的情状，以及我们所在教区的事务，如果我们粗心地没有用我们的眼睛来考察周边的事情，他或许能在许多方面欺骗我们，但是，他要加诸我们的最大的错谬却必须与真理有几分类似，并且混合了大量真理。

尽管在几个句子之后，为了表示强调，斯密重提主要观点，但他又增加了细节：就像自然哲人对原因的分配，旅行者的"叙述""保持在表面的可能性范围以内"，很可能被人们相信。"但是，当他计划解释我们的欲与爱、赞许与谴责情感之起源时，他就是在假装对我们所在教区和我们主要关注的事务给出一种论述。"（这一段落中的所有引用均来自 TMS VII.ii.4.14）

总而言之，我们不能够完全忽视我们自己，尤其是忽视我们的道德情感。的确，曼德维尔的理论"在某些方面揭示了真理"（TMS VII.ii.4.14）——而在其他方面，它绝不会说服任何人，因为，在其他事物之中，我们受自我利益驱动，也确实可以部分地将爱德性——人们对想要变得富有德性的渴望——理解为一种欲望，即欲求成为人们会爱上的那类自我（通过这种方式，我自如地重述了斯密在 TMS VII.ii.4.8 所谈论的部分内容；参见 TMS III.3.4）。但是，细致的哲学分析彰显了曼德维尔推理中的"大错谬"与"诡辩"（TMS VII.ii.4.12，以及 VII.ii.4.11）；我们也可以依赖我们的自我认知，以提供一些关键的前提。[81]

斯密并未就人们想知晓的细节，解释为何他所提及的关于我们自己的心灵的那些方面，我们不会最终受到欺骗。尽管如此，他的论证或许沿着下述线索得到发展：如果我们对自己有所意识，我们就具有了一个自我概念，这个自我概念具体化了或反映了（甚至是构成了）我们心灵的、愿望的以及爱恋着的自我。既然我们根据自我意识来进行自我反思，且彻底抛开自我意识，我们便不能获得一个立场；那么，我们就必须知道某些与我们自我构成有关的重要问题，即便我们并未对此问题进行批判性思考。我们的"内在关注"、我们与自己的心灵及情感归属之亲近性，以及我们恰好生活在我们所描述的这一空间中的事实，赋予我们一点点确切的自我认知，即便我们并未进行许多批判性思考。相应地，我们也对如下内容拥有一些真实的观念：我们为何欲求此或彼，为何我们与其他人要做我们所做的事情，为何我们赞许或谴责此或彼，以及什么会得到赞许、什么不会得到赞许。进而，这并非一个简单的反省问题，就好像人们可以独立于社会在这些问题上认识自己似的。在对我们自己进行考察时，我们就看着自己，运用一种共同分享的与我们自己有关的论述，在与他人的关系中看待自己——简言

---

[81] 在 TMS VII.ii.4.11 中，斯密评论说："在这里，其［曼德维尔］精巧的理性诡辩被语言之含糊遮盖住了，就像在其他的情况中一样。"关于斯密对诡辩与诡辩派的观点，参见 Gore, "Sophists and Sophistry in the *Wealth of Nations*" 提供的精彩的讨论。

之，把我们自己视为一个社会存在。正如我们在下一章（第三节［a］部分）将要细致讨论的那样，根据斯密的论述，旁观者也被内置到自我意识当中。

为了解答其问题，卢梭不需要说我们对自己一无所知。但是，如果这一论证和前一章是正确的，他的确会认为，我们对此问题的认识远远比不上我们自以为对它的了解。他可能会提问，既然我们共有的论述（以及诸如此类）可能会扭曲我们的理解，为何我们最根本的社会本性（如果在某时刻承认那种观点）不会让斯密的主张变得更加可疑？并且，他也可能借此问题来反对我已经勾勒出来的推理思路。如果说，我们不会完全相信曼德维尔或某个其他人关于我们自身的几乎是错误的观点，这意味着什么呢？曼德维尔与霍布斯这样的著名哲人在这些问题上犯有大错。毕竟，无数人把自己托付给宗教性的自我概念；可悲的是，这些概念却是错误的。道德心理学层面的误解可能与道德层面的类似误解相伴。斯密甚至表明，关于道德心理学的误解乃是由证成错误道德观点的欲望驱动；此时，他想到了曼德维尔。[82] 要分开这两者并不容易：或许，被一种特殊的道德观点吸引——即"禁欲苦行"（ascetic）——本身就是许多人拥有的某种心理倾向的结果。

然后，文化、阶层、宗教和性别也发挥它们的影响，卢梭敏锐地留意到了这些因素在多大程度上塑造并且扭曲了我们的

---

［82］斯密在 *TMS* VII.ii.4.12 写道："曼德维尔博士著作［《蜜蜂的寓言》］的大错谬在于，他将所有激情都呈现为完全邪恶的，在任何程度、任何方向上都邪恶。"斯密继续注解道："某些为民众遵循的禁欲原则……它们把德性等同于彻底清除、根除所有激情，它们是此放荡体系的真正基础。"我将在第三章回到斯密对曼德维尔的评论上来。

自我理解。请回顾露辛达在《纳西索斯》中对如下效果所做的评论，即瓦莱里的男扮女装像表达了他也生而为女人（参见第一章第二节［a］）。这表明，传统性别角色不能掌握人们实现雌雄同体的方式，这一事实本身也不为这些人所知晓。这是一种彻底的对自我的无知。[83]

让我借助斯密自己的某些观点的帮助，把这一反对斯密的思路推进到更深处。斯密解释了具有潜在危险的"错误良心"（erroneous conscience）的起源，并且告诉我们，"错误的宗教观念几乎是能够以此方式极大颠覆我们自然情感的唯一原因"，唯有它们能够扭曲与之相关的"常识"（*TMS* III.6.12；参见第一章注释 33 引用的 *WN* V.i.f.26 对哲学的评论）。在《国富论》（V.i.g.17-24）中，当论述中世纪罗马天主教会之权力与衰落时，斯密写道：

> 我们可以认为，罗马教会的制度反对权威与公民政府（civil government），反对自由、理性，以及人类的幸福；而且，罗马教会制度是有史以来形成的反对它们的最可怕的组合。只有在公民政府能够保卫自由、理性及人类幸福

---

[83] 据我所知，斯密从未表明，人们可能注意不到自己（或其他人）是何种性别或者是否雌雄同体，等等。但是，关于文化、阶层、宗教、性别多么深刻地塑造了认同，他的确与卢梭共享了一种理解；尽管我们尚不清楚斯密是否认为性别角色能够像其他因素那样扭曲人的认同。斯密的女性观得到了许多讨论，参见 Clark, "Women and Humanity in Scottish Enlightenment Social Thought"; Jacqueline Taylor, "Adam Smith and Feminist Ethics"; Shah, "Sexual Division of labor in Adam Smith's Work"; and Kuiper, "The Invisible Hands"。最后一项是"Symposium: Smith and Women"的一部分，这篇文章刊发于 *Adam Smith Review*，该卷上的其他论文也颇值得参考。亦请参见第四章注释33。

的地方，它们才能得以繁盛。

正如斯密在同一段落中所言，"迷信的欺骗显而易见"，但它却受到大众"私人利益"的支持。那种对人性的攻击之所以能够持续数个世纪，这是部分原因。他又说，"如果这一制度只受到人类理性微弱努力的攻击，而没有受到任何其他敌人的攻击，它一定会永久延续"（WN V.i.g.24）。这一欺骗的倾向（在我们刚才引用的段落里，斯密细致地注意到，理性"或许原本能够将其揭示出来"）并非仅仅限制在宗教领域。在《道德情感论》中，斯密讨论了即便是相对值得称赞的人们也具有令人震惊的忽视"自己的弱点与不完美之处"、成为"他们自己的崇拜者"的能力。对此，斯密评论说，他们"过度的傲慢……令民众头昏目眩，甚至对那些大大地优越于普通民众之人，他们也展示出巨大的傲慢"。他继续说："无论在政治上还是宗教上，最无知的庸医和江湖骗子频频得手，还经常取得巨大成功。他们充分展示了，民众多么容易接受那些极端且没有根据的主张。"（TMS VI.iii.27）考虑到这一切，"常识"能有多可靠呢？

进一步说，斯密同意，最伟大的哲学家也拥护错误的伦理观点。他引证柏拉图与亚里士多德对杀婴行为的支持，并以此为例，说明习俗具有令人震惊的力量（TMS V.2.15）。那么，最高的理论能力并不能摒除根本性的道德错谬。确实，斯密并不认为哲学总是导致错误；他认为的是，即便在美学领域，判断也似乎只受习俗支配，但那里依然存在着一种真实性（a fact of the matter）。关于美，斯密用明显是自己的声音宣告："然而，我不能受人诱使去相信"，以及"我不能承认，习俗是美的唯一原则"（TMS V.1.9）。他的确同意，"习俗与时尚"对"与美相关的情感"能产生巨大的影响,并在较小的程度上影响我们对"行为之美"的观点。[84]关于这一程度上的差异,斯密有何论述呢?他写道:

> 我们对美的感知依赖诸多想象原则,它们具有一种美好且精致的性质,也很容易被习惯和教育改变;但是,道德赞许和谴责的情感却以最强、最有活力的人性激情为基础;尽管它们受到某种程度的扭曲,却不可能被彻底颠覆。
>
> (*TMS* V.2.1)

任何习俗与时尚都无法令尼禄的品格与行为变得令人满意;尼禄"将总是恐惧与仇恨的对象"(*TMS* V.2.1)。这是真的吗?如果一位不那么仁慈的读者总结说,斯密在这里紧紧抓住一根非常细瘦的芦苇,来合理化他的如下信念,即他知道"自然是非原则"的内容与存在(*TMS* V.2.2);所以,他可能得到原谅。甚至,如果我们承认,斯密确切地认识了这些原则,那么,面对习俗与时尚,他关于理性之主张的范围的论述亦非常适当("不可能被彻底颠覆"等)。

当然,在斯密哲学的其他方面,对相对主义与历史主义的担忧已经出现了。正如我对他的解读,斯密暗示说,与我们的道德心理学及德性有关的问题(这两个问题中,一个是描

---

[84] 对此富有帮助的评论,参见 Craig Smith, "Adam Smith's 'Collateral' Inquiry",他引用了《国富论》中与钻石纽扣有关的著名段落,并且指出,时尚对斯密的"社会变迁论述"非常重要(参见515-16)。

述性的，另一个则是规范性的。他认为，这两个问题与我们对"道德原则"的处理有关：TMS VII.i.2）彼此交缠。我们可以论证，他自己的看似为描述性的陈述实际上却承载了规范性价值，正如他诉诸"我们"的观察，以及这一事实所表明的那样。一方面，我们可以将之视为一个亚里士多德主义的维度。[85]另一方面，作为关于人类心理的理论家，他的视角很可能形成于对如下伦理观点的轻视：推崇"僧侣琐碎无用的禁欲"、假定的德性，甚于尊崇对人类生活真实、可敬的贡献（TMS III.2.35, WN V.i.f.30）。但是，人们想要知道，那种轻视（更不必说道德判断了）依赖何种基础呢？或许，斯密是从无偏旁观者立场表达其轻蔑的。正如二手文献对此已有许多讨论（我们还将在第三章第四节，以及第四章第五节进行深入讨论）；然而，斯密的无偏旁观者在多大程度上超拔于纯粹的习俗呢？这一问题还有待争辩。

斯密反复提及那些听起来像是不可改变、普世的正义或"自然法理学"原则（参见斯密在 TMS 第六版开头所附的《告读者书》["Advertisement"]；TMS VII.iv.36, 37 以及 WN IV.ii.39），因而刚才勾勒的那几种担忧便得到了强调。斯密从未发表他所承诺的对这些原则的论述。对这一事实的解释存有争论。[86]为

---

[85] 正如我在 ASVE 中所论："《道德情感论》也是一种道德情感的道德理论。我们要按照能够被反思性道德行动者接受的方式来'保护表象'（save the appearances,使用现在常见的后亚里士多德式表达）。"（58）参见 Fleischacker, ASWN, 23-6。

[86] 在 ASVE, 256-8，我论证说，关于这一问题，斯密发现自己处在一种难以解决的谜题里。对此的回应，请参见 Ross, "'Great Works upon the Anvil' in 1785"以及我的回复"On the Incompleteness of Adam Smith's System"，和 Ross, "Reply to Charles Griswold"。

了当前的目的，我将简要表明，如果"永远保持相同的［正义的］普遍原则"（*WN* IV.ii.39）超拔于一切历史语境，那么，斯密就还亏欠我们一种对理性范围——无论是理论家的理性范围还是无偏旁观者的理性范围——的论述，它能够解释其认知与阐释这些原则的能力。他将不得不使其道德特殊主义（moral particularism，对此参见第四章第五节、第五章第四节）以及与之相伴的关于反思以何种方式植根于历史语境（尽管并非完全被历史语境俘获）的观点，与那种论述相协调。就斯密所坚持的关于理性范围的那种不相容主张的程度而言，他可能最终会发现，自己的难题与我已论述过的卢梭面对的难题不同。

尽管在此前的四个段落中，我已经描述了那一类观点，但是，关于我们是否可能对人性进行确切的哲学理解（包括人性所服从的欺骗与错误），正如我们在这一章所看到的，斯密对之进行了复杂的处理。在处理这一问题时，斯密不只依赖如下论题，即关于我们自己的道德心理学，我们不可能对真实情况一无所知，也依赖某一种哲学分析的概念与行为。如果"方法"是一个正确的术语，那么，他的"方法"常常利用许多资源。这些资源首先包括了对"人类普通情感"（*TMS* VII.iv.12），以及相关权威之观点的考察；其次，它还包括消除语言之模糊性；再次，抵制过度简化——例如，正如他在讨论伊壁鸠鲁的时候所说，其中的一种形式为：从过少的原则出发，对现象作出人为狭窄化的解释（*TMS* VII.ii.2.14）。[87]

---

[87] 斯密对曼德维尔的批评提供了另一个例证，正如其对哈奇森（Hutcheson）的批评。哈奇森认为，"自爱原则在任何程度或任何方向上都不可能富有德性"（*TMS* VII.ii.3.12）。在此或彼种情况下，斯密表明，他所提供的原则不能对现象作出解释（*ASVE* 52-8）。

斯密也关注了过度坚持精确性的错误（当他在批评决疑论的时候：*TMS* VII.iv.33），以及允许理论体系之美令人受到遮蔽、不能看到现象本质的错误（如其在 *TMS* VI.ii.2.17 对"体系之人"所做的批判）。他的分析彰显了他想要利用一切资源来阐释这一主题问题（subject matter）的意愿——无论是否从日常生活出发——以及广泛关注现象的决心，即便它们看似或实际上为非理性的（请考虑他在 *TMS* I.iii.3 讨论的"道德情感之腐败"，以及在 *TMS* II.iii 对机运［fortune］的讨论）或不受欢迎的（例如，在 *WN* V.i.f.48-61 描述的劳动分工的有害影响）。他当然想要利用一切有助益的研究"领域"（正如我们现在会这样称呼它）。[88] 它也表明了，斯密强调综合解释之重要性。的确，他的道德情感理论包含了一些重要原则，"或许，在世上享有声誉的每一种道德体系最终都可溯源到这些原则上来"（*TMS* VII.i.1）。

不仅如此，斯密也积极地寻求相关的争辩，并根据它们之间复杂的辩证关系加以调整，因此也依据意料之外的共享观点与进一步分歧的可能性加以调整。其方法的"苏格拉底"维度使其论证向外在挑战保持开放。请考虑他在关于卢梭的《信札》的评论中对曼德维尔的使用：第一眼看来，这一结合令人感到惊讶，因为这两位思想家似乎处在巨大的对立之中。我们

---

［88］ 请再次参见 Garrett and Hanley, "Adam Smith"，其论证说，针对卢梭及其他人提出的自我认知问题，斯密的解决方案依赖于"不偏不倚与［视野的］放大之间的关系"（246）；也论证，"既然观点的扩大通过同情、内在对话与想象发生，它就包括了一种自身观念和自我的转变"；并且正确地争辩道，研究相关历史"对放大［视野］非常关键"（275）。关于历史对斯密的用途，参见 Schliesser, "Articulating Practices as Reasons," 79-91 中的评论，以及 *ASVE*, 197, 200-1, 359。

已在上文引用了斯密的陈述，即"《蜜蜂的寓言》第二卷激发了卢梭先生的体系"(*Letter* 11, *EPS*, 250)。从这一陈述中，我们知道，斯密把他们置入一种相互对话里。《信札》继续梳理两位思想家之间的相似与不同，简言之，它编织出一张复杂的观念织锦。或者，请再次考虑《道德情感论》开篇的句子：斯密让我们回想，并参与到一场至关重要的辩论当中，其主题与我们天生如何"自私"有关；斯密以此开启了这本书的写作。斯密的起点表明，向合理的分歧保持开放被认为是一种德性。

斯密的哲学"方法"也值得关注，因为它倾向于全面考虑之后再做判断。比如，斯密以理性认识此种或彼种观点（概念上与规范上）的比较优势来支撑他最终倡导的立场。正如评论者们已经注意到的，他为自由社会辩护。他主张，在这个自由社会里，对财富的追求不受限制（在正义的限度内）。这便是此中一例。他的辩护承认，虚荣、期盼、想象的欺骗，以及工人在令人心灵麻木的重复劳作中产生的能力衰退，都在这个社会中扮演核心角色。但是，总而言之，考虑到历史提供的，以及人性表面承诺的选择，我们可以论证，"自然自由体系"(system of natural liberty, *WN* IV.ix.51)更为优良，即便它不是一个单纯的理想。[89]在此事例的本性中，斯密的论证向更深入的讨论开放——它与其论证方法的精神完全一致。

最后，斯密细致区分了源自理论家立场的解释与源自行动者立场的解释。斯密认为，它们可能有所不同；倘若不能理

---

[89] 对此的证明，请参见 Rasmussen, *PPCS*, 9, 159-60, 174-5；亦参见他的 *The Pragmatic Enlightenment: Recovering the Liberalism of Hume, Smith, Montesquieu, and Voltaire*, 124-6, 以及 *ASVE*, 255-6, 360。

解它们之间的差异，我们将会走向严肃的理论错误。例如，他观察到，当一个理论家"冷静且哲学地"看到德性如何因"社会秩序"得以提升，邪恶如何因之受到贬抑，那么社会看起来"就像是一个巨大、没有边界的机器"。从这一概要性立场出发，德性便从如下事实中获得了一种"大美"：它有助于这架机器的顺利运转。亦即，那种美源自于对效用的认知。所以，当自爱理论家"描述了开化之社会生活之于奴役之孤独生活不可胜数的优势"，他们的读者就"在德性中发现了一种新的美"，但却很少停下来思考："既然这种政治观点此前从未在其生活中出现过"，那么当其进行判断时，"它就不可能成为赞许或谴责的基础"，不论他是一名行动者，还是理论家（*TMS* VII.iii.1.2）。那些理论家提出自爱理论，用来解释普通行为者如何受到驱动，在这样做的时候，他们就混淆了两个不同的解释层次。对斯密而言，这是关键的一点；并且，他让我们重新回到 *TMS* IV.1.1—2（其中一个段落导向了他提出的"无形之手"以及"体系之爱"：*TMS* IV.1.10, 11）及 *TMS* IV.2.1—3 处的讨论上。实际上，如果有什么东西对个人及社会来说是有用的或是无用的，我们的赞许或谴责之情都会据此加以调校。关于这一论题，斯密用自己的声音论称："经过最严格的考察之后，我认为，这是普遍存在的状况。"他继续说："但是，我仍然声称，我们赞许或谴责的首要或主要源头并非这种对有效或有害的看法"（*TMS* IV.2.3）。理论与实践立场之关系的问题在本研究中还会再次出现。

哲人们无知地将错误前提引入他们的观点，然后将之投射到"真实"（reality）之上。关于我们对无知的无知，以及上述哲人的无知行为，卢梭心怀忧虑。总之，斯密对此卢梭式忧虑的部分回应构成了一系列具有独特传统的哲学承诺与论证方法。它们有助于解释：为何斯密认为，相对于那部被他在《信札》中归纳为"几乎全由修辞和描述"构成的卢梭著作，他能提供一种更有意义的选择，同时又可以避免任何类似于"万塞纳启示"的事物，以及卢梭面对的自我参考的困难。

（b）实践：进步的前景

在本章稍早的地方，我评论说，在行为人的可朽性、不完美性以及有限的视野中，卢梭的系谱学叙述提供了一种教育。我也重新探寻这个问题：根据他的描绘，人们将要做什么呢（如果有什么事情需要做的话）？让我向斯密简要地提出这个问题，对这一章进行总结。评论者们已经对此问题作出了许多讨论，我希望突出斯密与卢梭之间的对立，因而把自己限制在一些观察之上。

我已经在上文注意到，就其焦点而言，斯密对历史变迁的论述不同于我们在卢梭《二论》两个主要部分中发现的系谱学叙述。我们也注意到，斯密一再努力追溯经验历史过程，以及因果论与偶然性的结合；尽管人们希望他原本可以更加明确地把这一问题阐发出来，就像在卢梭的案例当中一样。[90] *89*

---

[90] 一项卓越的讨论参见 Brown, "Agency and Discourse"。布朗论证说："在斯密最著名的两部作品中，对行为人的论述非常不一样，他也在这两个文本的风格和声音中展示了这种差异。"（69）在第四章，我进一步评论了布朗在 *TMS* 语境中对行为人的讨论。关于斯密对诸人性面向（例如对自尊的寻求）之历史论述及历史偶然性的重要性的强调，参见 Luban, "Adam Smith on Vanity, Domination, and History," 292-6。亦请参见 Haakonssen, *The Science of a Legislator: The Natural Jurisprudence of David Hume and Adam Smith*, 185-9。Cropsey, *Polity and Economy* 论证："斯密不能把普遍意义上的选择从历史领域驱逐出去。"（62）对预测历史事件的前景的论述，参见 Fleischacker, *ASWN*, 33-6。

卢梭描绘的人类处境在现在看来富有预见性，它不可避免，并且是人类处境的悲剧巅峰。斯密拒绝了卢梭描绘的这一图景。我表明，斯密关于历史的总体观点既非绝对乐观，也非绝对悲观。

斯密无疑证实了个人在一定限度内具有自我决断的能力，我也将在第四章做进一步讨论。他认为，个体之间能够决定影响彼此，并且至少在一定程度上决定何时相信以及何时不要相信他们听到的内容。更重要的是，斯密暗示说，他对德性之自然本性问题的回答或许对实践有所影响（*TMS* VII.iii.intro.3）。他的劝告性回答或许更加有效，因为它被编织进我们的道德心理学论述。当然，信念、理论、说服和历史语境彼此交织，但却并非必然以如下方式交织在一起，即历史语境以某种方式导致其他因素的产生。斯密在《国富论》开头就评论说，不可预见的历史事件"产生了非常不同的政治经济学理论"，以及"它们不仅对饱学之士的观点，也对君主和主权国家的公共行为产生了重要影响"（*WN* Introduction.8）。很明显，斯密认为自己与产生类似影响的希望之间正在进行一场辩论。[91] 观念能够产生广泛的后果，它们可以是好的，也可以是坏的。让我们再举一个例子：在 *TMS* IV.1.11，他认为，一个爱国者有可能因为看到一种更好的秩序而受到激励，假设这种更好的秩序至少有某种实践效果。他也注意到，那种适当地著成的"政治论文"也可能有用。关于"体系之人"（*TMS*

---

[91] 对此问题的卓越讨论，参见 Brubaker, "Adam Smith on Natural Liberty and Moral Corruption," 206-13。亦请参见 Schliesser, "Adam Smith's Benevolent and Self-interested Conception of Philosophy," 341-3。

VI.ii.2.17-18），如果这样一个人不产生任何影响，或者我们也没有任何方法来对抗这种影响，那么斯密的警告就无法命中目标。

斯密在他发表的作品中讨论了诸多主题，根据对这些主题的系统性理解，斯密明确地使门保持敞开，向更小规模的——但并非间接的——计划性干预之可能性敞开。例如，他论证了强制性公共教育的理由（*WN* V.i.f.54-7），也对教师的闲职提出警告（*WN* V.i.f.4-8）。或者，正如我在第一章第五节提到的那样，他主张，"对科学与哲学的研究"有助于治疗"狂热主义与迷信之毒"（*WN* V.i.g.14），但不以此方式来清除宗教信仰或行为。我们也在本研究中注意到其他例证，并能够引用它们。我们正在讨论的方法不是一种"万应灵药"（cure-all），但它们在实践上潜在地具有极大的重要性。斯密坚持认为，我们要面对事实，无论它们多么令人不快这一点也是重要的。在某些情况下，面对事实将要以我们的骄傲为代价，并在那种意义上具有道德和心理学后果。《国富论》最后一句颇为刻薄，令人泄气（V.iii.92），它讨论的是，大不列颠需要根据"其真实而平凡的条件"来调整帝国野心，这便是一大例证。不仅如此，我们不应该忽视如下事实：一旦宏大的历史力量确立起相对好的社会经济条件，它们就要根据斯密自己准备提供的智慧加以守护，避免过早死亡。非常明显，斯密正在倡导商业社会政治经济学中一个重大变革，并假设它至少有希望在实践上取得成功。总之，我们有充分的证据表明：斯密认为，我们有可能在超越个人的范围里运用真实世界的力量。

然而，从斯密著作的许多关键节点，我们也学习到：部分由于认识上的原因（我们难以预见大规模、长远的行为后果），部分由于我们有限的控制事情的能力，以及部分因为人性，历史力量的前景非常有限。例如，从《国富论》开篇处，我们就会学到：劳动分工极为重要的源头"并非任何人类智慧的后果，人类智慧既没有预见也没有意欲它产生的普遍繁荣"（WN I.ii.1）。根据他在《国富论》第三卷史诗般的论述，封建制度之所以走向衰落，部分是因为"海外贸易与制造业沉默且不为人知的运动"（WN III.iv.10），而不是因为理性或立法。"大地主"（great proprietors）和商人"既不了解也未预见这场革命，他们的痴愚，商人、工匠的勤劳，逐渐把这次革命完成了"（WN III.iv.17）。这一革命产生了"秩序与好的政府""个人的自由与安全"；在此之前，诸个体则生活在"与其邻居持续的战争状态当中，并且严重依赖其上级"（WN III.iv.4）。我们已经注意到，当斯密讨论看似不可战胜的中世纪罗马教会最终走向衰亡，他告诉我们说：单凭"人类理性的微弱的力量"不能导致其衰落，尽管理性原本能够"揭露"协助教会获取权力的神秘性。然而，"技艺、制造业与商业的逐渐改善"是"教会人员世俗权力"瓦解的原因（WN V.i.g.24, 25）。斯密并未表明，一位领袖人物，一个伟大的理论家或领导者与那些更大规模的变化具有任何显著的关系；它们似乎是一种"无形之手"的运作过程的结果，它可以在回溯中得到理解，但却不可预言——它与我在本章第一节（d）部分归诸卢梭的一种观点，只是部分地保持一致。[92]

并且，我们也不知道：具有类似规模的所有事情是否都要么不可预见，要么不可控，要么既不可预见也不可控——尤

---

[92] 关于预测问题的类似观察，请参见 Ignatieff, *The Needs of Strangers*, 129。

其在我们用斯密的智慧武装起来、展望未来之时，它们是否也是如此。正如斯密在其他地方所言，用一典型的限定性表达来说："事物的自然过程不能被人的虚弱努力完全控制……"（*TMS* III.5.10）甚至，当斯密讨论所谓至今最重要的事件时，他仍然保留了一些模棱两可的色彩。他写道：

> 美洲的发现，以及通过好望角抵达东印度之航道的发现，是人类有史以来最重要的事件。它们也产生了巨大后果：但是，自这些发现以来，两三个世纪已经消逝，这是一段较短的时间，我们还看不到它们整个范围的影响。自此以后，这些大事件会产生何种益处、带来何等厄运呢？任何人类智慧都无法预见。
>
> （*WN* IV.vii.c.80）

事件规模越大，就越难预见和控制。甚至在这里，斯密不仅通过使用"整个范围"这样的短语，也通过用"它们的总体趋势看起来有益"对这些大事件进行直接评价，来加以轻微限定。在同一段话的结尾处，他表明："大量的商业活动"会在全球规模上"自然而然地，甚至必然地伴随着""知识交流"与"权力平等"的拓展（或者，正如他也在这里说，"勇气与力量的平等"）。他特意引用欧洲人的例子：单凭"权力平等"就能迫使诸国行事正义，并给予彼此"某种类型的尊重"（*WN* IV.vii.c.80）。所以，斯密审慎地预测说，经济、政治与道德利益将会从这些世界历史的发展中产生。

甚至在我们刚刚引用的段落里，以及在更令人震惊的其他地方，斯密都在强调与历史变迁时常相伴的矛盾特征。例如，他论述说，与"专制"的社会相比，在一个自由社会中，奴隶制对待奴隶更加残酷，也更难以拔除——尽管对主人而言，奴隶比自由劳动者要更为昂贵。[93]在这个世界上，人们怎样才能产生好的行为呢？上述矛盾使这个问题变得极为复杂。的确，就像卢梭一样，斯密正致力于在不完美、可朽及有限视野中给我们教益。甚至，当他努力向我们表明，哪种社会、经济与法律结构类型有益于自由、平等和正义时，也是如此。总而言之，斯密的观点并不像《二论》那么悲观。

我在本章探查了一些论题，它们与自然、社会性状态、同情、旁观者问题彼此缠绕在一起。接下来，我将转而论述那个复杂的部分：我们这两位思想家的辩证逻辑。[94]

---

[93] 参见 WN IV.vii.b.54-5, LJ(A) iii.114; WN I.viii.41, III.ii.9, IV.ix.47; 以及 WN III.ii.10, LJ(A) iii.117. 亦请参见 Pack, "Slavery, Adam Smith's Economic Vision and the Invisible Hand"。关于拔除奴隶制如何困难的讨论，以及如何回避做此事的义务及其理性化根基的讨论，参见我的"Rights and Wrongs"。

[94] 本章第一节源于我的"Genealogical Narrative and Self-knowledge in Rousseau's *Discourse on the Origin and the Foundations of Inequality among Men*"。这篇文章的草稿曾在波士顿大学晚期现代哲学工作坊（2013）宣读，也在奥克拉荷马大学宣读。感谢这两处的参与者，感谢他们的提问与评论。感谢布莱斯·巴霍芬、阿莱桑德拉·富西（Alessandra Fussi）、阿隆·加勒特、杰弗里·亨德森、大卫·鲁奇尼克、艾米丽·罗蒂（Amélie Rorty）、约翰·司格特、斯蒂芬·斯库利（Stephen Scully）、泽夫·特拉亨伯格（Zev Trachtenberg），以及查尔斯·沃尔夫，感谢他们对这篇论文及计划的帮助或评论。我尤其应当感谢罗伯特·瓜伊、保罗·卡查凡诺斯、克里斯托弗·凯利、腓特烈·纽豪瑟，以及迈克尔·奥德（Michael O'Dea），感谢他们的讨论、建议，以及对这篇文章草稿的细致评论。感谢瓦勒里·威廉斯勤勉协助上文及本章的编辑工作。我也要感谢克里斯托弗·里特文在这篇文章发表后作出的有帮助的评论和讨论，感谢赛琳·斯派克特（Céline Spector）对此文的反思。我尤其应当感谢罗宾·道格拉斯，感谢他对这一章整体做的富有价值的评论。

第三章 社会性、怜悯与同情

> 在我们这里，许多国家尚未在地图上标明。我们原本可以在对我们的暴风骤雨进行解释时对其加以考虑。
>
> 乔治·爱略特[1]

引 论

乍一看，人们可能会认为，奥维德式的自恋主义与同情（sympathy）、移情（empathy）这样的现象，以及与其他情感的、认知的人际关系不相符合——我们有可能也是大体上把这些当作"社会性"（sociability）的一个方面。既然在定义上，怜悯（pitié）的本性也是人际间的，它难道不也是对社会性的表达或依赖，并因此与自恋主义有所冲突吗？然而，在《二论》中，卢梭强调，怜悯，而非社会性，才是界定人性并"先于理性的两种原则"之一，另一原则为自我保存（*DI*, 127.9/

---

[1] Eliot, *Daniel Deronda*, 244.

OC III, 125-6）。如果怜悯而非社会性是一种人性原则，那它是一种自恋主义形式吗？以及，社会性是否在某种程度上是一种人造物（artificial）？相反，斯密则是一个"同情"党人；它与怜悯、社会性以及奥维德式自恋主义的关系为何？[2]这些问题的答案完全是不清晰的。

在这一章，我研究了卢梭与斯密之间与这些问题有关的复杂关系。我在第一节的出发点是关注斯密在《信札》中对卢梭与曼德维尔的评论。在第二节，我讨论了怜悯的含义，以及卢梭关于社会性及自恋之兴起的故事。在第三节，我考察了斯密关于基础社会性（ground-level sociability，正如我对它的称呼）的观点，对其关于非社会"人类生物"的思想实验给予特别关注。我也努力消除"同情"观念的歧义，并将其与视觉和叙述观念联系起来。卢梭运用了一种特殊的故事讲述形式——系谱叙述——以承载《二论》的实质内容。在前一章，我考虑了他这样做的动机，以及斯密为何在陈述其观点时拒绝这种文学形

---

[2] 许多术语问题嵌入在此处所讨论的主题里。正如古热维奇在其编者注（DI, 354）中指出来的，在那些术语问题中，首当其冲的就是"社会性"这个词的模糊性问题。另一个此类问题关注"自私"（selfishness）与自爱可能存在的不同含义。斯密经常同时使用"自私"与"自爱"，比如在讨论我们如何同情分娩中妇女的段落（TMS VII.iii.1.4），以及在讨论良心的段落中（TMS III.3.4："当我们的消极情感几乎总是如此卑微，如此自私"；在两句话之后，我们又会看到，"最强有力的自爱冲动"）。正如他对"自私激情"之讨论所指出的，对斯密而言，"自私"可能只意味着"自我参考"或"利己"，它可能完全值得尊重（TMS I.ii.5.1；参见 ASVE, 118-19）。"自爱"可以是消极的，例如在III.4.7（"自爱的欺骗"），或者，它也可以完全为合宜的（"自爱常常是行为富有德性的动机，正如他在批评曼德维尔的时候所说；TMS VII.ii.4.8）。我要表明，这些术语都具有认识的意义。在斯密那里，"虚荣"（vanity）也具有各种各样的意义，正如我在第一章注释52及其语境中指出的。我将在下文讨论"同情"。

式。我要在此论证，在斯密关于我们如何理解彼此的论述中，叙述的确发挥了重要影响。在第四节，我重构了卢梭在回应斯密时可能会说的话，然后阐述更多的辩证步骤。我们是否有可能获得进入他人的自我（other selves）以及自我（oneself）的途径呢？这个现在为我们熟悉的问题，也将在这一章反复出现。

一　社会性及自爱的模式：斯密的《致〈爱丁堡评论〉诸作者信札》

我从两个与"社会性"有关的初级观点（preliminary points）开始我的讨论。首先，正如加勒特和汉利注意到的那样，斯密在《道德情感论》与《国富论》中都没有使用过"社会性"这个词（我们还可以补充说，他在《信札》中也未使用过）。[3] 他对这个词非常熟悉，也能够想到它（所以，斯密也避免在这两本书及《信札》中使用其形容词形式 sociable [社会性的]）。在他之前，卢梭在《二论》中就偏爱提及 sociabilité 与 sociable。[4] 在《信札》中，斯密解释了卢梭对自然社会性

---

[3]　Garrett and Hanley, "*Adam Smith*," 268. 斯密的确经常使用"社会的"与"非社会的"（unsocial），这在 *TMS* 的内容表，以及 *TMS* VII.iii.1.2 已经非常清楚了。"社会交往"（sociality）在 *TMS* VI.i.9 用过一次。斯密避免使用术语"社会性"（sociability），这并不必然要求解释者在努力理解其观点时也得这样做——若他要注意界定其含义的话。

[4]　卢梭在 *DI* 中两次使用了"社会性"（127.9, 149.33/*OC* III, 126, 151）。关于卢梭想要与自然法传统保持距离，参见 Bachofen and Bernardi, *Rousseau*, 232, n. 86（亦请参见 207, n. 31），以及 Neuhouser, *RCI*, 52. 卢梭也很少在 *DI* 中使用 sociable，他只使用了两次（*DI*, 138.11, 159.51/*OC* III, 139, 162）。我将在第五章回到社会性问题上来，因为卢梭把它与公民宗教联系起来了。

的否定，认为其意为："人们身上没有必然决定他为其自身寻求社会的强大直觉"（*Letter* 11, *EPS*, 250；斯密指出，对曼德维尔来说，此说亦确当）。值得注意的是：斯密翻译过《二论》中的一个段落，卢梭在这段话中提到了 l'homme sociable，斯密则将此表达译为 the man of society（社会人，*Letter* 15, *EPS*, 253）。斯密避免在自己的著述中使用"社会性"这一术语，这可能是因为他想要与哈奇森保持距离。[5] 他告诉我们，哈奇森认为德性由仁慈构成，并将我们彼此牵引到一起；仁慈的最高目的是"大共同体的幸福"，最终则为"一切理智存在的幸福"。而且，哈奇森还教导我们，自爱"在任何程度或在任何方向上都不可能具有德性"（*TMS* VII.ii.3.10, 12）。我们可以安全地推断，在斯密看来，仁慈或善意（goodwill，关于这一术语，参见 *TMS* VII.ii.3.4）不是社会性的基础。然而，我们将在下文讨论，斯密认为同情是我们社会性的关键。但在其相关的意义上，同情并非一种具体的情感——它是"我们对任何激

---

[5] 感谢阿隆·加勒特与里米·迪贝斯，他们对这些问题的回应很有帮助（我已经获允在此提及）。迪贝斯指出，哈奇森就职演讲的标题为"论人类的自然社会性"（"On the Natural Sociability of Mankind," 1730）。加勒特指出，在自然法传统中，"社会性"已被稳固地确立起来；他也表明，斯密不想与此传统结合在一起。关于斯密的人类社会本性理论的讨论，请参见 Debes, "Adam Smith and the Sympathetic Imagination"。迪贝斯的文章很好地把"想象的模仿"或"想象同情"（他在 201 使用的术语）与社会性纽带结合起来，并阐明了斯密与哈奇森之间的关系。根据迪贝斯的论证的精神，请让我们注意斯密在 *TMS* VI.iii.15 的评论："对于那些趋向把人们团结在社会中，趋向人道、善良、自然的喜爱、友爱、尊敬的情感的处置，有时候可能是过分的。"抛开关于过分的有趣评论，这个句子还指出，斯密的确认为，有些情感帮助我们维持社会生活（或者使我们变得合群，至少是在最小的合作的意义上）。关于其中（斯密包括的）对哈奇森的讨论，参见 Maurer, "Self-interest and Sociability"。亦可参见 Hont, *Politics in Commercial Society*, 16-20（以及下文的注释 9），以及 Boyd, "Adam Smith on Civility and Civil Society"。

情的共同情感"(*TMS* I.i.1.5)。[6]当然,这并不是说,斯密认为我们在天性上是反社会的。实际上,他在《道德情感论》开篇就坚持认为,"相互同情"令人愉悦(参见 *TMS* I.i.2 的标题);他既谈到了自然赋予我们"追求快乐的原初欲望"(*TMS* III.2.6),也谈到,我们在没有得到同情时产生的痛苦(例如 *TMS* II.ii.2.3;请再次参见迪贝斯在注释 5 引用的文章)。所以,与曼德维尔、卢梭相反,如果斯密认为,人们具有"一种强大的直觉,必然决定着人们因其自身而寻求社会",我们就不应作出如下推断:斯密正在描绘一个生活在自然状态中,并被引导着去"寻找"他人的"前社会"生物。[7]

其次,当卢梭否认我们的自然社会性(natural *sociabilité*)时,他在否定什么?罗宾·道格拉斯提供了他的答案:

> 在攻击霍布斯的伊壁鸠鲁主义时,巴贝拉克(Barbeyrac)省略了两种相对的社会性观念之间的差异:一种是作为自然倾向的社会性观念,另一种则是由理性辨别的自然正确原则。在《论不平等》的前言中,卢梭通过回避社会性原则,有效地拒绝了后者以及更具普芬多夫(Pufendorfian)风格的社会性观念。然而,卢梭对自然人的描述也挑战了如下观念:人类因其倾向而自然为社会的造物,或者他们有一种追求社会与他人陪伴的自然欲望。那么,卢梭对人

---

[6] 现在,这是二手研究中的标准观察。例如 Campbell, *Adam Smith's Science of Morals*, 94。

[7] 在其他地方,当谈论具有重要的利他方面的情感时,斯密也使用了"直觉"(instinct)这个词;例如 *TMS* III.3.34(原则或直觉[principle or instinct])以及 VII.iv.25。

性的论述就涉及对两种社会性观念的拒绝。首先，他否认自然正确法则基于源自理性的社会性原则。其次，他也否认：人类天然为社会造物，欲望或要求他人陪伴。对卢梭而言，与自然状态为和平还是悲惨这一问题相比，自然社会性问题——至少迄今为止，它被用来区分霍布斯与普芬多夫——没有那么重要。

（道格拉斯，《卢梭与霍布斯》
[*Rousseau and Hobbes*]，73）[8]

我应当认为，斯密与卢梭一起拒绝了社会性的第一重意义，或者，他至少借无偏旁观者理论对之加以修改，以致我们难以认出它来。但是，在这个术语的第二重意义上，他与卢梭之间有所分歧，因为他认为我们天然就是能够达致同情的社会存在（请考虑 TMS I.i.4.7, II.ii.3.4；参见 III.2.6, 7）。同情不是一种我们获得的能力，我们也找不到它在这种意义上的任何系谱。（尽管在下文考察的一个思想实验中，斯密的确对如下内容怀有一种观念：如果我们是非社会的，那么我们会是什么样呢？）既然在斯密看来，同情不是一种具体的情感，它能够传达从反社会（antisocial）到亲社会（prosocial）的情感范围；那么卢梭在《二论》中所谓的怜悯就全然不同于斯密所谓的同

---

[8] 道格拉斯曾在与我通信时向我表明了一种思想，我对其详述如下（经授权发布）：在《信札》中，斯密没有评论 *DI* 与自然法传统之间的关系，尽管通过将卢梭与曼德维尔结合在一起，他暗示说，卢梭在此传统之外。围绕卢梭对"社会性"这一术语的使用，道格拉斯讨论了此中所包含的诸多复杂性。感谢他的讨论。关于斯密-曼德维尔的关系，普列托（Prieto）从另一角度作出了富有帮助的讨论，参见 Hurtado-Prieto, "The Mercantilist Foundation of 'Dr. Mandeville's Licentious System'"。

情（或斯密用 pity 实际想要指代的内容）——这就是我在这里想要论证的内容。[9] 不仅如此，斯密从未表明人类的自然境况是和平还是战争；所以，他不会赞同卢梭"人自然为好"的论题，也不会赞同霍布斯的（以及曼德维尔的，正如斯密的解读）论题，即我们的自然境况是"悲惨的"和冲突性的。然而，根据斯密的论述，和平与战争都是人根深蒂固的潜能，在这种意义上，两者都内在于人性当中。

让我们再次考虑斯密在《信札》中记录的观察：曼德维尔在"《蜜蜂的寓言》第二卷"的观点"激发了卢梭先生的体系"（Letter 11, EPS, 250）。首先，通过强调卢梭没有追随曼德维尔脚步的诸种方式，斯密解释了这一重要观察。尤其是，我们了解到，卢梭剥除了曼德维尔"倾向于腐败和放荡"的诸种"原则"（Letter 11, EPS, 250；参见 TMS VII.ii.4.12, 13）。在这里，斯密的一系列思想表明，卢梭对自然状态的描述大不同于曼德维尔的刻画，他借此完成了上述"剥除"。曼德维尔"呈现了我们能够想象的最不幸、最悲惨的人类原初状态"——在效果上表现为一种战争状态；然而，卢梭"将其描述为最幸福且最适于人类天性的状态"——在效果上表现为一种和平状

---

[9] 我在下文会讨论弗斯的观点。除了弗斯，许多其他的评论家都认为，卢梭式的"怜悯"与斯密式的"同情"是密切相关的概念。尤其可参见 Pack, "The Rousseau-Smith Connection," 45-6，以及 Hont, *Politics in Commercial Society*, 26-8。洪特对卢梭与斯密的社会性的讨论当然值得研究，但是，我发现，由于诸种原因，它——以及那本书的整体论证——却颇成问题。Hanley, "On the Place of Politics in Commercial Society"以及哈里斯（Harris）在关于这本书的评论中都细致阐述了那些原因。拉斯姆森还讨论了将斯密的同情论述与卢梭的怜悯论述联合起来的其他作者（*PPCS*, 62-5）。参见 Winch, *Riches and Poverty*, 72-3，以及颇为有趣的文章 Larrère, "Adam Smith et Jean-Jacques Rousseau"。

态（*Letter* 11, *EPS*, 250）。斯密在接下来的段落中回应了这一观点，他说，卢梭倾向于"将野蛮人的生活刻画成最幸福的一类"。在"风格"和"一点哲学化学作用"的帮助下，卢梭改变了"放荡的曼德维尔的原则与观念"，以至于它们似乎"拥有柏拉图道德的所有纯洁性与高贵性"（*Letter* 12, *EPS*, 251）。

相应地，在这两种情境中，人们离开自然状态的动机有所不同。根据曼德维尔的论述，"人类原初状态的悲惨"驱使他寻找"其他令人不快的药方"（otherwise disagreeable remedy），那便是社会；从狭义上解释，社会性由自我利益驱动。根据卢梭的论述，"某些不幸的意外"产生了"不自然的富有野心的激情，以及追求高人一等的虚荣欲望"，从而"产生了同样致命的后果"（*Letter* 11, *EPS*, 250）。根据《二论》，斯密据以进行归纳的精神恰恰是：社会关系之获取与其说是由于审慎的原因，不如说它们得自我们的沉浸其中。"同样致命的后果"这一表达回应了"其他令人不快的药方"。斯密正在表明，对这两位思想家来说，社会从一开始就被消极地标示出来——比如，通过刚刚提到的"不自然的激情"。斯密继续说，曼德维尔与卢梭"假设了同样缓慢的进程，以及适合人类在社会中共同生活的所有才能、习惯、技艺的渐进发展；他们也以同样的方式描述了这一进程"，亦即，在此进程中，"狡黠且有权力的人"发明了"正义的法律"，用以压制其他每个人（*Letter* 11, *EPS*, 250-1）。易言之，曼德维尔与卢梭给了我们关于社会性发展的系谱性论述。他们刻画了不同的自然状态，并以此为起点；但是，接下来，他们以大体相同的方式归纳了人们获取社会性的特征，比如，"才能、习惯与技艺"同欺骗和压迫相伴。

在《信札》中，斯密也评论说，对于曼德维尔关于怜悯的观点，卢梭既有赞同的地方，也有不认可之处。他们都同意怜悯"对人而言是自然的"，它不是一种德性；并且，就拥有怜悯能力的程度而言，前社会状态中的"野蛮人"要高于风俗最"文雅开化"的人。但是，卢梭认为，怜悯"能够产生所有其他德性，曼德维尔医生却否认其真实性"（*Letter* 11, *EPS,* 251）。在《道德情感论》中，斯密没有指出，曼德维尔在其论述中为怜悯准备了一个位置，但他通过一种与《信札》一致的方式强调，曼德维尔的观点破坏了"恶、德之分"，其倾向便因此全然有害（*TMS* VII.ii.4.6）。正如我已经指出的，《信札》并未指责卢梭的做法，即便卢梭与曼德维尔都同意，正义的习俗法是由其受益人设计的阴谋，它被作为一种手段，用以实现其"不自然、不正义的优越性"（*Letter* 11, *EPS,* 251）。所以，关于这一观点，卢梭或许认为，社会破坏了"恶、德之分"。[10]

通过阅读《二论》，斯密了解到，卢梭把自爱（self-love）理解为 *amour de soi-même*，它先于自恋（*amour propre*），自恋则从自爱中产生。卢梭在一则注释中告诉我们，自爱"是一种自然情感，它使每一种动物都倾向于自我保存，它在人们身上受理性指引，被怜悯修正，产生出人道与德性"。他继续说，自恋

> 只是一种相对的情感，它是虚假的，孕生于社会之中；它使每个人都倾向于获得比任何其他人更多的积蓄，

---

[10] 弗斯注意到："在《二论》中，卢梭没有拒绝自私假设，而是将其历史化了"（*Self-Interest before Adam Smith*, 44）。

它刺激人们相互犯下所有邪恶，它也是荣誉的真正源头。

（*DI*, Note XV, 218.1/*OC* III, 219）[11]

不幸的是，一旦理性修改了自爱，它就倾向于产生与"人道"相反的东西，怜悯也随之衰朽。在《序言》以及《二论》中，卢梭强调了，当人类关系从自然状态演化而出时，它们具有可操纵性与工具性特征。我将在下一章探研，人们不以自己本来面目出现的主题，与这种关于人类关系的观点彼此吻合。在《一论》中，卢梭已经贯彻了他对存在/表象之分裂的观察，他评论说："所以，人们绝不会真正知道，他是在跟谁打交道。"（*FD*, 8.13/*OC* II, 8）如果我们把自爱与自恋放在一起讨论，卢梭就可能会被认为是一个自爱理论家。关于自爱的第一层含义（自爱），他的理论与曼德维尔不同，但却在第二层含义上（自恋）与曼德维尔汇聚在一起。对他们两人来说，自爱是社会性的根或源。让我通过努力揭示出斯密与卢梭在社会性问题上的深刻差异，对曼德维尔与卢梭的关系问题做一番更加深入的探讨。

在 *TMS* 第 VII 卷第二篇，斯密提出的问题"德性由什么构

---

[11] 各种评论家都表明，怜悯是对自爱的调整，或者它近似于自爱；例如 Neuhouser, *Rousseau's Theodicy*, 234, n. 25。我们当然要提出问题：这两者何以成为不同的人性"原则"？巴霍芬和伯纳迪表明，在自然状态里，这两种原则很少相互冲突；在文明状态，当自爱变体为自恋时，冲突则翻倍出现（*Rousseau*, 237, n. 102）。关于这一问题，博伊德（Boyd）的评论富有洞见，参见 Boyd, "Pity's Pathologies Portrayed," 529-30。鉴于自恋只在社会中出现（正如卢梭在注释 XV 所言），那么，当"自恋"从"自爱"中生长出来时，"社会"就产生了。在接下来的论述中，这一标记颇有用处。既然怜悯在社会中衰微了，我们似乎可以公平地说，它与自恋彼此冲突。我将要表明，怜悯与自恋缺乏那些对斯密式同情而言颇为重要的特征。

成"是道德情感理论两大主题中的第一个（参见 *TMS* VII.i.2）。在同一篇的第四章，我们了解到，曼德维尔的体系有效地消除了"恶与德之间的区分"（*TMS* VII.ii.4.6），因为他对动机的解释是过度简化的：据称，我们的动机源自于"对表扬或赞美的爱，或源于曼德维尔所谓的虚荣"。或许，对这种自我主义而言，"虚荣"并非正确的术语（注意斯密说"他所谓的"），因为它极端地以自我为中心，所以也与支撑自尊没那么相关。根据斯密的解释，曼德维尔的"虚荣"是"最强大的自私激情之一"。当然，其目标完全是自我利益（*TMS* VII.ii.4.7）。所以，顾及他人"只是强加于人类身上的欺骗"（*TMS* VII.ii.4.7，参见 VII.ii.4.12）。[12]

第 VII 卷接下来的一节考察了所有道德情感理论的第二大问题，即关于"嘉许原则"的道德心理学问题：嘉许（谴责）的"观念或情感"来自何种"内在发明或机制"（*TMS* VII.iii.intro.3）。斯密告诉我们，根据霍布斯和"他的许多追随者"——他提到了曼德维尔、普芬多夫——"人们被驱使着在社会中寻找避难所，这不是因为对他人的自然之爱"，而是因为社会是能够带来"舒适或安全"的有用工具。德性有助于实现这一目的，邪恶则不会如此（大概斯密的含义是，德性与邪

---

[12] 我曾在第二章第二节（a）部分对刚才的引文有所评论。斯密没有提及曼德维尔的"自我喜爱"（self-liking）观念。毛雷尔（Maurer）注道："自我喜爱不同于对快乐的单纯欲望或自尊，因为它包含了对自我的过高评价，并产生了竞争性的行为趋势。"毛雷尔指出：对曼德维尔而言，"自我喜爱"是一种根本性的激情，它不同于曼德维尔的心理学与享乐式自我主义（"Self-interest and Sociability"，294-5）。相反，斯密式同情不是一种情感。请让我强调一下，我正在讨论的是斯密对曼德维尔的看法，而非他是否正确理解了曼德维尔。

恶是根据其效用或此效用的缺乏来定义的)。这一学派的理论即为,"嘉许原则"源于"自爱"(*TMS* VII.iii.1.1)。

曼德维尔的德性立场——即,确切地说,此类事物并不存在,我们只能找到其表象——与其道德心理学的自爱理论在概念上有所关联(所以,斯密在 *TMS* VII 第二篇对德性问题的讨论以曼德维尔为终点,紧接着,当他在第三节讨论道德心理学问题时,他一开始就提到霍布斯及其追随者)。很明显,关于"德性之真相"(*TMS* VII.ii.4.8)以及道德心理学问题,斯密并不赞同曼德维尔。正如我们在前一章讨论的,斯密为此分歧提供了多种原因,比如,关于我们的自我认知,曼德维尔的推理既是诡辩,也是错误的(第二章第二节[a],以及 *TMS* VII.ii.4.6-14)。我也注意到,斯密反对诸解释层面之间的根本混乱(即与日常生活相区别的理论家的解释);在我们对道德心理学的分析中,这产生了一个非常重要的扭曲(*TMS* VII.iii.2)。[13] 在我看来,这把我们带向了斯密提出来的反对曼德维尔与卢梭的关键观点。如上文所述,斯密在《信札》中告诉我们,卢梭在《二论》中的系谱学只是部分地覆盖了曼德维尔的故事。我认为,在《道德情感论》中斯密关于曼德维尔的评论指向了两位理论家之间一个重要的汇聚融合;在这一点上,两位理论家与他颇为不同。

斯密告诉我们(*TMS* VII.iii.1.3),曼德维尔这样的理论家想要努力阐明的内容——但"从来也不能清晰地展开"——正是"间接同情"观念,或者,易言之,正是斯密的同情理

---

[13] 亦请参见 *ASVE*, 53-4。正如我将要讨论的那般,对动机的错误刻画也早在 *TMS* 中就遭到了斯密的批评。

论。实际上，斯密认为，自爱理论家错在没有理解这一点，也没有理解我们何以为同情性存在。斯密认为，他的同情理论能够解释嘉许与谴责的情感，以及完整范围的情感与动机（包括虚荣这样的现象），但自爱理论却不能。斯密此处举的例子颇为有趣：心理学自我主义者（psychological egoist）不得不解释我们对"加图（Cato）德性"的赞美。"自我主义者"并不意味着加图是自我主义者有用的目的；自我主义者必然意味着如果我们生活在加图的时代，便会基于他在那个时代对我们的有用性来赞美他；或者，如果加图现在还活着，我们将会赞美他（*TMS* VII.iii.1.3），这两者必居其一。在前一种情况里，自我主义者认为，我们想象自己好像处在一个不同的环境里。在后一种情形中（如果加图现在还活着，我们将会赞美他），其过程并无不同。从《道德情感论》第 I 部分第二章（"论相互同情的愉悦"）开头起，斯密就认为，这种理论非常不可行。他拒绝了如下观点：当我们"在他人身上观察到一种与我们心中一切情感的共通感时"，我们所获得的愉悦（或当我们看到相反情况时所感受到的痛苦）以及其他一切情感都能够"从某种自爱的改善中"，例如从狭隘的自我服务的动机中衍生出来。斯密说，那不可能是真的，因为当我们并无此类"自我利益考虑"的时候，我们也常常感受到那种快乐或痛苦（*TMS* I.i.2.1）。当这一点得以确立，我们就为"相互同情"与"他人与我们自身情感之间的共鸣"清理出空间（*TMS* I.i.2.2），也为评价它给双方带来的快乐清理出空间。斯密的论证旨在确证他在数页之前、这本书著名的第一句话中提供的观察（对此，请参看下文）。

如果有人作出一种值得称道的行为，行为的接受者将因此心怀感激；如果有人作出一种不义或道德上错误的行为，受害者则因此而感到愤怒。斯密在《道德情感论》中解释，对这种感激与愤怒的间接同情要求旁观者了解行动者的动机，以及承接行为人的处境与情感。这个过程需要想象，即把我们自己放到他人处境中，好像我们就是他们，以此来想象或认知我们自己的能力。[14] 依据"同情"来看，我们对他人的感激之情或愤怒之情不是首要的，更不用说是唯一的一种自私或以自我为中心的事情了（*TMS* VII.iii.1.4）。总之，斯密在此对曼德维尔观点的驳斥（一如斯密的解读）假设，我们能够（也的确常常）"进入"（*TMS* I.i.1.4）各个他人的世界，至少在一定程度上站在他人的立场，理解其情感上的处境。不仅如此，既然在斯密看来，对我们而言，"同情"是自然的，那么在细微和重要的问题上，执行这一认识策略就是我们人性的一部分。

这一推理线索表明，斯密式同情不能离开我们的构成性社会本性（constitutively social nature），在下文中，我将之称为基础社会性，以便区别于亲社会（或反社会）的情感与态度。[15] 多亏有同情性想象，我们才不会注定是认识上的唯我主

---

[14] 参见 *TMS* II.i.5.1-6。我们对过错行为人的"反感"要求我们通过想象来理解行为人的动机或情感，以及受害人的条件或情感，如果受害人有能力体验它们的话（那将是一个"幻想同情"的例子：*TMS* II.i.2.5, II.i.5.11）。"带回家"（bring home）或"进入"（enter into）是斯密为了说明同情过程使用的比喻。正如我在注释 64 中表明的那般，我们刚才提到的这两个比喻的含义可能在一个很重要的方面有所不同。贯穿本章，我在任何情况下都会使用斯密的比喻。

[15] 我将区分"同情性"与"投射性"（projective）想象，并认为后者是斯密在 *TMS* VII.iii.1.4 中拒绝的自私观点（我会证明，它是卢梭式的，参见 *ASVE*, 90）。在讨论卢梭的时候，威尔克莱谈到了"暂时的投射性想象"（*Being after Rousseau*, 54），据我所知，斯密没有按照我在本书中的方式使用过"投射性"（或动词"投射"[project]）。

义者（epistemic solipsism）。在第一章，我把这种唯我主义称为奥维德式自恋主义。但是，如果同情在某种程度上配备着认知彼此的途径（最终，同情也具有了认知我们自己的途径），那么曼德维尔式的"自爱"或"自私"观（我们把它理解为一个认识论题）就与斯密的同情及基础社会性学说相冲突。

如果我正在勾勒的解释是对的，如果卢梭的观点与斯密的"同情"观并不一致，那么，卢梭也不能调整我们的能力，从其他人自身的立场来理解其他人自身的处境和自我吗？如果是这样，那么与斯密不同，在自我能够获得这种主体间性知识的意义上，曼德维尔与卢梭都不认为人在自然构成上就是社会性存在。我曾经提到，这两位思想家更深入的汇聚点就在这里。在这种情况下（再走一步），两人都没有给真正的"相互同情的愉悦"空间。[16]

这一论证思路指向的问题包括：那一认识的入口为何？它可以走多远？它与"自爱"感受（sense of "self-love"）的关系为何？根据这种自爱感受，我们的行为动机和原因是利己的、以自我为中心的、自私的，或者虚荣的。若要自然而然地关心"社会自身"——根据斯密对曼德维尔与卢梭的评论，我们并非如此——我们为何必须在构成上"外在于"我们自己，并且至少在一定程度上"进入"他人的情景，如果不是进入他人的心灵？让我重述一下我们早先提出的问题：卢梭为何能够论称，"怜悯是一种自然情感"，它令"每个人的自爱行为变得温和适度"（*DI*, 154.38/*OC* III, 156），但仍然否认我们自然而

---

[16] 温奇评论说："当斯密在《道德情感论》中或公开或隐蔽地讨论曼德维尔时，他也在回应卢梭的某些论证。"（*Riches and Poverty*, 60）

为社会性的?

这里的问题很多,也很复杂。为了至少避免一个潜在的冲突源头,请让我们回想:斯密论称,当我们在理论问题中理解彼此时,同情并未参与进来(*TMS* I.i.4.2,IV.2.12;参见我在第一章第五节的讨论)。原则上,我们能够进入其他每一个人的思想,我们也可以具有同样的思想。为了与你一起思考毕达哥拉斯定理,我并不需要在想象中与你交换位置。那么,在纯粹理论领域,认识的入口并不臣属于同情的各种奇异变化(vagaries of sympathy)。

请让我在下一节转向卢梭的自然状态中的怜悯概念,或他所谓的"自然的怜悯"(Natural pity,例如 *DI*, 166.17/*OC* III, 170),然后简要讨论他在《二论》中关于自恋与社会性如何浮现的论述。

二 卢梭:怜悯、自恋与社会性

(a) 自然状态中的怜悯

正如卢梭在《二论》中对怜悯的描述,它是统治自然状态居民的两大原则之一。另一原则来自自我保存,或者,确切地说,这条原则"让我们强烈关注我们的福祉与我们的自我保存"。[17] 看起来,当这两条原则有所冲突的时候,后一原则就要

---

[17] *DI*, 127.9/*OC* III, 126;参见 *DI*, 161.2, 163.8/*OC* III, 164, 166。我在这里聚焦于 *DI*,我要论证,在《爱弥儿》第四卷(请考虑 *CW* XIII, 373/*OC* IV, 504;参见 *CW* XIII, 382/*OC* IV, 514 以及 *CW* XIII, 389, n. */*OC* IV, 523n.)以及《论语言的起源》(*Essay on the Origin of Languages*)中,卢梭对怜悯的评论与我此处所阐述的怜悯观点一致。参见 Schwarze and Scott, "The(转下页)

占据优势（*DI*, 152.35/*OC* III, 154；参见 154.38/*OC* III, 156, "如果他能希望……其他地方"）；对卢梭来说，当自然状态变化为人为或社会的状态时，那一优势就变得更为突出。怜悯不仅会消失，而且，随着社会的进步，追求自我福利的动机常常会变得具有破坏性（*DI*, 153.37/*OC* III, 155-6; *DI*, 170-2.27-9/*OC* III, 174-7；请回顾《序言》, 100.28/*OC* II, 968-9 及 *FD*, 8.13-14/*OC* III, 8-9）。值得注意的是，斯密在《道德情感论》中讨论自私激情时，并没有把自我保存的欲望作为一种情感或激情孤立起来。在另一方面，关于对我们自己福利的关心，他也可以滔滔不绝地说上很多（例如 *TMS* VI.i.1-6, II.ii.2.1）。当然，斯密注意到人们普遍逃避死亡，他也在一个长脚注里提到自我保存，认为它是"所有动物"的"伟大目的"，是人类"欲求"的目的；他们"热爱生命，惧怕死亡"，（*TMS* II.i.5.10）。在人类身上，自我保存的欲望从一开始就和自我意识联系在一起。在《道德情感论》第一章结尾，他谈到"人性中最重要的一个原则，惧怕死亡"，并且解释说，惧怕死亡基于一种"想象的虚构"——通过想象，我们把"我们自己活的灵魂放在他们［死者］没有生命的身体里，以此认识到在这种情境里，我们会有什么样的情感"（*TMS* I.i.1.13）。这种"虚构"是一种同情，包含了复杂的想象过程和故事讲述。有趣的是，斯密暗示，我们通过想象其他人死后的境况学会了畏惧自身的死亡。

在斯密看来，（可以说）甚至惧怕死亡也是社会行为。在

（接上页）Possibility of Progress"（未刊文，经授权在此引用），这篇文章对怜悯和《爱弥儿》的讨论令我受益，也与我的论证一致。值得补充的是，在《社会契约论》中，怜悯没有发挥任何作用（公意、宗教和其他事物则贡献了力量）。

一开始，卢梭的"野蛮人"没有运用想象，也不害怕死亡（*DI*, 142-3.19-21/*OC* III,143-4）。卢梭告诉我们，"人们离开动物状态的第一个收获"是"死亡的知识"，除了人之外的动物都缺乏这种知识。一种造物如何既人道（是一个"人"）又关注自我保存，或者，"自然人"如何获得了"死亡知识"却又缺乏某种类似同情想象的东西，对此，斯密无疑会要求一种解释。所以，自我保存原则已经使同情问题运转起来；关于自我保存"原则"，斯密与卢梭也部分地存在分歧。关于卢梭的其他的人性"原则"，他们之间的分歧甚至更加尖锐。

在《信札》中，斯密提到卢梭写作的一个段落。在这段话中，卢梭把怜悯描述为这样一种原则：

> （自然）赋予人类怜悯之情，以使他在特定环境下能够缓和其强烈的自恋以及先于自恋产生的自我保存欲望，缓和其对福利的热望，并且内在地厌恶看到同类受苦。
>
> （*DI*, 152.35/*OC* III,154）

两个段落之后，我们读到关于卢梭所谓"社会德性"的如下论述：

> 的确，如果不是怜悯（pity）弱者、罪人或整个人类，那么什么是大度、宽容、人道呢？……甚至，如果怜悯（commiseration）不过是一种让我们与受苦之人感同身受的情感，是一种在野蛮人身上朦胧且活跃，但在文明人身上却变得柔弱的情感；如果这是真的，那么除了给它增加一些额外的力量，这一观念能给我所说的真相带来什么区

别呢？的确，就像动物在看到其他动物受苦时，会产生更加亲密的认同，怜悯同样会变得更具力量：现在，与在理性思考状态中相比，这一认同在自然状态中更加无限地接近了。理性思考产生了自恋，反思则使之得以加强……

（*DI*, 153.37/*OC* III, 155-6）

引人注目的是，卢梭一开始就挑出了三种关涉他人的德性（大度、宽容、人道），其中至少两种并非多余，但它们也聚焦于清除这种或那种需要、痛苦或匮乏。这些德性回应了怜悯的首要关注，例如苦难与疼痛。在自然状态中，他人的痛苦，而非交流、友谊或塑造共同事业的快乐或愉悦才提供了两人之间的接触点。相反，正如我们看到的，斯密式的同情并非单独或首要地聚焦于苦难。在《信札》中，斯密评论道：卢梭"似乎认为"，怜悯自身不是一种德性（*Letter* 11, *EPS*, 251）。斯密必然指的是我刚才引用的那一段。关于怜悯是否为一种德性，他持有谨慎的态度，这是正确的。当然，卢梭说的是：开化的习俗与清除他人苦难的意愿之间存在一种反比例关系。他在此处的例证（*DI*, 153.37/*OC* III, 156）是：理性化的哲人不再能够对被谋杀于几步开外的人感同身受（并因此给予援助）。[18]

---

[18] 一方面，卢梭告诉我们，"我们总是看到，野蛮人……迅速屈服于首要的人道情感"（*DI*, 153.37/*OC* III, 156）；并且，在较早的段落中，卢梭也将人道冠名为一种"社会德性"。卢梭也把怜悯称为"自然德性"（*DI*, 152.35/*OC* III, 154; 参见 *DI*, Note XV, 218/*OC* III, 219）。另一方面，他也告诉我们：适当地说，在自然状态阶段，人们"既无邪恶也无德性"（*DI*, 150.34/*OC* III,152）。所以，怜悯与德性之间的关系颇为模糊。这里有许多有趣之处，其中一部分是：卢梭是否努力在非道德的基础上建设道德呢？加勒特与汉利论证说，卢梭与斯密"为了进入人类道德，都使用了人类交往的非道德方面"（"Adam Smith," 245, 参见 266, 273）。

105   关于"自然怜悯"（卢梭在 *DI*, 152.36/*OC* III, 155 处使用的表达），请让我更深入地加以总结。怜悯"不加反思地让我们去帮助那些遭受痛苦的人"（*DI*, 154.38/*OC* III, 155）。在卢梭描画的图景里，野蛮人缺少（罗曼蒂克的）爱、仇恨、嫉妒等激情，这个造物似乎既没有想象也没有语言（*DI*, 155-7.42-6/*OC* III, 157-60）。在自然状态的这个阶段，怜悯先于语言，它是自发的，前反思性的（pre-reflective），它无须想象激活就会产生。这个野蛮人只具有最低程度的认知。他的认知包括：他人是情感造物，这个造物正在遭受痛苦，疼痛是坏的，以及这样做对遭受痛苦的人有帮助。如果"设身处地"意味着在相关环境中用行为人的视角来看问题，那么，上述任何认知都没有让一个人自身设身处地。[19]

---

[19] 据我所知，我在此发展出来的诠释与 Force, *Self-Interest before Adam Smith* 中的诠释相冲突。弗斯评论道："在卢梭的理论中，我们通过在精神上把自己放到受苦者的位置，从而体验到怜悯。卢梭的关键创新在于把怜悯建立在同一化（identification）的基础上。"（31）多页之后，弗斯注意到，对卢梭而言，"反思能力具有两种决定性后果：自爱的兴起，以及怜悯转变为一种基于同一化的情感"（37）。既然在自然状态早期，怜悯先于反思，那么怜悯就不能单纯地以同一化为基础。弗斯可能会谴责卢梭，认为他混淆了同一化、反思、怜悯之间的关系（参见 Force, 38-9）。我不同于弗斯的关键之处在于：无论怜悯是否因反思得到调节，它都没有包含被斯密认作同情的东西；例如，把自己放到他人的处境里，以此方式来接受他人的视角。相反，弗斯论证说，那里存在一种"基于同一化的新型同情概念（由卢梭与斯密共享）"（29）。他还评论说："《道德情感论》中的同情回应了《二论》中的同一化。"（43; 132-3, 243）但是，正如我努力解释的那般，怜悯与同情之间差异极大。参见贝瑞对弗斯著作的深刻评论"Smith under Strain," 455-6，以及 Rasmussen, *PPCS* 64-5 中对弗斯总体论证的批评。我补充说，斯密从未谈论旁观者与行为人或行动者的同化（*identifying*），尽管他的确谈到，行为人寻求与无偏旁观者或"胸中理想之人"的同一（*TMS* III.3.25, 28, 29; III.4.4）。据我所知，在这些段落之外，斯密从未使用过动词"同一"（identify），也从未使用过其名词形式"同一化"（identification，《牛津英语词典》表明，这个词在那时已经为人使用，其意在表明事物之间的同一性）。

在上述引自《二论》的段落中,卢梭怀有如下启人思考的思想:"即便怜悯不过是一种让我们与受苦之人同一化的情感这是真的",它也只是确证了他的与怜悯有关的论题的真实性。这是一个条件从句,卢梭并未作出明确断言(他也没有明确地说 pitié 就是 commisération,但我要把它揭示出来)。在下一句中,他把怜悯等同于"动物旁观者"(animal Spectateur)对"受苦动物"的同一化。当再次提及动物时,他强调说我们正在谈论视角转换,并且在那种意义上强调位置的改变,正如那要求一种相对复杂的认知过程(请回顾"自然状态"与"理性思考状态"之间的区别; DI, 153.37/OC III, 155-6)。卢梭也注意到,"甚至野兽也会流露出怜悯,其迹象颇为明显"(DI, 152.35/OC III, 154)。既然如此,如果我们按照卢梭在此刻怀有的思路来重新构想怜悯,为何他的例证没有遭到破坏呢?

如果怜悯是一个把自己放到受苦者位置中的问题,那么,某种想象活动必然会出现。但是,正如我们可以根据讨论中的段落来推测:甚至在那个时候,"动物旁观者"也没有去想象正在忍受痛苦的其他动物是何种情状。想象的设身处地(imaginative putting-oneself-in-the-place-of)并未伴随那一过程。在这里,旁观者对受苦者的"同一化"更像是替代他人,而非视角转换。怜悯与斯密的"同情"颇为不同,同情是一种必然在社会中发挥作用的能力。并且,我将要论证,对斯密式社会性而言,同情颇为关键。卢梭在那一刻所怀有的转换或转移是一种投射性想象中的行为,并且非常类似斯密所谓的"自私原则"。[20]

---

〔20〕 TMS VII.iii.1.4. 查本奈尔(Charbonnel)也论证说,在 DI 与《爱弥儿》中,卢梭对怜悯与同一化的分析在根本上不同于斯密借同情表达的含义(转下页)

总而言之，怜悯与斯密式同情具有实质性差异——或者，我可以在本章如此论证。但是，根据卢梭的论述，一旦人们开始形成社会关系，自恋得以诞生，某种类似于"同情"的事物会因此出现吗？

（b）自恋与社会性的浮现

关于卢梭如何坚定地把"自然状态"中的人类（*DI*, 134.1/*OC* III, 134）刻画为非社会的，以及他在多大程度上强调社会性之发育乃是人性与环境互动的偶然结果，人们必然会感到震惊。在第 I 部分，当卢梭从话语起源的问题岔开来，就立即告诉我们，

> 至少如下现象是清晰的：自然有多么不关心通过相互需要把人们结合在一起、为他们使用语言提供条件，有多么不关心为其社会性所做的准备有多少，以及它自己对人们建立起纽带的贡献有多少。
>
> （*DI*, 149.33/*OC* III, 151）

（接上页）（*Logiques du Naturel*, 219-38），其指出，斯密的同情观念建立在"相互性"（reciprocity）或"可逆性"（reversibility）的基础上（通过想象施展出来），然而，对卢梭而言，怜悯实现的同一化相当于"自我的延伸"（extension de soi, 226-7）。就像其写的那样：当我们把斯密的观点颠转过来，对卢梭而言，"我变成了他者，不是以我成为他，而是以他成了我的方式"（238，原文为斜体）。当我以稍为不同的方式、不依赖《爱弥儿》来处理这些问题，我便认同了查本奈尔在上引文句中的基本观点。迪斯康布（Descombes）立基于《爱弥儿》，他对怜悯也持有类似观点：参见他的"'Transporter le Moi'"，85。关于卢梭"同一化"的含义，佩林（Perrin）提供了一种吸引人的观点，参见 *Rousseau, le chemin de ronde*, 61-85。

卢梭表明，社会性是人为的。纽豪瑟解释说，"缺乏还是存在自由区分了自然与人为——以及纯粹的动物状态与人类状态"（*DI*, 141/*OC* III, 141-2）。所以，"人为"并不必然意味着"坏的或堕落的"，或"不同于我们'真实'的或理想的自然"。纽豪瑟继续说，卢梭的观点是"社会为某种人类帮助做成的东西，也就是说，社会部分是人类信念和意志的产品"。相应地，社会可以采取许多不同的形式，颇为关键的是，人们在原则上有可能改变它们。[21]

与此同时，在《二论》中，卢梭十分清楚地知道，至今无人预见到，更不必说计划了导致建立文明社会的主要步骤。例如，甚至很早的时候，野蛮人就建立了家庭，获得了闲暇与"便利"；不幸的是，这是他们"不假思索地给自己加上的第一具轭"（*DI*, 164.13/*OC* III, 168）。必然与自由的复杂混合存在于我刚才引用的那段论述中（正如我在上一章提到，它也存在于作为整体论述的卢梭《二论》中）。我们可以论证，对纽豪瑟关于此语境下"人为"之含义的观点而言，清晰阐释那一复杂混合就构成了一种挑战。无论那是一种什么样的挑战，斯密从未以那种方式区分自然与人为，这一点非常清楚。他的确认识到，诸社会的确因他们如何理解或构造社会关系而有所不

---

[21] Neuhouser, *RCI*, 30, 31. 在第二章，我讨论了纽豪瑟对卢梭在 *DI* 中的方法的呈现。简而言之，他论证说，"[在 *DI* 中]原初的人类自然状态观念是一个分析工具（analytical device），旨在区分自然对我们真实品质的贡献与我们的人为特征——那些人为特征从社会和历史环境中产生；这样我们就能够区分，哪些源于自然，哪些源于我们的自由（*RCI*, 54）。这一路径允许他否认，对卢梭而言，"人类天生就是彻底地非社会的，如果那意味着人类喜爱'唯我的'自然状态甚于喜欢社会的话"。纽豪瑟的确认为，"卢梭拒绝了自然社会性论题，并用自恋与怜悯的结合替代了它……自恋与怜悯激励了所有人类，无论他们所居何地"（*RCI*, 76, 77）。

同，但他清楚地告诉我们（在下文将要讨论的一个段落中）自然使我们"适合社会"（*TMS* III.2.7）。斯密并未将自爱或同情称为"人为的"或"不自然的"（facticious，它的一个含义就是"人为的"）。[22] 不仅如此，正如我在上一章讨论过并将在下一章继续讨论的，尽管他在论述中为行为人留有一席之地，但不同于《二论》的卢梭，他没有强调如下观念：自然赋予个人自由意志（参见 *DI*, 140-1.15-16/*OC* III, 141-2）。

根据卢梭的系谱学，正如斯密在《信札》（11, *EPS*, 250）中所言，社会性是通过"缓慢、逐渐的发展"一步一步实现的。斯密似乎像许多其他人一样阅读《二论》，把它当成一种关于历时性发展的论述。如果不自然和人为要历经时间才能获得，那么社会性也是（通过历史）获得的——至少，卢梭的系谱学叙述也表明了这一点。相反，斯密关于非社会"人类生物"的思想实验（我将在本章下一节考察这一思想实验）证实了，对斯密而言，基础社会性不是后天获取的。当卢梭在《二论》中谈论"社会性"时，他否认"社会性"是一种自然原则，以及自然让我们对它做好了准备。

卢梭也非常清楚，一旦得到充分呈现，社会性就与自恋相伴。他的自爱观念——尤其是自恋观念——成为了得到众多评论的主题。我将再一次严格限制我对此主题的评论，主要聚焦于《二论》第 II 部分中一个著名的、令人困惑的段落。在这个段落中，卢梭描述了正在浮现的自恋（尽管两个段落之后，他

---

[22] 这并不是说，根据斯密的观点，"自然"的概念没有发挥作用。"自然"这个词弥漫在其著述当中，具有不同的含义。我在 *ASVE*, ch. 8 中讨论了这个复杂的问题。另请参见 Puro, "Uses of the Term 'Natural' in Adam Smith's *Wealth of Nations*" 及 Berry, "Adam Smith," 123。

就不再使用"自恋"了）。在那段话中，卢梭刻画了一幅情景，人们聚集于小屋之前或一棵树之周围，载歌载舞，彼此审看并评价（*DI*, 166.16/*OC* III, 169-70）。[23] 有几个段落对那幅图景做了准备，让我简要地对那几个段落做一番考察。

在附录于《二论》第 I 部分的一个段落上的注释 XV，我们可以找到卢梭文集中关于自恋与自爱的一段关键陈述。在这一章较早的时候，我引用了这个注释中的一个关键句子。在那个注释及其所附于的句子中（*DI*, 152.35/*OC* III, 154），卢梭都谈到了自恋的"诞生"，表明它也是人们在后世才获得的。根据卢梭的叙述，在我们刚才提到的歌舞场景之前，某些社会关系就已经出现了。有趣的是，关于我们的道德，当他讨论"爱的道德方面"时（亦即与单纯性欲有所区别的爱情），将其特征归纳为"一种诞生于社会实践的人为情感"，它几乎不为野蛮人所知晓，因为它需要野蛮人不具备的"功（merit）或美的观念"以及"比较"的观念。也有人告诉我们说，这种情感与性别的不平等绑缚在一起，也确实与女人控制男人的努力绑定在一起（*DI*, 155.42/*OC* III, 158）。现在，爱是一种竞逐高位的景象。它也"只能在社会中获得"（*DI*, 156.44/*OC* III, 158）。人们想要知道，自恋与冲突的欲望是否类似，并有可能密切地联系在一起。[24]

---

[23] 正如纽豪瑟注意到的："根据卢梭假设的年代学，'当每个人都开始审看他人，并希望自己得到他人的注视时，以及当公共尊重受到奖赏时，自恋便在这一刻进入了世界'（*DI*, 166/*OC* III, 169）。"（*Rousseau's Theodicy*, 36, 亦请参见 64）

[24] 正如评论者已经注意到的，*DI* 用一种完全批判性的方式来描述自恋；例如，参见登特（*Rousseau*, 79）以及纽豪瑟（*Rousseau's Theodicy*, 16）。纽豪瑟追随登特，认为当我们将《爱弥儿》与其他文本一起纳入讨论时，就会发现卢梭意在区分"声名狼藉"的自恋（关于引用的——现在也常常使用的——词语，参见 Dent, *Rousseau*, 56）与好的或健康的自恋（*Rousseau's* [转下页]

在《信札》中，斯密引用并翻译了《二论》中的几段文字，其中一段源自《二论》倒数第二个段落，在那里，卢梭把社会归纳为我们现在拥有的"人为人与人为激情之集合，它们是从这一切新关系中产生的，没有任何真实的自然基础"（*DI*, 186.57/*OC* III, 192）。正如我们从其思想实验中了解到非社会的"人类生物"（见下文），斯密当然同意，社会是我们的第二阶激情与自我意识的必要条件。但是，对斯密来说，这些激情并非因此而是人为的。我们不如说，它们在斯密展现出来的不变人性中有其基础（斯密在 *TMS* I.ii 中展开了他的激情理论）。当然，激情采取的形式将根据其语境而有所不同。让我重申，对斯密来说，追溯由非社会人向社会人转变的系谱学叙述并不存在，因此，作为一个物种，我们也并没有遗失什么——与之相比，我们也没有什么腐化了的（一如我们在第二章中的讨论）。在《二论》中，"人为的"这个词具有一种特别的消极色彩；当他提起"具有人为激情"的"人为人"时，卢梭并不是在做一个中性的描述，而是在进行批判（至少，语境展示出这一点）。这个词意味着欺骗性、假冒、没有根据、伪造。在斯密的英语中，这个词可能具有消极色彩（例如 *TMS* I.i.1.13, III.3.9, VII.ii.1.41；*WN* IV.ii.35, IV.vii.c.43），那使他有理由不在此联系中使用这个词。

让我们回到《二论》的注释 XV：卢梭也告诉我们说，"在

［接上页］*Theodicy*, 58）。在 *RCI* 中，纽豪瑟解释说，为了打动人，自恋就需要依赖自由行为人的判断。"自恋也寻求他人的自我判断。并且，自恋的存在依赖'人造的'社会制度（*RCI*, 71-2），在此意义上，自恋便是人为的。"对"自恋"不同含义所做的细致描绘，参见 Cooper, *Rousseau, Nature, and the Problem of the Good Life*, 138-9。

我们的原初状态，在真实的自然状态"，既然人们没有拿自己与他人进行比较，自恋就没有出现。然而，"每一个人都把自己看成是观察他的唯一的旁观者、在宇宙中对他怀有兴趣的唯一存在、他自身功劳的唯一裁判"（*DI*, Note XV, 218.2/*OC* III, 219）。所以，根据那种论述，某种自我意识就被给定了。或许，它只不过是一个人的"当下存在"的原初与自然的情感（*DI*, 143.21/*OC* III, 144；亦请参见 161.2/*OC* III, 164 以及 187.57/*OC* III, 193）。但是，既然对这个非社会的自我旁观者（self-spectatorship）来说，对"功"的判断是可行的（我们将考察在 *TMS* IV.2.12 处的一种可能类似的思想），那它就可能不只如此了。[25]

在卢梭系谱叙述第二部分的开篇段落中（*DI*, 161-2.1-6/*OC* III, 164-6），我们了解到，野蛮人学会了通过创新"克服自然障碍"（例如弓箭以及生火的办法），学会辨别关系（例如"更小"与"更大"之间的关系），比较他自己与其他动物的技巧。重要的是，那种比较让他"第一次审看自己"并心生骄傲（orgueil, *DI*, 162.6/*OC* III, 166）——在人们的当下存在感（sentiment of one's present）以及注释 XV 提到的自我审查感之后，最早的自我参考感（self-referring sentiment）也随之出现。人们可能会问，对自己与非人类动物的有益比较是否足以

---

[25] 斯塔罗宾斯基论证说，卢梭把"初民"（primitive man）看作生活在"直接反应"中的人，认为他们生活在一个"原始的透明世界"里（*Transparency*, 25, 24）。我们不容易决定，关于自我观察，引用的表达是什么含义；尽管斯密无疑会提出这样一种观点，尤其是当骄傲参与进来之时。登特在考虑源自 *DI*, Note XV 的一段话的同时，论证说，自爱可以是反思性的与"自我评价的"。在这里，自我评价"包含了一种广义上对人之行为方式的反思性评估，以及通过审查人的倾向、权力、目标是否能够让人成为正直可靠的榜样来对其进行评估"（*Rousseau*, 98-9）。

解释骄傲的起源。[26]紧随其后出现的一步便是一个类似的问题也被提了出来，即认识到其他具有相似行为的动物与自己相类，是与自身相似的人类。于是，对相似性的认知使得与满足需要相关的暂时合作变得可能（*DI*, 162-3.7-8/*OC* III, 166）。关于我的目的，值得注意的是，发现他人与自己相似的过程（它随后又假设了某种水平的自我意识）已经颇为复杂；然而，这一复杂过程并不依赖想象或语言。所以，与斯密式同情相似，任何事物都没有发挥作用。卢梭也告诉我们说，在这里，野蛮人已经"受到了经验的教育，认识到对福利的爱是人类行为的唯一动机"（*DI*, 163.8/*OC* III, 166）。野蛮人无疑是以自我为中心的。

卢梭继续讲述他的故事，家庭开始在一起生活，每一个家庭都形成了一个"小社会"（*DI*, 164.12/*OC* III, 168），他们寻求并建造了遮风挡雨的居所，性别之间的等级也开始扎下根来，闲暇也成为可以获取的了。有人告诉我们说，通过这些方式，自然状态下的居民不仅变得更加柔弱，也获得了新的欲望，这些欲望又很快被认作是需要；于是，他们开始失去他们的自由。语言开始形成，安居之所也出现了。社会以一种可识别的方式浮现出来；然而，我们仍然没有任何迹象表明，人们通过他人的眼睛来看待自己，尽管他们的确把其他人看成是相似的。

卢梭继续讲述，在他们定居下来后，年轻的男女日益频繁地见到彼此。这种交往产生了熟悉感，这熟悉感又结合了

---

[26] 登特表明，如果卢梭的解释"有问题"，那么指向骄傲的标志就不是自恋，而是我们习惯了如下理念：我们能够成为，也适合成为"我们的事情与环境的主人"；或者换一种形式来说，就是"人们掌控环境的权力揭示出，人的评价要借助强有力的表象"（*Rousseau*, 102）。登特的解释与卢梭"人自然为好"的论题一致吗（对此，参见例如 *DI*, Note IX, 197.2/*OC* III, 202）？

性欲与比较的能力,在这些个体身上缓慢地产生了另一重大的变化:"他们获得了功与美的观念,它们又产生了偏好的情感",并首次创造了爱、嫉妒的情感,也一起创造了冲突(*DI*, 165.15/*OC* III, 169)。请回想一下,卢梭已经告诉我们,"道德的"爱是"一种人为的情感"。"富有空闲的男女"聚集在小屋或大树周围;在这样一幅令人震惊的场景中,卢梭更加细致地描述了在一起生活、彼此需要、彼此评价、对他人评价作出情感反应意义上的社会性、虚荣等自我参考激情以及表达此类激情的相关行为之起源。卢梭写道:

> 每个人都开始看着他人,并希望自己也被他人看着,于是公共的敬重就获得了一个价值。歌唱得最好或舞跳得最好的人、最英俊者、最强壮者、最有技巧者或最雄辩者都得到了最高的评价,这也是通往不平等与邪恶的第一步:从这些最早的偏好中,一方面产生了虚荣与轻蔑,另一方面产生了羞耻与嫉妒;并且,新的纷扰因此发酵,最终组合在一起,对幸福与无邪造成致命伤害。
>
> (*DI*, 166.16/*OC* III, 169-70)

似乎,爱欲正是歌舞的语境。当然,性欲已经出现很长时间了,但没有刺激对尊敬的竞争性关注。为了满足其他需要,我们要从劳动中解放出来,这似乎允许我们从美学上进行评价。当美学评价与性欲结合在一起,它便通过产生关乎价值(worth)的感情(即以欲求的形式)而转为"道德的"。我们不能通过一种公正无私的方式来鉴别美学品质自身,现在,想象出现了,它几乎立即就认为它们在获得"公共尊敬"与荣誉上具有工具性价值（请回想注释XV对自恋的定义中对荣誉的提及）。

爱欲是这一重要事件的必要条件吗？因果关系在《二论》中的作用颇为模糊，这一模糊性使我们不可能对之作出确切回答（请回忆我在第二章第一节［a］部分关于因果问题做的评论）。然而，认为这一叙述表明爱欲构成了自恋的部分源头，而其中的部分原因是它为野蛮人的非社会、身体性品质与共同体中人关照他人的特质提供了自然桥梁，这是不合理的。它也提供了一种强大的、指向他人的需要，以及自我限制的挑战。现在，我们当然需要限制。在下一章，卢梭继续谈论"礼仪（civility）的首要义务"，它与一种对有意犯错的敏锐感受，以及对所认识错误进行惩罚的同样敏锐的倾向一起产生。一个内在世界与第二阶激情及判断组成一队，它与对人身及立场的扩张了的精细感受结合在一起——一切都处在一种竞赛的语境中。

从卢梭的著名场景中，最终产生了多少我们今天所谓的对"力比多"（libido）的"压抑"，多少痛苦的自我评价与怀疑，多少由欲望驱动之意象的半有意识的投射，以及承诺支持自我意识的信念，多少自欺与欺人，多少对自我的无知呢？[27] 如果允许答案说它是极多的，那么，根据他的论述，从很早的时候起，社会性就与那些现象彼此交织在一起。我们可以预见到：在斯密关于孤独"人类生物"被带入社会、经历变化的思想实验里，我们找不到与此匹配的任何内容。奥维德式的自恋不知道他人被"隐喻化"的自我投射，斗争似乎也位于卢梭社会性图景的中心。

关于卢梭论述中这一关键节点，尽管我们还可以谈论得更

---

［27］ 在此，值得回忆卢梭在《爱弥儿》中关于爱与幻想之联系的观察（参见上文第一章第三节）。我将在第四章讨论自欺问题。

多，但对我的目的而言，下面的讨论就已经足够了。首先，为了刻画这些关键性的发展，卢梭选择的舞台是公共场所。歌者与舞者在一个观众面前表演，这个场景内在地是剧场式的。[28] 鉴于有人表明，在人们的评价中，有些表演者要比其他表演者更加可欲，那么对稀有资源（最可欲之人及观众的支持）的竞争就是一种直接的结果。评论者们注意到，此间包含的可欲的"好"是"立场性"的善好。[29] 在此场景中（甚至在以和谐共

[28] 巴霍芬、伯纳迪与马歇尔也都注意到了这个场景的剧场特性（参见 Bachofen and Bernardi, *Rousseau*, 248, n. 130, 以及 Marshall, *The Surprising Effects of Sympathy*, 137-8）。纽豪瑟作出了有趣的评论："性爱与自恋不可分离，因为它包括了一种为着另一对象，对某人价值尤为浓烈、亲密的确证；因为它寻求仅从一个而非所有或多个对象出发，来确证一个人的杰出价值。它使超越他人的欲望在原则上可以为每个人满足。"（*RCI*, 149, n. 55）亦请参见 Schwartz, *The Sexual Politics of Jean-Jacques Rousseau*, 27-32。札瑞茨基（Zaretsky）与司格特的评论也非常精彩：《圣经》故事的一切因素都在这里——骄傲、诱惑、善与恶知识之端倪——亦即，除了上帝及其勿食果实的命令外的一切。在卢梭的故事的视野里，我们并没有犯错。相反，他把腐败溯源至一个偶然事件，视作进入社会的不可避免的结果。人自然是好的，但社会却使他变得腐败：这是卢梭哲学的革命性内核。"（*The Philosophers' Quarrel: Rousseau, Hume, and the Limits of Human Understanding*, 25）关于性欲和自恋的有趣讨论（首要参考的是 *DI* 之外的文本），亦可参见 Warner, *Rousseau and the Problem of Human Relations*, ch. 2。

[29] 参见 Neuhouser, *RCI*, 67; Dent, *Rousseau*, 62-3。纽豪瑟（*Rousseaus's Theodicy*, 119, 269）与登特（*Rousseau*, 80-2）都认为，卢梭在 *DI* 中论述了自恋膨胀之系谱，但其系谱叙述中存在重大的解释上的断裂。亦请参见 Kolodny, "The Explanation of Amour-Propre"。至于与歌唱和舞蹈相关的 *DI* 段落，纽豪瑟对那种欠缺的补偿机制作出了评论："对寻求敬重的欲望而言，它所认定的自然（最可能）形式是努力被人认为是最好的。"（*Rousseau's Theodicy*, 65，原文为斜体）然而，根据纽豪瑟的观点，"自然"形式并非唯一或最好的形式。如何协调对他人的依附与关涉自我价值（self-worth）意义上的自我满足呢？*DI* 诸段当然强调这一问题。我在 "The Nature and Ethics of Vengeful Anger" 一文中讨论了这一问题（这篇文章粗略地提到了卢梭，并对斯密、亚里士多德、塞涅卡等人展开了讨论）。

处的表演者群体出现的形式中），任何合作或相互关系都不存在。某些人的成功在其他人看来是一种威胁。参与这种场景的个体彼此打量，以其自我利益的立场出发——即从潜在的个体自爱立场出发。

让我在登特与纽豪瑟思想之基础上稍稍拓展：正如卢梭对此场景的刻画，其参与者前来时，携带着前文述及的骄傲、表现在自爱中的自我觉知，以及——在自然的自保原则之延伸中——确证并保卫其自我觉知的决心。[30] 我认为，正如这一场景所描述的那般，非社会之野蛮人的孤独被社会性继承了下来。那里有歌有舞，但卢梭并未提及语言交流与相互理解。卢梭也没有提到怜悯（尽管在两个段落之后，卢梭注意到，在随后的"最幸福、最持久的阶段"，它已经变弱了；*DI*, 167.18/*OC* III, 171）；的确，相互关心与关注明显缺位。在个体们为彼此获利形成共同事业的意义上，"我们"并不存在。

在自恋初生之时，想象必然已经参与其中。在我们所讨论的场景里，当然与一般性的自恋一起存在自我与他人的关系以及想要被他人打量的愿望。所以，当我们从一外在立场看待自我时，自恋就出现了。但是，正如他人对人们的审视，它并未包括斯密的"在幻想中改变位置"（*TMS* I.i.1.3），就此意义而言，它便是外在的。在这个文本中，卢梭似乎没有给自己留下资源，以在被斯密之同情理论抓住的主体间性意义上（或者，据我所论证是这样），解释主体间性的认识的维度。卢梭理论

---

[30] 参见 Dent, *Rousseau*, 49："正如我们感觉自己是有生命的、富有生机的存在，在这种境况中，我们渴望证明我们的真实性……"（参见 56-8，以及上文注释 24 与 26 中的引文）；以及 Neuhouser, *RCI*, 149，和 *Rousseau's Theodicy*, 73。

的限度不仅关涉到怜悯,也涉及自爱的两种形式(自爱与自恋),并因此涉及其社会性乃后天习得的理论。斯密认为,卢梭与曼德维尔具有共同点;在这个问题上,我也认为,曼德维尔的理论导致了卢梭的观点(请回顾斯密在《信札》中的评论)。[31] 我希望如下内容变得清晰,即我正在论证的是:与其说,对斯密而言,同情是确证社会性纽带的充分条件;不如说,在斯密看来,对彼此而言,起点处的认识的入口(基础水平的社会性,正如我已经如此这般称之)既是"相互同情之乐"的必要条件,也是我们借以彼此关联的破坏性方式的必要条件。

三 斯密:非社会的"人类生物"、基础社会性与同情

接下来,请让我考虑斯密关于非社会"人类生物"的思想实验。这个思想实验有助于提出我所谓的基础或构造性社会性——在利他的亲社会(prosocial)情感的意义上,这是社会性的基础。然后,我将在本节(b)部分转向一些关于"同情"的评论,希望两者能合力阐明斯密的社会性概念。关于在本节展开的斯密的观点,我将在第四节构想出几种卢梭可能会作出的反应,并遵循更多的一些辩证性步骤。

该轮到对于我此处的程序的初步评论了。我把 *TMS* 前三

---

[31] Neuhouser, *Rousseau's Theodicy* 指出:"自恋不同于自爱与怜悯",因为"它令人关心并渴望获得他人持有的对整体世界、具体'对象'以及他自身的观点"(225)。我要论证的是,在 *DI* 中,那并未导致以斯密式想象来把握他人处境及视野的方式。亦请参见 Kennedy, *Rousseau in Drag*, 31-2。

个部分解读为一种三联画（triptych）。[32] 针对卢梭的前社会野蛮人以及社会带来的根本性改变，斯密直到第 III 部分（"论我们判断自身情感及行为的基础，以及论义务感"）才借助想象向我们作出相应的论述，其原因何在？论述次序（想象在三联画的一个版面之后打开了一个新的版面）与逻辑顺序（刻画了一个叠合在另一个之上的三个版面之间的关系）并不相同。关于前者，它通过大量的现象学证据（来自日常生活、论证、参考文献等方面的例证，它们符合斯密的日常经验定位），把我们导向思想实验以及间接自我理解的复杂观念。但是，在事物的逻辑顺序中，自我反思或自我反思意识"直接"（immediately，斯密在这里反复使用的一个词，参见下文）出现在社会中。如果我们可能产生直接内省，或可能直接意识到卢梭所谓的"自然之声"（voice of Nature），就不会如此。[33] 但这是不可能的，斯密至少表明了这一点。

与此同时，我们通过想象"看见"我们自身的能力——洞察我们自身，并拥有一个能被清晰看到的自我——不可与洞察他人自我的能力相分离。我们可以将斯密关于"人类生物"的思想实验解读为：它表明，那种"脱离"又"进入"自我的想象运动（凭借社会之镜）在逻辑上彼此依赖。相应地，斯密并未试图提供一个过程的系谱学，并使之独立于另一过程；尽管他的确告诉我们说，"学习道德"这样的事情的

---

[32] 正如 *ASVE*, 62 所表明的那般。
[33] *DI*, 127.8/*OC* III, 125. 参见斯塔罗宾斯基关于"自然之声"以及"内在语言"与道德之联系（对卢梭而言）的评论（"Rousseau and the Origin of Languages," in *Transparency*, 306-7）。当然，斯密也谈论了一种内在的"声音"，亦即在良心的语境中（*TMS* III.3.4）。但是，那个声音来自内在的旁观者，而不是在相关感觉中直接出现。

确是存在的。[34] 如果这一诠释正确，那么，基础社会性（正如我对它的称呼）就不仅由通过想象进入他人处境的能力构成，也由每一个人通过想象从他人立场洞穿他们自己的能力构成。一个人的自我感受与自我意象同我们对他人的感受与意象不可分离。这一斯密式思想保留了自我旁观者与人的当下存在感，卢梭则将其归于野蛮人。

（a）非社会性、社会之镜与想象

当斯密在《道德情感论》第 III 部分转向我们关于自身行为、情感与动机的判断时，他便论称：除了通过让我们离开"自己的自然身份"，从"离自己有一定距离的地方"观察它们之外，"我们绝不能检查"它们，也"绝不会对它们形成任何判断"；那必然是通过"其他人的眼睛"看到的，正如其他人"可能观察它们"或"应当"观察它们那般。我们确定，那些情况中的后一种"就像我们想象其他公正无偏的旁观者会来考察它一样"，"把我们自己放在他[无偏旁观者]的位置"，然后，反过来（可以这么说），我们便从那一立场理解了我们的行为、激情和动机。如果从无偏旁观者的立场，我们完全进入了相关的激情与动机，那么我们就"从此假想公正法官的判

---

[34] 汉利论证：在 TMS 第 VI 部分开头的地方，当斯密准备讨论审慎之德时（在汉利看来，它本身就是斯密对卢梭的一个关键回应：ASCV, 120），他"把卢梭的物种的社会人类学转变为个人的心理发展故事"（ASCV, 117）；并且他也和卢梭一样，强调了欲求尊敬的重要性（汉利引用了 TMS VI.i.3），也强调了培育（而非努力清除）那种欲望的重要性。汉利认为，"卢梭与斯密在根本上分享了某种关于自然自爱之实质的观点"（ASCV, 116）。然而，汉利强调的是他们在自爱问题上的相似性与连续性；我则努力看到，斯密的同情理论想要在什么地方为卢梭的自爱观提供另一种选择。

断"达致同情,并因此认可了自己。斯密在此告诉我们,这一想象的自我反思工作复制了我们评判他人的"原则"。它听起来就好像:当斯密论称,只有当我们好像是一个真实的或想象的(不偏不倚)旁观者时,才能"检查"并评价自己;这时,斯密自己制造了一个逻辑或概念性的点,而非一个经验性的点。

斯密努力用一个思想实验来阐明其论断。这个思想实验与孤独、很可能尚无语言能力的人有关,他也尚不非常人道。[35] 这个人物与卢梭的"自然人"对立(*DI*, 127.8/*OC* III, 125)。斯密写道:

> 倘若有这种可能,一个人类生物能够在某个孤独之所长大成人,与其同类没有任何交流;那么,他将不再会考虑自己的品格,不再考虑其情感与行为之合宜或过失、其心灵之优美或畸形,亦不会考虑自身面容的美丽与缺陷。
>
> (*TMS* III.1.3)

这句话以虚拟语态开始,它无疑要陈述一个反事实的可能性。关于自己描绘的人类生物图景,斯密并没有援引任何可能的历史证据。在这里,关于卢梭描绘的自然状态图景之历史真实性问题并未出现。斯密提到了"交流",这值得注意。它暗示:"人类生物"缺乏语言(斯密也小心翼翼地指出,在这个

---

[35] 据我所知,把斯密在此处的反思归纳为"思想实验"的行为并无争议。例如,奥特森就曾经这样做: *Adam Smith's Marketplace of Life*, 69。

思想实验中，他指的是一个成年人）。那必然是他用"生物"（creature）来限定"人类"（human）的原因之一。这一想象的生物有感觉，对其环境有意识；为了避免痛苦，他也能运用一定程度的认知。斯密用许多评价性谓语来帮助定义"品格"，"品格"很可能个体化了。但是，在这里以及在我将要引用的其他段落里，斯密向如下思想敞开大门：对人们品格的非道德评价意识也需要社会提供的镜子。

我在上面对一个句子进行了语法分析，在《道德情感论》中，如下文句随后便出现：

> 所有这一切都是他不能轻易看到，也不会自然而然去观看的对象，对此，他也没有一面能够将之呈现到其视野中来的镜子。如果把他带进社会，他立即就有了一面之前缺乏的镜子。它就放在那些与之一起生活的人的表情和行为里。当他们进入其情感，以及当他们不赞成其情感的时候，它总会表现出来。正是在这里，他第一次看到了自身激情的合宜与否，看到了自身心灵的优美与缺陷。
>
> （*TMS* III.1.3）

与这段话的第一个句子相反，斯密没有提到人们自己的面容，但那很可能是给定的。焦点仍然在自我反思上。值得注意的是："镜子"装满了评价；在照镜子的时候，人们便认识到了社会对自己的认可或其对立面。另有一处值得注意：至少一开始，他人的"表情与行为"（而非声音）表达了评价——也就是说，人们有能力"阅读"镜像。有人认为，现在的社会生物（人）在做这件事的时候不带"同情"；但我认为，那不是斯密的想法。在一种原始水平上，传递快乐与痛苦足以表达一种奖赏或惩罚（积极与消极的腔调）；但是，赞许或谴责要更加复杂一些，因为它们包括了情感、关切（意图）、评价、记忆等。阅读他人表情中的赞许（谴责）似乎需要通过想象把握他人对自己的关心。这一切似乎来自接受评价的行为人的立场，并且，关于作出评价的旁观者之立场，斯密也稍做进一步讨论（当然，这两种立场是彼此缠绕着的）。请让我们留意，斯密对那些即将发生之事的讨论似乎揭示了一个逻辑点：如果没有社会，就不会有自我意识。

在我已经讨论过的那段话中，斯密通过强调其主要观点继续说道：

> 如果一个人生来就是社会的陌生人，那么对他来说，激情之对象、取悦或伤害他的外物将会令他全神贯注。欲望或反感，快乐或哀愁，那些对象激发的激情自身很少能够成为其思想的对象，尽管那是直接呈现给他的一切。
>
> （*TMS* III.1.3）

那种非社会生物可能确实经历了快乐与痛苦——我们可以确定，那些情感与斯密提到的其他内容一起，"直接呈现给他"。亦即，这个生物感受到了它们，并把它们在意识中记录下来。这有点像卢梭归于"野蛮人"的"即刻存在"感或自我观察（self-spectating, *DI*, 142-3.21/*OC* III, 144）。

当斯密在 *TMS* IV.2.12 重探这一思想实验时，他清楚阐明了：非社会人类生物或许可能认为自己是一架机器，并能够在与自身幸福相关的功能中发现美。[36]这是"一个品味问题",是一种理论上的自我理解(若想粗略了解,亦可参见 *TMS* IV.2.11),它也不同于对人之(身体或其他)优美或缺陷的价值判断。这些价值判断会激发快乐、羞耻、尴尬、骄傲等情感。缺失了关于他人对自己的判断的"同情",人们既不知道"自我喝彩的胜利",也不知道"自我谴责的羞耻"(*TMS* IV.2.12)。认为自己是一架机器,就是在思考的时候把自己当作事物,而不是人,继而不运用同情的想象的自我反思。卢梭把自恋归纳为一种"反思性情感",因为它包含了对自己与他人的评价性比较,也产生了第二阶情感,比如报复性的愤怒、虚荣等等(*DI*, Note XV, 218/*OC* III, 219)。对斯密来说,这些情感包括从内部想象他人观点,并随后便认识到:他们拥有一个"内在方面"。这些情感也包含了如下感受:他人的评价性情感颇为重要。斯密的人类生物在把自己看成"构造精巧的机器"时,会感到一种"满足";但这种满足不可能是骄傲(那

---

[36] 斯密几乎以一种完全相同的方式重现了这个思想实验(再次提到了"社会交流"之缺失等内容)。但是,斯密推测:"根据它们会为其带来幸福或不利的趋势,非社会人的'自我行为'会令其感到愉悦或不快。他可能在审慎、节制与好行为中认识到这种美,在相反的行为中认识到一种缺陷:他带着我们在考虑一架构造精美的机器时具有的满足感看待自身的脾性与品格……"即便如此,这些洞见可能是无效的,"处在这种孤独、悲惨处境下的人很可能不会注意到它"(对这一思想实验更早的版本来说,"悲惨"是一个有趣的附加词)。斯密在这里坚持认为:它们是对"效用之美"的观察,"不涉及其他人的情感"——因此也没有任何评价性力量(没有"内在的羞耻"以及"相反地,从对美的意识中秘密产生的精神胜利"——就像这种情况——则会相伴出现),就像那一切都预设了同情。斯密并未放弃这个思想实验较早版本的根本主题。卢梭在 *DI*, Note XV, 218.2/*OC* III, 219 提到了表面上在进行"自我评价"(登特的用词,参见上文中的注释25)的野蛮人,或许,此处存在某种与之类似的东西。

要求我们参照他人的情感)。值得注意的是：与之相反，卢梭的野蛮人在尚未自恋时就感受到了骄傲（请回忆 *DI*, 162.6/*OC* III, 167）。

直接的和间接的自我意识问题令我们往回指向 *TMS* 整本书的第二段中常被引用的一段话：

> 对他人的感受，我们没有任何直接经验；关于他们以何种方式受到影响，我们也不能形成任何观念；但是，通过认识我们自己在类似处境中如何感知……它们［我们的情感］绝不会，也绝不能使我们超越我们自身。只有借助想象，我们才能对他的感受形成概念……我们的想象只复制我们的感觉印象，而非他的感觉印象。通过想象，我们把自己放到了他的处境中……
>
> （*TMS* I.i.1.2）

我们考察了 *TMS* 第 III 部分和第 IV 部分的几个段落。这些段落表明，在社会之外，除了快乐、痛苦，以及一种在我们品格的类机械效用中的满足感，我们很少（如果有的话）拥有对我们自身感受的直接意识。[37] 然而，我刚才引用的那几行文字或许表明了：进入社会后，我们仍然没有能够进入彼此的入口。如我在第一章（注释50）注意到的，马歇尔认为，这几行指向了旁观者与行动者之间的"认识论空位"（epistemological

---

[37] 参见 *TMS* VII.iii.2.7-8 处对如下观念的提及：我们"对是非的最早认知"源于"直接的感受与情感"。斯密的论证批评了如下观念，即理性提供了这些"最早的认知"。鉴于当前与卢梭的对照，值得注意的是：斯密并未暗示，在塑造道德法则或相类事物时，理性必然会扭曲那些认知。

void）。[38] 这种解释表明，我们严重地彼此孤立，注定为"戏剧"关系，彼此以面具示人，只有在扮演这种或那种角色时才从外部可见。

然而，当我们把其与论述孤独人类生物的段落结合起来，刚从 TMS I.i.1.2 引用的句子就表明了：依据斯密的观点，情感及感受的认知或经验是受限于所有者的原始感受；在此意义之外，任何只能被所有者接受的后社会的（post-socially）私人"内在自我"都不存在。你感觉到的牙疼不是我的牙疼，无论我与你产生多么精细的共通感受，还是我想象如果自己是你将会有何感受。但是，斯密的理论表明，牙疼的状况并非同样不能为他人所理解；所以，对于一种感受（或激情、情感、欲望）与何事有关或因何产生、是人们经历的好事还是坏事这些问题的理解也是如此。既然根据斯密的论述，我们对自我的评价性意识（姑且搁置人的类机械品质）好像是来自旁观者立场，那么可以说，当我们具有那种意义上的自我意识之时，我们就已经在原则上处在一种公共空间中了。既然我们是彼此相关的旁观者，在原则上，我们对自己采取的立场便与对他人采取的立场相同，正如斯密在 TMS 第 III 部分第一章开篇段落告诉我们的那样。

总之，斯密的思路从"认识论空位"论题走向了其他方向——尽管我在本章下一节就要讨论，它如何有效地做到了这一点。他断言，我们的确曾经体验过"他人的感受"，我们也的

---

[38] 参见 TMS I.ii.1.10，斯密在那里评论说：当我们观察到某种外在因素导致一个人产生痛苦，在这一例证的语境中，"关于他因割伤、创伤或骨折必然遭受的痛苦，我具有清晰的概念"。

确常常考虑、分享、看到或是感受到他们的情感或动机，以及当我们不能那样做的时候（例如，如果其他人死去了），我们仍然能够想象那个人可能会有何种感觉。斯密要论证的是，想象伴随着那一切，但没有复制他人的情感。我们对其他人的自我没有"直接"知识，只有间接知识。[39] 并且，这在原则上看来完全可能。倘若我能够"理解"你或你的处境，那么，我以某种方式进入你的身体、接通相同的情感（包括对具有这种或那种感受的感知）就并非必要条件。这并不是说，其他人的身体（例如，其面部表情）与想象对情感的理解毫不相干。[40]

我们观察到，人们不能在同等程度上，或在相同的时长里感知他人的感受，但斯密作出的核心论断不会仅仅因为这一观察就被推翻。对这一点，他自己也有所评论（*TMS* I.i.4.7）。不

---

[39] 关于我们对自身的知识，至少关于我们作为道德存在的知识，这将是真实的。请注意，在 *TMS* I.i.1.2，斯密并未论断：关于自己有何种感受，我们每个人都有直接知识；并且 III.1.3 以及 IV.2.12 的几个段落颇为清楚地阐明，我们没有直接的评价性知识（除了效用之美）。或许，*TMS* III.1.3 与 IV.2.12 允许这样一种可能性，即非评价性的精神事件能够"出现"在孤独人类生物之间，但是，它们似乎也同意，这些事件并非反思性思想的主题。关于"直接"知识问题的讨论，亦请参见 ASVE, 106。

[40] 弗莱西艾克注意到，斯密很可能在 *TMS* I.i.1.2 回应了休谟，正如印象与观念的语言所表明的那样（"Sympathy in Hume and Smith," 279-80）。很明显，我不同意弗莱西艾克的如下观点（274），即斯密自己并未对认知他人心灵的问题作出回应，反而只对动机问题感兴趣，并且，斯密（像休谟一样）依靠"如下不容置疑的假设，即认为我们的感受在本质上是私人化的，只能被那些体验到它们的人接受"（303）。弗莱西艾克试图借助维特根斯坦"更加丰满的"态度（304），来守护斯密态度之内核。我要表明的是：无论维特根斯坦的观点具有何种优点，斯密拥有让其同情观显得有理有据需要使用的资源。当我把叙述与同情关联起来，并强调斯密在思想实验段落中对"交流"的提及，我要表明的是：斯密的确（参见 Fleischacker, 308）认识到"在令同情变得可能时，语言所发挥的作用"，尽管在依赖语言来证明其观点时，他走得没有维特根斯坦那么远。

仅如此，斯密描绘了旁观者同情行动者情感的不同方式和程度（*TMS* I.ii.5.1-4）。这些陈述继续确证，我们能够进入行为人的情感。斯密谈到，关于"受苦人的悲惨处境……其中所有最细微的事件"我们只能略微了解（*TMS* I.i.4.6）。他还注意到，"在我们了解[他人苦乐之]原因以前"，我们的同情"总是极其不完美"（*TMS* I.i.1.9）。不仅如此，在我们了解更多相关情况以前，我们有时"不能进入其处境"。但是，这并不是说，当我们理解其处境后，我们仍不能进入其情感；实际上，两种陈述都暗示了，相关信息允许较不完美的同情。

为何他人眼睛提供的"镜子"不能离开评价性自我意识呢？斯密并未道出他的论证，但它可能与如下内容有关。直觉性观念是意识是有意作出的（它与某物相关），在这种意义上，它也在最小程度上是认知性的。自我意识不仅需要认知，也需要语言（反思性自我意识又能通过何种其他方式变得自觉呢？）。正如那种反思也是有意的（intentional），关于自我的思考也必然要区分思想者与思想对象。我们在逻辑上需要一种翻倍（doubling）。斯密在 *TMS* III.1.2 提到与自我相隔的"距离"（distance），那很可能是这种"距离"的一个组成部分。"距离"的部分含义是"远离"，在逻辑上，它则意味着"分离"，尽管其语境也表明那种视野尚存争议。让我们同意萨缪尔·弗莱西艾克的观点：斯密追随洛克，假设拥有自我就是有了自我意识。[41]如果是这样的话，有了自我意识，人类生物本

---

[41] 参见 Fleischacker, "True to Ourselves?" 82："所以，在斯密的自我被社会唤醒、产生这种反思以前，它不可能如此这般地存在。社会使自我出现，并同时提供了引导其独特的自我反思行为之标准。"在我正在考察的段落里，斯密的措辞认同："人类生物"拥有激情、欲望和情感，但却不能意识（转下页）

身就出现了（现在，这个生物便是一个完全的人了），这便需要我们刚才提到的那种"翻倍"。

接下来，论证可能如此展开：我们所考虑的"翻倍"需要社会，因为语言只存在于社会中。进而言之，只有他人的在场才赋予我们的激情、欲望、情感一种回应，即那种吸引我们的"兴趣"和对我们自身进行"细致考虑"的回应[42]：打击（pushback）或鼓励。当其他人是我们的激情、欲望或需要的对象时，相关的打击或鼓励或许就会产生。我们给予彼此的回应是一种承载着评价的情感——不是一种"原始感受"或纯粹的理论观察，而是一种结合了感受与评价的情感。如果这种推理思路正确，如果我们有自我意识，那么他人之眼的"必要性"就混合了经验与概念因素。

斯密更深入地分析了评价性自我意识发展过程中的一些步骤（逻辑步骤，或许还有每个个体生命中的时间性步骤）。在我们正在讨论的《道德情感论》的这一章里，斯密告诉我们，"我们最早的人身美丑观念源于他人，而非来自我们自己的形体与外貌"（TMS III.1.4）。这些认知是"属人的"，它们不同于

（接上页）到它们，因此，在任何精神事件出现时，他都缺乏能够作出评价性反应的情感。如果我们把"自我"定义为自我意识，正如弗莱西艾克所言，这是一个洛克式视野中的事件，并且"所有18世纪的不列颠哲人都始于洛克"；那么，他对斯密所做的陈述就是正确的。很明显，我认为弗莱西艾克正确地强调了，对斯密而言，"我们的内省能力在道德舞台出现"（82）。在第四章，我会回到弗莱西艾克富有价值的文章上来。布朗也强调了我们的主体间构成。关于 TMS III.1.2.4, 5 以及 III.2.3，其写道："所以，道德行为人的可能性是在主体间构建起来的，在第一人称和第三人称两种情形中都是如此。"（"Intersubjectivity, *The Theory of Moral Sentiments* and the Prisoner's Dilemma," 180）

[42] 请回顾 TMS III.I.3，斯密提到了他人的"表情和行为"，以及他在 IA I.17 令人震惊地谈起镜子中的自我沉思（*EPS*, 186；引用于本书的题词中）。

对品格的效用之美的认知；后者是机器般的，甚至或许一个孤独生物（solitary creature）都能认识。如果我们承认自我意识需要社会，那么，在看到另一个人的形体与容貌时，一个人如何认定他是否为美呢？可以推测，此处是一个非常年轻的人正在打量他人。斯密没有指出他假定了一种爱欲的语境（请将此与本章前一节讨论的卢梭论述进行对照）。或许斯密认为，在某种最小程度上，我们被构造得不仅要认知他人的特点，还要了解哪些特点是"令人厌恶的自然对象"（关乎身体），以及哪些是"令人嘉许的自然与合宜的对象"（关乎行为与品格；*TMS* III.1.4, 5）。正如斯密指出的，习俗与时尚也将对那些我们认为美或不美的事物产生重大影响。我在第二章第二节讨论过这一点。习俗与时尚依赖联合的习惯（habits of association），想象则使联合的习惯成为可能。所以，我们对"美丑的最早观念"很可能是一些基础原则、想象与习俗（或许还有时尚）的混合。对当下的目的来说，重要的是：尽管美的规范在很大程度上可能是习俗性的，但它们被认为是存在的；所以，当我们判定某人是否满足美之规范时，其中就存在成功或失败的可能性。

旁观者对他人外貌特征的认知从一开始就使用了同情想象吗？斯密没有清晰地告诉我们；但是，鉴于思想实验的力量，似乎正是如此。当人们在观看他人时，至少有些人已经运用了同情，因此具有评价性的自我意识。当人是一架机器时，他不会评价他人——他能看到效用意义上的美——但是，当他作为行为人，"人身美丑对其意义重大"时，他才会对他人作出评价。人们必然由直觉知道，既定的形体和面容值得称赞；那些有利特征则被骄傲、幸福的所有者珍视。如果情况并非如此，那么，在这一过程中——通过他人的眼睛来想象自我——下一步就不会导致斯密提到的结果：根据斯密的论述，在机械的立场上进行想象不会导致我们讨论的自我意识。所以，甚至在一开始、旁观的第一步，旁观者的同情想象就迅速地投入了。这有助于解释，这些美学判断在何种意义上意味着——或被认为是——"属人的"。

斯密这样描述接下来的一步：他再次提到我们的"容貌"和"形态"，并说，"然而，我们很快就认识到，其他人也对我们运用相同的标准"（TMS III.1.4）。现在，我们的自我意识具有评价性，自我也是可认知意义上的自我。在第一步之后，第二步很快就发生了。其过程与我们一开始理解的嘉许与谴责颇为相关。并且，它取决于我们"在远处用他人的眼睛"来看我们自己。这需要行为人的同情式想象（比如，人们了解他们的动机，厌恶或崇敬的情感等）。寻求认可很可能是"相互同情之愉悦"的一个例子：某人对我的特征的评价与我自己的评价耦合。根据这一两步过程，行为人是否有能力具有自我意识，取决于行为人是否有能力成为他人的旁观者，然后看到他人是或可能是自己的旁观者——这一切都要求同情式想象。这是通过另一种方式来说：自我意识与自我（在某种程度上）在其构成上就是社会的。

斯密提到，我们"心怀焦虑，想要知道，我们的外貌在多大程度上配得上"他人的赞成或否定态度。他借此指出，我们在他人眼中的身份问题具有一定的重要性。他使用的"配得"（deserves）似乎意味着某种类似"将会引起"（would elicit）的事物。那种期待通过他人眼睛进行的自我检查是更深入的一步。斯密描绘了这样一个人，为了解决我们刚才提到的那种焦虑,他用一个物理的"镜子"(looking-glass)进行观看,但也可以说,他用他人的眼睛进行观看。[43] 就像照镜子一样,我们看到了自己反射而成的映像(TMS III.I.4)。当我们在观看的时候,我们也想象着其他人会看到什么;亦即,我们也用他人的眼睛来照镜子。但是,我们也可以在镜子里看见其他人能够看到的内容,如果这些内容只有他们能够看到,也只有他们能够准确地评价我们;亦即,我们可以通过(镜中)想象之旁观者的眼睛来反观自己。这不同于单纯在镜中——通过我们自己的眼睛——观看我们的形象,也不同于单纯通过(我们认为)他人如何观看我们的方式来观看我们的形象。所以,我们的自我意象(就像我们可以这么称呼它)不是我们在物理之镜中或在他人的反应中看到的我们自己的形象。如果我们对以此复杂方式观看自我的结果感到满意——可以说,在一种虚拟语气里——我们就更容易承受真实他人的消极判断(TMS III.1.4)。是什么让我们"满足于我们在镜中的自我形象"呢?答案很可能是:这是我们把用于他人的标准同样地施加于我们自身的结果。当现实中的他人背离这些规范——无论它们是什么——并对我们作出错误的评价时,我们就会求助于这样一种想法,即我们"配得上"更好的评价(当然,除非我们认定,他们的消极判断反映了与我们有关的真相)。

我们要依赖他人才能获得自我意识,这似乎是一大缺陷;斯密在此处的论述则利用这一表面上的缺陷,表明它如何能够

---

[43] 汉利在 ASCV 中对焦虑问题的讨论令我受益匪浅,参见 52, 93, 11, 137。Rothschild, *Economic Sentiments: Adam Smith, Condorcet, and the Enlightenment*, 38, 238, 252 及别处强调了焦虑、不安全性与不确定性论题。

产生一定的与之分离的独立性。在两种情况下，机制都是一样的，即同情想象，特别是其模式特征（尤其是它再现可能性的能力）。想象不仅是一种单纯地从"印象"复制或再造"观念"的能力，或结合与分解观念，使之变得更为复杂或更加简单的能力。它很明显是认知性的，在 TMS 第二段，当他把动词"构想"（conceive）与"想象"（imagine）密切结合起来时，这就已经很明显了。[44]

在 TMS III.1.5，斯密采用类似的表达与结构，继续打造一种"与我们最早的道德批评有关的"平行情景。有趣的是，他没有说，道德批评在时间上晚于美学批评；它们或许是同时出现的。最早的道德批评针对他人，但是，我们"很快"就认识到，我们被他人评判，"心怀焦虑，想要知道，我们在多大程度上配得上他人的谴责与赞赏"（TMS III.1.5；在这一段，斯密两次提到了焦虑，正如他在前一段提到了人们对身体美丑的焦虑）。让我重申，可能出于相似的原因，他人在我们没有"被误解或被歪曲"时可能作出的评价与其真实评价之间的空间打开了（TMS III.1.5）。我们想要知道，我们"配得上"这些道德赞美或谴责。并且，正如在前一种情形里，自我意识只是间接地与他人进行比较，比较也无须是不可分割的。当人们感到正在被他人评价时，这种感知就激发了焦虑，但不必然激发忌恨、嫉妒、愤怒、仇恨等此类情感。用人们熟悉的斯密的表达来说，"相互同情的愉悦"在这里也是一种驱动力。

我们已经考察过的斯密式论述与卢梭《二论》中关于自

---

[44] 关于"模式形象"（modal imagination）及其与不偏不倚、想象另一世界之关系，参见 Piper, "Impartiality, Compassion, and Modal Imagination"。

恋如何浮现的故事之间的差异引人注目。我们已经提到，斯密思想实验的语境不是爱欲的语境。这与如下内容是一致的：在《道德情感论》中，爱欲发挥的作用相对较小；我也要表明，斯密的著述几乎不存在由爱欲驱动的投射、想象，与自我意象。[45] 无论人们怎么诠释斯密关于爱欲与爱的观点，有一点对当前目的颇为重要，即卢梭把一种强烈的欲望刻画为自恋浮现的语境，但它缺席斯密于此所做的论述。想象与情感的复杂变化可能干扰爱人们的自我理解和相互理解（更不必说干扰"相互同情的愉悦"了），尤其是当其经历一段时间后。在与斯密之思想实验有关的段落里，斯密也没有提及想象与情感的这种复杂变化。大家都知道，情欲之爱引入了认知错误与冲突的可能性。

我在上文提到登特与纽豪瑟提出的观点。他们认为，在卢梭的图景中，自恋保留了自爱对自我保存特征的强调，但却是在"所谓自我的道德或精神生存"意义上加以强调的。纽豪瑟继续说道："一个人如果缺少了在他人眼中的身份，那么在某种严格的意义上，他就'一无是处'（nobody）了。"[46] 正如我们已经看到的，对斯密而言，有一种含义是真实的：在我们已经细致分析过的意义上，孤独的人类生物没有"自我"。但是，当我们把斯密的"人类生物"带进社会时，与其说它感受到它的身份或立场受到质疑，不如说它们被构建起来了。我要说的

---

[45] 相关讨论，请参见 *ASVE*, 147-55; Hanley, *ASCV*, 193-4; 以及 Nussbaum, *Love's Knowledge: Essays on Philosophy and Literature*, 338-46 及后来的 *Upheavals of Thought: The Intelligence of Emotions*, 463-70 中的讨论。关于对 *ASVE* 与 *Love's Knowledge* 所持观点的批评，请参见 Brubaker, "A Particular Turn or Habit of the Imagination"。亦请参见 Hanley, "Adam Smith"。

[46] Neuhouser, *Rousseau's Theodicy*, 73.

是，这反映出，同情想象对斯密而非卢梭具有根本性的作用。它也与如下事实有关：就此而言，卢梭在《二论》中随后画出的图景也是曼德维尔式的（请回忆斯密在《信札》中对卢梭的评论）。就其大部分内容而言，它是一幅诸自我彼此相斗、相互阻隔的图景。

125　　尽管在我讨论过的段落中，斯密在每个段落中都两次提及焦虑（TMS III.1.4, 5），但异乎寻常的是：他并未谈到自我与他人之间在外表、道德品格或行为上的比较（不公正的或其他的比较）。相反，比较似乎首先是在自我与某些特定规范之间。可以确定，后者在很大程度上源自社会。[47]不仅如此，斯密也没有表明，人们想要表现得比他人更美，或在某件事情上是最好的；没有表明该过程内在地具有比较的特点，或对好的追求内在地"由位置决定"（positional）。相反，人们想要因其"形体、容貌"或其他品质获得赞美并配得上这赞美，希望与其他每个获得相同赞美的人完全一致。斯密也没有提到因为某项成就而被人崇拜（相对于《二论》里的歌舞场景，对此，我们已在上文考察过了）。人类生物直接具有的交往不是一种表演。在这里，斯密也没有表达如下思想：当人类生物进入社会，他就要付出自我疏离或一种自我妥协感的代价。人类生物没有可与之疏离的自我（在相关意义上）——的确，如果在欲望与特征之积淀的意义上，"自我"是存在的，那么社会就给予行为人以进入的通道；我们上文考察过的斯密作品中的段落也表明了这一点。由于类似的原因，对他人意见的依赖本质上不是对

---

[47] 在这个程度上，规范源自对人们如何表现的观察，然而，比较也在这里发挥了作用。参见 TMS I.i.5.9, I.iii.3.2, VI.iii.23-5。

自由的限制或毁坏,即便它的确带来了焦虑。相反,它是让自由成为可能的条件。在斯密的思想实验中,人类生物一旦进入社会,他们就展现出理性与反思;但理性与反思并没有直接产生自恋(参见 DI, 153.37/OC III, 155-6)。相反,根据斯密的论述,反思有助于团结而非分裂人们,尽管当其结合想象与情感时会带来分裂。[48]

我们刚才讨论了斯密的论述特征,这有助于解释:为何对斯密而言,同情可以是相互取悦的?其他两点也可能会有帮助。首先,斯密的思想实验强调了"自我"的构造性社会本性,它意味着:自我与他者从一开始就混融起来了。人们的自我包含了他者(最先是他们的注视、评价,以及情感交流);并且,在与另一自我发生同情的过程中,我也不可避免地把自己带入这个场景之中。的确,斯密认为,评价的唯一标准在旁观者身上(TMS I.i.3.1, I.i.3.10, III.5.5, VII.ii.1.49);但是,评价却是按照同情想象作出的(例如,因为"理解了"另一个人的情感与动机)。这意味着,例如,"我考虑到,如果我真的是你,将会遭受何种痛苦;以及我不仅与你交换了环境,还与你交换了人格与性格"(TMS VII.iii.1.4)。我们如此这般被构造,就是要生活在彼此的世界里。这意味着,彼此同情必然受利己心驱动,就好像人们想要把他人当作工具,并以此方式获得快乐。[49]我们可以论证,对斯密来说,与自我一致并在自我

---

[48] 不仅如此,当卢梭描绘自恋之浮现时(DI, Note XV, 218.1/OC III, 219),荣誉显然是他关注的一个问题,但它并未在斯密的思想实验中出现。

[49] 为了阐明我们所争论的愉悦并不需要是自利的(尽管它有时候是这样),有人作出了卓越的论证。参见 McHugh, "Ways of Desiring Mutual Sympathy in Adam Smith's Moral Philosophy"。

当中的快乐依赖某种更深层次的事物：某种借感受认知我们的共性，以此满足我们的社会性的事物。这就是说，相互同情的愉悦可能部分源于对某种他认为真实的事物的认知：我们天然地且在根本上是社会性的。相应地，依据斯密的刻画，那种孤绝于他人的感受是痛苦的（*TMS* II.ii.1.9, III.2.9, VII.iv.26）。但是，在斯密看来，在第一个例子中，这不是任何自我的或审慎考虑的功能。这一阐释假设，"相互同情的愉悦"是对（我们所认为的）这一情形的反思。[50]

那种想法把我带到第二点上来，它关于正被讨论的愉悦之源。对斯密和卢梭而言，社会的自我与想象不可分割；但是，对斯密而言，想象的倾向在于和谐、对称、对应（correspondence）、合比例及一致性的引导，不只在同情的语境（无论道德还是非道德性评价），也在理智活动的语境。的确，他倾向于呈现美的那种美学引力是公正而不顾及利益的。[51] 不是所有的和谐都关乎道德上的善好或有利，但是，斯密对想

---

[50] 在这里，我追随弗莱西艾克的脚步。在"Sympathy in Hume and Smith"一文中，他强调了如下内容对斯密的重要性：我们意识到同情，我们快乐地"意识到属于一个共同体"，愉快地"感受到人的团结"及其与"赞许感"之间的联系（300-2）。与此类似，关于意识的观点，参见 Sayre-McCord, "Hume and Smith on Sympathy, Approbation, and Moral Judgment," 229。参见 Campbell, *Adam Smith's Science of Morals*, 102-3. 亦可参见 Otteson, *Adam Smith's Marketplace of Life*, 115-17. 关于对斯密－休谟关系的卓越评论，参见 Hanley, "Hume and Smith on Moral Philosophy"。亦请参见 Broadie, "Sympathy and the Impartial Spectator," 170-4; Darwall, "Sympathetic Liberalism"; Khalil, "The Fellow-Feeling Paradox"；及 Harman, "Moral Agent and Impartial Spectator"。关于斯密－休谟关系，我将在第四章多做一些讨论。

[51] 请考虑 *TMS* I.i.4.7, I.i.5.1, 2, II.ii.2.4 及 VII.iv.28。相关讨论及进一步的文本支撑，请参见 *ASVE*, 111-12, 121, 330-8。正如我在 *ASVE* 中表明的那样，同情之美提供了自我的超越（112, 121）。亦请参见 Schwarze and Scott, "Spontaneous Disorder in Adam Smith's *Theory of Moral Sentiments*"。

象倾向的描绘有助于强调基础社会性、亲社会情感与行为之间的联系。相反,当卢梭的野蛮人产生自恋并运用想象时,其结果明显是消极的。冲突、欺骗、自欺以及与之相伴的激情与情感浮现出来(请回顾《二论》倒数第二段对野蛮人的"心平气和"(ataraxia)与经历"持续折磨"之"公民"的对比;*DI*, 187.57/*OC* III, 192)。依据卢梭的描绘,想象似乎首先产生焦虑,它与一种幸福奴隶的错误意识结合在一起;按照这种错误意识,那些鼓励了焦虑的安排就被认为是自然的,并被接受。[52]

在这里,我们也不应夸大卢梭与斯密之间的对峙。不仅有些和谐在道德上是坏的(考虑一下某些检举人团体[prosecutorial sects],其成员在他们自己之中感受到了"相互同情的愉悦"),而且曼德维尔与卢梭描绘的那种追逐私利的自我主义(依据斯密的解读)也能产生和谐。很明显,与镜子有关的讨论招致了自我陶醉与虚荣的可能性("镜子,墙上的镜子"),在那里,依据他的论述,我们从想象的具体运用来看,不仅可以期待也能够断定,那种自我陶醉与虚荣可能出现。但是,虚荣并非这一过程唯一可能的结果。斯密也能合理地论称,其社会性论述的力量之一便是其解释力。斯密在 *TMS* VII 讨论了许多其他的德性解释与道德心理学之谬误,他可以声称,其社会性论述不会陷入过度简化的错谬中。[53] 对于斯密在其关于同情、想象、愉悦之论点中阐述的内容,我们若用自恋与自爱来把握,似乎都嫌不足。我们不能把"自恋"当作"同情"

---

[52] 凯利评论道:"对卢梭来说,想象是人类社会生活中唯一的、最重要的构成性因素。"(*Rousseau's Exemplary Life*, 115)凯利也讨论了想象可能带来的扭曲(110-15)。

[53] 参见我在第二章第二节(a)的讨论。

的另一个名字，正如我们也不能认为"同情"等同于怜悯。

总之，斯密关于"身处某个孤独之所……的人类生物"的思想实验指向了我们多重意义上的社会性。第一，首要的也是最重要的是，具有自我意识——成为一个人类自我——只在社会语境中可能，也需要我们有能力进入他人的处境。亦即，它要求人们想象自己身处他人的境地，能够用他们的观点来理解他们的境况，也能反过来用他人的观点理解自己的境况。原则上，我们的确拥有进入他人世界的认识的路径，他们也有进入我们的世界的认识的路径，以及，我们也拥有进入自身世界的路径。这便是"基础的"或构成性的社会性（我将在下一章将其称为"社会的构成论题"）。设若我们能够处在他人境地，但不能从他人的视角来看待我们自己，那么按照斯密的论述，我们就不是构成性社会性的——"镜子"消失了。斯密把自我意识定义为社会的，这时候，他就破坏了著名的笛卡尔式图景——据其说法，我们始于独立的自我，然后，我们不得不解释我们如何进入另一个自我的世界。[54]

第二，通过接受一种反思性的旁观者立场，我们拥有了进入我们自身的认识的路径。正如斯密在《道德情感论》第III部分开头告诉我们的那样，自我认知反映了我们对他人的认知。我们体验着自身的感受与认知，在这个意义上，我们具有优先进入自身感受与认知的特权。但是，如果说"私人性"（private）意味着不能被旁观者理解和进入，那么在这个意义上，与之有关的思想，包括与这些认知（包括思想）有关的情

---

[54] 关于对斯密与笛卡尔富有助益的讨论，参见 Berry, "Adam Smith and Early-Modern Thought"。

感就不是"私人性的"(一个人能够分享另一个人的悲伤)。

第三,当生物降生到社会之中,通过我们对他人的品质、审美与道德的兴趣,通过我们对他们对我们的兴趣的兴趣,以及通过我们对自己是否真实拥有相关品质的兴趣,我们就与他人紧密地联系在一起。[55]这种兴趣因自我意识的结构与刚才勾勒的自我本性而变得可能。第四,"相互同情的愉悦"以及缺乏同情的痛苦令我们彼此结合起来。第五,我们第二阶的激情与欲望是社会交往的结果。在这种意义上,我们也具有社会性构成,并彼此结合起来。其中的一些激情和欲望就是斯密所谓的"社会性激情",它使人们倾向于亲社会的行为与情感("他们的心灵之和谐":TMS I.ii.4.1)。在合作与善意的意义上,这是一个社会性问题。斯密的社会性自我图景支持如下观念:这种意义上的社会性并不必然是伪造的、欺骗性的、受到秘密操纵的,或因其对许多人的"狡黠与强力"而为一种错误认知(关于我引用的短语,参见斯密的《信札》以及我在这章第一节的讨论)。

最后,斯密的思想实验致力于表明:同情想象令旁观者立场变得可能;通过接受旁观者立场,人类自身自然而然地被那些他能够借以衡量自身的规范吸引。这为一个重要区别准备了道路——在我已经考察过的那一章之后,斯密立即在随后一章转向不同诠释者都强调过的这一重要区别。我说的是对赞美的爱与对值得赞美的爱,对谴责的害怕与对应被谴责的害怕之间

---

[55] 参见迪贝斯关于"兴趣"富有洞见的评论:"Adam Smith and the Sympathetic Imagination," 198-9。正如迪贝斯指出的,斯密在 TMS 的第一段就用了动词"感兴趣"(interest)。

的区别（*TMS* III.2）。[56] 在思想实验之后，他立即谈到人们"配得上"何种评价（*TMS* III.1.4, 5），从而预告了这一区别。斯密评论道："温和与值得称赞，值得爱与奖赏是德性的几大特征。"（*TMS* III.1.7）并且，在几个段落之后，斯密继续评论说，自然授予我们一种"成为应受赞许之对象，或者成为他所赞许的其他人的样子的欲望"。这种欲望使我们"渴望想要真正适合"社会（*TMS* III.2.7）。通过推动我们成为正义、勇敢、自制的人，并在与他人的关系中起到好的作用，"对德性真正的爱"（正如他在此处的称谓）明显支持了我们的社会性。

那么，根据斯密的论述，自我主义理论就不可能是真实的。这种理论误解了认识论、心理学以及"自我"形而上学，部分原因是混淆了不同的解释层面（正如我们在上文讨论的那般）。当然，此处的假设是：一种道德理论（如曼德维尔"全然有害"的观点；*TMS* VII.ii.4.6；参见 *Letter* 11, *EPS*, 250）要处理我们如何了解彼此自我的认知问题，以及自我如何构成的形而上学问题；这种道德理论与社会性具有一种概念联系。[57]

---

[56] 例如，参见 Debes, "Adam Smith and the Sympathetic Imagination," 202-5，以及 Hanley, *ASCV*, 136-40。汉利论证说，在 *TMS* III.2.7，斯密"作出了卢梭式的论断，即自然在其智慧中早就授予了人们对'值得赞美'的热爱，使其能够阻抑腐败，使之变得缓和（参见 *TMS* I.iii.3.7）"（*ASCV*, 140）。尽管那很可能是卢梭在《爱弥儿》中作出的论断（参见 *ASCV*, 137），但据我所知，在 *FD*, *DI*, *Preface* 或更早的著述中，它都没有出现。当然，斯密在 *TMS* 相关段落中的观点与无偏旁观者理论紧密地绑在一起。在卢梭那里，我们却很难找到这样一个概念（除了在下文将要讨论的沃尔马［Wolmar］的品格中）。

[57] 所以，我深深认同布朗的观点，即斯密给我们呈现了一种"心灵理论"。我们要理解斯密关于移情、同情与道德判断的论述，它也是一大关键（参见 Brown, "Intersubjectivity and Moral Judgment in Adam Smith's *Theory of Moral Sentiments*," 243, 256 及别处）。布朗和我也都认同，对斯密而言，同情的确有一关键性的认识论主张。

直觉性观念是：如果我们对其他人正在经历的事情——他们现时的感受——毫无理解，对环境在他们身上唤起的感受毫无理解，并且更进一步，如果我们也认识到，其他人也类似地对我们或我们面对的处境一无所知——比如他们不能理解我们，正如我们不能理解他们——那么，非自欺的（non-self-deceived）、因其自身产生的"相互同情之愉悦"就不存在，更不必说对其情感或动机进行道德判断的基础了。借用托马斯·内格尔（Thomas Nagel）在一个不相关的语境中提出的想法：当我们问自己，如此这般的事物，"它是什么样的"（what it is like）时，我们不问"'（在我们的经验中）它与何物相似'，而是问'对主体自身而言，它是什么样的'"。[58] 我们不仅想要理解，当我们成为他人或处在他人境况之中时，事物是何等模样；我们还想要理解，对他人而言，它是什么样的。

斯密的思想实验无意表明，要么我们只是为了德性而天生仁慈、富有同情心、正义或善于合作，要么我们因为社会的虚伪行为偏离了自己的天性。通过同一主体间关注机制，它也为斯密所谓的"道德情感腐败"营造了场所（TMS I.iii.3.1）。他有一章谈到，自然使我们"真正适于"社会；就在这一章，他也勾勒了可笑的"想象之欺骗"——因为这"想象之欺骗"，自负之人想象自己拥有其他人"最高度的崇拜"（TMS III.2.4）。正如我已经评论的那样，他在那里暗示，自负之辈屈服于自我欺骗。当人类生物进入社会，就立即变得容易倾向于以自我为中心，使用这面社会之镜——这当然是一种卢梭式的观点，但没有依附在它之上的卢梭式叙述。让我重申，在斯密看来，虚

---

[58] Nagel, "What Is It Like to Be a Bat?" 440, n. 6, 及 439。

荣以一种"自我"观念和同情想象能力为基础,而这种同情想象能力也打开并邀请了非虚荣的社会性。

通过对本节进行总结,让我重返我力图解答的问题。我在第二章指出,卢梭描述了人类堕落前的自我,它并非那个现在被我们认作自身的自我;它是非社会性的,并且具有其他一些特点。斯密的"人类生物"似乎与之类似。卢梭与斯密都在告诉我们,现在的我们——获得激情、情感、欲望、思想及观念的具有自我意识的存在,其想象具有十足的积极性并影响深远——不能离开社会而存在。那么,他们没有道出同样的内容吗——即我们(作为可识别的"自我")是社会生物,因此社会性或社会交往是自我的基础需要?

在我看来,答案似乎为"是且否"。两人的确都说,我们现在的自我只能生活于社会当中;在这种意义上,社会性是如此理解的自我的必要条件。但是,卢梭的观点是:社会性是人为习得的;"人为"的方式则指出了,斯密式的同情想象在其基础中并不存在,在此意义上,社会性便也是有限的。它指出了,在进入社会关系时,人们怀着自我感,并将其当作首要的和决定性的存在与认识的立场。结果,对卢梭而言,"社会性"沉重地印上了自我利益与深度分裂的标记,它们又被如下事物掩饰起来:一种自欺的或由社会操控的意识形态,以及异乎寻常的互不理解与对自我的无知。卢梭的系谱学叙述刻画了自我在堕落前的非社会性,并以上述方式将其带入他对社会性的描述当中。相反,斯密则拒绝这一叙述,并用卢梭不具备的方式来构建社会性。

(b)同情、视力与叙述

我对想象和基础社会性的聚焦已经远远超过同情了,尽管我已经足够频繁地涉及后者。让我通过努力打磨对如下内容的讨论来推进讨论：根据斯密，人们是如何进入他人境况中的。我将从辨析"同情"这一术语开始，然后转向同情想象的两个维度：视力与叙述。

(b.i) 同情

阅读《道德情感论》开头时，我们很难不认为它混合了卢梭对怜悯的评论（当然，我们也可以根据其他思想家的评论来对其进行检视）。斯密用如下内容开启论述：

> 无论我们假设人们多么自私，人性中都明显存在一种原则，令其关心他人的命运，把他们的幸福视为自己必不可少的东西，尽管除了看到他人幸福由衷感到喜悦之外，他一无所获。当我们看到他人的不幸，或以一种鲜活的方式认识到他人的不幸时，我们感受到的那类情感便是怜悯或同情（compassion）。我们常因他人的悲伤而悲伤，这是一个过于明显的事实，无须任何例子来加以证明。因为这种情感与人性中一切其他的原初激情类似，它不只是限定于有德、人道之辈，尽管可能他们的感受最为敏锐。穷凶极恶的暴徒、违反社会法律的最具铁石心肠者也不会完全没有这种情感。
>
> （TMS I.i.1.1）

在这里，人们可以找到对《二论》段落的多重回应。引人注目的是：斯密起笔就强调，我们"看到他人幸福由衷感到喜悦"，即便此外我们得不到任何东西；以及他给《道德情感论》第二章冠以标题"论相互同情的愉悦"。当斯密继续给出关于同情痛苦的诸多例证，按照他的论述，范围涵盖各个方面的共通感受在那决定性的面向上与怜悯不同。[59] 我已经论证，对斯密来说，人类自我从一开始就相互依赖，同情想象对主体间性而言也至为根本。《道德情感论》第二段清楚表明，"怜悯或同情"需要想象。斯密当然想要说，怜悯——与其他情感、激情一起，包括愉悦——应当在其同情理论的基础上得到理解。

斯密对"同情"这个词的用法令人困惑是出名的。请让我按照维维恩·布朗老练且敏锐的论述，努力清理这个词的不同含义。[60] 斯密想要把同情与如下过程加以区分：通过想象把自己置于他人处境中，但却不顾及他们的视野，以此理解他人的处境，然后想象他会有何种感受。遵从斯密在 TMS VII.iii.1.4 的表达，布朗准确地看出那一过程描述了"自私原则"（261）。就像我在本章更早时（第二节 [a]）讨论过的，如果对卢梭来说，怜悯是一个把你自己放置在受难者处境中的问题，那么怜悯就成为让自己通过想象进入他们处境的投射。对斯密来说，我们当然是在用那种"自私"的方式想象，但却不仅仅只用那种方式想象。"自私原则"作为一个解释性论题是失败的，因为它没有抓住现象的整个范围，尤其是正确理解同情。

让我们依据布朗的论述，对同情的如下含义作出区分：

（a）通过想象与感受来理解其他人在其境况中正在经历什

---

[59] 所以，斯密谈到了我们对"富人与位高权重者"的同情（我们倾向于"仰慕，甚至几乎是崇拜"他们），根据他的论述，这一事实具有许多社会与政治的结果（有些是正面的，TMS I.iii.3.1；亦请参见 TMS I.iii.2.1, VI.i.3；相关研究，请参见 ASVE, 85, 221-2）。卢梭式的怜悯很难通过这种方式发挥作用。

[60] 我指的是 Brown, "Intersubjectivity and Moral Judgment" 一文。我在此处这一部分每一次提及布朗，指的都是这篇文章。当这本书接近完成时，布朗让我注意其刚发表不久的论文"The Impartial Spectator and Moral Judgment"，在这篇文章里，她对用词进行了细微的调整。出于简便的考虑，我使用的是"Intersubjectivity and Moral Judgment"中的用词。

么（布朗认为这是"移情"，并将之描述为"想象 X 在 X 的处境中有何感受"：261；原文为斜体）；[61]

（b）通过想象与感受，从另一个人的立场来理解其处境（布朗将此称为"同情"，将其描述为"想象如果我是 X，那么在 X 的处境中，我将会有何感受"：261；原文为斜体）；[62]

（c）当一个人作出（a）与（b）时，当他观察到自己与他人的感受彼此相匹配（[a] 与 [b] 之间存在"一致性"[TMS I.i.2.2]），令人愉悦的"赞许情感"（sentiment of approbation）（斯密在 TMS I.iii.1.9, Note * 中的用法）——或者，在不相匹配的情况下，不认可的情感——就出现了。[63]

在我看来，斯密没有说，只有当我们对行为人产生移情时

---

[61] 斯密在 TMS I.i.1.10 写道："所以，同情兴起于激情之观点，不似兴起于激发它的处境那么多。"正如我在 ASVE (87) 注意到，"没有那么多"（not so much）这一限定颇重要，因为旁观者必须想象或理解行为人的处境及其对处境的反应（情感与 [计划中的] 行为），以便于对后者作出评价。所以，正如文中（a）与（b）项中的表述所标明的那般，"移情"（empathy，继续使用布朗的术语）不只是抽象地将行为人的情感从行为人的处境中复制出来，"同情"则更非如此；并且，人们可以产生移情（因此在移情中理解行为人的处境与行为人的感受），但却不表示认可。

[62] 布朗说，当想象在（b）意义上时，旁观者感受到的东西能被冠名为"同情性情感"（245-6；亦请参见 260）；此即"同情在 TMS 中的核心、术语意义"。布朗也区分了它们与"情感同情"（affective sympathy，对他人感受的情感反应，例如为他人的幸福感到高兴：258-9）。布朗还指出，斯密有时将之与同情性情感都称为"共通情感"（fellow-feeling, 246）。用布朗的语言来说，情感同情预设了移情。

[63] 参见 Brown, "Intersubjectivity and Moral Judgment," 247。他对休谟与斯密的解释颇具影响。哈康森（Haakonssen）区分了包含在斯密的"同情评价理论"中的四个步骤，它们与我刚提到的内容稍有重合（*The Science of a Legislator*, 51）。坎贝尔（Campbell）区分了"想象同情"（通过"想象同情"过程，人们能够与他人在想象中变换位置）与被理解为"对情感一致之认知"的同情（*Adam Smith's Science of Morals*, 96）。

（empathize with the agent，再一次使用布朗的语言），我们才认可其他人的情感或行为，尽管我们不认可的情境或人正是我们不了解的那些人。[64] 那将会产生一种狭隘的评价。不仅如此，依据斯密的论述，就像在死亡之中，在一个人也没有的情况下，一种同情想象的复杂行为就产生了。斯密提到我们"把自己置于他们（死人）的处境"，认为这是一种"同情的虚构"，但他仍然认为它是"同情"（*TMS* I.i.1.13；参见 *TMS* II.i.2.5, II.i.5.11）。这种情况提出了区分对他人处境之"自私"与"非自私"想象的困难。[65]

想象令（a）、（b）、（c）以及"自私"情况成为可能，在"自私"的例子中，人们想象着，身处他人境地（不考虑他们的感受），自己会有何种感受。借用卢梭在讨论怜悯时使用过的表达，所有自爱或自私理论家都坍塌成一个投射性过程，即"把我们置于遭受痛苦之人的境地"（*DI*, 153.37/*OC* III, 155）。与之相对，请考虑这段我们已经对之进行大量讨论的、源自 *TMS* 第 VII 部分的对照文字；关于这段文字，我已经引用了一部分。它为我们提供了斯密清晰阐述了的"自私原则"的缺

---

[64] 相关讨论，请参见 *ASVE*, 85。在上文的注释 14 中，我提到，斯密经常使用隐喻，比如，把行为人的情感"带到家里"或使之"成为自己的"，以及"进入"它们或与它们"同行"（going along with，正如在 *TMS* I.i.1.2, 4, 以不同的形式）。它们有时似乎追查了变换位置（"移情"，也可能是"同情"）与认可之间的差异。请考虑 *TMS* I.i.2.6："如果我们听到有人大声诉说其不幸，然而，当我们让自己进入这一场景，它却不会在我们身上产生如此激烈的效果，我们就因其悲伤而震惊。并且，因为我们不能进入它，我们就称之为胆怯或软弱。"富有帮助的相关讨论，请参见 Darwall, "Empathy, Sympathy, Care"以及 McHugh, "Relaxing a Tension in Adam Smith's Account of Sympathy"。

[65] 相关讨论，请参见 *ASVE*, 88-90。Brown, "Intersubjectivity and Moral Judgment," 265 阐述了这些情形，尽管我用稍为不同的术语来阐明这一观点。

陷，以及他用来替代"自私原则"的方案。斯密写道：

> 然而，在任何意义上，同情都不能被认为是自私的原则。当我同情你的悲伤或义愤时，的确会造成这样一种表象：我的激情以自爱为基础，因为它源于把你的情形带到我自己身上，源于把我自己置于你的处境，并因此认识到我在类似环境下会有何种感受。但是，尽管我们可以合宜地说，同情源自我们在想象中与所关注的人交换处境，但是，这一想象中的变换并不是发生在我自己和我的品格上，而是发生在我所同情的那人身上。当你失去了唯一的儿子、我在安慰你的时候，为了进入你的悲伤，我并未考虑，如果我有一个儿子，他又不幸死去，我（具备如此品格与职业的人）将会如何痛苦；我考虑的是：如果我真的是你，我将会多么痛苦，我不仅与你交换了环境，还与你交换了人身与品格。所以，我的悲伤完全是以你之名产生，完全不是以我的名义出现。所以，它也没有丝毫的自私。它并非源自我对降临在自己身上，或与自己有关的任何事情的想象，也并未出现在我的切己人格与品格之中，它完完全全是与你有关的。既然如此，我们如何可以称之为一种自私的激情呢？一个男人可以同情一个在产床上的妇女；尽管在与其自身适配的人格与品格中，他不可能认为自己会遭受她的疼痛。
>
> （*TMS* VII.iii.1.4）

斯密明确表明，同情不仅仅是一个替代过程（我用我自己来替代你），同情的下一步很可能是关于如下内容的推理：你是什么，你将会是什么，或者你将会有何种感受。所以，它不只是一个类推的问题，或在行动者与旁观者假设自己在相同处境下将如何感受的认知之间寻找相似性的问题。所以，这段话确证，在原则上，行为人与行为人的境况可以按照它们自己的方式得到理解（例如，从行为人的视角来看）。请让我在此注明，斯密既没有论称，男人会自动地对生产中的妇女产生同情，也没有论称它只不过是一个意志或决心的问题。他的例证完全与如下观念相合，即我们需要一些理智和情感上的准备工作。[66] 斯密也清晰地说明，旁观者感受到悲伤或痛苦；在这些情景中，旁观者至少在一定程度上"知道"行为人的情感。同情的情感必然保存了原始意图，否则斯密的描绘就没有意义了（我们假设，旁观者是因为你的情况、你的损失等而悲伤）。它不只是一种理智理解，尽管同情理所当然地包括了认知。然后，斯密论称：既然那一切都是真实的，"自私原则"就是错误的。这与我们上文考察过的与"人类生物"有关的思想实验一致。

在上文中，我引用了一段斯密的长篇论述。在这段论述里，斯密一再使用"所以"（therefore）。这最为清晰地阐明了斯密是否认为自己从对认知可能性的肯定出发进行推论（亦即，旁观者能够了解他人的处境和经验），得到对自私理论的真实性的否定。的确，甚至从这本书一开始，斯密就提到与他人"变换"位置（*TMS* I.i.1.3）；这清晰地证实了洞悉他人的自我与世界的可能性，但是，斯密对此处的陈述加以特别强调，并特别清晰地加以阐释。所以，对斯密自己而言，许多问题仍然取决于他是否具有正确的认识的问题。

---

[66] 关于一个男人不可能（出于认识的原因）同情一个分娩中的妇女，有人作出了幽默但切中肯綮的评论，参见 Diderot, *Jacques the Fatalist and his Master*, 17-19。

诠释者们争论斯密是否赋予我们一种同情的"模拟"（simulation）或"理论之理论"（theory-theory）概念（或这两者的某种结合）。在我看来，似乎一些具有说服力的原因让我们认为，这一过程至少部分地为模拟的（simulative）。[67] 在 TMS 第六段，斯密承认这样一种可能性：在某些情况下，同情可以令激情立即扩展开来（TMS I.i.1.6）；这种同情可能看起来像是传染（contagion）——所以，它不是模拟——接下来的三段似乎论证，甚至在这些情况下，它也是一个把自己放在他人处境之中的问题。[68]

---

[67] 参见 Debes, "Adam Smith and the Sympathetic Imagination," 201。如果我的理解不错，那么布朗表明，这个过程只是"模拟"，其中不包含任何"理论之理论"（theory-theory, "Intersubjectivity and Moral Judgment," 266）。弗莱西艾克论证说，在此问题当中，斯密的理论尚未确立，它似乎结合了两种因素（"Sympathy in Hume and Smith," 296-7）。纳内（Nanay）论证，对斯密来说，我们最好将同情的含义解释为"简单、发自内心的、半自发地通过想象产生的回应，在斯密刻画为同情的两种情况之间，它是最常见的共性"（"Adam Smith's Concept of Sympathy and Its Comtemporary Interpretations," 86）。我接受布朗（"Intersubjectivity and Moral Judgment," 254-5, 265）与弗莱西艾克（"Sympathy in Hume and Smith," 298）对纳内论证的归纳与批判。与此同时，关于"想象自己为 X，处在 X 的处境"（"想象自己为 X 的一个特殊情况"）与"想象身处 X 之处境"两者间区别的合理性，纳内提出的问题非常重要，因为其论文提出的问题针对的是这些观念与"想象自己为 X，处在 X 的处境"之间的关系（这四个引用语均源自 Nanay, 90）。在 The Emotions 的 ch. 7, "How We Think of Others' Emotions"中，关于人们对其他人的理解，戈尔迪勾勒出"模拟"与"理论之理论"路径之间的差异，并细致阐述了自己的观点。

[68] 弗莱西艾克指出这一点，令我受益匪浅（ASWN, 9-10；亦请参见他的"Sympathy in Hume and Smith," 280-1）。关于这一点，Debes, "Adam Smith and the Sympathetic Imagination," 195 也富有助益："换言之，旁观者提供了激发模拟所必需的原因，这解释了那些看起来像是传染的情况。正因此，斯密才论证说：类似于传染的案例只在旁观者身上产生了柔弱的情感回应。'在我们了解原因之前'——亦即，相对于我们提供的一般原因（general cause），在我们（旁观者）洞晓打动行动者的真实原因之前——我们的模拟总是不完美。"（TMS I.i.1.9）

（b.ii）视力与叙述

斯密经常借助视觉的方式来阐述同情想象，这在《道德情感论》第一句话中就已经非常明显了。[69]请对斯密使用的几个最初的事例做一番回顾：我们看到即将落在他人身上的重击，群众"正在注视绳索上的舞者"，"神经敏感、生性柔弱的人"正在"看着"乞丐的身体（都来自第三段）。当斯密引入"无偏见的"这个词时，他再一次将之与视觉比喻结合起来（*TMS* I.i.4.8）。正如本章此前的讨论，在其关于"人类生物"的思想实验中，斯密使用了镜子的比喻（*TMS* III.1.3, 4）。其他视觉比喻也分散在这本著作之中。[70]无偏旁观者是理想的同情者（*TMS* VII.ii.1.49），他具有最敏锐的视力。

为何视觉隐喻对斯密如此有用呢？我推测，他出于几个原因对之加以利用。第一，斯密想要在其同情原理上搭建伦理学，视觉语言（ocular language）就是谈论视角（perspective）的自然方式，它对这一努力来说当然也至为关键。第二，这一

---

[69] 布朗也讨论了视觉比喻对斯密的重要性（*ASD*, 59-62, 72）。亦请参见 Brown, "Dialogism, the Gaze, and the Emergence of Economic Discourse"；Rothschild, "The Theory of Moral Sentiments and the Inner Life"；Kelly, *The Propriety of Liberty: Persons, Passions, and Judgement in Modern Political Thought*, 123-8。在讨论同情时，斯密也使用了其他比喻（例如 *TMS* I.i.4.7 的听觉比喻）。值得注意的是，在谈论怜悯时，卢梭也使用了视觉比喻；参见 Hanley, "Pitié développée," 310。卢梭也提到了"旁观动物"（动物旁观者），我在第二节（a）讨论过这一点，也请回顾一下。关于对情感的影响，卢梭在《论语言的起源》（斯密知道这本书）中评论了话语（discourse）相对于视觉的优越性（*CW* VII, 291-2/*OC* V, 377-8）。关于语言与音乐之间的联系，卢梭的观点也阐明了叙述的影响力与说服力（感谢朱丽亚·西蒙［Julia Simon］为我指出这一点）。亦请参见 Hanley, "Rousseau's Virtue Epistemology," 243-4, 248。

[70] 例如，在 *TMS* III.4.4（"最公正旁观者苛刻的双眼"）以及 III.3.4（"无偏旁观者的眼睛"）。

隐喻表明它超然于看到的对象（object seen）。我们可以认为，为了让旁观者免于受到行为人自身骚动的影响（比如说，以激情的形式），它非常重要；所以，它对正确的视角（correct perspective）也非常重要。第三，视觉表明了一种思想模式：在理想情形中，它的确令自我的参与最小化了。如果我正确看见了窗外的树木，那么其他任何关于我的真实情况都与之不相关（irrelevant）：我确实已经掌握了正在认知的对象，并且我没有改变视觉对象就做到了。由此推测，这就是为何这一隐喻对上溯至柏拉图的哲人们如此富有吸引力的原因之一。它非常适合斯密努力维持的那类认识的观点。第四，当斯密引用那些包含了视觉线索的事例时，他也在谈论想象；我们也可以自然地将"想象"归纳为看见此或彼。想象与形象可视化（visualizing）似乎彼此关联。

第五，视力可以得到纠正，正如思想认知（intellectual vision）也能得到纠正。在讨论良心的权威时，斯密谈到了不偏不倚的同情，认为在这个过程当中，旁观者能够纠正偏见，他所借助的方式是：通过学会

> 既不从我们自己的位置也不从他（行为人）的位置，既不用我的眼睛也不用他的眼睛，而是从第三人的位置、用第三人的眼睛来看待它们（行为人的利益与激情）。这个第三人与我们彼此都没有任何特别的联系，可以在我们之间作出不偏不倚的判断。
>
> （*TMS* III.3.3）

在随后的一个段落中，斯密描绘了"心灵的自然之眼"如

何学会正确地评估距离。正如编者注意到的,他还援引了"视觉哲学"(意指贝克莱[Berkeley]的《新视觉理论》[*New Theory of Vision*])来支持其观点。[71] 斯密必定已被如下观念吸引:通过纠正主观偏见——即,自爱——同情的看视(sympathetic seeing)能够学会不偏不倚地进行评价。

鉴于此处之关键问题是一种进入行为人与行为人处境的过程,而非从第三人立场对其特征的旁观者评价(美学或其他评价),我们可以反对这样一种观点,即,视觉比喻过于外在了。[72] 根据这一目的,我们还需要更多的东西。的确,斯密自己告诉我们,无论在生活还是文学或戏剧里,我们都被牵引着通过想象来理解他人的处境(*TMS* I.i.1.10, 11, I.ii.2, 3, 4;

---

[71] 关于斯密对贝克莱论文的评论,参见他的"Of the External Senses" (in 60-2, *EPS*, 156-8)。在斯密对贝克莱的陈说中,视觉、阅读或语言彼此关联的方式与我将要阐述的与叙述相关的那类观点有关。例如,他评论说:"正如贝克莱清晰观察到的,视觉对象构成了造物主(Author of Nature)授予我们双眼的那类语言。"("Of the External Senses," 60, *EPS*, 156; 参见 62, *EPS*, 158)

[72] 达沃尔注意到,"既然根据斯密的论述,严格地说,道德评价的视野全然不是旁观者的立场;所以,斯密首创'无偏旁观者'这一表达(而非源出哈奇森或休谟之手)就颇有些讽刺意味,并具有很大的误导性"("Sympathetic Liberalism," 141;原文为斜体)。斯密的理论要求放弃旁观者的疏离,并同情地进入"作为我们当中任何人"的行动者的处境(Darwall, 142)。与达沃尔相反,Brown, "Intersubjectivity and Moral Judgment," 262 中论证,无偏旁观者的立场(它是规范性的)是第三人的立场。我的这一章源自 2010 年的文章的几个部分,正如这篇文章的匿名审稿人指出的,我们能够看到,甚至在一段距离之外,我们正在看着的人也能看到我们(无须类似接触这样的行为所需要的近距离),这也可能为斯密突出了视觉比喻。我要补充说,正如斯密举例表明的那样,男人能够同情分娩中的女人,我们讨论的距离也可以采取多种形式。在 Forman-Barzilai, *Adam Smith and the Circles of Sympathy*, ch. 5 ("Sympathy in Space," 137-95) 以及 Boltanski, *Distant Suffering: Morality, Media and Politics*, ch. 3 ("The Moral Spectator," 35-55) 中,距离论题是一个主要话题。亦可参见富有启发性的论文 Paganelli, "The Moralizing Role of Distance in Adam Smith"。

参见 II.i.5.3）。当然，后两者的中介是语言。在生活中，太多关于境况及境况中人的必要信息都是通过语言传达出来的。我们可以推测，为了进入他人的世界，我们需要对处境作出一番漫谈式的描绘，并对其突出特征作出潜在的复杂评价。"处境"并非单纯地由一系列它足以让我们看见的事实构成。相反，对任何旁观者来说，无论他多么不偏不倚，处境都将包括一种对何为相关事实的判断，对它们的因果关系或其他关系的判断，对它们在那时如何影响（或看起来可能影响）行为人以及为何影响行为人的判断（并不必然在因果意义上）。其突出特征可能存在于行为人的过去、未来或它们两者之中。我们也必须理解事件的历时序列，因为它们是处境的一部分。所以，对同情来说，清晰表达、叙述与诠释似乎也是必要的。[73]

斯密在许多地方都提出了诠释的复杂性，以及把一种处境带到某人自己身上的叙述维度。请回顾斯密在 TMS（I.i.1.2, 3）第二、三段提供的那些看似简单的事例。看到以行为人的腿或胳膊为目标的重击时，旁观者就缩回自己的腿或胳膊——这是在观看惩罚吗？如果是的话，我们就必须假设一种精巧的社会与道德故事。群众紧盯着松弛绳索之上的舞者——很可能这是在某个公共游艺场上，这一社会场景的特征与存在就需要一种复杂的叙述。路人看到一个可怜的乞丐，想象如果自己处在相同境地会有何种感受，他便扭动身体并心生恐惧。在《道德情感论》的后面一处，斯密评论说：乞丐"很少引起人们可怜"，

---

[73] 我们通过叙述理解了自己与他人，或许叙述给了我们生活的统一性。自麦金泰尔和查尔斯·泰勒（Charles Taylor）讨论叙述以来，上述观念就引起了诸多争论。关于一种有趣的、具有批判性的讨论（尤其是一种作为叙述［或由叙述统一起来］的生活观念），参见 Bernard Williams, "Life as Narrative"。

我们也的确"鄙视乞丐"。斯密似乎表明，因为我们对乞丐的故事了解有限——我们只看到他的贫穷与乞讨行为——所以我们的反应就混合了"轻视"（TMS III.3.18）。在我们对乞丐进行同情的感受中，一套与经济体系之（不）公平有关的复杂的社会规范与假设也在发生作用。或者，让我再举一例：你的兄弟正位于刑架之上（TMS I.i.1.2）——这是一种司法惩罚吗？是处在一个世俗或宗教的框架之中吗？它是一种折磨吗？作为旁观者，你回答这几个问题的方式的确会影响你的同情理解。与同情相伴的这些叙述很可能包括或反映一种社会剧本（social script）。鉴于斯密在其与社会之镜有关的思想实验中所言说的内容，这正是人们所预料的。

我在这一节也已经提到，斯密举了一个令人震惊的例子，即"想象之虚构"让我们能够与死者实现"同情"。它也提供了说明叙述所具有之含蓄影响的另一例证（TMS I.i.1.13）。斯密生动地描绘了一则与死者处境有关的故事，就好像是我们从想象中的死者视角进行细致讲述一般。我们应该回顾一下，他的故事确实经过了用心裁剪，因为它有效反驳了如下观念：死人的灵魂快乐地离开此世，进入了彼世的某个地方（some other-worldly place，所以，他使用了"虚构"[illusion]这个词）。自古以来，人们就听说了许多与死后生活有关的复杂故事，有时候，这些故事还用宗教语言加以巧妙撰述；这或许是故事讲述的原始主题之一。[74]

亦请考虑斯密在 TMS VII.iii.1.4 处校验的文本（proof text,

---

[74] 关于我们争论中的这段话，布朗作出了颇具启发性但却是不同的解释：参见 ASD, 67-9。

正如我在本节更早时的称谓）中提供的关键例证。关于（想象）丧子之父的体验，我们所采取的视野似乎严重依赖人们讲述的那类关于具体事例的故事。儿子是在战争中高贵地战死的吗？还是遭到了一个醉酒司机的碾压？他是自杀的，还是死在监狱里？他是反叛父亲的权威而死的吗？这个儿子是何时、在多大年纪去世的？很明显，关于人们在相关语境中会有什么感受，不同文化会产生各种各样的规范，它们不可避免地会影响旁观者对事件的理解。在 TMS 第 V 部分，斯密使用了同样的失去独子的例子——请让我们把这两段放到一起进行阅读——并且阐明了这类观点。我们在那里了解到：关于父亲"固定的习惯与脾气"，我们假设它源于此种或彼种生活方式——斯密提到一个将军的生活方式，来与私人生活中的父母进行对照——那想象中丧子之父的感受便在很大程度上依赖于我们的这一假设（TMS V.2.5）。在分娩的事例中，为了适当地想象与感受（请再次回想，斯密把同情定义为一种共通情感：TMS I.i.1.5），行为人与旁观者也需要他们彼此的叙述，更别提相关处境了。把受苦者的处境与情感带给我们自身就是在其历时语境中"认识或想象"它们（TMS I.i.1.2）。

  看见（seeing）、清晰表达（articulating）与详细叙述（recounting）很明显存在于《道德情感论》其他地方。请考虑"寒门之子"（TMS IV.1.8）这个引人注目的例子。通过一种清晰的卢梭式回应（TMS 的编者在此处也注意到这一点），斯密在《道德情感论》的一个段落中描绘了"寒门之子"的情况，并在随后的段落里评论了"不断产生和维持人类勤勉的欺骗"（TMS IV.1.10）。斯密讲述了一类寓言：儿子富有野心、满怀嫉妒并且奋发勤勉，还追求一种关于幸福的幻想。这个寓言表明：寒门之子正在给自己讲故事，在这个故事中，"一种精巧优雅的休息"以及那些被证明为"无甚用处的小玩意"，值得他付出巨大的努力以获得。这个寒门之子也在观察着——看着，或通过想象认识——宫殿、花园等其他此类目标。总而言之，斯密说，我们"通过同情，享受并因此赞许它们适于提供给他（富人）的满足"（*TMS* IV.1.8，参见 I.iii.2.2, 8）。这一同情的运作令人震惊，斯密对它的解释也颇为复杂。在这里，我的观点是：他的描述表明，在这一场景中，叙述与视力都在发挥作用。讲述完他的寓言之后，斯密紧接着又论述了，当人们进入老年之时，其总体观点会发生怎样的变化。相应地，他又做了如下一番叙述："然后，权力与财富显现出它们本来的样子，它们是人们构造出来的巨大且繁冗的机器，旨在给身体制造一些琐碎的便利……"（*TMS* IV.1.8）

不仅如此，斯密进而指出，人们时常通过讲述他们的故事，恳求旁观者的怜悯与同情，也即，通过亲自提倡的方式来加以恳求（*TMS* I.i.2.4）。所以，为了同情地获得完整的图景，旁观者不仅需要看着这一场景，还需要比较行动者劝说性的叙述与自己的解释。这个过程可能发生在斯密所谓的"对话"（conversation）语境之中（*TMS* I.i.4.10, VII.iv.28）。正如我对交易（exchange）的刻画，它与竞争性故事及诠释渊源颇深。斯密强调，他所谓的"同情"需要概念——亦即认知——以及想象和感受。我表明，在许多情形中，这将包含一种部分地通过叙述——或可能是多重叙述——表达的解释过程；在一定程度上，这些叙述的竞争性论断必须进行自我判决。这些很可能是以社会为中介，对风俗（custom），以及因此对习俗史进行的反思。观点植入叙述之后，不仅其多样性会自我呈现出来，它们也将完全来自某种具体的立场或别的东西——旁观者的自我也没有被简单地抛弃，它本身就嵌入在社会当中。[75]

所以，为了同情能够完成其工作，我们似乎需要视力与叙述两者。我想要论称，尽管视觉比喻倾向于展示一个静止的空间模型，其叙述模式也指向了时间维度，但它们并非内在地彼此冲突。既然人们必须预先了解事情的一些内容，才能够更进一步地知晓它们，那么，我们自然就仍然面对着理解某人的循环性难题。正如戈尔迪谈到其计划之一部分时说：

> 通过思考理解的现象……我将努力表明，我们的解释任务包含了所谓的解释学之环（hermeneutic circle，参见 Gadamer, 1975, pp. 265ff.）。当我们将之呈现得比实际上更为反常时，我们就不能理解包含在人之情感经验中的思想与感受经历，除非我们事先理解了他的总体品格（在最广泛意义上对待那个术语）与情绪。如果我们没有事先理解其情感经验诸片段，我们就不会理解一个人的总体品格与情绪。因为我们当然有可能"开辟道路进入"解释学之环，所以这就没有那么反常了。人们能够并且的确在初次见面时就对某个人的思想、感受、情感、情绪与品格作出特定的

---

[75] 在 *LRBL* 中，斯密清晰地在同情的运作与沟通交流之间建立起关联（例如 *LRBL* i.v.56 与 i.133, 25-6 及 55）。正如在文学作品中所呈现出来的样子，社会状态以不同的方式影响着同情（*LRBL* ii.90-1, 123-4）。他评论了这些方式，并讨论了不同形式的修辞——例如，修昔底德的修辞——是否能够让旁观者同情行动者（例如 *LRBL* ii.28, 96）。McKenna, *Adam Smith: The Rhetoric of Propriety*, 1 评论说："在 *LRBL* 中，斯密将一切交流都归入修辞之属。"对斯密而言，与解释、行为、情感、情绪相关的交流形式包含了我们所谓的叙述。关于与此处议题相吻合的富有助益的讨论，请参见 Kalyvas and Katznelson, "The Rhetoric of the Market," 567-8。

假设，然后再在进一步了解与熟悉的基础上修改那些假设。

（戈尔迪，"我们如何思索他人的情感"
["How We Think of Others' Emotions"], 398）[76]

在同一篇文章里，几页之后，戈尔迪注意到：

> 在将一个人的叙述结构拼合在一起的诠释计划中，更深入的一步将包含对如下内容的决定：其情感目标为何，他以何种方式思考、感受那一目标，以及他有何种情感欲望。
>
> （戈尔迪，"我们如何思索他人的情感"，401）

在同一页，戈尔迪注意到，这一评价无须（通常也不会）与诠释者的"情绪、情感及品格"不同。戈尔迪认为，情感自身具有一种叙述结构。如果他的观点正确，那么，我们通过想象认知其他每个人之世界的希望就显得更有保障了。[77]

四 理解（误解）自我：对话中的卢梭与斯密

> 但是，上帝啊，当他正在说话的时候，您却让我转回来朝向我自己，把我从自己背后带出来（我一直把自己藏在背后，因为我更偏好不要看到我自己）。您把我放到自己面前，这样我就能看到自己有多么卑鄙……我看到自己

---

[76] 戈尔迪引用伽达默尔时，提到的是其《真理与方法》(*Truth and Method*)。亦请参见 Goldie, *The Emotions*, 186。

[77] 参见 Goldie, *The Emotions*, 33, 92-5, 103。

有些恐惧，但又找不到逃离自身的出路。

圣奥古斯丁[78]

同情理解的模式将视觉和语言媒介结合起来，把一个现在颇为熟悉的问题带回给我们：在找到道路进入你的处境，并从你的立场对之进行理解的过程中，除了想象我在此处境中将会有何感受（不考虑你有何感受）并将那些感受归之于你（一种自我擦除的投射形式），然后决定我是否要像你那样来行动或表达自己，我如何知道我还做了一些其他的事情？在斯密所举的例子中，那个男人想象着，如果自己是正在分娩的妇女，他将会如何。他正在努力运用同情想象，这一做法很可能包含了视觉（字面上与比喻上的）、诠释、叙述与语言。但是，既然他在任何时候都未失去自己的身份，并且，在明显同义反复的意义上，其想象不只是"他的"，他在想象中援用的资源只能来自他自身的经验（内在经验以及对周遭世界的经验），那么，他真的满足了 TMS VII.iii.1.4 以独特方式描述的同情理解吗？请注意，在大多数情况下，我们可以在相反的方向提出这些问题——在这里，关乎的是生产中的妇女是否可以同情那个努力与之实现同情的男人（我仍然就斯密的例子进行讨论）。进而言之，人们想要知道，在我们所讨论的意义上，我们是否能够实现与新生儿的同情呢？对于每个人进入他们自身的路径，尤其是通过想象的无偏旁观者的方式，我们仍然需要提问。我们可以在每种情况下都提出同一个怀疑性问题。

斯密认为，我们在原则上能够进入彼此（以及进入我们

---

[78] St. Augustine, *Confessions*, 152.

自身,"直接"认识到一者)。对叙述的强调似乎有助于消除对斯密这一观点的怀疑,但它也可能具有反作用。对人之处境的叙述性理解仅仅因为它是叙述性的就不会把理解简化为交谈(confabulating)。[79] 然而,叙述性理解的确引入了重要的视角问题(视觉比喻也是如此,即便它想要提供一种纠正认知的手段)。甚至在历史叙述中,我们似乎也总可能从另一视角来重新讲述历史事件(例如,我们因此就有了第 n 本论述法国大革命之起源的书,诸如此类)。[80] 这并不是说什么都行,而是说:在事实准确性的基础条件之外,若要查明什么确实有效,这项工作看起来永远处在开放状态;结果,对任何定论的主张(对 X 的确切论述)都得不到支持。叙述性观点也强调了如下问题,即理解与虚构之间,或者更模糊地说,理解与想象之间的界限该在何处划下。似乎每个人都受到自身视角的限制,对他人的想象也必然是狭隘的。但是,在那种情况中,心理学个人主义(psychological egoist)的认识的预设受到驳斥了吗,哪怕承认我们认识彼此的通道并不完美?[81]

在《忏悔录》(即"Ébauches des Confessions")所谓的"纳沙泰尔序言"("Neuchâtel Preface")中,卢梭写道:

---

[79] 参见 Goldie, "Narrative and Perspective," 215-18。

[80] 卢梭在《爱弥儿》第四卷指出了视角在历史学中的影响(*CW* XIII, 392-3/*OC* IV, 526-8)。

[81] 我们应当回想,斯密的确赞同,在一些情形中,旁观者认为难以"进入"行为人的感受,或难以理解他们为何要那样行动;例如,在性欲和浪漫爱情的事例中,情况正是如此(*TMS* I.ii.1.2, I.ii.2.1,参见上文注释 45)。我在此讲中对斯密式"同情"能够克服"自私原则"的怀疑并不是新的;例如,托马斯·里德(Thomas Reid)就已经在这个问题上批评过斯密(参见"Letter from Thomas Reid to Lord Kames," 66)。

> 我经常注意到，即使在那些自傲最识人的人中，每个人也几乎只认识他自己——要是真有人能认识自己的话。因为，若不与任何事物进行比较，一个存在如何仅仅借助其自身的内在关系就得到定义呢？然而，一个人并不能完全认识自己，这一关于自己的不完全认知却是他用来认知他人的唯一方式。人们让自己成为万物的法则，自恋的双重错觉就在这里等着我们。如果我们身处评价对象的境地，我们就受到一些动机驱使，像他们一样行动。我们要么错误地把这些动机归诸他们，要么（在同样的假设中）就我们的动机进行自我欺骗，因为我们尚不知晓如何让自己从我们所在的一种处境转而进入另一种不同的处境。
>
> （*CW* V, 585/*OC*, 1148）

这几行论述确证，卢梭抓住了进入某个他人之经验的问题，抓住了视角的片面性与可修正的特点。以及，我们让人类自身变得可以理解的这一努力颇有些问题，而叙述在此努力中起到了广泛作用的问题也被卢梭抓住了。他当然是一个优秀的故事讲述者。在他的文集中，"任何人是否真正理解了他们自己"这类问题是一种标题，正如我们在第一、二章看到的与《纳西索斯》及其《序言》，尤其是《二论》相关的论述。[82] 卢

---

[82] 布鲁克斯（Brooks）这样评论《忏悔录》："卢梭声明，我们只能这样思考认同问题（question of identity）——至少这使他成为了现代叙述的象征性起点：以叙述的方式，努力讲述整个人生；努力通过回顾整个人生，记录其不断向前的飞行，以记录它如何从规定之固定性上跌落来描绘其一生的意义。"（*Reading for the Plot: Design and Intention in Narrative*, 33）但是，布鲁克斯注意到，他所探求的这个目标难以实现："在别人眼中（并因此在其行为中），他［卢梭］总是格格不入，与其内在自我从不一致。他总是回溯（转下页）

梭的小说《朱莉》也包括了许多对这类感受的讨论：在这些感受中，爱人们能够或者不能够彼此了解。当然，《朱莉》本身就是这样一种努力：它叙述着那些有时看起来是小说人物受到误导讲述的东西，或他们的自我欺骗故事。[83] 与之类似，我在第二章讨论的系谱叙述努力把我们从对自己的无知的无知中唤醒，从我们讲述的与自己有关的错误的或自我欺骗的故事中唤醒。

"纳沙泰尔序言"中的段落没有排除任何对自我或他人的理解，但它的确表明，当我们已经或尚未在那一努力中前进得足够深入时，都面临着重大的认识的障碍。[84] 让我们假设卢梭与斯密都接受这几点：正如我们现在拥有它们一样，"自我"的确是彼此的镜子；人们看着彼此，就好像他们想象着其他人也在看着他们，这个过程是相互的、可见的、叙述性的、历时性的；孤独的"人类生物"一如斯密所描述的那样；以及与基础社会性有关的论题是正确的。就让斯密的同情观念取代《二论》的怜悯观念吧。

卢梭无论如何都能够将"纳沙泰尔序言"中的那类观点坚持到底，认为：如果情形一如斯密的描述，除非借助某类镜

（接上页）其行为和内在性情的轨迹，不是为了达成和解（这是不可能的），而是为它们的不可和解进行忏悔。"（32）布鲁克斯也注意到，《朱莉》"这部小说用那么多方法宣告了"叙述性写作的"19世纪传统"（21）。亦请参见 Marshall, *The Surprising Effects of Sympathy*, 150-1, 169-71 中关于那段"双重错觉"论述的评论，以及 Kelly, *Rousseau's Exemplary Life*, 44, 80。

[83] *Julie*, in *CW* VI, 44-5, 111, 270-1, 555/*OC* II, 54-6, 135-6, 330, 675-6, 及各处。在某种意义上，《朱莉》讲述的是朱莉如何滑向一种自我欺骗——在这部书信体小说中，所有这些都在一点一点地向我们展示出来。就在其生命的终点，朱莉认识到，她已经理顺了她的真实欲望与真实自我。

[84] 在 Starobinski, *Transparency* 中，"障碍"（obstacle）是一个主要论题。

子，我们不能进入与我们自身和彼此有关的真相，那么，我们实际上就迷失在镜厅（hall of mirrors）中了。我们的想象投射了我们自身的诸多方面——比如形象、自我形象、幻想、我们已经获得的信念——而我们却没有意识到它（请回顾我在第二章讨论的《忏悔录》的朱丽埃塔插曲）。甚至，据称更为不偏不倚的镜子（比如"无偏旁观者"的眼睛），必然令他们假设要看透的畸变（distortion）具体化。卢梭式批评还可以继续说，正如斯密模式表明的那样，这些（自我）意象与幻象承受着传统意义的重负。鉴于斯密自己描绘的幻想、自我欺骗以及"想象之欺骗"的巨大影响，我们便可以期待：我们诱导自己认为我们正常地理解了彼此与自己。显而易见，这是奥维德式自恋主义的问题。在这幅图景之上，我们又添加了斯密坚称的我们总是展现出来的自爱（例如III.4.5, 12）、劳动分工、财富与权力的不平等。我们也具有在意识形态上渗透着的错误意识因素。[85]

总之，卢梭式批评会认为：斯密提供了产生无意识与破坏性结果所需要的一切材料（在斯密看来），即破坏自我理解的非自我主义方式。对于这一批评而言，斯密描述的同情想象理论不能针对"自恋的双重虚构"产生一种可靠的以及原则上的解决之道。卢梭式批评还会继续说，其问题是，在所有具体情形中，我们都没有任何客观方法在如下两者之间进行区分：人们以自己的身份（as oneself）将自身投射入他人处境，以及人们采用"同情"的方式进入他人处境，以理解这情境对他人

---

［85］ 请在此回顾我在第一章注释 24 与第二章注释 38 引用的资源，亦请参见第四章注释 24。

意味着什么。斯密对同情的某些论述也揭示了困难，例如，我引用自 TMS VII.iii.1.4 的那些论述。[86] 卢梭式的怀疑论也指出了这些困难。为了回顾本书第一章讨论过的来自卢梭《纳西索斯》中的段落，我们还将回到如下担忧上来，即他人是"隐喻化"的自我；亦即，我们将要回到奥维德式自恋主义上来。批评还会继续说，让我们不再谈论斯密式"同情"，转而讨论怜悯（pity，也即 compassion）与同一观念，因为那些观念无须斯密式同情所需要的"认识的体操"（epistemic gymnastics）。我们也最好放弃"基础社会性"论题，并从如下更真实的假说开始，即我们生来就是非社会性的——至少卢梭式批评可能如此论证。

卢梭派对斯密的观点抱持怀疑态度。当然，他们并不否认，我们常常认为我们"了解"（get）彼此——"了解"到足以公平地评价彼此。实际上，其中部分问题为，我们的确相信这些半真或全然为虚构的东西。错误的意识弥漫开来，以至于卢梭派坚持认为，为了摆脱想象世界（image-world）的束缚，我们就不能抛弃某种类似于前往万塞纳之路上的启示的东西——或一种引起对人类境况进行重新设想的叙述，比如

---

[86] 关于当下的问题，斯密在别处评论道："我们在想象中成为这样一个人，正是他向我们自己表象其行为：我们在幻想中把我们转移到那些遥远、被人遗忘的冒险情景中，想象我们自己扮演着西皮奥（Scipio）或卡米卢丝（Camillus），扮演着蒂莫利（Timoleon）或亚里斯提德（Aristides）。迄今为止，我们的情感建立在对行为人的直接同情上。我们也同样敏感地感受到对这些行为之获利者的间接同情。"（TMS II.i.5.3）那正是卢梭可能抓住的那类陈述（参见斯密的"转移"［transport］，以及在我们引用自上文"纳沙泰尔序言"的内容中，卢梭对这个动词的使用）。参见 Confessions Bk. I, CW V, 8/ OC I, 9，在那里，按照卢梭对自己生活的描述，他年轻时就生活在一个充满着与普鲁塔克刻画的各类角色有关的故事的世界里。

《二论》的叙述。斯密肯定不会说（所以反对仍要继续），只要每个人都同意他们真切理解了彼此，并对彼此作出道德评价——即便实际上大部分为假装，或至少也是猜想——那便万事大吉了。

斯密曾讨论了行动者和旁观者向彼此作出的相互调整，每个人都使用其想象理解他人的处境。在这个讨论中，斯密评论道，"同情情感产生于想象出来的处境变化，这一秘密意识"在程度及"修正"（modification）上不同于它们看似相配的情感。我们可以将此当成一种承认：同情是一种神话，在此意义上，同情是想象的。斯密继续写下了这些引人注目且时常为人引用的句子：

> 然而，很明显，这两种情感［行为人与旁观者的］如此回应彼此，就好像这足以实现社会和谐一般。尽管它们绝不会变得完全一致，它们可能是和谐的（concord），这正是被渴求或需要的一切。
>
> （*TMS* I.i.4.7）

这段话清晰阐释了支持斯密之分析的社会立场。但从我想象的卢梭的视角来看，对这一立场的依赖正是问题的一部分，而非解决方案的一部分。卢梭可能会坚持认为，社会定义的"和谐"很可能包括压迫、不义，或扭曲的规范与期待。虽然如此，针对这一安排，各方可能都会认同，甚至也会同意，它正是他们缺少或需要的一切。但那又是错误意识问题（甚至对涉身其中的诸方来说，在很大程度上是不为其所知的"秘密意识"）。

（卢梭式怀疑继续道）"规劝式（protreptic）的'我们'"蒙蔽了一种强制与幻想（人与人之间的认识的障碍已被真正克服）。"相互同情的愉悦"可能会蒙蔽真相，其功能更像镇痛的鸦片，而非一种治疗。斯密如此谈论这些事情：

> 所以，倘若心灵在任何时候不幸丧失了宁静，那么，社会与交谈便是使心灵重获宁静最有效力的治疗，也是保持平稳、快乐脾性最好的方式。这种脾性对自我满足与享受尤不可少。
>
> （*TMS* I.i.4.10，参见 VII.iv.28）

我一直在讨论卢梭。在因社会产生的遗忘之风以及没有根据的自我满足之外，卢梭发现了更多的东西。对此而言，斯密对"被渴求与需要"之物的描述隐藏了一种辩护。但是，反对者们坚持认为，这不是真正的"顺势疗法"。它当然不会迫使处于体系之外的我们前进到一个有利位置，在那里，我们能够用一种全新的眼光来看待它并对之进行评估。

对《二论》的卢梭而言，在他之前的自然状态理论家犯了一个主要错误，他们将当下人类的特征投射到原始人类本性之上。斯密继续将其理论锻造为对自然的阐释，该理论的特质是赞成人们具有同情理解的能力，能够认可彼此的合宜。对卢梭来说，那个故事的风险是，它会成为一种合理化的修辞，成为某种与后来马克思、恩格斯定义的"意识形态"（ideology）相似的东西。它适应了斯密对自由市场的辩护——卢梭并未分有这样一种辩护，而这种"适应"只会放大卢梭对斯密议题的怀疑。根据这一卢梭式解释，在斯密对人类生活具有规劝意义但实际上为强制性的叙述中,"无偏旁观者"观念自身就是一个想象出来的形象。

的确,在卢梭的小说《朱莉》中,他把一个主角(朱莉的丈夫,沃尔马先生)塑造成不偏不倚的观察者。[87] 我们的卢梭式批评家可能会说:贯穿《道德情感论》,斯密也讲述了一个主角为"旁观者"的故事。据称,当他是一个男人,并与分娩中的妇女实现同情时,他便做着这样的事情:作为"无偏旁观者",他观察着这个女人的疼痛,他"沉着并且不着一己私利"地进行理解与评价。批评家还会继续说,这一故事情节的动机是伦理性的,也是最广义的政治性的:斯密想要说服他的读者,如果我们继续坚持,认为无偏旁观者能够以这种方式实现同情,以及我们应该把无偏旁观者视为榜样——亦即,让我们自己服从由无偏旁观者代表的社会标准——那么我们就会变得更好。这本书的"劝导性修辞"(正如我这样称呼它)反映了斯密故事的伦理议题,以及某种意义上的社会议题。我也已经表明,关于无偏旁观者的故事如

---

[87] 沃尔马评论说:"我唯一的积极原则是一种对秩序的自然品味。命运之摆布与人之行为间的一致让我感到快乐,它就像是造型上的美丽对称,或是舞台上精心打造的戏剧。如果我拥有任何统治性的激情,它就是观察的激情。我喜欢解读人心。当我自己小小的心灵哄骗了我,当我镇静且无私地进行观察时,当长久的经验给了我一些远见卓识,我就很少在判断中犯错。在我持续的学习中,那便是对自爱[自恋]的全部补偿。因为我不喜欢扮演角色,只是看着别人表演。我享受着对社会的观察,却不参与其中。如果我能够改变我存在的性质,成为一只有活力的眼睛,我将会很高兴进行这样一项交易。所以,我对人的冷漠没有让我独立于他们;尽管我不担心被他们看见,但我需要看见他们;尽管我并不珍爱他们,但我认为他们是必要的。"(*CW* VI, 403/*OC* II, 490-1)朱莉提起她丈夫的时候,认为他这个人"最大的爱好就是观察",他用"最完美的不偏不倚"来执行这一任务(*CW* VI, 305/*OC* II, 370)。

何真实地有益，卢梭式批评家有所怀疑，其根据是：它导致了自我伪造（self-falsification）以及各种压迫性的社会控制机制，尤其是，旁观者的监视之眼在实施时还被武装上了大棒（例如，支付社会认可）。[88]

自然，这几个方面的批评很难令斯密沉默。他在 *TMS* I.i.4.7 等处讨论了"社会的和谐"，并且表明：大体上，与"怀疑学派"（school of suspicion，借用保罗·利科的表述）的精神相反，同情交换的各方足以令我们相信，"社会和谐"是正确的。[89] "和谐"是可以实现的，"完全一致"（unisons）则不可，但我们将获得前者。我们不能完全无视那些内在于自我的因素（*TMS* VII.ii.4.14；请回顾我在第二章第二节[a]关于斯密回应曼德维尔那一部分的讨论）。我们的基础社会性、人类经验之可共享性以及上述观念让我们有理由认为：那些我们在自身与他人身上眼见为实的东西以及我们的叙述是充分可信的。人与人之间"贸易"（commerce）的规范（*TMS* I.ii.4.1，斯密也在那里提到了曼德维尔）可大体交给相关各方。实际上，这是接受了地方性知识（local knowledge）之稳固可靠；在《国富论》中，这一观念也非常重要（例如 IV.v.b.16）。

确切地说，鉴于斯密敏锐地意识到想象之欺骗与幻想的广

---

[88] 自我伪造是第四章的主要论题。参见 Forman-Barzilai, *Adam Smith and the Circles of Sympathy*, 64, 75, 85-6, 114 一度提到的所谓"全景监视"（Panoptic surveillance）。关于意识形态以及我们假设的社会角色（尽管它们是自然的），参见 Marx, *Capital: A Critique of Political Economy*, Vol. 1, Bk. I, Pt. VIII, ch. 28, 899（感谢阿列克斯·古热维奇［Alex Gourevitch］提供的参考与讨论）。

[89] Ricoeur, *Freud and Philosophy: An Essay on Interpretation*, 32. 他将马克思、尼采与弗洛伊德称为此诠释学派的"大师"。

泛影响（*TMS* I.i.1.13, IV.1.10），敏锐意识到自我欺骗问题，也在《国富论》中生动描绘了在商业社会中劳动的"广大人民"作出健全判断之能力所受到的破坏（V.i.f.50, 51, 52, 61）；那么，即使对斯密而言，这一接受也不得不有所限制。尽管对于地方性知识是否值得信任，以及斯密为了确保道德与主体间性知识值得信赖的主要计划之一（即"无偏旁观者"）被投下了阴影，出于我在本章及前一章探讨过的几种原因，斯密仍然否认：我们在根本上对自我与彼此无知，更不用说对那种无知的无知了。[90]

关于自我与他人的可信赖的地方性知识这整个观念，卢梭的怀疑主义表明，他倾向于用僵硬的二分方式（dyadic terms）思考。评论者们已经指出了这一倾向。[91] 就好像对他而言，要

---

[90] Winch, *Riches and Poverty* 中写道："用后来的语言表述，斯密并不认为错误意识问题常见于一切社会关系，无论在他对某些情况下某些社会行为的解释中，虚构扮演了何等重要的角色。通过这种方式，以及在与休谟的一致中，斯密便调整了曼德维尔立场尚未解决的那些方面。"（70）正如罗森论证的那样，斯密对卢梭的回应也持有同一种观点（Rosen, *On Voluntary Servitude*, 56, 98-9, 参见本书第二章注释38）。我同意罗森的评论（于56处），即在错误意识与相关观念的问题上，斯密的观点构成了卢梭的反面。当斯密谈及家庭教育诸道德性时，他对地方性知识的信任也非常明显（*TMS* VI.ii.1.10, 参见 *TMS* VI.ii.2.4）。关于区别于"系统知识"（system knowledge）的地方性或"语境知识"，参见哈康森的卓越论述（*The Science of a Legislator*, 79-82）。

[91] 斯塔罗宾斯基评论说："[对卢梭而言] 透明与模糊之间不存在中间项"；"在所有卢梭的理论作品中，一个被持续强调的论题便是，获得绝对确定性的可能"（*Transparency*, 157, 203; 参见 115）。亦请参见 Starobinski, *The Living Eye*, 61。在 *Transparency* 中，关于卢梭不能"生活在人间的不确定性里"（252），斯塔罗宾斯基也有所评论。针对焦虑与不确定性，斯密持有相反态度，这颇为明显。罗斯柴尔德与汉利对此也有所讨论（参见本章的注释43）。在 *PPCS* 的结论中，拉斯姆森阐明了如下观点：卢梭与斯密的作品中具有不同的对比（contrasts）或"相反的替代"（antonym substitutions, 160-1）。所以，决定哪个思想家正确地确定了这些相反的词项（例如，[转下页]

么"完全一致",要么什么也不是。如果地方性知识按照斯密容许的方式是可腐化的,那么(卢梭很可能会推测)它就是不可信的。面对卢梭在其系谱叙述中刻画的遗失与朽坏,一种在揭示"社会系统中的矛盾"方面具有非常高水平的确定性赫然在列。然而,如果斯密熟悉了我在第二章阐述的与卢梭的基本框架有关的那类元哲学忧虑,他很可能会问:通过一种表面上的"启示",卢梭论称自己已经发现了一种外在立场,并从这种外在立场归纳人类生活诸特征,认为它包含了那些矛盾,等等;然而他为这一论断提供了何种保障呢?斯密可以断言:理论家可以获得一定程度的客观性与不偏不倚,但它来自明显扎根"日常生活"的立场。他也避免了与卢梭完全的二分视野相伴的那些困难。[92]

在接下来的两章里,我将会追随两位思想家之间的这一复杂辩证法的更多线索。我首先要转向一种卢梭极为强调的区分——存在与表象之间的区分——以及转向欺骗、自我欺骗与行为能力问题。在第五章,我将聚焦于备受争议的公民宗教问题,并考察卢梭著名的(或不著名的)论述:"社会性情感"

[接上页] 商业社会的利益应当结合田园牧歌式的自然状态的优点来作出评价,还是应当结合封建社会的优点来作出判断?)就是一大挑战。在这本书中,我(与斯塔罗宾斯基)把内在/外在区分挑选出来,以之作为卢梭的关键组织原则;我也同意并强调,斯密倾向于处理一种光谱,而非相互排除选项之间的完全对照。

[92] 斯密维持了一种内在于日常生活的立场,对此,请参见 *ASVE*, 67-8。哈康森评论说:"易言之,一种令人满意的道德体系必然不仅满足一致性的需要,也能够说明人民对他们自身与其他人的语境知识。迄今为止,就想努力确立一种道德体系而言,所有道德哲人在这方面都失败了。"(*The Science of Legislator*, 81)哈康森的观点暗示,斯密视自己为半个立基于语境知识的理论家。

(*SC*, 4.8.32/*OC* III, 468)为一个自由社会所必需,它需要信仰某些宗教教义。当斯密认识到这些情感的重要性以及卢梭正在论述之问题的重要性,他就在回应中提出了非常不同的方案。[93]

---

[93] 这一章的部分内容来自于我的文章"Smith and Rousseau in Dialogue"(然而有些实质性变化)。关于对这篇早期文章的评论与讨论,我受益于维维恩·布朗、麦克·戴维斯(Michael Davis)、里米·迪贝斯、卢卡斯·费恩(Lucas Fain)、萨缪尔·弗莱西艾克、兹纳·吉安诺保罗、彼得·戈尔迪(Peter Goldie)、努德·哈康森(Knud Haakonssen)、莱恩·汉利、苏珊·詹姆士(Susan James)、达莎·波尔齐克(Dasha Polzik)、大卫·雷诺(David Raynor)、伊安·罗斯(Ian Ross),以及《亚当·斯密评论》(*Adam Smith Review*)的一名匿名审稿人。我曾在牛津大学关于亚当·斯密哲学的全体大会上,在芝加哥大学、哈佛大学、卢梭协会两年一次的学术报告会上发表过这篇文章(UCLA, 2009)。感谢这四次学术会议上的全体听众,他们提出了许多富有助益的问题与评论。感谢罗宾·道格拉斯、莱恩·汉利、丹尼斯·拉斯姆森以及约翰·司格特,他们评论了本章的手稿,也进行了讨论。我尤其受惠于维维恩·布朗所做的慷慨、广泛的评论,感谢格蒂·露斯蒂娜在编辑上卓越的协助工作。

第四章 "存在"与"表象"

——自我伪造、交易与自由

> 当人们用自己的身份交谈的时候,他至少是他自己。给他一个面具,他将会告诉你真相。
>
> 奥斯卡·王尔德[1]

引 论

斯密在《国富论》中评论道:一旦劳动分工得以确立,相互依赖成为规范,"每个人就依靠相互交换为生,或在一定程度上成为商人;我们可以恰当地说,社会自身也成长为商业社会"。[2]人们可以说,成为商人不只是售卖货品,还要出售他自己,采取任何方式从他人那里获得欲求的货品或行为。不仅在一个商业语境中,而且在更广泛的商业社会的相互交往中,情况都可能如此。我仅举一例即可,它很明显位于人

---

[1] Wilde, "The Critic as Artist," 185.
[2] *WN* I.iv.1. 斯密继续以屠夫、酿酒师和面包师为例,阐释金钱对交易的效用。参见斯密在 *TMS* VI.ii.1.13 中对"商业国家"的提及。

类生活之中心（也与我在本书第一章讨论的内容相反）：爱情关系。请重点考虑，它们如何形成，如何被媒体塑造，以及它们在巨大的化妆品、服装产业及其同类产业中的角色。尤其是，当我们进一步补充两个因素——一方面是权力与财富不平等，另一方面则是关于衡量习俗规范的焦虑——许多邪恶便可能从广义上理解的交易里产生。这些邪恶包括：工于心计（manipulativeness）、贪婪（greed）、背叛（treachery）、物化（reification）等等。这幅描绘无知与卑贱的图景令人震惊。

卢梭认为有个关键问题在困扰社会，并用多种方式予以阐述。在本章中，我将聚焦于其中的一种方式，以及斯密在此问题上采取的相反策略。那个问题关乎"存在"（to be）与"表象"（to appear）之间的分裂（*DI*, 170.27/*OC* III, 174-5），它包含了对他人在如下两个方面的欺骗：一个人是谁，或在扮演谁（或何种角色）。很明显，这个观念包含了真实自我与自我如何向他人（甚至很可能是向他自己）表象之间的一种区分——实际上是一种对比（constrast，请回忆第二章中的一个关键术语）。我将把这一具有多个面貌的问题称为"自我伪造"（我在第三章已经使用过这个术语）。某种对其自我为真的东西以一种误导性、欺骗性或可操纵的、徒劳的方式呈现出来。这一观念并不表明，人们必然在此过程中是被动的，或是此过程的受害者。在某种意义上，人们可能在自我伪造过程中进行勾结，很可能采取一种自我欺骗的方式。人们可能不会意识到自己身处此种自我伪造的境况之中。进而言之，自我伪造不只是一个欺骗他人的问题（例如，不只是一个对此或对彼撒谎的问题），尽管它可能包括了这一问题。"自我伪造"意味着一个包含了这些观念的总括性术语。[3]根据卢梭的论述,自我伪造侵蚀了自由(这是一个有争议的观念,它也将在这里引起我的注意)。

值得注意的是,在斯密发表的对卢梭《二论》的讨论中,他翻译了源自《二论》的三段文字,其中两段讨论了存在/表象问题。[4]斯密在任何地方都没有像那几个段落所呈现出来的那样,对这一论题作出评论。但是,他选择翻译它们并将之呈现给读者,这本身就是对其重要性的一种评价。相应地,我们很难相信,他并不认为自己的作品没有成功地对它们作出回应。现代诠释者们也聚焦于这一著名的卢梭式论题。的确,斯塔罗宾斯基的诠释始于《一论》的相关段落(将在下文中引用)。[5]

在第一节,我一开始就通过概览卢梭诸论文与《序言》中一些关键段落,考察了卢梭对自我伪造的归纳,并一直质问它们的论断是否站得住脚。这将在第二节把我带向斯密《国富论》中一个被频繁引用的段落。只需初步一瞥,我们就可看出,那段话似乎对卢梭的批评提供了一种成功的回应。尽管正如我在第三、四节中表明的那样,经过更加深入的反思后,卢梭的挑战并不会如此轻易地得到化解。我在那里考察,卢梭使用"自由"一词时,其含义为何等问题。在第五节,我对斯密也做了同样的处理,并努力更加深刻地揭示出两位思想家之

---

[3] 我们不能轻易地将 *akrasia*(无自制力)放在这一光谱当中,并且,在我讨论的这段话里,它似乎也不是卢梭的目标。正如 Fleischacker, "True to Ourselves?"86-7 注意到的,它只是模糊地出现在斯密对自我欺骗的讨论中。
[4] 参见 *Letter* 14-15(*EPS*, 252-4)。相比起我在此聚焦的那几个部分,斯密还翻译并引用了更多的卢梭文本。
[5] Starobinski, *Transparency*, 5.

间的辩证关系。在第六节，我提供了一篇简要的"终曲乐章"（coda），在那里，我再次反思了一个现在为人熟知的问题（即历史功能［historical agency］问题），但尤其强调了区分两位思想家的元哲学问题。

接下来是一段开场性评论。在某种情况下，斯密谈到了广义的"商业"，意为社会交换（*TMS* I.ii.4.1）。在那种意义中，商业总是与我们在一起。很明显，在本章起始处源自《国富论》的引文里，"商业"是这一术语较为狭隘的含义。在那里，商业看起来是典型现代式的，尽管它展示了那些在广义"商业"（亦即交换）中也颇为明显的特征。这就提出了时期划分（periodization）问题。在本章考察的文本中——诸论文与《序言》——卢梭是否说过，自我伪造（正如我对它的称谓）与此类社会在同一时期出现，或者它在现代社会中尤为严峻，或者它只在商业社会中出现？正如我在本研究稍早时注意到的，《一论》所致力于回应的问题本身就是按照时代划分的（第二章第一节［a］；亦可参见《序言》，96.14/*OC* II, 964）。卢梭关于古人与今人的对比强调了如下观点：这个问题具有一种历史，以及自我伪造是社会互动与交换之现代形式的显著特点。关于《二论》旨在回答的问题，卢梭将之表达为"不平等的起源"（参见第二章，注释 9）。当然，卢梭也讲述了一种系谱学叙述，在其中，自我伪造也随事件的展开浮出水面。在我们此处考察的源自卢梭作品的那些段落里，他阐述了对自我伪造的抱怨。[6]

---

[6]　在 *FD* 中，奢侈遭到了相当多的批评。在卢梭的如下著名陈述中，即"古代政治家永远谈论道德与德性，我们的政治家却只谈论商业与（转下页）

然而，根据卢梭的论述，存在与表象之间的分裂——以及因此产生的自我伪造——似乎不仅先于商业社会的兴起，而且一旦自恋浮现，它将伴随此类商业关系的出现（就像我在本书第三章所讨论的那样）。关于时代划分问题，我将勉强接受我认为最保守的观点，即根据卢梭的观点，自我伪造问题在现代商业社会中尤为严峻。结果便是，如果他的自我伪造论题在任何地方都是有意义的，那它在现代商业社会语境中就应该有意义。但是，既然商业社会展示的核心问题内含在人类堕落后的这些社会关系中（并且，当自恋出现时，它将变得清晰），那么，在我提到"交换"而非"商业"时，它大体上就包含了社会交往与交流，以及更加狭窄的"商业关系"。

一 自我伪造、存在与表象：卢梭论证的展开

我们的第一段文本来自《一论》（1751）。卢梭写道：

> 今天，当更为巧妙的探究与更精致的品味将取悦人的艺术简化为诸多原则，一种卑鄙的欺骗性的一致就在我

（接上页）金钱"（*FD*, 18.41/*OC* III, 19），商业也是批判的对象。然而，在那段话之外，商业并非 *FD* 中的首要靶子（在我们刚才提到的那段话中，卢梭四次提及商业，但只有一次是就其狭窄的经济含义而言）。在《序言》里，卢梭在描述存在/表象问题之前就提到了商业（100.27/*OC* II, 968），然后，他又在 101 的长脚注中将之单列出来。在 *DI* 第 II 部分开头，财产与财产的积累便是大恶的一个源头（*DI*, 161.1/*OC* III, 164）。在 *DI*, 171.27/*OC* III, 175，他再次拾起这个问题，将之与不平等的产生联系起来。他在 *DI*, 174.33/*OC* III, 178 处提到了商业。财富的积累是 *DI* 中的一个论题，并醒目地出现在 *DI*, 183-4.52/*OC* III, 189 处。在下文中，我从这段里引用了一些表述。感谢克里斯托弗·凯利促使我考虑广义与狭义的"商业"。

们的道德中弥漫开来,并且一切心灵都被铸造成同一个模式:礼貌持续要求的、合宜不断命令着的模式:人们持久地追随习俗,绝不遵从自己的天才。人们不再敢于表现他本来的样子 [*On n'ose plus paroître ce qu'on est*];并且,在此永恒的限制中,当构成了所谓社会之群落的那些人被置于类似环境中时,他们就全都按照类似的方式行动,除非更强大的动机使之产生了不同的倾向。所以,人们绝不会真正知道他在与谁打交道……

在此种不确定性之上,我们可以添加多少邪恶呀。

(*FD*, 8.13-14/*OC* III, 8)

这里的主要思想似乎是:由于符合流俗(conformism)的压力,人们被迫隐藏其本来的样子。让我们把这称为符合论题(*Conformity Thesis*,CT)。请注意,CT 是在表象/存在之对比中(或社会需要与"人们自身的天才"的对比中)形成的。乍一看,这一论题似乎并不特别深刻或具有说服力。即便遵从流俗是社会生活的普遍特点,那也并不表明人们具有一个隐蔽的或真实的自我,其程度正如人们可以依环境而"为"(be)许多不同的事物。卢梭清晰地暗示了遵从流俗是一种策略。作为一种概括,那看起来也不能令人信服。人们能够理解,在某些语境中,如果一个人容易受到服从流俗压力的影响,他可能不会表现为其真实的样子。但是,这为何应当成为法则呢?它似乎完全是不确定的。然而,卢梭用全面的方式将此呈现出来,尽管做了细微的限定(用"除非"表示出来)。没有人告诉我们与如下条件有关的任何事情:在这些条件下,在文明化社会中(civilized society),人们能够出淤泥而不染。

如果这个论题简化为对"礼貌"的需要（在此所提到的），那它就无足轻重了。让我重申，将自己与自我伪造绑缚在一起的纽带似乎非常弱，因为人们不能既是礼貌的又对自我真实。然而，人们可以是礼貌的，且做正确的事。然而，这段话的确试图论断，在现代文明的熟悉条件下，当艺术、文学、科学与商业繁荣起来，表象与真实自我之间的分裂就突出而普遍。

让我们转向卢梭对此问题的另一表述——几年之后，它发表在《序言》（1753）之中。在那里，卢梭写道：

> 人们已经处于这样的位置（position），在那里，他们只能通过妨害、排挤、欺骗、彼此毁灭生活在一起，这是一个多么美妙的事物啊。从现在起，我们必须小心防范，绝不让自己被人看到我们真实的样子 [*Il faut désormais se garder de nous laisser jamais voir tels que nous sommes*]：因为，对每两个利益一致的人而言，或许有十万人反对他们，成功的唯一方法就是要么欺骗，要么毁灭所有其他人。
>
> （《序言》，100.28/*OC* II, 968）

在援引自《一论》的那段话中，有些思路颇为明显；这些相同的思路也在这里呈现出来。自我伪造是一种审慎的策略立场，这一观念甚至在此得到了更多宣示。对于我已经勾勒出来的同一类批评，它也保持开放性。但是，卢梭也超越了CT，前往某种新的东西。借用卢梭在《二论》中使用的表达（*DI*, 171.27/*OC* III, 175），并对之加以补充，我称之为利益冲突论题（*Conflict of Interests Thesis*，CIT）。卢梭并没有指出我们所讨论的诸种利益为何，但是，它们的范围很可能是从自我保存到需要和欲望之满足。根据这种观点，自我伪造作为一种生存方式是必要的，或许鉴于关于善好的潜在竞争性游戏（competitive game），它对人的（主观定义的）兴旺生活也是必要的。在刚才引用的那段话中，最后一句表明：这个过程是零和游戏。结果可能会也可能不会符合流俗，并且，在任何情况下，符合流俗都不是驱动力。正如卢梭所呈现的那样，利益冲突不可避免（正如他反复使用"只能"，并在第二句使用"绝不"所暗示的那般）。然而，这段话一开始可能表明，欺骗只不过是毁灭他人等事物之外的一种选择。在我们引用的这一段中，第二句清晰地表达了如下观点：所有这些策略都以某种方式表象为他人而非我们真实的样子。卢梭提到了诸种利益和与位置有关的好处（positional goods，我们现在可以这样来称呼它们），这表明卢梭很想把商业交换囊括进其批判对象中。[7]

我们清楚地把问题呈现为结构性的，但这又提出了许多不同的问题。首先，我们不清楚，为何游戏是零和，或负和的（negative-sum，根据这种观点，我们看不到任何积极的结果；成功需要欺骗或毁灭他人）。[8]其次，我们不清楚，为何竞争需要对抗（opposition）而非合作（cooperation）。最后（对当前的目的而言，它颇为重要），我们不清楚，为何自我伪造——

---

[7] 参见拉斯姆森对《序言》等文本中存在/表象论题富有助益的讨论，他认为（用卢梭的表达来说）其内在于"意见帝国"（the empire of opinion），*PPCS*，30-5，40。在这几页里，他注意到，正在"角色扮演的"卢梭正确地表明及谴责商业社会使这个问题恶化，因为对卢梭来说，它严重地依赖自我利益。

[8] 很难说是我最先将卢梭的刻画归纳为"零和游戏"。例如 Anderson, "Adam Smith on Equality," 163（关于 *DI*）。感谢克里斯托弗·凯利向我表明这幅图景的确是负和的。亦请参见我在第三章第二节（b）部分对与此利益相关的好处的评论。

第四章 "存在"与"表象" | 245

155 在绝不让我们自己被人看成是"我们真实的样子"的意义上——是对抗的必然结果。卢梭的 CIT 充其量只为掩饰提供了一种意外情况,尽管它呈现为自利社会交往的必然结果。最重要的是,在面具之后,"我们真正是谁"的观念仍然模糊。我们不允许其他人看到的人是谁呢?

《二论》在《序言》之后两年发表。在《二论》中,卢梭多次重新回到自我伪造的论题上来,并为如下观念提供了一种更具吸引力的版本,即存在与表象之间具有一种分裂。至其叙述的这一阶段,人们已经发明了冶炼、农业和其他技艺,不平等也扎下根来。斯密在《信札》中翻译并引用了《二论》的几个段落。在其中的一段话中,卢梭说道:

> 现在,我们的各种官能都得到了发展,记忆力和想象力也开始活动,自恋心树立起来了,理智活跃起来了,智力几乎发展到了它可能达到的完善程度。现在,所有的自然禀赋都在积极发挥作用;每个人的地位和命运,不仅建立在财产的数量和为他人效劳或损害他人的能力上,还建立在天资、容貌、体力、技巧、功绩和才能上。既然只有靠这些资质才能赢得他人的敬重,那么就必须早日具备这些资质或假装具有这些资质:为了自己的利益,必须显得是另一个人,而非真实的自己。"是"(to be)和表象变成了完全不同的两个事物[*Etre et paroître devinrent deux choses tout à fait différentes*]……依另一种方式来看,原本自由而独立的人,现在却有了许多新的需要,可以说完全受制于自然,尤其是受制于他的同类……
>
> (*DI*, 170.27/*OC* III, 174-5)

在这里，情节变得更加丰富了。当这些自利行为者之间的关系是冲突性的（卢梭在同一段中再次提到了"利益冲突"），我们似乎不能仅仅根据生存或力量，也要根据对人们素养（美学素养等）的认知来理解"好处"，卢梭对"自恋心"的提及表明，比较已经开始运作，自我意象也因此活动起来。所以，一种思想出现了：为了获得我们现在认为重要的东西，即从一个人的外在上得到的适当认知，人们不得不向他们按照如下方式展示自己，即按照可被他们接受的方式表达自我。所以，对人们的自我概念而言，他们（令人赞许）的"敬重"看起来必不可少。人们的自我概念现在处在危险中——无论 CT 还是 CIT 都未明确地包含这一点——自我概念与行为人关于自己应该向他人展示何种身份的概念纠缠在一起。在讨论卢梭对比较与反思的批判性观点时，斯塔罗宾斯基提供了一种构想，让我们借用这一构想："然后，人们就让自己成为了表象的奴隶，亦即，成为了他关于其他人的意象与其他人关于他的意象的奴隶。"（*Transparency*，249）有趣的是，正如卢梭在引文第二句中所说，赢得"敬重"可能包括对相关品质的真实拥有。然而，在这里，对关注的需要与存在/表象分裂（being/appearing split）不可分割。[9]

---

[9]　存在/表象分裂可能表明，碎片或完整性之缺失处在问题之中心。但是，多样性自身并不必然缺乏整体性，当然，除非人们的整体性图景是"单胞体"式的或原子式的。而且，整体性与自由的关系仍然有待解释。Melzer, *The Natural Goodness of Man*, 75-7 也注意到了自我伪造或虚伪与非自觉的角色扮演之间的关系，它的解释强调了"灵魂的不统一性"（63）对卢梭的根本性作用。那并没有支持我在此的论述，因为我没有看到它在我所处理的源自诸论文或《序言》的段落中发挥了清晰的作用（在为其论题进行论证时，梅尔泽主要依赖《爱弥儿》等文本；例如 64）。这并不是说，在此处所考察的文本中，自我分裂或自我的内在冲突并不重要。

卢梭还详细阐释了一种更深刻的思想，即，因为我们的相互依赖与"新需要"的创造密切绑定在一起，我们就前所未有地更加依赖彼此。这就使人们有必要以某种方式去欺骗他人——如果（正如我引用的内容清楚表明的那样）他不能通过诉诸其自我利益得到自己想要的东西。这反过来又提供了一架桥梁，连接起在先前引用的两段话中尚未得到清晰阐述的思想：自由遗失在这一存在/表象之分裂中了。[10] 这表明：表象或面具背后的自我是某种意义上的"自由的"自我，然而，无论采用何种策略，具有欺骗性或表象的自我都是不自由的。[11] 我将此称为自由丧失论题（*Loss of Freedom Thesis*，LFT）。在我引用的段落中，它不是唯一的论证链（strand of argument），但它的确作为一种重要的论证链而得到凸显。

我们可能想要知道，一个人如果不去欺骗他人，是否会显得有所不同呢？如果我们在任何情况下都把那段话当成一个整体来考虑，那么它的确暗示了，欺骗或自我伪造将会是任何相互依赖的系统的一部分，并且，伪造的内容是，他是一个自由的行为人。如果本章开头勾勒的认为这一自我伪造过程在商业

---

[10] 那种自由具有关键性的道德价值。从卢梭在 *DI* 第 II 部分结尾的论述来看（"自由是人最高贵的官能"，以及"自由，既然它是他们［儿童们］从自然中人类能力上获得的礼物"：*DI*, 178.41 及 179.42/*OC* 141-2），他的叙述也告诉我们，一旦事情前进得足够远，"自然自由"就"受到了不可复原的毁坏"，财产与不平等也由法律确立起来（*DI*, 173.33/*OC* III, 178）。

[11] 卢梭是否像我正在表明的那样，想要将其关于自我伪造的思想在我们此处考察的作品中展开？对我所讨论的问题来说，答案并不重要；但值得我们回想的是，他并未表明他逐步揭示了自己的"体系"。参见 *Confessions* Bk. VIII, in *CW* V, 326/*OC* I, 388，以及 "Preface to a Second Letter to Bordes"（*CW* II, 184-5/*OC* III, 106）。感谢克里斯托弗·凯利向我指出这一点（见本章注释 65）。当我的讨论向前推进时，我没有假设任何时间顺序（例如 *WN* 在 *DI* 的二十年之后发表）。

社会中加剧的评论正确，那么，我们接下来就可以提问，卢梭对商业社会的批评具有多大说服力？尤其是，关于"存在"与"表象"脱节的这一具有多个面向的批评，斯密是否提供了一种有力回应呢？——请回想一下，在《信札》中，借助翻译与引用《二论》中的多个相关段落，斯密让我们关注这一批评。

二 对卢梭的一则回应：《国富论》论交易

在《国富论》接近开篇的地方，斯密写下了一段非常著名的论述：

> 它不是源于屠夫、酿酒家或面包师的恩惠，而是出于他们对自身利益的关心。我们不说唤起他们人道心的话，而说唤起他们自爱心的话。我们绝不跟他们谈论我们的必需，而是谈论他们的好处。除了乞丐，没有人会选择主要依赖同胞公民的仁慈。

（*WN* I.ii.2）

评论者们已经注意到，像卢梭一样，斯密认为促使我们进行经济交易的动力处在我们的心理倾向中，而非单纯地处在我们的需要里——斯密在这里提到了"理性与言辞的官能"（faculties of reason and speech）。斯密告诉我们，严重的相互依赖主要出现在彼此几乎不认识的人们中间，在此相互依赖十分严重的语境里，交易倾向是种劝说的行为。进而言之，我在上文引用了《序言》的 CIT 语段，以及《二论》的 LFT 语段，正如这些段落阐述的情况，交易是一个诉诸他人"自爱"的问题（为了我们当前的目的，我将"自爱"处理为"自利"的近义词）。屠夫、酿酒师、面包师的家常事例很好地阐明了这一点。

欺骗、自我伪造呈现了与一个人本来样子相反的表象。但是，在交易中，它们与"一系列邪恶"都没有发挥明确的作用。相反，在斯密描绘的场景里，我们可以将之解释为它展示了高度伦理性的和可尊敬的相互性。确切地说，这是萨缪尔·弗莱西艾克和斯蒂芬·达沃尔提出的解释。[12]正如弗莱西艾克正确强调的那般，根据斯密的描画，在很大程度上，交易与人们能够认识彼此的利益有关，即便双方都是自利的（尽管如弗莱西艾克注意到的那样［90］，顾客有可能购买货品，去行慈善之事）。所以，斯密正在聚焦"我们关注他人的能力"（our capacity to be *other*-directed，91）。

对斯密来说，这些非仁爱关系无须是零和游戏；的确，它们被人们追求，因为双方都可能因其自身获益。斯密归纳了交易（狭义的商业）的特征，认为它不仅很可能源自言辞与理性（更广义上的商业），也包含了公平的规范。如果我们认为，这一简单的商业交换必然包含言辞劝说，那么这一想法就是一种延伸。但是，甚至在默默地用面包换钱的时候，讨论与劝说也

---

[12] 我参考的是 Fleischacker, *ASWN*, 90-103 和 *A Third Concept of Liberty: Judgment and Freedom in Kant and Adam Smith*, 154-6，以及 Darwall, *The Second-Person Standpoint: Morality, Respect and Accountability*, 46-8。关于我的引文所出的那一章节的论述，达沃尔作出了如下评论："所以，交易包含了一种对规范的相互认知，它统治着双方，并且预设双方都愿意承担责任，具有同等的权力抱怨、抵制暴力等。"（48）我在本节的讨论中每页都会参考弗莱西艾克，谈到他的 *ASWN*，除非另有说明。在屠夫-酿酒师-面包师那段中，斯密并未表明欺骗之结果难以预料。对此，亦请参见 Rasmussen, *PPCS*, 79。拉斯姆森也评论说（82, 89-90, 114），斯密没有追随卢梭强调"角色扮演问题"，也没有将其一般化、推广到商业社会中的每个人身上。

以间接的方式发挥作用。正如弗莱西艾克指出的那般,"我们用什么东西可以公平地与任何给定的对象交换呢？如果这取决于我们在日常生活的别处可以用什么来换取那一对象,那么,公平交易观念就在本质上是一种语言学观念"(92-3)。在本质上,对一种价格的主张也是语言学的,人们欲求贸易或契约这一迹象也是语言学的。正如斯密在此所说,那种交易传达了"我想要用此换彼"(*WN* I.ii.2),这表明：此间的认知与社会过程颇为复杂。理性推导的能力当然表明,我们不是纯粹的直觉生物,因此在那种程度上,我们便是自由的(正如弗莱西艾克注意到的,94)。

在这里,通过交易进行的劝说(persuasion through exchange)与使用强力形成了清晰的对照。在交易中,双方的独立与道德立场也得到明确认知。正如达沃尔注意到的,没有一方不得不对此计划说是。[13] 在对彼此的占有中,其好处确实如此。我们知道,斯密在 *WN* 后面的内容中评论说：

> 骄傲令人们热爱支配他人。如果他不得不纡尊降贵,去劝说他的臣属,那么,没什么会比这更令其感到受辱了。只要法律许可,工作性质也能承受,他将会普遍地偏爱奴隶而非自由人的服务。
>
> (*WN* III.ii.10)[14]

但是,那确为商业交换强加的义务。正如弗莱西艾克将之与我

---

[13] Darwall, *The Second-Person Standpoint*, 48.
[14] 请回顾我在第二章第二节(a)的简要讨论。

刚引用的段落一起提及,他说:"斯密把交换与以人类自由可能性为中心的王国结合起来。"(94)在弗莱西艾克精练的总结中,他说:"商业德性不仅包括了国族间的和平,也包含了个人自由和相互尊重的道德基础。"(94,参见 *WN* IV.iii.c.9)[15]

根据这一斯密式论述,在商业交换中,人们自愿认识了双方的交易立场,也承认其支配自身财产的自由。彼此的讨价还价的可信(trustworthiness)也得到了确证(因此,在此背景中,类似一种可依赖的法治契约体系的东西就呈现出来)。我们可以补充说,每一方都对可信颇有兴趣,而不只希望自己看起来可信。不仅如此,每个人都能够从自身的自利立场出发,自由言说。并且,每个人必须——或至少能够——根据其他人的观点理解他人的处境。

正如我们已经提到的,任何一点都不必然包含自我伪造,更不用说卢梭观点预言必将出现的诸恶了。的确,如果我们这样去刻画商人,认为他们符合《道德情感论》对所谓的"审慎之人"的描述,那我们就有更多理由认为,卢梭在此呈现的虚伪和邪恶就无须是虚伪与邪恶了。斯密写道,这样一个人"既不努力通过江湖术士狡黠的设计、某个伪学究的傲慢做派,也不通过迷信与不审慎之冒牌学者自信满满的论断强加事物给

---

[15] 优秀论文 Lewis, "Persuasion, Domination and Exchange" 也阐明了几种相同的观点,其研究了斯密的几种观点,它们与统治、骄傲与认知之间的联系有关,也与它们跟交换之对比有关。正如作者所说:"[对斯密而言]交换正是统治的反题(antithesis),因为它要求我们对待他人如自由人,并且考虑如何满足其欲望。"在交易中,人们必须"认识并关注他人的意志"。它继续论述了交易能够如何补充统治——尽管我们不愿意"纡尊"劝说。一个"从他人角度认知的新领域"由贸易开启,财富也"能够成为替代统治的选择"(288)。亦请参见 Ignatieff, *The Needs of Strangers*, 121。

你"(*TMS* VI.i.7)。当审慎之人提升其安全、地位、名誉、资源等,他就像他所表现出来的那样(*TMS* VI.i.6)。

当然,这不是说,斯密忘记了交易中存在欺骗的可能性。在上文中,我提到源自《国富论》的这一段:"在国族之间,商业自然原本应该像在个人之间一样,成为团结和友谊的纽带,但实际上却成为混乱与仇恨最肥沃的源头。"(*WN* IV.iii.c.9)商业的这种堕落部分源于"商人与制造业者鲁莽无礼的嫉妒"及其"垄断精神"(*WN* IV.iii.c.9)。"商人与制造业者自利的诡辩"(*WN* IV.iii.c.10)以及"贩夫走卒偷偷摸摸的技艺"(*WN* IV.iii.c.8)教给了我们如下原则:他人的财富积累与人们自身的福利相悖。在这里,斯密将垄断的重商主义与一种技艺高超的欺骗联系在一起。拉斯姆森在讨论这一点时注意到:不仅在《国富论》的其他段落,并且在《道德情感论》的那些段落里,在用卢梭式语言描述心怀野心之人的自我堕落(self-degradation,"对为其轻鄙之人,他却要一力奉承")时,斯密都在同一脉络中加以言说(*TMS* IV.1.8,亦请参见 I.iii.3.7)。[16]

在这里,斯密勾勒了通过相互独立实现的自由。它与可鄙的依赖,亦即乞丐(以及乞怜之宠物)的依赖形成对照。那种关系当然更加有助于产生卢梭刻画的自我伪造病理。人们能够很好地想象,因为乞丐不是奴隶,他们只是缺乏足够资源与屠夫、酿酒师或面包师缔结契约,并且处在单方面的依赖中,所以乞丐必须

---

[16] Rasmussen, *PPCS*, 79-81,在 79(n. 63),拉斯姆森也指向了 *LJ*(A)vi.45(屠夫-酿酒师-面包师语段的 *LJ*[A]版本)。

采用一切能够带来慈善的伪装。[17]但是，要么是因为策略，要么是作为那种关系之本性的结果，即便这种依赖程度似乎也要求展现一个人原本的样子。在一定程度上，它确实如此。斯密肯定会问，为什么人们应该向一切社会交易普及这种观点，或者至少向一切现代交易，甚至向一切现代商业交易普及这种观点？在面对斯密的著名的语段时，CT、CIT以及LFT似乎并不令人信服。

三 在自我"之内"而非"之外"：卢梭论自由

让我们再回到卢梭。这次，我们将回到《二论》的另外两个语段。第一段介绍了一种迄今为止变得几乎不容置疑的思想，亦即对社会地位的欲求"几乎总是使我们外在于我们自身"（*nous tient presque toûjours hors de nous mêmes*；*DI*, 184.52/*OC* III, 189）。我们的下一个文本更进一步，将此可悲的趋势推广到"社会人"。它表明了，此类社会性——而不只是"获取尊位的狂热"（*DI*, 184.52/*OC* III, 189）——原本外在于自我，因此，人的自我概念（可能包括一个人是谁，以及其价值为何）就源自他人，即源自人们想象的他人对那些问题的看法。那个文本源于《二论》倒数第二段到最后一段。在斯密的翻译中，这一文本为：

实际上，对此类事物来说，那些差异的真实原因为：

---

[17] 拉斯姆森与格兰特（Grant）提出了一种类似的观点，参见 Rasmussen, *PPCS*, 124-5, 以及 Grant, *Hypocrisy and Integrity: Machiavelli, Rousseau, and the Ethics of Politics*, 37-9。

野蛮人生活在他自己之中；社会人（the man of society）则总是在他自身之外［*le sauvage vit en lui-même; l'homme sociable toûjours hors de lui*］；他们只能生活在别人的意见里，并且——如果我可以这样说——他仅仅从其判断获得自己的存在感。我的主题无须表明：有这么多精彩的道德论述，那么多真正的对善恶的冷漠如何从此倾向中产生；一切事物怎样被简化为表象，一切事物如何变得虚伪且具有表演性［*tout devient factice et joüé*］；我们最终会在荣誉、友谊、德性甚至通常还有邪恶自身哪一者上发现虚荣［*se glorifier*］的秘密；总而言之，人们总是需要他人关于我们的看法［*ce que nous sommes*］，却从来不敢问我们自己这个问题……我们只有一个不诚实的、毫无意义的外表……

（*Letter* 15, *EPS*, 253-4；in Gourevitch, *DI*, 187.57/*OC* III, 193）

似乎在结构上，这一外在于自我的状态就是人所获社会性的一部分（请注意第一句中的"总是"）。[18] 结果，正如在刚刚引用的两个《二论》文本中卢梭所说，好与坏都从中产生出来。坏的事物很可能由商业得到强调，或至少（我在本章开头也注意到）由之展现出来。有趣的是，在这两个语段中，对他人的关注（other-directedness）与外在于自我的状态都与人们没有真

---

［18］ 为了表意清晰，尽管斯密的翻译在引文语段第一句使用了"之中"（in）和"之外"（out），我仍然继续使用古热维奇使用的"内部"（within）和"外部"（outside）。

实地表象自己有关。进一步说，变得"虚伪"（facticious）似乎并非必然为一合适的策略；然而，它似乎深刻地根植于那些具有社会性意义的事物。所以，这一段指向了社会构成论题（*Social Constitution Thesis*，SCT）——这是一个由 CT、CIT、LFT 所假设的论题——亦即，它实际上是如下论题：我们现在认识到的自我是在社会中构成的。但是，SCT 与这一非斯密式扭曲（unsmithean twist）共同产生，亦即，在社会中构建的自我是"人为"的，就像我们在本书前一章用长篇大论讨论过的那样，它是偏离"原初之人"（original man）的结果（*DI*, 186.57/*OC* III, 192）。[19] 我在本章引用的那些《二论》语段强调，作为社会建制的一个结果，就像它已经为我们获取一样（请回顾我们在第三章的讨论），有些事物已被深度扭曲，以至于我们不再生活在我们自我"之内"，也变得不再自由（一个已在 *DI*, 170-1.27/*OC* III, 174-5 中得到清晰阐述的观念）。我们如何理解这些不同观念之间的联系呢？

在我看来，部分答案蕴含在卢梭对"一切事物变得虚伪且具有表演性"（tout deviant factice et joüé）的提及中。古热维

---

[19] 纽豪瑟在 *RCI*, 149 中提供了一个 SCT 版本，他论证说，自恋试图确证人们作为自我的存在（one's *being* as a self），它不仅仅是一种主观情感，还使人们成为某种公共目标：这个自我具有一个被认可的、确切的身份，以及由他人关注赋予的客观存在。根据此处（在 *DI* 中）探讨的自我概念，成为某人——在"自恋"最极端的意义上——就是因为其他对象而被认可某人。亦请参见他的 *Rousseau's Theodicy*, 84；Bachofen and Bernardi, *Rousseau*, 253-4, n. 140；以及 Starobinski, *Transparency*, 251。参见我在第三章注释 30 对登特与纽豪瑟的提及。我注意到，如果对卢梭而言，"自我"是在社会中建构起来的，正如我们所拥有的自我那样，如果 SCT 通常会（在 *DI* 中则总是如此？）导致自我（*DI*, 187.57/*OC* III, 193 等处所描述的自我）的异化，那么，我们必然会同我们的自我疏离。正如高蒂尔评论的那样："卢梭或许是第一个把我们理解为异于我们真实自我的思想家。"（*Rousseau*, 50）

奇的"表演行为"(play-acting)准确地翻译了最后一个词。值得注意的是，上面引用的斯密译文（"一切事物变得虚伪且具有表演性"[every thing becomes facticious and acted]）也保留了这一重要的共鸣。[20] 它表明，我们对他人的关注是我所谓的"社会建制"的一个方面，它使我们扮演剧本分配给我们的角色，不加反思地接受其规范、指定给我们的角色，以及权利、特权、责任和资源的分配。当身份非战略性地瓦解为呈现出来的或社会性身份时，这便是首要候选项；并且，正是如下可能性使之成为了首要的候选项："行为"(act)的戏剧意义变体为并非真实行动的非自觉"行动"(action，既然它不具备一种与行为能力的适当关系）。然而，对于此间包含的行为者而言，它都看似或感觉像是真实行动，因为他们忘记自己是在社会剧本之中（我在本书较早的时候讨论过这一观点）。我们想象他人认为我们应该成为什么样，然后便向他们如此表象。现在，这与自我遗忘(self-forgetfulness)结合在一起。所以，在某个层次上，人们的确变成了他们自己的表象，没有真正成为他们自己。在我们此处讨论的文本中，幸福奴隶的现象或所谓的错误意识（正如本书此前的章节讨论的那样）很明显是卢梭的一个主要关注点，这并不令人意外。

但是，如果我们进行了一个自我遗忘的投射，那么可以问，什么是真实的自我呢（即 ce que nous sommes，请回顾本书第二章注释 41）？行为者沉浸在由表象驱动之剧本中，我们

---

[20] Smith, *Letter* 15, *EPS*, 253. 斯密在这里的引文出自卢梭的一个语段，在此语段更为靠前的地方，卢梭提到，社会已经成为了"虚假造作之人[*d'hommes artificiels*]和虚伪激情的聚会"（*DI*, 186.57/*OC* III, 192）。这是我在第三章讨论的特征。

如何理解他们已经遗忘掉的自由？

尽管卢梭在一些语段中将野蛮人的特征概括为自由（包括 *DI*, 187.57/*OC* III, 192），但是，考虑到我们现在的状态，那一形象不能是真实自我的模型。正如我在第二章讨论的那样，恢复"自然人"状态（*DI*, 127.8/*OC* III, 125）既不可能也不可欲。如果真实自我可以是在社会中被伪造的自我，那么在这种意义上，野蛮人便没有任何自我可言；卢梭便不可能说——或怀着说服我们的希望说——我们内在的野蛮人是当下表象出来的自我正在遮盖或篡改的真实自我。

这并不是因为野蛮人缺乏旁观者观念。正如我们在第三章已经看到的，卢梭在《二论》的注释 XV 指出，在"真实的自然状态"中，野蛮人是他自己的"旁观者"。甚至在其最早阶段，野蛮人就有能力进行某种自我理解。但是，在注释 XV，旁观者并不是另一个人，不是行动者寻求在其中看到自己的一面镜子。相反，在我们现在认识到的意义上，每个自我都有必要像想象着自己被他人打量一样看待自身，正是以此方式，自我便在结构上"外在于"自我。承认了这一点，我就要表明，在我此处考察的文本中，与"虚伪"自我相反的自由自我并不是某种内在的、至今仍受阻塞的真实或真正的自我，也不是一个侏儒。自由自我不是一个被隐藏起来或遭到遗忘的确定的自我。正如我们刚刚提到的那样，它也不是某个内在的"自然人"（natural man）。但是，需要重提的是，现在浸没在社会建构之自我中的"自由"自我是什么呢？

至少在我们此处讨论的卢梭文本中，或由此文本暗示出来的是，答案或许不止一种——尤其是当我们想要按照一种与内在和外在事物之间的区分，以及与存在和表象之间的区分相符合的方式来理解自由自我的时候。为了理解与之相关的各种对照，或理解"内在于"表象、在其表象之下或之后的自由自我的诸方面，请让我勾勒出五种可能的方式。[21]

首先，卢梭可能会说，所谓以一种不自由的方式活在自我"之外"，就是为了自尊去依赖他认为其他人所重视的东西。所以，这就是一个自尊贫乏的问题。这样一个人就很像斯密的"虚荣之人"，"在其心底，他对他希望你归诸他的那种优势缺少信心"（TMS VI.iii.36）。卢梭的诠释者们很熟悉对自我的较少关注、为获得自尊而依赖他人以及某种与自我之疏离之间的联系。它的确令如下理论的可能性保持开放：人们能够与其他人一起生活，但也生活在自我"之内"，尽管人们原本可以揭示出我们假设那种依赖如何与行为人的独立相符合。[22]

其次，卢梭关于活在自我"之内"与"之外"之间的对比可能被理解为行为人视角、行为人的第一人称视角与旁观者的第三人称视角之间的对比。当我们在"内在"与"外在"之间、行动者与旁观者之间来切分自我的构成时，这一构成自身

---

[21] 我的讨论反映了如下事实：卢梭并没有对自由作出综合性的哲学讨论。的确，在一个关键点上，当他把自由定义为"遵守人们为自己颁布的法律"时，他补充说："但我对这一主题说得太多了，自由这个词的哲学意涵不是我在此要讨论的主题。"（SC, 1.8.3/OC III, 365）我将在本书第五章探自由问题。让我提示一下，我在此的目的不是要以检验的方式罗列出这一文章呈现的每一种自由的含义。当然，我不得不谈论经济不平等问题。关于斯密论不平等的诸种观点，拉斯姆森近期作出了卓越的讨论，参见 Rasmussen, "Adam Smith on What is Wrong with Economic Inequality"。

[22] 关于已经存在的外在于自我与自我疏离或疏远之间的关系，纽豪瑟作出了类似的评论，参见 Rousseau's Theodicy, 82-5。在那里，纽豪瑟尤为坚持疏远不同于生活在自我之外。亦请参见他的 RCI, 184-5，以及本书第二章注释6。汉利强调了虚荣、存在/表象之区分以及邪恶之间的关系，他也强调了斯密对那一卢梭式联系的回应（ASCV, 26-30, 102-4）。他的强调颇具价值。

就不需要使如下情况成为必要：作为行为人，人们从旁观者的立场（作为"他人"）来统治自己。如果这是真的，那么，卢梭的部分抱怨就可能是，当我们从旁观者立场来评价、定义自我时，人们就不再是其自身了，因为行为人的"自我存在感"被旁观者视野错误地战胜了。这意味着什么呢？

对斯密来说，接受旁观者视野需要距离、某种冷静和第三人称的疏离。斯密反复谈及"冷漠的旁观者"（*TMS* I.ii.4.1，II.ii.2.4，III.4.4，VI.Iii.5）、"冷静且不偏不倚的旁观者"（*TMS* I.ii.3.8）、"冷漠的路人"（*TMS* II.i.2.2，参见 *TMS* III.4.3）。斯密的意思不是说，旁观者缺少一切感受；而是说，旁观者的感受（根据定义）就是合宜的，作为尺度，它在强度上更低一些；以及，旁观者通常也没有按照行为人的方式进入其处境。卢梭可能会同意；但是，他也可能会推测说，按照斯密之旁观者标准生活就是以某种方式生活在自我"之外"，按照这种方式，我们难以充分实现与自身经验、信念、计划等内容的同一，并充分支持它们。我们可以提供许多例证，比如宗教狂迷与爱欲的或浪漫的激情。这些都是我们感受到的经验。对行为人来说，经过非行为人的旁观者眼睛的过滤，它们的内涵很可能会萎缩。的确，斯密说，当浪漫之爱的表达"庄重而强烈"时，它在旁观者看来却是"荒谬的"（*TMS* I.ii.2.1，参见第三章注释45）。讽刺的是，我在第一章第三节从《爱弥儿》中引用了一段与爱有关的论述，这段话表明卢梭可能在何种意义上赞同斯密：当我们外在于浪漫之爱看待人们的浪漫之爱时，就消除了爱所依赖的幻想。卢梭可能会说，如果我们不采取那种视角，就会更富理性。

概括而言，卢梭可能争论说，接受一种特定的旁观者视角——这种视角把我们放在自己"之外",有别于任何与自我之间的距离,自我意识需要这种视角——可能放大我们与自我之间的疏离,并因此缩减我们的自由。我已经指出,为了持有这种观点,卢梭无须论证自我意识能够或应该完全抛弃"旁观者"观念。

第三,行动者视角的首要性可能联结了另一种与自由相关的思想,黑格尔启发了这一思想,罗伯特·皮平(Robert Pippin)则参照本节开头第二段引文的第一句话,清晰阐述了这一思想(*DI*, 187.57/*OC* III, 193)。皮平写道:

> 所以,我们现在能够看到。我们指向的潜在问题——一切意义上我的规范状态——作为自由问题出现,它被广泛地理解为在自身行为中看见我自己的能力,把这些行为当成我的意志之结果而非社会必然性之力量来体验的能力。一言以蔽之,它被理解为我的(mine)。
>
> (皮平,"承认与政治"
> ["Recognition and Politics"], 219)[23]

---

[23] 参见纽豪瑟在 *RCI* 中对卢梭的"自由行为人理想"作出的卓越讨论。他认为,"自由行为人理想"就是"自己决定做什么,或只服从自己"(128)。纽豪瑟简要地表明:卢梭假设人们拥有自由意志;对卢梭来说,此假设的唯一证据是"第一人称"(50),在此情形中,对自己的第三人称观点(在那种意义上是旁观者观点)将使行为人看不见他们具有的行为能力;这本身就是自由的丧失。在其著作 *Foundations of Hegel's Social Theory: Actualizing Freedom*, 80-1,纽豪瑟正确地强调,对卢梭而言,自由的一个构成因素是自由行为人意识到其状态是自由的。关于一种类似的观点,参见 Brooke, *Philosophic Pride*, 205 及 Cooper, *Rousseau, Nature, and the Problem of the Good Life*, 157-8。这种观点隐藏在我们刚从皮平那儿引用的语段中。亦请回顾卢梭在 *DI*, 127.8/*OC* III, 125 中关于法律与义务的论述。

在这里，皮平的主题不是卢梭。就我已经发现的内容来说，在其著作的这一章，他没有根据行为人视角的优先性归纳一种"我的"行为（a deed being "mine"）问题。至少在我们考察的语段中，卢梭没有确切说，问题是我的行为不是"我的"。生活在自我之内意味着什么？以及为何当人们生活在"自我"之外，或依据旁观者立场来生活之时，就遗失了自由？在我们引用的段落里，皮平的构想当然指向了一种理解这些问题的有趣方式。皮平使用了"我的意志之结果"的表述，这一点值得强调，因为对卢梭来说，"作者"（authorship）的观念似乎与自由和权威观念紧密地绑定在一起，因此与自我立法（self-legislation）观念绑定在一起（我将在下文回到这一问题上来）。我要表明的是，这一卢梭式观念可能与一种作为规范性源头的非斯密式论述联结在一起。

自由的第四个方面仍在此发挥作用。卢梭断言，它与可塑性或可能性有关，或与卢梭略为奇怪地称作"自我完善能力"的东西有关（参见 DI, 141.17/OC III, 142, 以及本书第二章中的讨论）。根据这种解释，"文明人"（DI, 187.57/OC III, 192）为了选择不同角色，放弃了对自身自由的意识，并因此不能认识到没有人只是此种或彼种角色，甚至诸多角色之集合。（在此观点的一个更加微妙，或至少更加适当的版本中，"文明人"发现自己扮演了某种角色，但丧失了理解角色之意义的能力。）根据一些这样的方式，在具体角色之原则上，我们每个人都是"自由的"——我们在天性上既非此角色也非彼角色，并且我们作为"自由行为人"，能够选择欲采用的角色。根据这种对卢梭之批评的解释，除了我们的社会角色，我们忘记了自己还是某种其他的东西，在这样的方式中，我们"外在于"我们自身。伴随这种自我伪造，我们丧失了批判性反思、抵制社会剧本的能力，因此丧失了自我指引（即便任何有待发现或表达的确切的"真实内在自我"都不存在，无论它是否野蛮）。当然，这是对卢梭在此言说内容的一种萨特式解读。[24] 然而，这个问题或许并不意味着人们可以率性地想要自欺（bad faith），但正如萨特在我刚才引用的语段中指出的，人们仍然能够在某种意义上清醒过来，即使不能对安排作出选择，也能认识到这种安排的意义。[25] 无论如何，它并没有让卢梭认为有某种内在、真实的自我正待被（重新）发现。

已遭遗失的自由的第五个方面与第四个方面非常密切地联系在一起。它关乎如下观念之模糊性：即便是一个不正义的社会也得到了成员的"授权"（卢梭在 DI, 131.2/OC III, 131 使用的术语）。如纽豪瑟告诉我们的那般，这意味着，他们错误地

---

[24] 我参考的是萨特的"自欺"原理，它在 Being and Nothingness, 96-116 有所阐发。萨特清楚表明，他认为自欺是意识的一种永恒的可能性（116）。他也评论说："任何经过反思、自愿决定［自欺］的问题都不存在，但是，一种对我们存在的自发决定却是存在的。当人们在睡眠的时候，当人们进入梦乡时，他就在自欺之中了。"（113）当人们在解释卢梭关于自我伪造的评论时，没有萨特的真实性、透明等概念，也能够接受这一整体性框架。萨特式自由选择关注人之角色的意义，关于这一可能性，参见 Being and Nothingness, 584-5 以及 640。纽豪瑟在 Rousseau's Theodicy, 41 注意到了如下思想：卢梭的自由观念可与萨特的自由观念对照。亦请参见 Jaffro, "Comment produire le sentiment de l'existence？" 165, 168-9。

[25] 在卢梭提及"自我完善性"之前的那一段，他所说的内容（例如，关于"自由行为人"能够选择的评论［DI, 140-1.15-16/OC III, 141-2］）——或者，正如在更早之前，他选择与自然法保持一致，在序言中所说的内容（DI, 127.10/OC III, 126）——与我所说的内容是一致的吗？完善性与"自由意志"当然不同。以及，卢梭在讨论更古老的自由的"自由意志"观念时，其对话语境也在 DI 中为这种观念留下了不确定的位置。在我看来，纽豪瑟似乎正确地抓住了"自由意志"是"发展可完善性的必要条件"（RCI, 51）。亦请参见我在第二章对自由意志与可完善性的提及。

相信了其"合法性或自然性",并对他们的错误负责。自由的这第五个方面明显与卢梭版本的社会契约有所联系,并且,正如纽豪瑟所称,它也与卢梭将社会和社会关系刻画为虚假或人为有所联系。[26]

　　自由行为能力的这五个方面暗示了,卢梭正在指出的自我伪造不只是一个认知错误,或错误信念,或与不必要的欲望及自我欺骗有关——不是单独举出的任何一个。在第二章第一节(b),我引用了几个语段。在那些段落中,罗森、叶礼庭、斯塔罗宾斯基与高蒂尔以不同的方式提到了卢梭理论中"错误意识""自欺"的角色。正如罗森所说,卢梭对一种"关于错误意识的细致的政治论述"有所贡献,那种论述包括了"以某种方式被看见的欲望(被其他人看见,但也可能被自己看见)";这不是"一种不可改变的人性特征"的结果,而是因不同社会形式(或许作为不同社会形式的结果)而有所变化。[27]在我看来,这似乎上了正轨。在卢梭的思想中,快乐的奴隶表现为一种甚为重要的角色,他并不必然会语无伦次,当然也不必觉得或认为自己遭受了分裂。在这种奇怪的总体化(totalized)方式中,这一特征可能是"不为自己所知",因此也是"不自由"。我们可以参考身份与意识形态观念来理解角色扮演,因此通过这种方式一路往下走,就好像接管了一个自我。我在上文中强调,这种自我伪造的能力证实了我们深刻的历史本性。

---

[26] 关于我刚才引用的短语,参见 Neuhouser, *RCI*, 19。更多的参考文献与讨论,参见第三章第二节(b)注释 21、24。参见 *TMS* V.2.15 对"授权"(authorise)的使用。

[27] Rosen, *On Voluntary Servitude*, 99-100. 它倾向于把意识形态或错误意识解释为一个自我欺骗问题,但我们应当审慎一些;参见本书第一章注释 24,以及第二章注释 38。

于是，我们当下不真实的自我就以这些方式与我们自由或真实的自我形成对比。

然后，一个相关问题凸显出来。至少在我们正在考察的情形中，如果社会角色与它们带来的身份塑造（identity-formation）是自我伪造，但在任何具体的情况中，它们又不是人性的必然结果，那么我们如何把它们当作真相接受下来呢？通过一些机制，我们以个人或集体的方式（在当下的事例中，它们是不可分割的）——并好像它是自愿的——没有让自己变成真正的自由行为人，我们应该如何理解这些机制呢？我们如何能够"批准"我们自身的自我伪造，这样一来我们的行为就不再属于"我们自己"，我们就不在我们自身"之内"，也不再真正自由？自由地放弃自由似乎就像自我欺骗的观念那样具有一致性。

我将在此通过勾勒出一种答案来利用一篇雷·兰顿（Rae Langton）写作的文章。这是一篇杰出的论文，它提出了一种投射理论（theory of projection），这有助于我们解释：当人们被物化和商品化后，他们如何以非自由的方式对待彼此（也很可能这样对待他们自己）。[28] 把人们铸造成某种角色（尤其是性别与性［gender and sexual］的角色）就能够参与那一过程。正如"色情产业"（pornography industry，兰顿在288等地方提到）所展示的，这一"投射过程"（287）具有重要的道德含义，更不用说文化、经济与政治含义了。我认为，对于兰顿就性的对象化提出的观点，我们可以加以归纳总结，从而

---

［28］ Langton, "Projection and Objectification". 在我的文本里，每页都提到了兰顿的论文。

帮助我们理解对象化以及其他语境中的行为人能力之丧失。她论述了投射如何有助于产生对象化，以及如何躲避有关的各方。她的论述尤其具有相关性。兰顿所谓的"对象化认识论"（epistemology of objectification, 287）在此现象中发挥了作用。这种认识论的关键在于如下观念：与通常的"适配的指导法则"相反，某些信念乃是由欲望驱动着的（287，参见290）。

以休谟为基础，兰顿首先描绘了一种"受欲望驱动的投射"，她称之为"对所欲求对象的现象学镀金（*gilding*）"（289）。其基本观念为：在现象上，欲望能够使其对象显得具有"诸多独立品质，它们证成、需要欲望，或令欲望变得合法，令其显得具有独立价值"（291，色彩认知现象学提供了一种分析）。例如，一个妇女的"性价值"可被当作或认为是一种"独立于相关社会力量"的特征，然后，在类似于色情产业的某种事物之压力下，它会使人变得商品化（291）。当此得以实现，妇女看起来就成为了 X（292）。

投射的第二种形式是"一厢情愿的想法"（wishful thinking）。此处的观念是：欲求者形成了这样一种信念，例如，被欲求的人具有一种"相匹配的信念"——亦即，欲求是相互的（292-3，其语境仍然维持在"性的对象化"上）。我们不再能从其内在经验来理解对象化与商品化的人——从欲求者的视角、从外边看来，它全为表象（295-6）。兰顿也清晰阐明了第三种投射形式（一种能够由"任何与自我有关之数据［datum］"产生的形式），亦即"虚假移情"（pseudo-empathy, 298）。转述过来就是：一厢情愿的想法设定了"既然我渴求其他人欲求 X，其他人就确实欲求着它"；虚假移情设定了"既然我欲求 X，其他人也欲求 X"。投射的第二、三种形式可一起运作，也的确难以区分（298）。我表明，这三种投射形式全都与奥维德式的自恋主义一致，甚至是对奥维德式自恋主义的调整。请回想我们在第一章使用的一个术语：在这个体系中，人们以彼此为喻。

正如兰顿在其结论性章节里论证的那样，以这些方式来理解的投射具有一些明显的特点。首先，"投射式信念的起源"不可见，以至于在持有信念的人看来，投射式信念"旨在适应世界"（300）。第二个特征是"一种主观表象"的起源（例如"满足欲求的归属"），这种主观表象似乎"令相反证据（counter-evidence）消失不见"。这可能采用重新描述证据的方式改变叙述——简而言之，为相反证据申辩（300-1）。第三步就是要改变"客观表象"（objective appearance），亦即世界，这样它才与主观表象相适合。正如兰顿注意到，色情之类的产业将会协助这一进程，兰顿补充说："并且，可悲的是，妇女自己也会协助这一进程。"（301）错误的观点变成为人们广泛接受的社会事实。人们能够想象，在此体系中，妇女将如何开始相信，如果她们拥有相关的"容颜"，就会被人欲望。我们明显处在这个鲜活的幻想王国中，相关事业无疑要包括广义理解中的广大的时尚或表象产业（fashion or appearance industries）。[29] 最后一步是对第三步的满足："如果世界改变了，它就改变了投射式信念"，相反证据就真的从视野中消失了（302）。

兰顿描述的进程看起来很接近那类社会批判，尤其是卢梭着手从事的现代社会批判。所以，《二论》一开篇，他就论述了自我认知的困难，他认为，甚至最伟大的哲人也不知不觉地

---

［29］ 当然，关于时尚，亚当·斯密有许多内容可说。再次参见 Craig Smith, "Adam Smith's 'Collateral' Inquiry" 以及 "All in the Best Possible Taste"。

把他们在社会中形成的错误信念投射到了人性之上,那些生活在自我之外的人对他们正在做的事情一无所知。正如兰顿解释的那般,那些正在进行投射的人——最终是一切与相关方有关的人——不知道自己正在做什么,甚至也不知道自己正在进行投射。不仅对于那些被投射了这些表象的行为人来说,而且对那些进行着投射的人来说,这都腐蚀(如果不是压迫)了他们的能力——也就是说,与每个人都有关。所以,对卢梭来说,这个现象是一种集体自我欺骗。我们可以论证,自欺形成了这类"投射式进程"产生的自我伪造的一部分。在本书此前使用的语言中,我们所关注的投射式信念就其源头而言是自我擦除的。这不是说,自我擦除不会失去控制力。兰顿注意到,既然这些信念至少部分错误,原则上,它们就"在认识论上容易受到攻击"(303)。

在第三章,我讨论了卢梭对《二论》中一个枢轴性场景的描述。在那里,慵懒的男人和女人逐渐习惯了在小屋之前或围绕一棵树聚集起来,载歌载舞,自娱自乐。这个场景表明了自我擦除的欲望在认识论上容易受到攻击,这些欲望产生了被人们欲求、崇拜或认作是善好的表象。一方面,人们开始把自我和他人看作这一类存在,它们的价值,进而是其价格,依赖于它们对某些由欲望驱动的信念的适应。对他人之关注和欲求的竞争回应了这个含蓄的信念,即其他人的评价性意志颇为重要。另一方面,与虚荣、轻蔑、羞愧及忌妒一起,嫉恨与报复性愤怒这样的情感也在上升(*DI*, 166.16-17/*OC* III, 169-70)。人们的价值与一些判断绑定在一起,这个框架的不稳定性会导致对这些判断的准确性的怀疑,即便没有导致对规范的怀疑。与低人一头(inferiority)和高人一等(superiority)有关的社会"事实"就产生了,并使那种内在张力具体化了。尽管它们有可能是脆弱的,然而,正如《二论》的启示性结尾强调的那般,在行为人被腐蚀的条件下,获取或重新获取我们的自由的挑战就大得可怕。如果第二章的论证正确,那么,卢梭对前往万塞纳之路上的启示的求助,以及他对系谱叙述的运用,也强调了自由的挑战的深度。

四 一种对《国富论》交易论述的卢梭式批评

考虑到这一切,请让我回到斯密在《国富论》中关于交易的著名论述。现在,一种卢梭式批评就获得了牵引力。请重新想象斯密刻画的看似无辜的场景:当你拥有充足的资金去供养家庭,你到面包师那儿去,不是以乞丐的身份;每一方都扮演着分配给他的角色,每一方看起来都尊敬对方。人们会认为,在这些匮乏时代,肥胖的面包师将做出很好的盘算,你和你的家人则不会。无人提问,无人使用武力,社会剧本告诉我们:尽管存在任何这样的结果,其法则都是"公平的"。

正如斯密对它的刻画,这一场景表现得好像是个人之间面对面的、完全礼貌的交换,他们中间有些人拥有或至少经营着自己的企业,有些人是顾客(到面包师那儿去的"我们"),有些人则是乞丐。但是,请想象,面包师实际上在为烘焙公司工作,在你有资金往返穿越的地域内,这家公司控制着整个烘焙业。在面包师背后存在一种巨大的劳动分工,工人们辛苦劳动,为面包师的面包准备原料。这一劳动分工始于由附属公司私有的土地的生产等。顾客与面包师之间看似私人的、面对面的交往是否遮蔽了一种丑陋的事实呢?如果面包师站在公司前线，是给出本地企业假象的支撑者，那他——带着所有企业员工都被要求的微笑与问候——是一个骗子吗？

170　　接下来请考虑酿酒师。他看起来代表了被感受为需要（needs）的欲望——正是卢梭抱怨的那类现象。消费者为什么会觉得酒精必不可少呢？经济上窘困的人是否为喝酒花费了不成比例的资金数量？在穷人中间，酗酒者的比例要高得多吗？这些开销是自愿的吗？对酒的消费应该得到完全允许吗？请考虑那些围绕饮酒（更不用提食物）组织起来的复杂仪式，它们黏合各种社会关系与各种类型的社会角色，使之就其位。[30] 获得"必需品"与"奢侈物"——更不用提税收与优待的问题——的渠道的不平等就在斯密所举例证的背景中。[31]

关于屠夫：斯密在别处将这一工作归纳为"残忍且可憎的职业"，尽管它通常具有更高酬劳（WN I.x.b.2）。除非出自某种威胁或执拗，很可能没有人会从事这一职业。斯密在这里暗示，为了赚取更高的回报，人们必须忍受它的"屈辱"。为何事物要按照这种方式构建起来，以至于人们不得不承担这类工作？斯密也指出了，对于合宜的营养来说，肉并非必不可少（WN V.ii.k.15）。卢梭抱怨的需要范围的扩张在背景中发挥作用，对屈服于这些需要的人来说，这些在他们的体验中被认为是完全正常的需要。我们也可以提出动物的伦理状态问题，这个剧本中的那些人甚至没有考虑过它。总之，单纯接受社会事

---

[30] Osborne, *The Wet and the Dry: A Drinker's Journey* 一书中描绘了酒精巨大的文化作用。

[31] 就奢侈品与必需品（尤其是"麦芽酒、啤酒花、啤酒、艾尔酒"，WN V.ii.k.42-55）征税的问题，斯密有详细的讨论，请考虑他的讨论。斯密在这里关于交易者的三个例子集中于食物和饮料的生产，它们当然会提出如下问题：必需品与奢侈品之间的界限在哪里呢？

实——人通过这种方式外在于"自我"——就抑制了关于如下问题的批判性反思：社会结构如何塑造了我们，并因此限制了我们的自由。

当然，至少在自由市场发生作用的地方，人们将会认为彼此都有责任选择他们发现自己所是的角色。令人震惊的是，在上文讨论的《国富论》语段中，斯密谈及乞丐，认为他们选择去依赖别人的仁慈。人们必然想要知道，哪类行为人会因此场景中的行动者而激动兴奋？[32]

在斯密刻画的著名场景中，所有从事交易的人（比如乞丐）都是男性吗？请想象一种确切的答案，也请在想象答案时不要说出来，因为在这个不为自己所知的社会剧本中，它是另一个组成部分（在此剧本中可能会有这样一行内容："妇女不能也不应该称为酿酒师；这不符合她们的天性，对其德性也是危险的"，等等）。那么，妇女在哪里呢？[33]请在相关城市场景中想象一个更长的职业列表，根据兰顿文章的主题，它包括了娼妓。我们可以安全地说，他们很可能是女人。为了说明兰顿描绘的投射与客观化过程，作为欲望对象，娼妓是明显的候选人。当然，我不是在谴责斯密对卖淫的冷漠，或在那个问题上，对乞丐的冷漠；任何此类责备都非常不准确。有趣的是，关于卖淫，他相对没有什么可说。相反，卢梭明确指出《忏悔录》中的一段话具有首屈一指的重要性，在这段话里，卢梭描

---

[32] 关于在一个自由市场中，售卖者与消费者具有的行为能力程度的怀疑，Grant, *Hypocrisy and Integrity*, 43-4 指出来了。

[33] Kuiper, "Dependency and Denial in Conceptualizations of Economic Exchange," 78-80 提供了许多相关的观察。关于斯密对妇女的看法，参见本书第二章注释 83。Harkin, "Adam Smith on Women" 注意到，关于妇女在 *WN* 中相对缺位，许多诠释者都有所评论（502；亦请参见 502-4）。

述了他与一个妓女的相遇。他复述的这个故事的观点与投射现象、错误意识以及意识形态有着千丝万缕的关系。因为这种意识形态，受害人因自身命运备受指责。[34]问题是，对于这些社会剧本、自我概念以及身份是如何被"自然化"的，斯密是否赋予了足够的权重，以及他如何理解人们自己对社会剧本的那种臣服与行为能力之间的关系。实际上，这是一个幸福奴隶问题。

考虑到这一切，斯密完全意识到了投射问题及其与获取财富和权力之动力的联系，这一开始可能会令人感到惊讶。在 TMS I.iii.2.1，关于我们为何在"改善我们境况"之希望中（正如他所谓的）贪婪地追逐财富，他的论述引人注目，开启了这一类观念。我们追逐财富是为了"引人注目，受到关注，被人怀着同情、满足、赞许地注意"。至此为止，这听起来很像卢梭描述的生活在自我之外、生活在旁观者的眼睛里。如此看来，获取财富的欲望以如下假设为前提，即富有的人通过财富带来的关注获得幸福。所以，一种（对关注的）欲望产生了一种错误的信念。在斯密引人注目的休谟式构想中（请回顾兰顿的被描述为"镀金"的第一个投射观念）：

> 在那些虚幻的色彩中，想象倾向于描画大人物的处境。当我们考虑到大人物的处境时，它看起来几乎就是完

---

[34] 在斯密已经发表的作品中，他有一次提到了娼妓（WN I.xi.b.41，其语境是对营养的讨论）。娼妓也出现在 LJ（A）iii.94-5，132 讨论奴隶的语境中（斯密对之痛心批判）。关于卢梭，我提到了他在《忏悔录》第七卷关于遇到朱丽埃塔的叙述（关于她，我在第二章第一节[b]进行了简要的讨论；参见 CW V, 266-71/OC I, 316-22）。

美与幸福状态的抽象观念。

（TMS I.iii.2.2）

这些"想象之偏见"依附于爱人与君王处境，尤其是一种"最优越的幸福"（无论语境是一个剧场的问题还是生活的问题：TMS I.iii.2.2）。在这些段落中，斯密对如下观念再清楚不过了：这一投射不仅是非理性的，而且以一种错误信念为基础，正如"偏见"与"虚幻色彩"之谈论揭示出来的那样。他也同样清楚地知道，它具有许多社会后果，比如确立了"阶层的分化"以及"我们对上级的乞求"（TMS I.iii.2.3）。实际上，我们的需要与想象创造了一个世界，在这个世界里，错误的信念成为了"真实的"社会事实。

这是一个集体参与到斯密所谓的想象之"欺骗"的情形（TMS IV.1.10）。[35] 这种欺骗并非由神、魔、一个统治阶级或一种内在的具有原罪的本性强加给我们，而是由我们自己强加给我们的。我们以某种方式塑造了自己并令自己变得畸形，然而却对此毫不知情。人们也可以指向与同情有关的段落，在这些段落中，斯密似乎正在谈论想象的自我擦除工作。让我们回顾一个例证：斯密所谓的"人性中最重要的原则之一，对死亡的恐惧"就将其存在归因于"想象之虚构"。因为"想象之

---

[35] 在 ASVE（222, 262-6），我论证说，在 WN 中，斯密的确放弃了这种欺骗观点。Fleischacker, ASWN, ch. 6 对这种解释提出了挑战。正如我所理解的那样，有一场关于这一争论的讨论论证了与我相近的立场，对此，请参看 Rasmussen, PPCS, 132-40。关于一个相关的跨学科论文集，参见 Gerschlager, *Expanding the Economic Concept of Exchange: Deception, Self-Deception and Illusions*。亦请参见 Berry, *Social Theory of the Scottish Enlightenment*, 44, 以及 Hont and Ignatieff, "Needs and Justice in the *Wealth of Nations*," 10.

虚构",我们才想象到(对斯密来说,以一种清晰地包含错误观念的形式)死亡是什么样子(*TMS* I.i.1.12-13;参见斯密对"虚幻同情"的提及,II.i.5.11)。

我们也可能惊讶地看到,斯密承认,以"改善我们境况"为基础的社会体系——也即导致"生活在我们自身之外"的事物——有时候的确具有有害的后果,并且不仅限于道德腐败(对此,参见 *TMS* I.iii.3;IV.1.8)。当斯密在 *WN* V.i.f.50 谈论劳动分工对在工作中"从事简单操作"的"众人"的影响,他对之作出了著名的描述。在那里,他如是谈论这样一个人:"关于祖国巨大且广泛的利益,他完全不能进行判断。"情感、心灵、判断以及一种"私人生活的日常义务感"都堕落了。那些我们关注的工人"普遍变得愚蠢和无知,其愚蠢无知达到人类可能产生的最大程度",甚至他的身体也败坏了(参见 *WN* I.xi.p.8, 9)。我们很难认识到,屠夫、酿酒师和面包师也可能是以一种产生这些痴傻、堕落结果的方式劳动,他们的劳动是不断重复的。尽管斯密在《国富论》一开始描绘的著名交易看起来是令人尊敬的,也是自由的,但它的一些参加者至少可能符合斯密自己对近乎麻木、被物化的工人的描述。然而,斯密的论述也告诉我们,甚至可以假设一些压迫性的社会角色,人们被他们败坏,却不会抗议。

斯密的确指出,某种由政府发起的化解麻木工人悲惨境况之做法是可能的,也是可欲的。《国富论》中计划的治疗措施,尤其是基础公共教育颇为重要,但它并非致力于为公民提供任何一种复杂的、带有批判性的自我认知。[36] 看起来,在斯密的

---

[36] 关于一些相关的讨论,参见 *ASVE*, ch. 7.3。Harpham, "The Problem of Liberty in the Thought of Adam Smith," 225 也注意到"斯密的教育计划"的"有限"范围。

剧本中，行动者将不会出于他们基于幻想的努力改善自我的目的进行哲学上的论证。人们有理由知道，一个斯密式行动者在说到他的行动时，是否能够说它是"我的"，或者是否能够在他的行动中看到他自己（请回顾上文引用的皮平的评论）。在任何情况下，斯密似乎都承认，某种"自我伪造"的形式将会被他所倡导的商业社会成员分享。

总之，斯密当然理解投射现象及其可能产生的腐败结果。然而，这里还有另一让人惊讶的源头：他认为，行为人的自由与自我伪造可能会在某些条件下共存。接下来请让我转向这种思想。

五 "外在"于自我、自我伪造与行为能力：斯密论自由

正如我在第三章讨论的那般，在斯密看来，自我明显是在社会中构成。正如我们已经看到的，对斯密来说，外在地看待我们自己——就好像从一面镜子中看我们自己——就是在构成上拥有了一个自我。弗莱西艾克在其文章中论述了斯密关于自我欺骗的观点，在这篇文章里，他注意到，"镜子隐喻的隐喻具有误导性"，它暗示在镜子中反映出来的自我正在那里等待被人发现，然而，斯密的论题还要更强一些。弗莱西艾克认为：没有了镜子，我们就什么也发现不了。[37] 所以，这就是完备的 SCT（"基础社会性"，正如我在第三章对它的称谓），但

---

[37] Fleischacker, "True to Ourselves?" 82（在下文的每一页，我都参考了这篇文章，我对它的参考直接吸收在我的文本中了）。亦请参见我在第三章注释 41 关于弗莱西艾克观点的评论。

是它没有与卢梭叙述的"自然人"形成对照。考虑到欺骗、虚构，以及它可能带来的投射，这种深刻的社会性或自我意识的镜像结构如何与自由或行为人能力（一边是政治与经济自由）相匹配呢？

然而，斯密的确常常提到"行为人"（例如 TMS III.1.6），但他却很少使用"行为能力"这个表达，也没有将之与自由联系起来（比如，在 WN V.i.f.24 提到诸神的时候）。更重要的是，斯密几乎从未使用过"自由意志"这样的或与之对等的表达（关于罕见的例外，参见 TMS II.ii.1.5）。[38] 斯密通常避免将人类意志当作一种功能，尤其是一种道德功能来谈论。然而，他当然知道休谟与洛克著作中对自由意志的精细讨论。关于他对"自由意志"的近乎完全的沉默，一种解释是，他接受了休谟的相容论（compatibilism），并因此完全接受了休谟对自由意志/必然性辩论的怀疑论式重塑。然而，斯密从未如此清楚地说过，并且，他在此是否只在简单地追踪休谟的足迹呢？就此而言（及其他原因），这是需要质疑的。[39]

---

[38] 参见 TMS III.5.6（"人的自由行动"）以及 VI.ii.2.18。在 TMS III.6.12，斯密写了"神的意志"（参见 TMS III.6.1），在 TMS VII.iii.2.2，他写到了"政府行政官的武断意志"，尽管他的确谈到了行为人，认为他们"有意志"去做 X（例如 TMS VI.ii.3.3，参见 II.ii.1.3）以及具有"好的意志"（例如 TMS VI.ii.3.1）。斯密也颇为有趣地提到了"自由的丧失"，这种"自由的丧失"致力于获得他人的关注，对此，亦请参见 TMS I.iii.2.1。关于"自由交流情感与观点"的可欲性，请参见 TMS VII.iv.28。

[39] 感谢阿隆·加勒特对那种可能性的讨论。关于休谟，我尤为提到了他在《人类理解论》（*Enquiry Concerning Human Understanding*）第七、八节中对自由意志的讨论（参见 *Enquiries*, 60-103）。布朗论证说，斯密在这里没有追随休谟（"Agency and Discourse," 58-62）。弗莱西艾克说"斯密没有任何对自由的哲学论述"，但他表明，如果斯密是一个"常识哲学家"，他或许也不需要一种"对自由的哲学论述"（*ASWN*, 167）。

进而言之，据我所知，斯密没有指向任何像萨特式自由的故事那样的事物——所以，真实自我/错误自我以及内在/外在的对照，不会成为某种居于"作为可能性的自我"(self-as-possibility)与在社会角色中（或许是在坏信念中）"不加反思的现实化自我"(self as actualized unreflectively)之间的东西那样的事物。斯密当然认识到，行为人不是任何具体角色，他实际上已经论证说，他把那当成是他对自由市场的部分辩护。[40] 当然，旁观者的同情要求在一定程度上将自己想象为一个被他人看见的人，以及因此把自己想象为占据了一种特殊角色的人。但是，那就已经离萨特式的故事非常遥远了。

接下来，对斯密来说，作为"人为"自我之"原始"形式的"自然"自我并不存在，如果后者被认为是人类堕落前的自我，而前者（即"人为的"自我）只不过是一个衍生的或有缺陷的版本的话。正如我们已经在此前的章节里看到的那样，斯密完全没有以任何形式使用那个故事，无论是以世俗方式还是宗教方式。所以，对斯密而言，自由自我与不自由自我之间的对立并未与一种非社会（或前社会）/社会的对立结合在一起。无论真实自我/错误自我、自由/不自由、内在/外在以及存在/表象之间的区分对斯密来说意味着什么，自我在根本上分为行动者与旁观者这一观念都是给定的。进而言之，尽管在斯密的著述中，对"自然"的讨论非常丰富，但他不是一位社会契约理论家——至少在任何他或卢梭能够认识到的程度上。[41]

---

[40] 参见 Werhane, *Adam Smith and His Legacy for Modern Capitalism*, 145。
[41] 近来有一场认为斯密属于一种"契约论者的怀疑论类型"的讨论：参见 Thrasher, "Adam Smith and the Social Contract"（引用的表达在 195）。但是，我要论证说，其归诸斯密的那种契约主义并非斯密或卢梭心里（转下页）

斯密也没有一种可以采用的卢梭式"自然自由"观念（natural freedom，尽管斯密谈论了"自然自由体系"[system of natural liberty]：*WN* IV.ix.51）。相反，在《二论》中，卢梭将自由与懂得遵从（道德）法结合起来（*DI*, 127.8/*OC* III, 125），并且，他在《二论》中自然作出了如下著名的评论："自由就是服从人们为自己颁布的法律"（*SC*, I.8.3/*OC* III, 365）。据我所知，斯密没有用那些方式谈论自由（freedom/liberty），也没有提出一种作为自我立法的自由理论。让我再次审视一下他的无偏旁观者理论，以使这一点变得更加充实。可以说，一种相关的自由观念在那里发生着作用。

我们知道，斯密在个人层面纠正自我造伪的标准正是无偏旁观者的标准。作为一种对旁观者立场的校正，想象的无偏旁观者必然反映了内在于行为人的行为人与旁观者视角之间的分裂。正如我在第三章讨论过的，斯密论述了可认知自我与前社会"人类生物"之间的差异，那种分裂明显是斯密之论述的一部分。正如斯密在那一论述的结尾提出的：

> 当我努力考察我自己的行为，当我努力对它作出宣判——要么认可它，要么谴责它——那么很明显，在所有这些情况下，我都把自己分裂成两个人。我，作为审查者与法官，代表了一种不同于受到审查与评判的另一个我的品格。第一个我是旁观者，他对于我的行为会产生什么样的情感呢？当我从那个特殊视角来看待自己，通过将自己

（接上页）的那种。亦请参见 Rasmussen，*The Pragmatic Enlightenment*，120-1。关于斯密对"自然"的提及，参见本书第三章注释22。

置于他的处境当中,考虑他会如何向我显现,我便努力进入他的情感当中。第二个我是行为人,我将之适当地称为"我自己",借助旁观者的特点,我要努力对他的行为形成某种意见。第一个人是法官,第二个人是被评价的对象。但是,法官不可能在所有方面都与评价对象完全相同,正如原因不可能在所有方面都与结果完全相同。

(*TMS* III.1.6)

对斯密来说,在原则上,这一分裂并不意味着行为人可悲地丧失了完整性:它只不过是自我的一个结构性特征,这一自我潜在地可能走向自我败坏(例如,虚荣就在那一结构上表现出来)与自我校正。"真正有德之人"通过无偏旁观者的立场来规范自己(*TMS* VI.iii.18;参见 *TMS* III.2.29,IV.2.8),通过"确切的合宜与完美"来规范自己(*TMS* VI.iii.25)。在一定程度上,我们成功地让自己与无偏旁观者的立场同一化(identify)了(对于这个动词,参见 *TMS* III.3.25, 28, 29;III.4.4),并相应地塑造了我们的情感、品格与行为。我们可能被描述为符合或实现了(最好的)自我。

与无偏旁观者立场的同一化也获得了一种行为能力的一致性,或至少接近了它。据我所知,斯密没有将这种自我规范总结为一种自由的形式。但是,为了表明在他看来成功的自我规范就是免受冲动的激情统治、免于内在冲突、免于自我怀疑的痛苦的自由(*TMS* VI.iii.50,参见 *TMS* I.iii.2.1),以及免于无知的旁观者或意见之僭政的自由(*TMS* VI.iii.31),他所说的已经足够了。在其核心处,这是一个作为自由的自我规范的经典观念,这个观念以其普遍形式,被柏拉图、康德等众多不同的思想家分享，并且，卢梭实际上也分享了这一观念（我在此想到了卢梭在 SC, I.8.3 对"道德自由"[moral freedom]的谈论）。[42]所以，当维维恩·布朗论证说，在《道德情感论》中，斯密的无偏旁观者模式指向了一个作为行为能力之关键部分的"审议独立"（deliberative independence）观念，这个说法可能完全正确。[43]斯密清晰地告诉我们说，变得富有完美德性的计划永远不会结束，也颇具挑战性。的确，对大部分人来说，他们都未达到那一高标准（TMS VI.iii.23-5）。对斯密而言，理性的自我规范是一项成就，也的确通过诸多复杂的方式与周围的社会、经济、政治世界联系在一起。[44]

对此，我们可以补充说，根据斯密，通过审慎地发展才能与劳动能力，普通人也能够成功地"改善其境况"，并获得一种特定的理性的自我规范能力。斯密支持适合"商业社会"的自由。他的支持假设，至少在某些条件下，诸个体能够受到充分信任，管理他们自己的事务（例如 WN II.iii.36, III.iii.5, IV.v.b.43,

---

[42] 哈珀姆（Harpham）很好地讨论了自由与自我控制在斯密论述中的联系。参见 Harpham, "The Problem of Liberty in the Thought of Adam Smith," 228-31。亦请参见 Fleischacker, *A Third Concept of Liberty*, 156-60，以及 Hanley, "Freedom and Enlightenment"。参见 Otteson, *Adam Smith's Marketplace of Life*, 238-9，以及 *ASVE*, 115, 130-1, 196, 214。卡拉斯科（Carrasco）讨论了自治、实践理性与自我控制之间的关系，并将后者的两重意义融合在一起："Adam Smith, Self-command, Practical Reason and Deontological Insights"。亦请参见 Darwall, "Sympathetic Liberalism," 152-3。

[43] Brown, "Agency and Discourse," 62. 尽管布朗论证，*TMS* 与 *WN* 对行为能力作出了不同的论述；但在我看来，这个论证更成问题（参见她在 69 做的概述）。

[44] 关于完美的有德之士的"理想"（*TMS* VI.iii.27）及其与自由之间的联系，请再次参见 Harpham, "The Problem of Liberty in the Thought of Adam Smith," 235-6（"自我控制之人"设立了高标准，关于获得此高标准的困难性，参见他在 230, n. 7 结尾的评论）。

IV.ix.51），并且，这样做也能够扩展他们实现自由的能力。[45]

也就是说，对斯密而言，无偏旁观者的立场并不是如下立场："服从为自己颁布的法律"或知道服从法律。看起来，斯密没有处理皮平的黑格尔式自由观念，也没有将道德描述为一个（人类）"作者"问题，或至少不只是这个问题。为什么是这样呢？

对斯密来说，一个答案可能是：某种类似作为自我规范的自由这样的事物所要求的理性水平简直过于苛刻了，也没有把握到当抵达道德法则时我们真正在做什么。的确，根据斯密的哲学论述，道德源于人性；但是，他坚持认为，普遍法则是经过诱导、历经时间达到的，其基础为运用在具体事例中的"直接感受与情感"（*TMS* VII.iii.2.6-7）。在他论道德起源的观点中，其特殊主义扮演了一个角色。那种观点不甚符合如下观念，即理性行为人书写了道德，或为道德立法。无论是无偏旁观者给出的判断，还是道德法则或法律（*TMS* III.5.6），看起来都不是"意志的产物"。请回顾上文引用的来自皮平的语段。[46]

---

[45] 关于一种卓越且内容广泛的讨论，参见 Schmidtz, "Adam Smith on Freedom"，其认为斯密"没有为读者呈现一种自由理论。然而，他的确反思了市场社会中的自治与自尊的诸多方面，他对资本主义批评家的鼓励与他对资本主义辩护者的鼓励一样多"（208）。亦请参见 Herzog, *Inventing the Market: Smith, Hegel, and Political Theory*, 122-8, 134-6 所做的颇富助益的讨论。

[46] 斯密继续说，在相关经验之后，我们可以"为我们自己奠定一条普遍法则"（*TMS* III.4.7，亦请参见 III.4.12），法则以成为与无偏旁观者同一的一种替代物的方式起作用。但是，这些法则不是意志的表达，它们根植于具体事件中，原本旨在规范人们自己的行为，也可被废止。斯密也描述了，在运用这一法则时，一个人如何能够因为他所谓的"改善"（例如合理化）做到自我欺骗（*TMS* III.6.10）。然而，他也强调，我们并不需要太多教育以让这些法则适用于大部分人（*TMS* III.5.1）。他表明，我们可以反思"社会的普遍利益"（*TMS* II.ii.3.7，II.ii.3.11）；但他却没有说，我们可以认为，这些联合的法则要么产生于自我立法，要么源自我们。

不仅如此，斯密也指出，我们不能通过那种方式来体验道德，亦即，规范的权威（与源头）被认为外在于自我。[47] 所以，当现象学（正如他对之所做的描述）没有映照出他的理论、把它当成是道德之源，便也没有与道德观念达成一致、视之为理性的自我立法。而且，斯密也不想牺牲现象学。

人们可以论证说，还有另外一个原因，亦即对某种狂热主义的恐惧，斯密拒绝了作为自我立法的自由观念，亦即，人们害怕，这样一种法律——以及由意志驱动的概念——将会产生过于严苛的"荒谬的义务观"（*TMS* III.6.12，亦请考虑那一段对伏尔泰《穆罕默德》[*Mahomet*] 的引用）。更进一步，他也在如下理由上想避免作为自我立法的自然观念：这一自由概念带来了危险的观念，认为某些行为人应该"被迫变得自由"（借用卢梭的著名表述：*SC* 1.7.8/*OC* III, 364）。

斯密为什么不赞同卢梭把行为人自由看作自我立法的观念呢？至少还有一个原因。斯蒂芬·达沃尔在《规范与规范性》（"Norm and Normativity"）中评论说：

> 如果规范的引导对行动能力是本质性的，那么规范的有效性——规范本身——就在一定程度上能由这一事实得到解释。这就是首先被卢梭以粗线条的形式，后来又被康德以体系化的细致论述抓住的可能性。
>
> （达沃尔，《规范与规范性》，1015）

---

[47] 斯密非常清楚，人们同样感觉到，依附于"对普遍法则之神圣尊重"的权威（*TMS* III.5.2）外在于一个人的自我（*TMS* III.5.2-6）。关于我在这里勾勒的解释，亦请参见 *ASVE*, 144-6, 160-73。我注意到，斯密的确谈到了"我们天性的作者"（*TMS* III.5.10，参见 *TMS* III.5.7）。

达沃尔继续表明:"与理性主义者的图景相似,卢梭对自我决定之行为人的描画包括了由普遍规范作出的规制。"但是,为什么这些规范具有制约效果,以及它们由什么构成?达沃尔继续说,对理性主义者来说,"规范的有效性自身并不会以任何方式依赖行为能力"。相反,"卢梭式的核心动力就是坚持认为,只有当法律表达了普遍意志,亦即如此结合在一起的每个人的意志时,才能有约束力(至少是在政治领域)"。相应地,卢梭指向了康德的观念,即"规范性自身必然最终植根于自我决断的实践理性中"。[48]如果理性主义者的立场与如下观念结合在一起,即无偏旁观者认为自己正在看着那些独立于之的规范,那么,对卢梭来说(如果沿着达沃尔勾勒的思路加以解释),将旁观者立场的优越性视为对自由的放弃,并在此意义上将之视为自我伪造就颇为自然。他也会很自然地认为,作为自我立法的自由表达了作为行动者(而非旁观者)的行为人的优越地位。所以,关于一种规范如何变得对行为人具有约束力,以及关于它为何对行为人具有约束力,卢梭和斯密可能会有所分歧。这导致了他们的(非政治性的)自由与自我伪造之角色的观念也大为不同。[49]

我在前一节的结尾提到,斯密清楚意识到了自我擦除的投射现象,正如他在提到想象之"欺骗"时说的那样,我也已经讨论了斯密以旁观者为基础的行为人观念。看起来,斯密坚持认为,行为人能够"遵照旁观者的品格"统治自我(*TMS*

---

[48] 关于对达沃尔的后四则引用,参见"Norm and Normativity," 1017。
[49] 然而,哈康森论证说,某些斯密的观念预示了康德的那些观念(*Natural Law and Moral Philosophy: From Grotius to the Scottish Enlightenment*, 148-53)。亦请参见 Fleischacker, "Philosophy in Moral Practice"。

III.1.6），同时也不加反思地接受规范体系与社会角色，以及，就此而言，行为人也不具备理解一种更好、更自由的存在模式的可能性。有人可能会说，当人们获得关于生活中根本目标的观点、对幸福——属人的善好——形成概念时，事情同样如此。这一看似不可能的结合因如下原因变得可能：它不仅因为斯密拒绝了卢梭的作为自我立法的自由观念，支持一种自我规范的观念，不仅因为斯密令 SCT 构建成基础社会性（对斯密来说，任何与社会构建之自我相对立的非社会性"自我"都不存在），也因为他隐含的观点（正如我的解读），即无偏旁观者不是一个系统性哲人或理论家。无偏旁观者为行为人自己的行动或品格提供了一个治疗性视角，因此可能在行为人的本土语境内运行，但绝不会把这些事物看成是诸社会系统的正义，或与诸生活方式相关的德性。看起来，无偏旁观者没有纠正，甚至也许没有认识到，想象强加给了我们大规模的欺骗（或者，对这个问题来说，是让我们畏惧死亡的"想象之虚构"：*TMS* I.i.1.13）。斯密在一段话中谈到了"产生人类勤勉，并令其持续运作的欺骗"（*TMS* IV.1.10；在同一段话中，斯密更加深入地谈论了"无形之手"）。正如斯密在此段落的前一段所说，我们普通行为人很少"按照这种抽象和哲学的方式"来看待想象的欺骗性投射，也即把它看成是一种欺骗（*TMS* IV.1.9，参见 I.iii.2.8）。

所以，对斯密的屠夫、酿酒师和面包师来说，通过无偏旁观者的标准来规范他们的私人道德是完全可能的——在这种意义上是自由的，也没有受到欺骗——并从属于投射的幻想；这一投射在结构上类似于兰顿考察的那种投射——在这种意义上是不自由的，也受到了欺骗。"欺骗性色彩"或想象的"偏见"

与"欺骗"促使人们获取财富、追求权势等,实现自我与无偏旁观者的同一并不是将其消除。对斯密来说,由于我已经讨论过的各类原因,行为能力的自由与那些非常重要的欺骗与虚构相容。[50]

我想象,对卢梭来说,这一切都会让我们确认:对于生活在自我"之外"的问题以及与行为人相应的失落的问题,斯密并无一种真正的化解之道。卢梭承认,生活在自我"之内"并不会排除成为一个旁观者(甚至是自己的旁观者)的可能,但他也坚持认为,它也使人们有必要在权威或自我立法的意义上运用自由——在这种意义上,他可以说自己的观点在根本上是以行动者为中心,而非以旁观者为中心。卢梭也可能补充一点,它与我们难以接近(inaccessibility)旁观者有关;甚至根据斯密的论述,这一点与基本的人类经验有关,例如浪漫激情的经验。他也可能论证说,如果斯密式的道德行为人没有占据一个审慎的立场——从这一立场出发,他们可能把他们的政治与社会体系的正义看成是一个整体——那么斯密就实际上拥护了对社会等级、社会角色与好生活概念——简而言之,对在历史中形成的社会剧本——的一种特别保守、消极与未经反思的

---

[50] 关于对欺骗或自欺与经济交易之间关系的讨论,参见 Caroline Gerschlager, "Is (Self-) Deception an Indispensable Quality of Exchange?",亦请参见 Duncan Kelly, *The Propriety of Liberty*, ch. 3(117-72)。凯利将一种"富有说服力的行为人"的观念(119-21, 171-2)归于斯密,并且,关于贯穿本书论证的斯密与卢梭之间的关系,他也提供了一些富有助益的评论(Kelly, 121-8, 亦请参见第三章注释69)。凯利总结到,斯密认为,"自由之合宜"(例如,"富有说服力的行为人",如果我正确理解了凯利的话)与"自我欺骗或想象虚构的真相(以及心理挫折)"相容,"由于商业对待我们自然情感的独特方式,商业社会便提升了自我欺骗或想象虚构"(171)。亦请参见 *ASVE*, 262-6。

接受。斯密描述了同情过程如何令人们接受上文提到的"阶层分化",他的描述就是一个恰当的例子,它不仅仅描述了某种听起来像"支持"的事物:

> 自然已经明智地作出评价,认为:阶层的区分、社会的和平与秩序将更加安全地依赖出身和财富的明显区别,而非不可见且经常不确定的智慧与德性差异。普罗大众缺乏辨识力的双眼也能充分地看到前者:明智有德之士敏锐的洞察力有时也难以对后者加以区分。在那一切推荐的次序中,自然的仁爱智慧也同样明显。
>
> (TMS VI.ii.1.20)[51]

看起来,斯密仿佛需要他的曼德维尔式观点,即如果无偏旁观者是一个理论家,能够揭穿普通人对社会剧本的自然的欺骗与虚构,那么,各国财富的增进以及"社会的和平与秩序"将会受到破坏。这表明,根据斯密的论述,行为能力的自由以及免于政治混乱与贫穷的自由依赖某种虚构、对真相的昏盲,以及我们有限的进行系统化、哲学化理性推理的能力。[52]

我期待着,卢梭的下一道攻击会聚焦于无偏旁观者观念本身。正如我已在第三章结尾指出的,卢梭很可能会质疑无偏旁观者的客观性、历史处境,并因此质疑其定义中循环迂回的可能性等。关于前两点,一个无偏旁观者如何真正地超越了一个

---

[51] 亦请参见 TMS I.iii.2.1-3、I.iii.3.2、VI.iii.30,以及 WN V.i.b.3-12。
[52] 当然,斯密自己认识到了我已经提到过的认知失败,并提供了针对社会体系的系统性批判。但在那时候,他还没有站在无偏旁观者的立场,而是站在理论家的立场。在 ASVE 的后记里,我对这个问题提出了一些批判性反思。

有偏颇的旁观者呢？无偏旁观者自身难道不是一个由社会塑造的、想象的角色扮演吗？既然无偏旁观者混合了自我与他者，那么，无偏旁观者的道德评价在原则上如何可以具有批判性，或如何摆脱了日常的偏见呢？这个问题颇富争议。卢梭的"一致性论题"颇为恼人，它再次浮现了。斯密归纳了"假定的无偏旁观者"，认为它在面对社会压力中摇摆，表明其本性有一部分像半神一样不朽，但也"部分具有可朽的血统"。"内在之人"（无偏旁观者）的判断"因为无知者与弱者——亦即"外在的人"——的判断而震惊或混乱"（TMS III.2.32，参见 TMS III.4.1）。当一个人受到"内在"的统治时，那么，无偏旁观者使用的标准从何而来呢？卢梭式怀疑就是，无偏旁观者继承了它假定要去治疗的境况之缺陷，因此不能提供一种具有说服力的行为自由的模式。

在本章考察过的那些段落里，按照卢梭的说法，通过他人的眼睛来看自我，尤其是想要被他们看见的事实，仿佛就在自我伪造当中，或其自身就是自我伪造，它也使得人们不能理解其他人（两者看起来是同时发生的）。[53] 意识到自己被观看着以及去观看的欲望创造了时尚产业中所谓的"形象"（the look），也即人们展现自己的方式。对卢梭来说，那已经部分地沾染了不真实与不自由，因为它必然证明了人们缺乏内在。像"内在之人"一样活着（TMS III.2.32）可能听起来好像是卢梭正在赞美的内容；但正如我们已经看到的那样，对斯密来说，真正地生活在自我"之内"已经意味着尽可能以与无偏旁观

---

[53] 纽豪瑟评论道，卢梭在 DI 中没有说过自恋必然产生异化与其他诸恶，尽管 DI "对自恋可能产生的好处总体上保持沉默"（RCI, 66，参见 31）。

者立场一致的方式生活。卢梭可能会反对那为寻求安慰而依赖他人的问题——甚至当想象的"他人"确证了一个人的"荣誉感，他对自身尊严的看法"时（*TMS* III.3.28），这是一种绝对不会得到满足的依赖。[54]我们把道德完善（moral perfection）理解为内在法官完全且精确的认可（请回顾 *TMS* III.1.6）。鉴于人们绝对不会达到道德完善之高度，那么这个不完美的"内在之人"难道不是注定会产生道德焦虑、必然要永不停息地战斗以变得真正值得赞美，而不仅仅只是受到赞美？

通过回应这些观点中的某一些，斯密能够坚持认为，无论无偏旁观者做了什么别的事情，它都能纠正一种具有潜在灾难性后果的欺骗，即"自爱的欺骗"（*TMS* III.4.7）。那些道德上的欺骗明显与对自尊的期待绑定在一起，根据卢梭的论述，它也源自对旁观者立场的依赖。在一篇卓越的关于自我欺骗的论文中，斯蒂芬·达沃尔论证说，这个现象"简而言之，与某种自尊的缺乏有关"。达沃尔继续说："因为不能维持一种可接受的自我形象，人们带着一种绝望转向其他人，希望其他人能够为他提供他不能为自己提供的可以接受的事物——一个自我。"[55]斯密在提到"自我欺骗的神秘面纱"时说："这种自

---

[54] 斯密在这里提到，我们可以认为，荣誉和尊严指向他观点中的一种不稳定性，如其指向了人类价值的根本源头和本性一样。参见见地深刻的文章 Darwall, "Smith's Ambivalence about Honour"。参见 Debes, "Adam Smith on Dignity and Equality" 对斯密的尊严观（以及行为能力与同情问题）作出的重要讨论。

[55] 我的引用源自 Darwall, "Self-Deception, Autonomy, and Moral Constitution," 418。在斯密的论述中，行为能力概念是很明显的，关于自欺在多大程度上对之构成了威胁，达沃尔在 407-10, 419-20, 424-5 以及 427-8, n. 13 作出了富有助益的解释。达沃尔注意到，自欺不是仅具有"明显相反的信念"（412），也不是"纯粹的幻想"（414），也不是"简单的粗心（转下页）

我欺骗,这种致命的人类缺陷是人类生活中一半骚乱的来源。"(TMS III.4.6)在这么说的时候,他就强调了这个问题的重要性。我们看到,如他人那般看自己是最好的解药(TMS III.4.6,我们也在随后的段落中讨论了"普遍法则")。但是,当一个人认识到旁观者对自己的看法时,他的这种认识可能产生自我欺骗问题(毕竟,自爱是一种以社会为媒介的现象)。

正如弗莱西艾克把这放在他对斯密论自欺的讨论中(参见上文的注释37),对斯密来说,"任何纯粹内在的方式都不能让我们自己走出那种[自欺]境况"(90)。在弗莱西艾克的总结性语言中(让我们重述来自艾略特《J. 阿尔弗雷德·普鲁弗洛克的情歌》["The Love Song of J. Alfred Prufrock"]中的诗行):

> 我表明,斯密认为,我们在任何意义上都不可能变得真实可靠——对我们自己真诚——除非我们准备一副面孔,去迎合我们遇到的那些面孔。只有当我们对他人真诚的时候,我们才会对自己真诚。如果我们能够通过他人的判断来面对根植在我们自身当中的"面孔",我们就以统一的方式获得了一切我们能够获得的成就。通过认识到我们是在其他人的意象中被创造出来,我们就克服了内在的分裂,以及它所产生的自欺——其程度以我们的能力为限。我们就是我们准备的面孔,用来迎合我们遇到的那些

(接上页)大意"(423)。此外,"合理化是这种严重的自欺欺人中涉及的二阶伪装的常用手段"(415)。在417-18,达沃尔讨论了"一个人自己进行假扮(make-believe)的戏剧性"。

面孔。

> （弗莱西艾克，"忠实于我们自己？"["True to Ourselves?"]，91）

上面考察过的段落和我在此书中早先的讨论都表明，对卢梭来说，这真实地描述了我们已经陷入的噩梦，即没有任何真实或实质性事物的镜厅。只有映照出来的形象（某些形象被认为是不偏不倚的或更为真实、具有更高权威的正确人格，或被认为扮演着这样的角色）、表象以及"外在"于我们自身的生活得以维持下来。我想象着，他将会指出，除非选对了他人，否则"对他人真诚"不会产生任何结果；但"他们"是谁呢？卢梭会指出，整个共同体可能都屈服于"自我欺骗的神秘帷帐"（TMS III.4.4）——的确，那实际上就是他在我们已经考察过的那些《二论》语段中所讲的内容。[56] 这又一次成为了大写的奥维德式自恋主义问题。我刚才引用了弗莱西艾克的一个段落，卢梭可能会采取进一步行动，反对弗莱西艾克的论述，并认为这段话的最后一句不可能准确：有些人通过自己的眼睛看穿了面孔，这样的人一定存在。我们不可能只是我们准备的面孔，因为，是谁正在做着准备呢？

这里还有一个问题。正如弗莱西艾克注意到的那样（"True to Ourselves?" 79），斯密并不清楚自欺与使我们变得勤劳的"欺骗"之间的关系（TMS IV.1.10；请回顾，紧随那一引文的论述

---

[56] 卢梭也用了"帷帐"这一比喻，斯塔罗宾斯基也对之加以强调，参见 Starobinski, Transparency, 4-5, 9-11, 41-2 及各处。参见 WN V.g.24。关于我刚才提到的"噩梦"，请回顾我在第二章注释29对叶礼庭的引用。

看起来是在复述卢梭）。我表明，这可能会为斯密带来某种困境。一方面，如果自然或想象强加给我们的"欺骗"就是自欺，那么，纠正自我欺骗也很可能会纠正那种欺骗，反之亦然。另一方面，当斯密清晰地认为自欺总是得到避免，他就告诉我们（在向卢梭提供一种间接回复的语境中），自然赋予我们的"欺骗"是一件好事（*TMS* IV.1.10）。不仅如此，正如我已经论证的，他从未表明，纠正"自爱的幻想"（*TMS* III.4.7）也纠正了"想象用以刻画大人物之处境的虚妄色彩"（*TMS* I.iii.2.2）。所以，看起来，当我们纠正"人类生活一半混乱"的源头时，就使得另一半不受触动——一个围绕扭曲的认识与情感组织起来的社会具有一些典型的混乱，它们很可能就包含在这另一半混乱中。

　　作为两篇论文与《序言》的作者，卢梭很可能会认为：我们自欺的内容，尤其当它为自爱的结果时，依赖于我们关于他人对我们的看法的看法，并因此受到社会嵌入的错误观念的影响，这些错误观念也与我们关注的欺骗相伴；尤其因为这一点，上述困境为斯密呈现了一个严肃的挑战。但是，那恰恰是说，一种不自由随自欺产生，另一种不自由因身份塑造和卢梭强烈反对的以旁观者为中心的"表演"产生，两种自由难以分割。[57]

　　卢梭指出，具有社会面貌的游戏——打扮形象、展示"形象"、观看、比较、解释的表演——很可能是强制性的，这部分是因为符合一致的压力（我在本章开头考察了源于卢梭第一个语段的符合论题[CT]，在这里，我们有了对此论题的呼应）。卢梭很可能通过指出这一点继续反对"表演"。请再次考

---

[57] 本书在第五章再次讨论了信念、真理与自由之间颇成问题的关系。

虑斯密在《国富论》的屠夫－酿酒师－面包师语段中对说服的提及。正如我在解释那一语段时提到，斯密认为说服看起来是一种比暴力更具吸引力的选择。我认为，卢梭看到了它的黑暗面：说服与一种灌输式教导关系密切，某些人的诡辩与其他人的无知令这样一种灌输式教育成为可能（*DI*, 173.31-2/*OC* III, 177-8；以及请回顾第 II 部分开头那一句话），或许，"渴望被人谈论的激情"以及"实现高人一等的狂热"也令这种灌输式教育成为可能（*DI*, 184.52/*OC* III, 189）。换言之，他倾向于视说服为修辞，这修辞被设计出来，用以迷惑、控制对方，从而产生不自由。[58]

相反，在 *TMS* 快要结束的时候，斯密在一个吸引人的语段中写道：

> 欲求被人相信，欲求说服、领导和指导他人似乎是我们一切自然欲望中最强大的一种。或许，人性中一种独具特色的官能——言辞的官能——正是建立在这种直觉上。任何其他动物都没有这种官能。在所有其他动物身上，我们也不能找到任何想要领导并指点其同伴之判断与行为的欲望。人们希望变得真正出类拔萃，进行领导和指导的欲望似乎完全为人类所特有。言辞也是一个重要工具，让人

---

[58] 我说"倾向于"，是因为卢梭确实理解单纯说服与理性说服之间的区别，他也理解 *DI* 的系谱叙述很可能意味着以"好"的方式进行说服。对于无根据之说服的事实，斯密也了然于胸（例如，"当最无知的江湖郎中和骗子想要说服'大众'时，他们常常在政治和宗教上取得极大成功"，斯密对此多有挖苦：参见 *TMS* VI.iii.27）。加尔斯滕（Garsten）采取了一种视角，将许多卢梭的文本纳入考虑。关于这种视角，请参见 Garsten, *Saving Persuasion: A Defense of Rhetoric and Judgment*, ch. 2（55-83）。

们能够实现雄心,变得真正出类拔萃,足以领导和指导他人的判断与行为。

(*TMS* VII.iv.25)

但是,我们为什么想要被人相信呢?只要一个人想象"没人相信他所说的任何一个字",他就会感受到一种极大的痛苦。斯密接下来刻画了这种痛苦,以及他将如何"绝望致死"(*TMS* VII.iv.16,斯密用他自己的话语表述)。在《法理学讲义》中,引用斯密的说法来看,"在其一生中,每个人都在向他人练习演讲术——当有人同你存在分歧时,你就会不舒服,就要努力说服他接受你的观点"。[59] 所以,根据这一论述,对这种分裂或孤立的焦虑就刺激我们进行交流。[60] 正如列维斯(Lewis)注意到的那样,对斯密而言,说服与嘉许(亦即承认)之间具有一种深层联系。[61] 但是,希望被人相信的欲望也与我们作为社会存在和具有同情能力之存在的本性有关。所以,正如本书的论述表明的那样,对斯密来说,希望被人相信的欲望不是策略性的。

根据斯密,与令人心焦的分裂相对,希望被人相信并因此能够进入社会交换是愉快的,也令人心安:

> 对话与社交的巨大快乐源于一种特定的情感与意见的

---

[59] *LJ*(A)vi.56,类似的还有 *LJ*(B)221-2。Lewis,"Persuasion, Domination and Exchange"正确地注意到,"在两部讲义中,斯密都把交易处理为有普遍说服倾向的一个子集;物物交换或讨价还价是与重要问题有关的说服"(280)。
[60] 在第三章,当我讨论斯密关于"人类生物"的思想实验时,我提到了焦虑问题。
[61] Lewis, "Persuasion, Domination and Exchange," 282.

> 一致，源于一种特定的心灵和谐，就像许多乐器彼此相配相和。但是，除非情感与意见的交流是自由的，否则我们就无从获得这种最令人愉快的和谐。根据这一论述，我们所有人都欲求感受到其他每个人如何受到情感与意见的影响、情感和意见如何进入彼此心中，并想要观察得以真实维持的情感与爱。谁若令我们沉湎于这一自然激情，邀请我们进入其内心，向我们敞开其心扉，他就似乎比任何其他人都更能激发一种令人愉悦的殷勤。人们只要具有寻常的好脾性，只要他勇于表达真实感受，他就必定会感到愉快，因为他感受到了它们。
>
> （*TMS* VII.iv.28）

这段话指向了一种和谐中的内在快乐。正如我在第三章第三节（a）部分评论的那般，据此论述，它是一种美学上的快乐。说服当然是产生这种和谐的方式。结果，斯密说，尽管我们对他人的境况绝不会过度好奇，但也肯定会足够好奇。我们在两个方面感受到了对这种和谐的欲望。对"有所保留和把自己隐匿起来的人"，我们感到寒冷；但我们憎恶欺骗，如果我们违背自己意愿进行了欺骗，那我们也会尽可能快地作出补偿（*TMS* VII.iv.28-30）。对斯密来说，这种外在于自我的状态把我们聚拢起来，并能带来深层次的满足。当它处在一种自由的状态，没有受到操控与强迫时，双方都会接受这一深层的满足，认为它真实不虚。因此，人们内在的东西，即作为行为人的自我，能够有确实的感受。只要后者是自由的（正如斯密在刚才引用的那段文字中所说的），行为人就不需要被这一调整和交流过程扭曲，更不用遭受它羞辱或压迫了。

鉴于卢梭对真诚的著名提倡，斯密对真诚的赞扬值得注意。关于孤独之痛，卢梭可能会找到许多共识。我已经在本书中讨论了一些文本。然而，在这些文本中，卢梭看起来并不同意斯密的如下观点，即通过社会交往来克服孤独是真实可信的。让我们重申其中的一些原因：它在解释学上以某种方式确立起来，这一方式则使之在认识论上不可靠；它使我们参与到一种对我们为何（ce que nous sommes）的伪造中；并且，它也倾向于压制我们的自由。上文刚刚引用过斯密论述"我们所有人都欲求"之对象的长篇语段，从斯密在这一语段所做描述中，卢梭可能会闻出虚伪、假冒、幻想与强制的气息。卢梭可能会问："这个'我们'是谁呢？"但是，到那时候，卢梭似乎会充满焦虑与绝望，并且怀揣一个没有那些激情的孤独者之梦——这个梦与内心宁静的野蛮人有关，与一个不会被卢梭当成内在自我的神话人物有关。这是一个他不会成为的人物，即便他能够成为这样一个人。

六 理论与实践中的自由：终曲

鉴于斯密并不赞同卢梭阐释的那些对立，例如自然自由与作为自我立法的自由之间的对立，我们就可以论证：斯密单纯地接受我们大部分人——若非是所有人——是不自由的，如果自由意味着某种能力，它——没有欺骗或自我欺骗，在完全的理性中，并以某种方式处在社会与文化角色之外——使我们有能力选择成为什么或成为谁，选择被认为是好生活的东西，或选择一种正义的政府系统（一个正义的"社会契约"）。无偏旁观者提供的任何补救措施本身就反映了我们所关注的语境。人们可以论证说，它竭尽所能也不过提供一种部分正确的补救措施，且很可能只在当地和个人层面是正确的。

然而，我在本书更早的地方指出，斯密花了许多时间来考察那些妨害诚实、诚信、冷静、自由、公平交易（包括他所拥护的"自然自由体系"的那些特征：*WN* IV.ix.51）的各种具体的社会与道德因素，例如在工人境况中颇为明显的那些因素（*WN* V.i.f.50-2 及其语境）。相反，卢梭对现代性（或许是对这样的社会）作出了系统性批判。我此前也表述了这个问题：根据他的批判，人们可以做些什么呢？他只给人们留下一个模糊的答案。[62] 或许，值得我们回顾的是，卢梭对经济学有所著述，但他从未按照《国富论》的规模来构造一种政治经济学。这两位思想家都给我们提供了关于人类命运的复杂观点，他们对"表演"与不自由的激烈批判似乎终结于有限的可操作性的建议，即关于如何重获自由的建议。相反，如果我们审慎地赞美外在于自我的生活，那么关于如下问题，我们就拥抱了一种可操作的建议：我们如何能够令自己至少在某种程度上摆脱不加反思地根据既定的社会剧本行动，或摆脱自爱？以及，我们如何能够有意地努力接近一种具有经验依据的关于"自然自由体系"的视野呢？

我并不认为斯密因此获得了胜利，而是说：卢梭与斯密之间的辩论至少部分地反映了他们之间深刻的元哲学差异。对卢梭而言，如果一个人必须把其境况看作一个整体，从而避免陷阱，不至于无知地反复申明内含的规范与其他具有误导性的计划，那么，真正的改变将会变得彻底——亦即，深入问题的根本。究其

---

[62] 参见第一章第四节、第二章第一节（e）。

根本，它是其中的一个或另一个；"中间路线"（middle course）与"当前可能的最好"方案看起来就像是保守疗法或合理化手段。[63] 相反，斯密似乎想要沿着一条光谱来思考更好与更坏的可能性，并愿意接受某些进步可被认为是真的。[64]

我将在本书最后一章转向卢梭激进的且最著名的关于由自由公民构成的正义政体的方案，亦即一种强制的公民宗教方案。思考这一方案和斯密的替代方案有助于我们理解这两位思想家之间的辩证关系。[65]

---

[63] 在第三章第四节末尾，我讨论了斯密论述中的"地方性知识"问题，并且提到了斯塔罗宾斯基的观点，即卢梭用僵硬的二分方式进行思考。我也注意到，关于生活的不确定性，卢梭与斯密观点之间的对立（第三章注释 91）。

[64] 斯密也用这些术语谈起人们争取人身解放的努力（*TMS* VI.iii.25）。

[65] 科罗拉多学院与卢梭协会组织召开了"卢梭思想的持续挑战：三百周年纪念会议"（"The Enduring Challenge of Rousseau's Thought: Tercentenary Conference", 2012），本章曾作为一组评论提交，并在会议上宣读。本章曾作为约翰·马歇尔政治哲学讲座草稿在波士顿学院（克拉夫中心）展示过，也曾作为主题发言在圣十字学院（麦克法兰中心）举办的"亚当·斯密：道德哲人与经济理论家"（"Adam Smith: Moral Philosopher and Economic Theorist"）会议上宣读，作为大会报告在国际亚当·斯密协会、卢梭协会与格拉斯哥大学联合举办的"源自斯密与卢梭的主题"（"Themes from Smith and Rousseau 2015"）会议上宣读，也曾在美国天主教大学宣读（作为"哲学与经济学"系列讲座的一部分）。我非常感谢这些活动的参与者，感谢他们的提问与评论。当我在波士顿学院与耶鲁大学展示我的论文时，克里斯托弗·凯利与斯蒂芬·B.斯密分别做了令我受益匪浅的评议，我尤为感谢他们。我也要感谢克里斯托弗·贝瑞、里米·迪贝斯、道格拉斯·邓·乌尔、莱恩·汉利、保罗·卡查凡阿斯、玛丽娜·莫伊依（Marina McCoy）、罗伯特·皮平、丹尼斯·拉斯姆森，以及苏珊娜·斯瑞ego哈。感谢他们对论文草稿的观点与讨论。阿隆·加勒特与我的围绕卢梭与亚当·斯密的对话颇富启发性，感谢他。丹尼斯·拉斯姆森友好地阅读了这一章的草稿全文，他的评论也令我受益匪浅。感谢格蒂·露斯蒂娜勤勉高效的编辑工作。本章的一个精简版本将会刊载于 *Adam Smith and Rousseau: Ethics, Politics, Economics*, edited by Maria Pia Paganelli, Dennis C. Rasmussen, and Craig Smith（即将由爱丁堡大学出版社出版）。

第五章　自由、公民宗教与"社会性情感"

> 我想要探究,在政治秩序中是否存在某种合法的与确定的治理法则,它按照人本来的样子对待人,并根据法律能够成为的样子对待法律:在此研究中,我将总是努力把正义允许的事情与利益要求的事情结合起来,这样,正义与效用就不会分离。
>
> 卢梭[1]

引　论

宗教与政治彼此交错,持续激发着人们在实践和哲学上的巨大兴趣。宗教与政治之交错产生了多个面向的问题,列举如下:如何容纳宗教狂热及其破坏性后果?如何保存宗教自由,以及继而如何保存国家在宗教良知与实践问题中的某种不偏不

---

[1] 这是卢梭《社会契约论,或政治正义原理》第一卷开篇的论述(*SC*, 1, 导论性段落 1/*OC* III, 351)。

倚？一个相互宽容的政体是否要求某些宗教信念（不只是行为）受到限制？是否应该以及如何为公民德性限制宗教（例如，通过提升类似于公民或政治宗教的某种事物）？如何协调建立在宗教前提上的竞争性要求与建立在世俗前提上的政治权威？[2]

关于宗教与政治的关系，卢梭与斯密作出了什么样的贡献呢？这是本章的主题。他们两人的立场都颇富争议。如果说卢梭的《社会契约论》没有为此问题提出一种别具一格的解决方案，那它也提出了一种颇具特色的解决方案。自然，卢梭的方案意在与其社会契约理论相合。关于其作品致力于回答何种问题，卢梭有一著名的构想，在此构想中：

> 人生而自由，但无往不在枷锁之中。一个相信自己是其他人的主人，他反而更是其他人的奴隶。这个变化是如何发生的？我不知道。什么令其变得合法？我想我能解决这个问题。
>
> （SC, 1.1.1/OC III, 351）[3]

《社会契约论》最后一章很短，只有一段。在此之外，其回答

---

[2] 尤其是在美国语境中，在我们刚才列举的问题列表之上，人们还要补充：建立在宗教信念中的行为（例如和平主义）在多大程度上不受普遍应用的法律的支配？相关讨论，请参见 McConnell, "The Origins and Historical Understanding of Free Exercise of Religion"。卢梭没有在讨论中探索问题的这个方面。在美国语境里，对公民宗教的讨论被 Bellah, "Civil Religion in America"再次激起。

[3] 提醒：当我使用简写 SC, 1.1.1 时，我指的是《社会契约论》第一卷第一章第一段（我使用的古热维奇译本提供了段落序数）。正如我已经指出来的，第一章使用的动词表达（est né）可被译作 "出生"（was born 或 is born）。关于对这一点的讨论，参见 CW IV, xiii–xiv 中编者的 "导论"。

在对一种强制性公民宗教的令人困惑且具有挑衅意味的讨论中登上顶峰（这部著作倒数第二章的标题就是"论公民宗教"["Of Civil Religion"]；在这一关联中，我将追随卢梭，使用"civil"，而非"civic"）。卢梭十分重视那些段落，以及他关于宗教之政治角色的其他分析。[4] 我通过考察卢梭的公民宗教来开启这一章，正如《社会契约论》以公民宗教走向结尾。我也把近期相关的哲学著作当作一种首要的参考框架。第一节试图回答这个问题：卢梭的确切计划是什么？第二节则评论了，为什么他认为这个"宣言"（profession）是必要的，并因此要考虑部分人类学和道德心理学。当他在本章开头引用的语段中谈及"人本来的样子"时，卢梭就假设了这种人类学与道德心理学。这两节都触及了卢梭所谓的"社会性情感"（sentiments of sociability, SC, 4.8.32/OC III, 468）——亦即，支持公民秩序（civic order）的情感（这又接续了我在第三章对"社会性"的讨论）。卢梭能否协调"法律本来的样子"与"人本来的样子"呢？第三节对此问题作出了探索。这是卢梭社会契约理论的内

---

[4] 古热维奇注意到，在我们讨论的这一章中，"关于基督教的讨论"对促成《社会契约论》中提出的谴责贡献甚巨（"Introduction," xxvii）。关于卢梭与日内瓦的关系（包括与公民宗教问题之间的关系），参见 Rosenblatt, *Rousseau and Geneva: From the First Discourse to the Social Contract, 1749-1762*。关于卢梭的公民宗教观在法国的历史影响，参见 Culoma, *La Religion civile de Rousseau à Robespierre*。然而，尽管这些历史问题都不是我在此关注的焦点，但值得注意的是，斯密本应知道卢梭因其写作受到了迫害，因为休谟帮助过卢梭。关于卢梭与休谟之间复杂关系的讨论（对此，斯密有持续的了解），参见 Zaretsky and Scott, *The Philosophers' Quarrel*。我在引言中指出，斯密有一本《社会契约论》，并且，据记载，他还赞美过这本书（Ross, *The Life of Adam Smith*, 2nd edition, 246, 414）。Constant, "On Religions Liberty," 274-5 满怀激情地批评了卢梭《社会契约论》关于宗教的评论（这也值得我们注意）。

在一致性问题（因为这个理论是在《社会契约论》中提出的）。关于那个问题，我也尝试根据卢梭计划的公民宗教提出一个新鲜的视角。[5] 在这前三节中，我通过对卢梭关于公民宗教问题的论证提供一种合理的细致分析与评价，我也加入了这一哲学讨论，但我并不试图对那个文本提供一种总体性解释。[6]

关于宗教的政治问题，斯密怀有非常不同的计划。我将在

---

[5] 因为某种原因，我将使用"社会契约理论"这个表达，而非"契约信奉主义"（contractarianism）或"契约主义"（contractualism）。在其著作前言关于契约信奉主义的评论中，卡德（Cudd）与埃夫特哈里（Eftekhari）区分了"契约信奉主义"（"源于霍布斯式的社会契约思路"）和"契约主义"（"源于康德式社会契约思路"）。因为卢梭的理论可能融合了两种观点的因素，所以为了清晰起见，我避免使用这两个标签。正如我在引言中描述的那样，为了与当前研究的视野保持一致，我在此的讨论主要关注《社会契约论》，也没有假装阐发卢梭关于宗教的其他具有根本重要性的讨论（尽管我们不时提起它们，有时还是通过对比的方式）——尤其是《爱弥儿》中著名的"信仰自白"。

[6] 罗尔斯就卢梭做过一些非常细致、满怀同情的讲座（包括《社会契约论》），这些讲座一再提到下文中的内容，却没有讨论卢梭的由国家强制实施的公民宗教信条；参见他的 *Lectures on the History of Political Philosophy*，191-248（以下我将其简称为 *Lectures*）。我们应该注意，*Lectures* 的确源自罗尔斯的讲座，尽管弗里曼（Freeman）注意到罗尔斯同意将它们发表，并细致评论了关于卢梭等内容的讲座（*Lectures*, xv, xvi）。罗尔斯此前的确提到，"看起来，在建立一个正义国家时，我们需要宗教与说服"（238，参见 239，241），但那似乎与 *SC*, 2.7 有关。Rawls, *A Theory of Justice*, 189（此后，我将其简写为 *TJ*）简要地碰触到卢梭的公民宗教观点；我将会回到这一文献。关于对其解释的富有洞见的评价，以及参照它们的文本对卢梭的援引，参见 Spector, *Au Prisme de Rousseau: usages politiques contemporains*, ch. 4。据我所知，纽豪瑟的重要著作 *Foundations of Hegel's Social Theory* 与 *Rousseau's Theodicy* 没有讨论"公民信仰宣言"，尽管卢梭的社会与政治哲学在某种程度上得到了细致讨论。在 Gauthier, *Rousseau* 中，情况与之类似，尽管在转向立法者对宗教的操控时（67），他作出了讨论的姿势。相反，当柯亨提出他的如下观点时，他的确讨论了公民宗教："我不认为，关于个人独立之重要性及其在公意社会中的角色，卢梭最终作出了新的讨论。然而，我们能够找到一些对它的表示。"（*Rousseau*, 47；亦请参见 49）我将在下文回到柯亨的著作（我在本章也讨论了近期一些其他的哲学贡献）。

第四节和第五节转向这些计划。简而言之，他的论证支持了一种诸宗教的自由市场，以及主权在它们之间的不偏不倚。他提出，时移世易，其结果可能是支持宽容与政治宽和的公民道德（civic morality）——这是卢梭的计划也试图鼓励的价值。我提供了一份对斯密立场之长处与弱点的评估，并在公民宗教这个重要问题上探求斯密与卢梭之间的辩证关系。我们两位思想家之间的对立完全与其计划相关，然而，正如我们看到的那样，他们分享了许多相同的假设与目的。

一 卢梭在《社会契约论》中的"公民信仰宣言"

在《社会契约论》中，卢梭论述了他所谓的"一篇纯粹的公民信仰宣言"（une profession de foi purement civile, SC, 4.8.32/OC III, 468）；关于宗教与政治的关系问题，他也评论并拒绝了多种可能的解决方案——这种评论有助于解释，为何卢梭认为我们需要其新创的且具有挑衅性的方法。[7] 卢梭在此选择的措辞非常重要。让我们强调，他提供的"宣言"的确是一个信仰问题（我将它解释为一种信念），而不只是行为的问题。他不仅计划了各种各样的行为法则，一种关于行为准则的共识；他的措辞也表明，公民信仰不仅是私人持有的信条，还

---

[7] 卢梭先前刚刚论述了迄今为止宗教以何种方式发挥其政治功能。在这里，我并不关注卢梭的"宣言"与那种论述之间有何关系，尽管对所有观点而言，他的观点当然意味着一种选择。关于对卢梭在此拒绝的那些观点的讨论，参见 Waterlot, *Rousseau: Religion et politique*，在 73-7，它就卢梭与马基雅维利的关系作出了富有助益的评论。在"论公民宗教"那一章（见下文），卢梭一起提到了马基雅维利与霍布斯。我在此也不去关注卢梭与其前人之间的关系。

是一种宣言。这一措辞非常有趣，它暗示了，我们对信仰的拥护具有一个公共维度。接下来，让我们注意，卢梭强调，它完全是"公民的"（civil）——亦即，仅仅为了民政目的；从一个广义上的政治观点，而非神学观点来看，它才被采用。然而，很快我们就会看到，根据卢梭，那种宗教观的确产生了神学上的影响。作为政治主张，这些是由主权权威颁布的。易言之，"公民信仰宣言"为法律所需，受到国家权力的支持。最后，尽管"宣言"的一个条款（在我下面列举的诸多条款中，它是第四条）看起来没有特别的宗教特征，但卢梭把它们都称为"公民宗教信条"（dogmas of the civil Religion, *SC*, 4.8.33/*OC* III, 468）。再次重申，卢梭此处对措辞的选择非常重要。一种信条、规诫或教导，尤其是宗教的一部分，不只是行为的法则，也是合适的信仰对象。

卢梭在一句话中引入了许多"信条"，它们读起来就像一个列表或目录。但是，列表或目录也无助于使之变得清晰起来。人们要相信（believe，我一会儿就论证我为何使用这个动词）如下内容（*SC*, 4.8.33/*OC* III, 468-9）：

1. "存在强有力、理智、仁慈、有预见性且有远见的神明。"
2. "来世。"
3. "正义之人得幸福，邪恶之人受惩罚。"
4. "社会契约与法律神圣不可侵犯。"

与这些"积极"信条不同，另有一则"消极"信条（在这句话中，加了引号的两个形容词是卢梭使用过的）。我们可将之复述如下：

5. 宗教不宽容不受宽容。

关于这些信条以何种方式关联起来，卢梭未做清晰的说 *192*

明。我们也不知道，他是否按照编号的次序列举这些信条（尽管看起来，第一条的确自然要放在第二条与第三条之前）。如果这些信条必须彼此一致，并在某种意义上相互支持，那么在有些情况下，它们的概念关系就是模糊的。公民彼此同意并认同这些信条中的每一条，这看起来颇为清楚。正如卢梭在一段著名的论述中告诉我们：

> 如果任何人在公开承认［公民信仰宣言中］这些相同的信条以后，又在行动中表现得好像他并不相信它们，那就将他处死；他犯下了最大的罪，他在法律面前撒谎。
>
> （SC, 4.8.32/OC III, 468）

我们只能够推测，如果人们公开宣告了这些信条，然后在行为中又表现得并不相信它们——不相信其中的任一信条——那他就要被处以死刑。

卢梭很清楚，他提出这些信条时，"并未对它们加以解释或评论"（SC, 4.8.33/OC III, 468），并且在这些段落中，他基本上遵从了那种对文字的限制，但是并未彻底遵从。值得注意的是，尽管解释与评论未由主权者和立法者直接提出，但它们或许可由公民们提出，除非这样做会表达出不相信（disbelief），或被解释为一种不相信的标志。在任何情况下，既然卢梭几乎避免了对这些信条作出解释与评论（虽然有些例外，可以参见下文中注释14），那么，它们的含义在某些方面就非常神秘。首先，我注意到他并未列举这些信条。（人们能够用跟我不同的方式来列举它们——例如，通过单独列举我所谓第三个信条的各个分句。）更进一步，我列举的第三个信条的确切含义是什么呢？正义之人会幸福吗？他们幸福吗？他们应该幸福吗？这当然与第二及第三个信条之间的关系有关。

鉴于这一"公民宗教"的语境与目的关系到维持"社会性情感"（*SC*, 4.8.32/*OC* III, 468；卢梭也在 *SC*, 1.7.3/*OC* III, 363 提到"社会契约之尊严"），"正义者"（just）很可能在此语境中得到解释，被认为是那些认识到"社会契约与法律之圣洁"的人。这一点表明——尽管是再一次表明——在其信条列表中，卢梭并没有为读者把这些点联结起来——亦即，他没有假设在法律之持久性和此宗教信念之间存在某种关系。这也表明，社会性是人为的（artificial，请回顾在本书第三章与此相关的一个讨论中，我曾经讨论过的一个术语），尤其是在如下意义上：人们需要政治人为性——对这些宗教信条的陈述与灌输——来滋养那些情感。

关于第四个信条，"法律"（the Laws）是否意味着所有的每一条法律，并且没有例外呢？所有法律，甚至细化到停车条例，都是神圣的吗？鉴于因为不相信其神圣性所受的惩罚，这是一个重要问题。对第四个信条刻板地逐字阅读会使得对每一条法律的违反都成为重大的冒犯。[8]进而言之，"社会契约"与在社会契约下颁布的"法律"之间有何差别呢？"社会契约"

---

[8] 卢梭在 *SC*, 2.5 提出了惩罚的主题。一开始（*SC*, 2.5.4/*OC* III, 376-7），卢梭似乎暗示，对法律的所有违反都是一种严重冒犯。但是，他在这章第六段又说："一个人只有当自己的生存遭遇危险时，才有权利杀死某人，甚至作为例子也是如此。"但是，卢梭在论公民宗教那章拥护的死刑却是强制性的；对任何信条的违反都赋予了采用这一极端手段的理由。关于这些观点的讨论，约瑟夫·莱塞特（Joseph Reisert）让我受益匪浅。关于哪些事情可被认为是重大冒犯，其范围如何这一问题，参见 David Williams, *Rousseau's Social Contract: An Introduction*, 202，它也注意到了。

是自由联合的法案吗,或者它自身也拥有具体的学说内容?在最小的程度上,第四个信条具有一种"宪法"地位:既然它要求我们认为"社会契约"是神圣的(在 *SC*, 1.1.2/*OC* III, 352,他写道:"但社会秩序是一条神圣的法律,为其他一切法律提供了基础"),那么,它是某种基岩(bedrock),是不可改变的法律;它统治着公民认知其他一切法律的方式,也统治着公民对其他一切法律的行为方式。就这个方面来说,那条颁布第四个信条的法律是一种元法律。那么,它很可能与卢梭此前归纳的第四类法律"国家真正的宪法"重叠。关于那一类法律,他写道:"我谈论了道德、习俗,尤其是意见;[这些法律]的一部分不为我们的政治家知晓,但是,所有其他人的成功都依赖它们。""大立法者秘密地关注"这些,它们也铭刻在"公民的心上"(*SC*, 2.12.5/*OC* III, 394)。或许,这些信条也写在心上。在任何情况下,第四个信条都必定与"社会契约"的接受处在同一时期,但是,正如信条成批地出现,对它们来说,相同的情况也真实不虚。

还有一个问题更加深入,但我只是捎带着注意到它:第四个信条可能听起来就像是与这种而非那种社会契约有关,与其法律(例如,它可能听起来是"特殊主义的")而非对单一社会契约和法律秩序(在那种确定意义上的社会契约)的信奉有关——这种单一的社会契约和法律秩序在所有地方总是相同的。那么,我们如何理解它与另一信条更具普遍性之特征间的一致性呢?如果所有这些信条都是普遍有效的,它们与卢梭在《社会契约论》中刻画的社会有何关系,我们又应当如何理解这种关系?看起来,卢梭在《社会契约论》中刻画的社会要在时间与空间里实现。在这种意义上,这些信条假定要推进的政治忠诚与团结将是地方性的，而非世界性的（至少人们可以如此论证）。[9]

无论如何，在这五大信条中，第四个信条的表述与内涵最不具宗教色彩；甚至在这里，"神圣"（sanctity）这个词也再次表明，它与其他信条之间可能存在某种联系，例如，人们至少会感受到，对它的违反是一种宗教上的罪过。看起来，这种联系并非严格地是概念性的：在原则上，为何一个人既不能遵守4，又不能遵循1呢？我们将会看到，那将会变成一个重要的问题，因为它不仅与规范性权威的源头有关，也与心理权威的源头有关，因此它不仅影响了社会契约的一致性，也影响了社会契约的源头。[10]关于这个复杂的问题，我将在下文更进一步讨论（第二节与第三节）。在这一点上，在支持这些信条时，社会契约下的公民是否认为，他们中的每一个人都是"宗教性的"，尽管至少某些信条的确支持这一表述（卢梭也暗示，正如他在使用"公民宗教"这个短语时暗示的那样，我们应该给

---

[9] 我们可以在卢梭的分析的许多层面上来重申这一问题。Beiner, *Civil Religion: A Dialogue in the History of Political Philosophy* 具有令人惊讶的广泛内容。在这本书里，作者论证说，卢梭想要表明，"事实上，公民宗教问题无解"（3）：亦即，《社会契约论》在结论上走进了死胡同。"真正的政治是特殊的，真正的宗教却是普世的，因此'公民宗教'并非宗教与政治之真实综合体的名字，而是等同于它们必然会出现的矛盾。"（83，参见417）然而，如果这就是卢梭的意图，那么他当然也把它隐藏起来了。不仅如此，我并不认为，那是表述特殊/普遍问题的正确方式。但是，无论如何，那个问题都不是我在此关注的对象。他也讨论了斯密对公民宗教的论述（237-48，ch. 19）。

[10] 自此以后，当我们提到"社会契约"时（或提到"社会"或"共同体"或"社会契约"的公民时），除非特别指出，我的意思就是卢梭在《社会契约论》中描述的"社会契约"。罗尔斯也谈论了"社会契约社会"或与之对等的表达（例如，*Lectures*, 223；参见下文注释30）。

所有人贴上这个标签)?[11]

　　最后一个"消极"戒律是卢梭在这里停下来加以解释的唯一信条,该解释位于第四卷第八章最后两段论述中,因此实际上位于《社会契约论》所论证的结论处。他部分写道:"在我看来,谁要是区分政治与宗教的不宽容,那他就犯下了错误。这两种宽容是不可分的。如果人们相信有人要下地狱受罚[qu'on croit damnés],那我们就不可能和平地与之生活在一起。"(SC, 4.8.34/OC III, 469)[12]这一信条暗示,我们不能允许一种认为"教会之外无拯救"的神学观点(这个表述原为斜体);谁只要表达了这种观点,都"必须被赶出国家;除非国家就是教会,君主就是教皇"(SC, 4.8.35/OC III, 469)——亦即,正如卢梭也在那里说过,除非那是一种神学统治的语境。但是,我们将会看到,那不是卢梭的社会契约社会的语境。正如我们长久以来注意到的那般,"纯粹的公民信仰宣言"在神学上并不是中立的,即便它受到了政治的(就这个词的广义而言)驱动。[13]的确,第一个信条已经确保了"公民信仰"在

---

[11] 我们可以用这样的方式使用"神圣"或"神圣的",它不会令我们认为第四个信条在逻辑上依赖第一个信条,尽管他们允许那种依赖。卢梭在此作出了何种确切论证呢?这个问题一直维持着一种具有挑战性的模糊性。

[12] 我在注释6引用了 Rawls, *TJ*,这正是他在 *TJ* 的段落中提到的观点。罗尔斯反对卢梭在此处的论证,这恰好表明,卢梭依赖经验性假设——实际上是依赖在那一层面具有争议的假设。我在第四节指出,针对这一观点,斯密与卢梭部分具有分歧。

[13] 巴霍芬的评论颇有帮助:"简言之,对卢梭而言,这是关于公民宽容的产物,因此是一些信仰的和平共存(指一种在道德存在之前的政治要求),这是通过政治法、对神学信条般的宽容信条的尊重而付诸实施的。他用一种霍布斯式的手段(公民义务,在国家中对所有人强制施加信仰,采用一种宗教信条)追求一个洛克式目标(公民宽容,对所有的信仰表示尊重)。"("La religion civile selon Rousseau," 56)然而,我不赞成卢梭的"公民(转下页)

神学上并不中立。卢梭实际上评论说，神学不宽容导致政治不宽容，因此篡夺了（世俗的）主权权力，并产生内乱（civic unrest）。卢梭通过这些评论来巩固第五个信条。正如我将在第二节加以讨论的那样，和平——尤其是宗教教派之间的和平——是宣言的目标之一。

卢梭未曾试图表明前三个信条是真实的，注意到这一点非常重要；实际上，他甚至没有确证积极信条是真实的。[14] 正如我们已经讨论过的，他直白地讲述了这些信条，但没有提供任何"解释或评论"（*SC*, 4.8.33/*OC* III, 468），他仿佛在强调，主权者甚至并不努力展示它们的真实性，甚至仿佛要避免暗示有对其真实性一丝一毫的怀疑存在。在被社会契约统治的社会中，其公民很可能不会受到属于《爱弥儿》第四卷中那位本堂神甫（Vicar）的"信仰宣言"的对待，至少不是出于主权者的

（接上页）信仰宣言"这一术语与一切宗教信条相容（甚至洛克也没有走得那么远），这很快就会变得更加清楚。里特文一边尤其考虑到巴霍芬的文章，一边讨论着某些评论家为了最小化"积极"信条之重要性所作出的努力，并且论证说，公民宗教开始接受那些支持宽容的"消极信条"。里特文对那种情况进行同情的考虑，并且指出：既然卢梭把"积极"信条包含进来，公民宗教"也有其目标，它要通过积极的公民宗教教义来维持众人之上的契约和法律"。正如他继续说的那样，根据卢梭的论述，公民德性也要求积极信条的支持（"'Faire parler les Dieux'，" 75）。

[14] "在《山中来信》（*Letters Written from the Mountain*）中，卢梭在为《社会契约论》的宗教论述辩护时注意到，宗教原则的真实性不受争议（First Letter," in *CW* IX 147/*OC* III, 703）。本处的解释需要一些条件：《社会契约论》的结论章节（*SC*, 4.9/*OC* III, 470）的确暗示，他已经确立了"政治法的真正原则"；所以，正如他对社会契约的定义，在他看来，由社会契约表达的政治、道德诸原则的确是真实的（所以，在他看来，第四个信条在根本上是真实的；也即，用"神圣性"可以适当地作出这样的解释）。不仅如此，卢梭在《社会契约论》中说过的任何内容都没有表明，前三个信条是错的、虚构的，或者我们并不知道其真实性。再进一步说，如果《社会契约论》整体上与第四个信条有关，那它或许就相当于对这一信条的说明或评论。

原因。在社会契约社会中，这些信条的确是信仰问题，不仅无法解释，也无法质疑与论证——至少就那类反思破坏了信仰而言。与此同时，卢梭似乎明确要求，公民们要坚信这些信条为真——亦即，公民们会被这些信条说服；注意到这一点也同等重要。鉴于与其他事物相比，它们是确保公民（他们自己！）准备为共同体放弃生命的手段（见下文），那么，当公民认为它们错误，或仅仅具有可能性，或是有用的虚构、宽慰人的神话时，当然不会认可它们。

让我暂停推进论述，先强调这一点：尽管我们迄今考察的"宣言"存在模糊性，但它仍然展示了一些值得注意的精确性与确定性。例如，看起来颇为传统的是，第一个信条并未论称神（Divinity）并非"全能"或"全知"；相反，神据说是"强有力"且"聪明的"，也是"仁慈的"（*bienfaisante*）、"有先见之明的"（*prévoyante*）、"有远见的"（*pourvoyante*）。[15] 不仅如此，卢梭在提到神的时候使用的是单数形式。据我所知，人们也通常将此解释为卢梭提到的是一种一神论观点。

但那还不是全部。五大信条当然是颇具分量且重要的承诺。当我们把信条1和信条5结合在一起时，请考虑它们排除的所有内容：当然包括一切作为多神论的多神崇拜观点——首先，它们在定义上就与信条1相冲突。值得讨论的是，如果违反了信条5，那么至少有几种熟悉的一神论观点不能被接受；的确，但凡有观点声称两者皆为真、每一条都能够提供拯救，那它就与卢梭的"公民信仰宣言"相冲突。除了信条4，其他

---

[15] 古热维奇指出，卢梭也在《致伏尔泰的信》（*Letter to Voltaire*）中避免断言神的全能，并解释了原因（"The Religious Thought," 201-4）。

信条也都排除了无神论与不可知论。不仅如此，公民宗教看起来会危害言论自由，以及对这些信条之真实性的研究，当然也包括对社会契约自身之神圣性的研究。这些信条包含了许多已经确定的、深刻的哲学问题——例如德性与幸福的关系，以及不朽概念的可行性，更不用说神的存在了。如果对这些问题的哲学追问需要搁置某些信念，如果对信念的搁置可以被解释为（或的确表达了）"不相信"，这种追问就很可能不被允许。的确，如果不相信没有传播或表达，那么，关于这些论题，公民就还有进行哲学探究的空间——但是，在最好的情况下，此处的界线也模糊不清。既然这些信条是强制性的，那它们就不会接受表决，也不会接受与反对者进行公开辩论。卢梭认为，公民宗教与社会契约的贯彻不可分割。他也曾作出如下著名论断："但凡有人不相信它们"，主权者就有权"将其逐出国门"（*quiconque ne les croit pas*——对"公民信仰宣言"的提及；*SC*, 4.8.32/*OC* III, 468）。那很可能指的是没有公开宣称这些信条的人——亦即，那些没有在社会契约上签字的人；但凡有人公开宣称了这些信条，但"其行动却表现得并不相信它们"，那他就要被处死（*SC*, 4.8.32/*OC* III, 468）。

尽管卢梭的信条禁止不宽容，但部分因为不能宽容的内容，其公民宗教自身具有广泛的约束。当然，不可避免的是，除非我们宽容了包括不宽容在内的一切，不然我们就不会宽容某种事物。针对与这个问题有关的任何观点，我们都必须施加强力——正当地施加强力——以压制不宽容（这意味着，在最低限度上压制不宽容的行为）。然而，根据卢梭的框架，人们能够接受的观点的范围其实非常狭窄。他的框架严重限制了宗教信仰与行为的自由。卢梭认为，任何与这些信条不一致的宗教观点都应允许存在。我承认，就此而言，他的宗教观是多元的。他当然没有竭力论证国家对一切信念的管理，无论它是不是宗教信念。若要"成为一个好公民或好臣民"，卢梭所谓的"社会性情感"（就在我们刚才引用的段落中）就是必需的。只有承载了这种社会性情感的信念，才是这种严格规范的合理目标（参见 SC, 4.8.31-2/OC III, 467-8）。那些并不想要在公民宗教或社会契约上签名的人可以离开（或者，至少，他们遭到了放逐，而不是被杀死）。的确，我们在这里没有提到基督、神父或教会——在这一点上，我们完全不清楚这些信仰是如何制度化，以及如何得以实施的。他没有建立以"某种神权政治"为政体的公民宗教（SC, 4.8.18/OC III, 465）；正如他在第四卷这一章的结论性段落中所说："现在，一种唯一的国民宗教不复存在，也不可能存在了，只要其信条没有包含任何与公民义务相反的内容，人们就必须宽容所有那些宽容其他宗教的宗教。"（SC, 4.8.35/OC III, 469）所以，他假设了一种多个宗教教派共存的语境；只要与这些信条一致，诸教派就可以在社会契约社会中自由运用其信念。与此同时，正如我们已经看到的，他的那些为了确保宽容的实现所需的信条，相较其他事物在根本上受到了严格的限制。[16]

---

〔16〕这一点与如下观点保持一致：相对其历史语境，卢梭的"公民宗教"非常宽容（至于他对历史语境的评价是否准确，我把这个问题留给其他人去决定）。关于这样一种论证，即卢梭的公民宗教比我所能允许的更为宽容，参见 Bertram, *Rousseau and The* Social Contract, 184-9。对于卢梭将死刑加于宗教上的偏离行为，伯特伦（Bertram）将之归纳为"极端不满意"（187）。甚至还有一种对卢梭的变化更具决定性，也更加背离了我的论证，对此，参见 Noone, *Rousseau's* Social Contract: *A Conceptual Analysis*, 133-54。我提出的观点也与登特的观点（"Rousseau and Respect for Others,"134-5）有所龃龉。宽容的限度存在于卢梭的解释与多部著述中，对此问题富有助益的（转下页）

有些诠释者反驳说，这一信条并非单纯地与信仰有关，或者与信仰完全无关。他们认为，这一信条首先与公共领域中的行为有关，或只与公共领域中的行为有关，那才是国家唯一关注的对象。[17] 为了支持这一普遍立场，人们可以引用如下内容：

社会公约赋予了主权者统治臣民（subjects）的权利。如我所言，这种权利没有超越公共效用的边界。所以，臣民只欠主权者一种对他们意见的论述，因为那些意见对共

（接上页）讨论，参见 O'Hagan, *Rousseau*, 227-34。至于卢梭的公民宗教在多大程度上允许宽容，以及在他看来信仰（因为它不同于行为，参见注释17）是否要加以规范等相关问题，我赞同 Derathé, "La religion civile selon Rousseau," 167-9。德拉塔（Derathé）评论说："根据卢梭，国家有权利和义务深入到良知当中进行监督，在我看来，这一监督与宗教法庭极度相似。"的确，在《社会契约论》中，卢梭并没有清晰地说过那些；但是，他也没有清楚地将之排除；并且，他在强调信仰的作用时对之进行了暗示（服从于我讨论的政治目的）。在紧随那篇文章的后几页里，德拉塔在"讨论"中回应了各种各样的批评（171-80），他的回应简明有力，依据我的判断，也颇具说服力。

[17] 例如，参见古热维奇的"导论"："的确，谁要是不相信纯粹的公民信仰宣言，他就有可能遭到放逐。但是，正如卢梭在此语境下清楚表明的那样，一个人不相信它们唯一的证据是他没有公开承认它们，易言之，是一个人的实际行动。"（xxvii）大部分时候，古热维奇都在引用 *SC* 之外的文本来支持其论述。在任何情况下，卢梭都没有说，一个人不相信这些信条的唯一证据是他没有公开宣称自己相信它们；哪一类行为明显缺乏信仰呢？他并未裁断这一问题，但很有可能口头陈述是一种方式。最重要的是，认识论观点（一个人如何知道某人具有何种信仰）不同于主流观点，也即，一个人是否需要具有某种信仰。亦请参见 *CW* IV, 266n140 中对 *SC* 之翻译的评论（这是对相关段落的一则注释）。但是，当我们支持那种解释时，这一卷的编者（马斯特 [Masters] 与克里斯托弗·凯利）引用了 *SC* 之外的文本，也不能论证 *SC* 对信仰的提及，或对于信仰与行为之关联所做的假设。在 *SC* 中，信仰与行为具有明显的关联。请注意，在《致博蒙书信》中，卢梭强调了国家管理宗教信仰的重要性（参见 *OC* IV, 973/*CW* IX, 57）。我要对 Bertram, "Toleration and Pluralism in Rousseau's Civil Religion," 147 采取的立场作出相同的回应。

同体颇为重要。现在，每个公民都拥有一种使之热爱自身义务的宗教，这对国家来说当然重要。但是，这一宗教信条只被国家或其成员关注，因为这些信条影响着道德与义务，谁要是宣称相信这些义务，他就必须对他人践行这些义务。在此之外，每个人都可以持有任何一种为他所喜的意见，无须上达君王，让其知晓：因为既然主权者没有在另一世界的权能，只要臣民在此世为好公民，他们来世的命运如何就不在其职责范围之内。

（*SC*, 4.8.31/*OC* III, 467-8）

但这并没有说国家完全不关注信仰，这里提到了"意见"和爱的情感（一个在下一段中被反复提及的术语）。而且，如果信仰与（广义上的）行为无关，那第五个信条就没有意义了。请回忆关于那一信条的理论原理，亦即"如果人们**相信**有人要下地狱受罚，那我们就不可能和平地与之生活在一起"（*SC*, 4.8.34/*OC* III, 469，[对"相信"的]强调是我加上去的）。我也已经引用了卢梭的论述：但凡有人不"相信"这些信条，主权者就要将之逐出国门。他还在同一段落里说，如果谁公开承认这些信条，但"其行为却表现得并不相信它们"，那么他就要被处以死刑。卢梭非常清楚地表明，这并非遵循一种行为准则的问题，仿佛与信仰无关。

与之类似，卢梭对"社会性情感"（*SC*, 4.8.32）给予了极大关注，这预设了人们的信仰与行为之间具有一种因果联系。请让我更为完整地引用一小节我们已经颇为熟悉的论述：

> 如果不能迫使任何人相信它们 [*Sans pouvoir obliger*

personne à les croire；"它们"指的是那些信条]，主权者会把任何不相信它们[ne les croit pas]的人从国中驱逐出去；主权者驱逐他们，不是因为他们不虔敬，而是因为他们的非社会性（unsociable），因为他们不能真诚热爱法律、正义，也不能在必要时为尽自己的义务而牺牲自己的生命。

(SC, 4.8.32/OC III, 468)

正如我在提到"真诚热爱"时表明的那样，很可能对卢梭来说，"相信"的含义就类似于"强烈地感受到"或"受到感动，并作出相应地确证与行为"。我认为，仅此一点就排除了如下观念：一个人只是作出"行动"，仿佛这些信条是真实的，因此把遵守这些信条的内心感受转化为故作圣洁的行为（回头我将论述这种可能性）。在这里，卢梭对宗教的一切论述都反对这一点——总之，在《社会契约论》中，他尤为努力地去寻找一种方法，确保公民们在受到公意的命令时，愿意为共同体牺牲生命，正如他在上述引文中清晰地说出来的那样。在这里，他所说的"宣言"不能意指"伪装"。

信仰对卢梭观点的重要性还有其他两个进一步的支持。首先，它有助于解释，对于共享的宗教仪式与行为，他为何几乎一言不发。如果宗教在其论证中具有最大的分量，那就更有意义。其次，强调信仰重要性会让读者有充分的认识，正如它就对我们产生了这样的影响。相反，如果公民宗教聚焦于共有的宗教仪式和行为（例如，可堪考证的是，在公元前4世纪的希腊就是如此），那么，卢梭结合宗教强调信仰的方式看起来就更成问题了。

在走向下一步前，我们还要讨论最后一点。当卢梭说，如果有谁在行为中表现得并不相信公民宗教信条，亦即，如果"他在法律面前撒谎"，他就要被合法地处死（*SC*, 4.8.32/*OC* III, 468），他真正的意思是什么呢？让我们重申，卢梭并未向我们作出许多解释，但他的意思很可能是：当缔结契约的人同意受社会契约（法律）——与"公民信仰宣言"有关的条文所包含的内容——的统治，但其行为却表现得仿佛并不相信它，这表明他并没有真正同意。这种"撒谎"是一个重大的冒犯，因为它让我们质疑，人们对社会契约根本原则的承诺是否可靠。并且，这种可靠性也只能因一个人的坚定信念而获得确保。此处的控制视角在广义上是政治性的，正如我们能够预料的那样（在本质上，惩罚并非基于不虔敬）。

二 为什么是公民宗教？

我已经讨论了，在《社会契约论》这些著名的结论性段落中，卢梭正在谋划些什么；接下来，请让我评论一下，他为什么要谋划它。当然，人们能够理解，关于那时已经引起广泛争论的宗教自由与狂热的问题，我们需要有所论述，但卢梭为何要谋划一种"公民宗教"呢？以及，为什么是这样的一种呢？

对于《社会契约论》的计划，我们现在所谓的道德与公民教育是其根本性的关注对象，即便如此，除了我们考察的那些段落，卢梭对其细节也说得很少。自这本书开头起，总体问题就是这样一个论题：卢梭在那里认识到，特殊意志与普遍意志并不必然一致，结果便是，主权者必须"找到确保他们（公民）幸福的手段"（*SC*, 1.7.6-7/*OC* III, 363，参见 *SC*, 1.8.1/*OC*

III, 364；以及 *SC*, 4.7.3/*OC* III, 458）。这一观察直接导致了被人们经常引用的陈述，即不顺从的特殊意志将"被迫变得自由"（*SC*, 1.7.8/*OC* III, 364）。对于自由问题的解决方案而言，诸信仰之形成是一个关键部分。这个问题具有认识论与动机论两个方面。一种关于这个问题的生动分析就在论立法者那一章之前："人民自己总是意愿着善好，但他自己又总不能看见它。普遍意志总是正直的，但引导普遍意志的判断却并非一贯开明。"结果，"我们必须教导"无知的公众"它意愿着什么"，以及，谁要是"看见了他们拒斥的善好"，他们就"有义务令其意志与理性保持一致"（*SC*, 2.6.10/*OC* III, 380，参见 *SC*, 2.3.1/*OC* III, 371；以及 *SC*, 4.2.4/*OC* III, 440）。

让我们一步一步来讨论。我们观察到，公民并不总是理解共同的善好，或者，如果他们理解了，他们也经常不能作出相应的行为。这一观察似乎很好地被经验验证。的确，在我们这个种族里，自私与犯错的倾向名声在外。我们接下来就要论述，我们这样的不完美存在如何成为一个自由、和平社会中的公民。接下来，卢梭假设的语境非常符合常识，宗教就存在于这一语境之中。并且，在此语境中，潜在的狂热主义和宗教战争被同样证实。根据他的论述，我们的需要具有多种形式。

（a）忠于社会契约诸条文，进而根据这些条文解决卢梭所谓的由社会契约提出的问题，亦即"找到一种联合形式，它将用全部公共力量保卫每个人的生命与财产，通过这种联合形式，每个人都与所有人团结在一起，却又只听从他自己，从而像以前一样自由"（*SC*, 1.6.4/*OC* III, 360，参见 *SC*, 3.9.4/*OC* III, 419-20）；

（b）共同体免受外敌统治的自由，以及公民免受内在压迫的自由（这也包括宗教压迫）；

（c）社会和谐与稳定包括了诸宗教之间的和平，以及宗教与主权之间的和平，这一点非常重要；[18]

（d）在必要的情况下，公民愿意为共同的善牺牲其生命；

（e）克服上文提及的动机论和认识论问题的方式。

总而言之，"没有社会性情感，我们既不可能成为好公民，也不可能成为忠诚的臣民"，但看起来，"社会性情感"也有许多需要（*SC*, 4.8.32/*OC* III, 468）。然而，初步看来，这些目标似乎全都不是令人反感的。

卢梭当然认为，狭隘的自我利益不会使这些目的得到保障。他对公共精神只能依赖狭隘的自我利益深表怀疑。与其他段落相比，这一点由这样一种陈述证实：

> 国家构造得越好，在公民的心中，公共事务就越优先于私人事务……一旦有人在谈到国家事务时说，这与我有何相干？我们就不得不认为，国家已经不复存在。
>
> （*SC*, 3.15.3/*OC* III, 429）[19]

的确，如果狭隘的自我利益是人的动机，人们为何会为共同的善（根据上文目标 d）牺牲自己的生命呢？卢梭坚持认为，如果一个人要切实地免除公民义务，那他就必须使自己与更为广泛的道德立场一致——我们可以称其为"普遍意志"的道德立场。

---

[18] 关于和平与宗教的有趣讨论，请再次参见《致博蒙书信》（在 *CW* IX, 61/*OC* IV, 978-9）。

[19] 卢梭持有对自我利益的怀疑主义看法，对此的类似陈述，参见 *Preface*, 100.27（*OC* II, 968）以及我在第一章与第四章中对《序言》的讨论。

正如我们已经看到的那样，卢梭明确表明，公民的品格——他们的情感、信念和观念的品质——将要普遍地指导他们的行为（请回顾 *SC*, 2.12.5/*OC* III, 394）。我将在稍后谈论对大立法者的需要，或对一个"能够改变人性的立法者"的需要（*SC*, 2.7.3/*OC* III, 381）。卢梭认为，品格的转型或重塑非常重要。我们对大立法者的需要的谈论则确证了这种重要性。

但是，即便我们接受对社会契约的忠诚不可或缺（实际上，我们就接受了第四个信条），并且，这一忠诚需要道德教育（类似于公民教育）激活正义感，那为什么道德教育包含了宗教呢？为什么不计划一种社会规范的公民宣言呢？或者，为什么不像卢梭在论波兰与科西嘉的文章中评论的那样，对自我利益做些修改，将公民与城邦结合在一起呢？[20]

《社会契约论》中的故事在这里变得有点模糊，但看起来具有如下特征。首先，人类在心理上倾向于相信神，也倾向于围绕宗教观念来组织他们个人的与共同体的生活。宗教必然与伦理、民情结合在一起。这很可能有助于解释当卢梭说"我们未曾发现一个国家不以宗教为基石"（*SC*, 4.8.14/*OC* III, 464）的时候，他的主张为何。当然，该主张是一种历史观点，他没有为之提供任何支持。在谈起这一主张的时候，为了对抗拜尔（Bayle）认为宗教"对政治体无用"的观点，卢梭将之当成一个不得不确立的问题。然而，从表面看来，它并非令人难以

---

[20] 我指的是 *Considerations on the Government of Poland and on its Planned Reformation*（在这个文本中，卢梭在多处依赖自我利益，以使德性得到进一步发展，例如，在 *CW* XI, 240/*OC* III, 1040-1）以及 *Plan for a Constitution for Corsica*（*CW* XI, 153-4/*OC* III, 936-8）。这两个文本都没有提出《社会契约论》的公民宗教信条，或任何公民宗教信条。

置信。[21]

其次，卢梭并不认为，任何世俗权威都会变得足够强大，以至毁灭或替代宗教权威——我们甚至无须考虑它是否欲求这么做的问题。这就好像宗教情感只能由宗教情感对抗。这是一种清醒的思想，但是，让我重申，乍一看，我们并不会觉得它荒谬。[22]

最后，我们已经提到，根据卢梭的论述，最根本的政治问题是：如何说服自利的行为人去执行他们的公民义务，甚至不惜以生命为代价。卢梭认为，宗教有助于克服这一根本的政治问题。这似乎表明：为了让公民抛开自爱，恪尽义务，就像我引用过的那段话所表明的那样，使他们愿意为共同体牺牲生命（SC, 4.8.32/OC III, 468），鼓励服从法律的神裁（divine sanction）就是必需的。很可能，自爱的自我保存维度也能令公民守法——亦即，仅仅出于狭隘的自我利益的需要；卢梭也清晰地论证说，倘若以非宗教的狭义自利为基础，任何国家都

---

[21] 参见 Burke, *Reflections on the Revolution in France*, 452-3："我们知道什么更好，我们也从内心感受到宗教是文明社会之基，是一切善好与安慰之源。"他又在下一段评论说："我们知道，我们令人骄傲地知道，人在自然构成上就是一个宗教动物；无神论不仅违背我们的理性，还违背我们的直觉；无神论必不能长久延续。"关于卢梭与拜尔、伏尔泰等人之关系的讨论，以及更广泛的关于卢梭对公民宗教之必要性的论证，参见 Boss, "Rousseau's Civil Religion and the Meaning of Belief"，他强调，对卢梭来说，信仰非常重要。很明显，我同意这一强调（参见 Boss 148，167，188），尽管是出于那一点部分地与博斯（Boss）的论述重合的原因。

[22] 参见 SC, 4.8.13/OC III, 463，在那里，卢梭称赞霍布斯清晰理解了宗教在政治中的位置问题，这包括"牧师的利益总高于国家利益"。与之类似，斯密在讨论宗教的政治问题时注意到："但是，宗教的权威高于任何其他权威。它唤起的恐惧征服了所有其他的恐惧"（WN V.i.g.17）。关于将不宽容的宗教情感问题与某个具有同等分量的问题相对立，参见 Bernardi, "La religion civile, institution de tolérance？"中的论证（尤其是172）。

不能求得生存与繁荣。[23]正如前两个观点，这第三个观点也具有经验特征。

心理机制如何工作，卢梭并未清晰地加以阐述。但是，三种相互一致的可能性展现了出来。首先，奖赏正义、惩罚邪恶的承诺受到"一个强大、智慧、仁慈、有预见性且深谋远虑的神"的监督（*SC*, 4.8.33/*OC* III, 468），它将为德行提供激励。其次，一种共有的宗教信条具有政治与道德特征，它增强了政治团结，因为在那时候，公民个体将自己与一个更大、更超然的视野等同起来，从而超越一个狭隘的以自我为中心的视野。最后，信条的权威受到了超人（suprahuman）权威的支持，或是由超人权威授予；这种思想深化了那一过程。对卢梭来说，如果这些就是相关道德心理学的特征，那么，前四个信条就意图在动机层面共同运作。

如果一个功能良好的共同体需要共享一种受到宗教教义支持的道德视野，那它怎样才能获得这种正确的宗教学说与教义

---

[23] 正如被卢梭放在《日内瓦手稿》(*Geneva Manuscript*，实际上是《社会契约论》的一份草稿) 里的被经常引用的段落所说："只要人生活在社会中，他们就必然有一种使自己留在社会当中的宗教。一个没有宗教的民族绝不可能存在过，将来也不会出现。如果不将宗教赋予某个民族，它要么自己产生一种宗教，要么很快毁灭。在每一个能够要求成员牺牲性命的国家，一个人若不相信来世，他就必然是一个懦夫或疯子。"（*CW* IV, 117/*OC* III, 336）斯温森（Swensen）论证说，《社会契约论》的公民宗教是"向德性共和国的告别"（"La vertu républicaine dans le *Contrat Social*," 390）。尽管卢梭很少在《社会契约论》中提及德性，但这并不意味着公民德性在那里就不存在（例如，难道愿意为国家牺牲不能算作公民德性？）。亦请参见伯纳迪富有价值的 "Sur la genèse du concept de religion civile et sa place dans le *Contrat social* de Jean-Jacques Rousseau"（正如他指出的那样 [110, n. 3]，他写作这篇研究，部分是将之作为一种与我在本章本节提出的观点"相反的观点"）。

呢？现在，我们面对的问题令人望而生畏。卢梭评论说，

> 为了使一个新生的民族能够赞赏健康的政治原则、遵守国家理性的根本法则，后果就要变成原因，由制度造就的社会精神就必须主宰制度本身，人也必须在法律出现之前成为本应是法律让他们成为的样子。
>
> （*SC*, 2.7.9/*OC* III, 383）

在社会契约共同体最初奠基的时候，这一循环性问题很可能就采取了最为极端的形式，但它以一种弱化的形式在每一个潜在的新成员身上重现，因此在每一个孩子身上重现。卢梭引入了著名的立法者形象，由于我们刚才提到的问题，这个创制者的激烈干预颇有必要。这一点并不会令人感到惊讶。（立法者很明显是一个极端的形象，关于立法者如何产生，卢梭没有给出任何解释。我将在第四节再次简要地谈起这一点。）就在论立法者这一章之前，卢梭做了一番关于认识论与动机论问题的陈述。这个认识论与动机论问题困扰着对自我统治的尝试（*SC*, 2.6.10/*OC* III, 380），卢梭在论述立法者的时候，他便将其当作化解这一问题的办法。

立法者如何命令服从呢？在论立法者这一章，卢梭勾勒了一条反思的线索，这是为柏拉图《理想国》的读者所熟悉的。"明智之士"关于"健康的政治原则"与"国家理性的根本法则"的论述不能被"粗俗之人"理解，或不能说服他们——至少在那些明智地塑造的机制塑造它们之前。建造正义共和国的立法者"不能使用强力也不能使用理性"让"粗俗之人"对他们自身政治事务的理解达到令人能够容忍的水平（*SC*, 2.7.9/

OC III, 383）。正如卢梭继续说（引用马基雅维利加以支持），

> 这在一切时代迫使各民族的国父们用他们自己的智慧恢复上天的干预、荣耀诸神，以至于人民把国家法当成自然法来服从，并在人与城邦的构成中认识到相同的力量，他们自由地服从公共幸福的束缚，驯服地承受着它。
>
> 这种高尚的理性非粗俗之人所能及。立法者将此崇高理性的决定放入神的口中，借助神圣权威团结那些无法被人类审慎感动的人。
>
> （*SC*, 2.7.10-11/*OC* III, 383-4）

主要观点足够清楚：宗教帮助正义的基本原则获得了权威，借此成为了共同体的"基石"。现在，卢梭清晰表明，这通过灵巧的手段实现；迄今为止，在某种意义上，一切政治共同体都建立在谎言的基础之上。[24] 让我们把这一切纳入考虑，看起来，立法者面对着一个近乎不可能的任务。就像卢梭语带挑衅地提出的那般：

> 但凡有人敢为一个民族创立制度，他必定感到能够改变人性；把每一个个人从凭借自身即为一完美且孤独的整体转变为整体的一个部分，就好像个人从这整体中获得了

---

[24] 史珂拉（Shklar）写道："在迷失且单纯的人身上，就像在爱弥儿这样的孩童身上，强力适得其反，理性也是徒劳。唯有直接的经验与榜样的力量才能真实地打动人。如果我们对他们说'做个好人'，这样毫无用处；他们必须是如此被造的。他们如何得到重塑呢？大立法者只拥有一种供其处置的手段：虚构和舞台管理。"（"Rousseau's Images of Authority"［尤见 *La Nouvelle Héloïse*, 181］）亦请参见 Christopher Kelly, "'To Persuade without Convincing'"。

自己的生命与存在。

(*SC*, 2.7.3/*OC* III, 381)[25]

"被迫变得自由"这一表达并非修辞性的虚张声势，而与卢梭其他陈述之间有所共鸣。

社会契约社会的建立需要宗教，这一点看起来颇为清楚。并且，我们也可以论证，它还需要一个立法者——尽管卢梭并未清晰表明后一点。那么，立法者（如果那个人物完全包含其中）将给社会契约社会赋予何种宗教呢？再说一次，卢梭没有明确告诉我们这些。但是，既然卢梭将《社会契约论》倒数第二章宣扬的公民宗教展示为社会契约的构成要素，那么看起来，立法者恰恰要将卢梭实际上要求公民具有的那种公民宗教赋予这个共同体。无论我们假设它要经历很长时间才会产生，还是在某一时刻完全产生，对当前的目的而言，这从一开始就影响甚小。那些进入社会契约的人很可能已经获得了某些宗教观点，当然，它们几乎都不是卢梭规定所有社会契约公民应当遵守的那些。[26] 总而言之，我们知道：社会契约社会的成员需

---

[25] 这句话以及这段话的其他内容遵循着相同的风格，有时候采用了警言的形式。关于类似的观点，参见《爱弥儿》第一卷，位于 *Emile, CW* XIII, 164/*OC* IV, 249。

[26] 在《社会契约论》中，卢梭提问，一个民族要"适合立法"，它应当处在哪个发展阶段（*SC*, 2.10.5/*OC* III, 390）？对社会契约来说，哪个历史发展阶段才是最理想的呢？或者，它如何与卢梭在 *DI* 和其他地方的论述关联起来？对这个问题展开辩论并不符合我在此的目的。对于我在本章第三节的目的，"自然状态"与社会契约之间的对立被保留下来这一点颇为重要——这在卢梭的论证中颇为明确（*SC*, 1.6.1/*OC* III, 360）——所以，先于契约或外在于契约，我们就可以发现一种个体的审议视野（deliberative perspective，这在 *SC*, 1.6 也非常清楚）。在 *SC*, 2.12.5, 卢梭告诉我们，立法者关注"国家真正的构成"，亦即"道德""习俗"，尤其是"意见"，我已经（转下页）

要"纯粹的公民信仰宣言"——宗教信条及一切；理性与卢梭作出的经验假设联系在一起；以及，他正在提出这种"宣言"，因为他认为，它对"社会性情感"来说是必不可少的，"没有它，我们既不能成为好公民，也不能成为忠实的臣民"（*SC*, 4.8.32/*OC* III, 468）。请进一步回想，正因卢梭没有假设社会契约的公民是奇迹般地获得很高成就的哲人，或一开始就具备完美德性（或者曾经具备完美德性），他们就要忍受上文提及的认识论与动机论问题的困扰。[27] 正如我们已经注意到的那样，对我们内在限制的论述直接导致了对立法者的讨论；所以，我们认为，为了创立《社会契约论》所描绘的共同体，立法者的部分工作就是要确立《社会契约论》的公民宗教（再次重申，让我们假设立法者完全参与其中）。

为了使强制性的"公民宗教"制度化，对其的论证就需要处理社会契约的实施条件。让我们换种方式阐述我们已经提出的一种观点，即卢梭并没有论证社会契约诸原则在理论层面依赖任何宗教观点下的真理。无论我们作为自由、平等之行为人的状态——这是社会契约应当去保护的状态（参见 *SC*, 2.11.1/*OC* III, 391）——还是社会契约的合法性，它们在理论层面都不依赖任何宗教观。正如二手文献广泛认同的那样，《社会契约论》中的论证没有诉诸任何宗教观，它在本质上是世俗性的。

（接上页）引用了这一处。恰当地说，每当社会契约得以形成之时，立法者就会进入，公民宗教也是如此。如果本章的论证是正确的，那么，自由缔结契约者赞同其他这些习俗、道德与意见的问题就可能对卢梭的理论构成了一种挑战。

[27] 对于"真正的哲学家"构成公民团体的可能性，卢梭的怀疑主义看法由沃特洛（Waterlot）指出，参见 Waterlot, *Rousseau*, 26-7 及注释；亦请参考 *Emile*, *CW* XIII, 479n/*OC* IV, 632n。

公民宗教执行了一种非常不同的任务，与《爱弥儿》中本堂神甫的"信仰宣言"不同，它聚焦的内容尤其具有政治性。[28]

我们已经看到，立法者必须用一种非常激进的方式，用一个共同体的模子塑造个体。考虑到社会契约共同体的诸特定目标与特征，这很可能意味着某种非常特别的事情。意志在政治语境中完全自由的运用——亦即，普遍意志——的确依赖个人意志的一种特别的转变。卢梭清晰表明，从自然状态向社会契约——在他看来为正义的社会——的转变是一种精神性的转型。在第一卷第八章开篇，他的描述颇为引人注目：

> 通过用正义取代其行为中的直觉，为行为赋予它们此前缺乏的道德，从自然状态向文明状态的转型在人们中间制造了最为显著的变化。只有在那时候，当义务的声音接替了生理冲动，正义接替了欲望，一个人才看到自己被迫遵照其他原则行动，在听从自然倾向之前先询问理性。在此之前，他的眼里只有自己。

（*SC*, 1.8.1/*OC* III, 364）

---

[28]《社会契约论》的宗教观与在卢梭著作其他地方出现的宗教观之间具有何种关系呢？我已经注意到，许多人讨论过这个问题，但它不是我的论题。然而，在《爱弥儿》第五卷的结尾，卢梭概括了《社会契约论》的内容，但他的概括并未提及一种由国家强制执行的公民宗教，这一点值得我们进行回顾。那是否意味着爱弥儿并不是一个社会契约的公民？还有，在《爱弥儿》第四卷本堂神甫著名的"宣言"之前的几页里，卢梭评论说："我们应该让自然人加入哪个教派呢？在我看来，答案十分简单。我们不应让他加入任何一方，而是把他放在某个位置，使之充分运用其理性，让理性引导他进行选择。"（*CW* XIII, 419/*OC* IV, 558）我们不清楚，这个"自然人"是否会被社会契约社会接纳。考虑本堂神甫所说的内容，以及他所说的行为（他借助论辩表达了与这些主题相关的思想与言论自由。在《社会契约论》中，卢梭似乎想要对它们加以限制），我们也不清楚他自己是否会被社会契约社会接纳。

"被迫"呼应了前一段中"被迫变得自由"这一表述。（请注意，我们刚刚引用的段落始于一个指示代词，并因此往回指向了"被迫变得自由"那一段。）在接下来这一段中（*SC*, 1.8.2/*OC* III, 364），他提到，通过经历称为"公民自由"的巨大变革，人们获得了一种境况。如果有人"拒绝遵守普遍意志"（*SC*, 1.7.8/*OC* III, 364），那他就要"被迫"变得自由。当"义务的声音"取代"生理冲动"时，道德自由便由此产生。人们在"文明状态"（*SC*, 1.8.1/*OC* III, 364）或"社会契约"（*SC*, 1.8.2/*OC* III, 364）中获得自由，它既是"被迫"的自由，也是道德自由。"在个人力量之外，自然自由没有其他边界，公民自由则受到普遍意志的限制"，卢梭强调了这种自然自由与公民自由之间的区别；与之类似，他也强调了"占有"（possession，以强力或"最先使用"为基础）与"财产"（property）之间的差异（*SC*, 1.8.2/*OC* III, 365）。一如我对他的解读，卢梭描述了道德的自我主导（self-mastery），并论证了道德与政治自我治理（self-governance）之间紧密的概念联系。只有在文明状态（很明显，他指的就是社会契约状态）中，我们才能获得"道德自由"。《社会契约论》第八章第三段（即最后一段）以这篇对"道德自由"的颂词开启：

> 除上述以外，人们还应在文明状态加上道德自由，只有道德自由才能让人真正成为自己的主人；因为单纯欲望的冲动是奴隶状态，服从人们为自己颁布的法律才是自由。
>
> （*SC*, 1.8.3/*OC* III, 365）

如我们通常见到的那般，这类似后世一位思想家所谓的"积极自由",尽管我不会说这些观念全然同一。[29] 鉴于卢梭一再重申管束欲求、通过法律进行自我治理的观念,以及这些段落之间的紧密联系,卢梭论证的是社会契约的"道德自由"与"公民自由"虽然有所区别,但却密不可分。它们一起取代了(并且极大地改善了)自然状态的"自然自由",亦即他所说的政治(或公民)自由与积极自由(亦即道德自由)密不可分。某些解释者推测,作为自由的行为人,我们为自己立下的"法律"至少是——或在一种较强的表述中,只可能是——社会契约。[30] 我将要论证一种较弱的表述。在任何情况下,如果这

---

[29] 我指的是伯林的"两种自由概念"(Two Concepts of Liberty)。他在131写道:"'自由'这个词的积极含义源于个人想要成为自身主人的希望……我想要成为自己,而非他人意志行为的工具。我想要成为一个主体,而非客体;想要被我的理性、良心目的打动,而不被影响我的外在原因打动。"它是"去做某事的自由",而非在消极意义上的"免于某种伤害"的自由,伯林似乎认为,消极自由与免于干涉的自由有关(127)。很明显,伯林认为卢梭是"积极自由"阵营的倡导者("Two Concepts,"138-9, 148)。它们的区分已经得到了广泛的讨论和质询;例如,参见 Skinner, "A Third Concept of Liberty"与 Nelson, "Liberty"。尽管我没有推论,在其理论框架中,卢梭没有为"消极自由"留下一个位置,但它符合我在此处的目的。正如我在第四章注释21表明的,卢梭在此用哲学语言进一步解释了他在使用"作为自我立法的自由"时是何用意。

[30] 例如,参见 Rawls, *Lectures*, 236-7:"总而言之,道德自由一旦得到适当理解,它就不可能单纯地外在于社会。这是因为,自由是既可充分运用,也受到适宜于手边情形的审慎理性形式引导的能力。对卢梭来说,那就是道德自由。但是,如果不获得只在社会语境中才能获得的技巧,我们就不能认识它。这些技巧包括:为了表达思想,语言所必需的一切技巧,以及为了正确思索,我们所需要的观念与概念。"(亦请参见243, 247)这个语境使这一点变得更加清楚:罗尔斯尤其指涉社会契约社会。在235,他评论说:"服从人们为自身颁布的法律就构成了道德自由。我们也知道,这一法律是社会契约社会的根本法:亦即,它源于普遍意志的观点,并恰当地以公民共享的利益为基础。"与之类似,请参见 辛普森(Simpson)卓越的论著,*Rousseau's Theory of Freedom*, 94-5, 100。然而,辛普森表述的观点比我所示意接受的还要强得多。并且,我对公民自由与道德自由间关系的解释与他的解释有所龃龉(参见92)。

一般解读是正确的，那么，看起来，道德自由实际上就为自我立法，规定了我所谓的"第四个"信条。

社会契约需要卢梭的自由概念，在方才引用的语段中，罗尔斯正确提到了此自由概念中"审议理性"（deliberative reason）的作用，这一点值得强调。卢梭清楚表明，自由为"文明状态"之特征，向此自由的转变在一种特定道德意义上引入了"理性"（SC, 1.8.1/OC III, 364）。他正在描绘的自由公民既获得了道德上的自主，也获得了统治他们自身的能力，以便表达普遍意志，并由此表达普遍原则或法律。这一理性必然也在最低限度上包括：（a）有能力决定社会契约何时不再服务其目的，可被解散；（b）认识到"服从人们为自己颁布的法律即是自由"这一事实（SC, 1.8.3/OC III, 365）；（c）根植于一个人的理性意志中的与服从有关的自我意识。不仅如此，审慎理性引导在自然状态下的缔结契约者思考，加入社会是否有利。这一审慎理性蓄势待发，正如它在社会契约框架内所扮演的角色的作用。于是，自由就坚定地与理性的要求联结在一起。

现在，如果卢梭在《社会契约论》倒数第二章（"论公民宗教"）提纲挈领地归纳了实施社会契约所需要的宗教，那么，"公民信仰宣言"诸信条的交错关系可能就是：第四个信条依赖第一个信条。我们有义务认为，社会契约和法律是神圣的。至少在一开始，我们不能将此义务呈现为人们自我立法的结果——不以自身即"神圣"的"普遍意志"为基础，将之视为人之自由的结果——而是根据更为明了的宗教条文加以理解，将之呈现为"神圣"权威的结果。但是，到那时候，社会契约社会的建立也需要卢梭描绘的欺骗。然而，无论是否如此，卢梭完全清楚，公民宗教在总体上赞成社会契约。

下一个问题就是：这些信条意在有益于道德与公民自由，它们是否与这些道德和公民自由兼容呢（无论我们是否理解了这些信条之间的关系）？如果不兼容，那么在"它们能够成为的法律"与"人的实际情况"之间就存在深刻的张力。

三 公民宗教与自由：内在于卢梭计划中的问题

在已经考察了何为"公民信仰宣言"以及我们为何需要它之后，我转向它的可靠性问题。我早先提到，卢梭在《社会契约论》中表达了他的理论，我想要考虑"公民信仰宣言"与卢梭理论的其他要点之间的一致性。

让我们从"自然状态"的立场开始。请把你自己描绘为决定是否为社会契约背书（或者，也许只是重申社会契约）的行为人。在文明状态中，人们会让自己自由地服从普遍意志——并且自由地作出那一决定。卢梭邀请我们进行这样一种反思，正如他清晰地想象，一种从自然状态到文明状态的运动必然是：

> 那里唯有一种法律，它就其本性而言需要全体一致同意，那就是社会公约（social pact）：因为在这世上，政治联合是最自愿的行为；每一个人都生而自由，生而为自己的主人，所以任何人都不能在任何借口之下，不经他同意就可以役使他。如果我们决定，奴隶的儿子生而为奴隶，那我们也就决定了他们并未生而为人。
>
> （*SC*, 4.2.5/*OC* III, 440）

卢梭也清晰地想象出了社会契约不再存在的可能性，以及公民

"通过正义重获自然自由"的可能性（*SC*, 3.10.6/*OC* III, 423，亦请参见 *SC*, 1.6.5/*OC* III, 360）。除非人们能够站在某个立场选择是否为契约的成员，且此立场不由社会契约定义，否则社会契约这一观念就毫无意义。在 *SC*, 1.6.4/*OC* III, 360，当他构想了一个问题，并将整个理论当作对此问题的回应时，他就提到对"**每个成员之人身与财产**"的保护（我做了强调）。并且，在此前的一个段落中，潜在契约缔结者的审议视角是明显存在着的，它的状态也是清晰的。在 *SC*, 1.6.10/*OC* III, 361，他提到了"每个作为私人的缔约方"（*la personne particuliere de chaque contractant*）。一个人权利的"转让"（*SC*, 1.6.6/*OC* III, 360）被说成是一项确切条款，它将由参与缔结契约前的个人执行（*SC*, 1.6.9/*OC* III, 361）；加入社会契约是一个个人的行为。这并不意味着——我也没有假设——前契约状态是完全非社会性的。[31]

我们至少拥有两种对此原初图景的解释。第一种是：作为一个站在社会契约之外的行为人，你为自己考虑其利弊。你的推理颇为审慎。当卢梭讲出他的假设，说自保从事物的过程之

---

[31] 进而言之，我的分析没有假设自然状态必然是一种历史处境（当我提到一种外在于社会契约的行为者立场时，我并非必然意味着，他是就空间与时间而言外在于社会契约）。但是，我的分析的确假设了，出于我已经在此段谈到的各种各样的原因，为了理解社会契约的权威与好处，这里设想的自然状态至少是我们必须采用的一种审议的立场。尽管如此，卢梭仍然在《社会契约论》中描述了个人如何由自然状态进入文明社会状态，仿佛这一转变根植于时间与空间。（感谢约翰·司格特指出这一困难。）然而，我们还面临着另一个困难：根据《社会契约论》的描述，在 *DI* 的系谱叙述中（正如我在第二章所论证的，它本身并非一种历史叙述），关于社会契约的考虑应该发生在哪个时刻呢（如果有的话）？这个问题在二手文献中得到了许多讨论，颇为复杂，我无须试图在本书中给出解决之道。

中产生,并迫使人们进入某类社会契约时,他看起来是在想象着 SC, 1.6.1 中的情节。最理想的情况是,那将产生他后来所谓的(以及被认为由社会契约完成的)"有利交换"(SC, 2.4.10/ OC III, 375)。请让我们想象:这个自利的缔约者认识到,为了相互保护,与他人形成合力具有好处;他也看到,为了获得跨越时间的稳定性,这需要相互性。这种相互性使这些事情变得必要:当我们与其他缔约人发生冲突的时候,人们必须放弃权利,避免成为自身情况的法官("社会协议以保存缔约方为目的。人们但凡想要实现这一目的,他就想要获得其手段,这些手段则与某些危机甚至损失密不可分"[SC, 2.5.2/OC III, 376])。假设你作为这种行为人受到自爱与合理的自我利益的驱动,你为何要缔结这样一种社会契约呢?在这个契约中,你必须为了社会效用信仰一切公民宗教的信条,否则便要承受被放逐或死亡之痛。你可能会同意,其他人或许需要信仰(或被迫信仰)这些信条;同时,你也可能明确否认,为了在动机和观念上满足社会契约的条文,你也需要这样做。

我们可以想到多种回复。或许除非你信仰他们才会信仰这些信条。这要么是因为——正如"公民宣言"规定的那样——如果有些人(但不是全部)可以不信奉宗教正统观念,他们就会认为这不公平;要么是因为,你的榜样将会破坏他们对这些信条的信仰,或因为他们会作出回应,发动针对你的战争,从而破坏社会稳定。结果,作为这种缔约者,为了让他们信仰这些宗教信条,你也必须信仰——或至少显得信仰。但是,如果它是一个信仰意愿的问题,我们就面临着一个悖论:作为一个自然自由的行为人,为了自我保存,你就必须同意(让他人或自己)令你信仰某种你不曾信仰,或原本不会信仰的东西。然而，如果信仰的目的旨在追求真理（或被认为是真理的东西），但你还坚持认为你能够让自己在社会或"公共效用"（*SC*, 4.8.31/*OC* III, 467）的基础上信仰所有这些信条，那这看起来就令人难以置信。[32] 或许，我们还可能通过其他途径获得信仰，但是，如果我们选择这样做，它很可能导致一种坏的信仰行为、自我欺骗或自我蒙蔽。并且，如果你具有信仰的表象，我们还有另一个问题：你让自己终生受到一种伪善的遮蔽。与此伪善有关的问题不仅受到重点关注，还统治着你的许多言辞、情感和行为。看起来，我们要被迫回到前面几章讨论过的自我伪造的诸模型或对自我的无知。

人们可以回应说，坏的信仰、自我欺骗或与宗教信念有

---

[32] 在此，我根据的是 Bernard Williams, "Deciding to Believe"，它论证说，"信仰的目的是求真理"（136），人们也不能"任意获得一种信仰"。因为，如果一个人能够任意获得一种信仰，那么，大家就会认为，其信仰之获取"没有考虑信仰的真理"——但是，那不是人们在"完满的良知"中能够做的事情（148）。一个人很可能把自己置于某种位置，通过"更为迂回曲折的方式"（催眠、药物等：149）获得一种信仰；但是，威廉斯继续论证（149-51），这不可能意味着，如果人们想要实际为真的东西，就可以获得一种信仰却不管它是否为真。或者，它也可能意味着：人们不会想要一种信仰却不关心它是否实际为真。但是，正如威廉斯表明的那样，那面临着许多问题。其中的一个问题是，它需要排除暗示了与我们所争论问题有关的真相的其他信仰。而且，在一定程度上，"为了绕过相反的和彼此冲突的证据"（151），人们必须对真理有充分的认知。借用威廉斯的表述：这种"自我欺骗的投射"（151）如何能够成为卢梭式缔约者自由运用理性行为的一部分呢？结合兰顿的帮助，我在第四章论证，自我擦除的投射当然可能（即采取奥维德式自恋主义的形式）。并且，我也讨论了自我欺骗。但是，它们都不是"自我欺骗的投射"。请参见我在第一章对自恋之爱的简要讨论，以及在第一章注释 26 中，布鲁姆（Bloom）所做的相关质疑。与我在此采用的立场相反，克里奇利（Critchley）似乎接受了这样一种观念（或者，至少是这样一种希望）：人们能够信仰某种被认为是幻想的事物（"The Catechism of the Citizen," 32-3）。

关的伪善是我们需要为自我保存支付的代价。但是，即便那是正确的，我们也很难符合卢梭的关键原则之一，亦即通过社会契约的方式，每个缔约人都要保持"如先前一般自由"（*SC*, 1.6.4/*OC* III, 360）。总而言之，人们也可以论证说，对某些人——甚至一个人自己——的奴役，是为了其他人的自由。尽管卢梭对这种思想稍有考虑（*SC*, 3.15.10/*OC* III, 431），但它仍与其总体论证相悖。并不是任何深化自我保存的事物都值得论辩，因为这论辩的核心不仅是要保存生命，还要保存自由。卢梭陈述如下："无疑，我们能找到一种仅从理性当中产生的普遍正义；但是，我们所承认的这种正义必须是相互的。"（*SC*, 2.6.2/*OC* III, 378）在《社会契约论》开篇的细致论证中，卢梭反对人们具有任何奴役他人的权利，他也反对人们具有任何令自己沦落为奴隶的权利，并且，卢梭坚持认为，自由与人性不可分割（*SC*, 1.4.6/*OC* III, 356）。这一切都并非偶然。我已经描绘了审慎推理的、自然自由的缔约者立场。所以，从这一立场出发，人们如何抵达对公民宗教信条的信仰呢？这一点尚不明晰。[33]

我们现在转换到原初图景中的第二个场景。在先前提及的那些段落中，卢梭详细论述了一种根本变革（*SC*, 1.8/*OC* III, 364-5；*SC*, 2.7.3/*OC* III, 381-2）。让我们假设，作为一个自然自由的缔约人，你已经经历了那种根本变革，但还没有"在虚

---

[33] 在《论政治经济》中，卢梭展现了另一种可能的反对资源。在那里，他强烈反对如下观念："政府允许为了多数人的安全牺牲一个无辜者"（*CW* III, 152/*OC* III, 256）。在那里，卢梭拒绝了那种效用最大化的理性。与之类似，通过强迫一个人信仰那些非强迫不会信仰的宗教信条，在社会效用的基础上牺牲一个人或其道德能力看起来都是不可接受的。

线上签名"。结果，作为社会契约的潜在成员，你现在能够统治自己，能够令自己的意志符合普遍意志，令你的欲望符合理性。你的推理不只是审慎的——尽管它确实是那样——还能够进行调整，与"道德自由"的要求保持一致。现在，你理解了卢梭关于道德自由的观点（*SC*, 1.8.3/*OC* III, 365），你也能够支持自我（或他人）立法的意志，并且因而支持普遍意志。

我们想要提出一个问题（我们不太可能是最先提出这个问题的人）：这个根本的转变是如何发生的？我们的自然自由的行为人提出了这个问题，也可能没有提出。正如我们已经指出的那样，借助在社会契约立场之外进行审慎的推理，人们能够接受这种立场。我们很难理解这是如何发生的。为了肯定道德自由的立场，其基础看起来就不只是审慎。卢梭似乎同意这一点，正如他断定说，不能遵守普遍意志的公民个人必须"被迫变得自由"（*SC*, 1.7.8/*OC* III, 364）。关于立法者的讨论也给我们同样的印象。

然而，缔约人最初是怎样变得真正自由的呢？请让我们假设，对这一问题的普遍担忧按照如下思路获得了缓解：自由需要教育（上文已经谈到这个论题），行为人一旦获得教育，这个人就能理性地评价教育之功劳，以及社会契约之功劳——这正是自由教育的含义。真正的教育并非灌输，它使赞同（或对赞同的抑制）变得可能，即便我们需要一位救星（deus ex machina）——例如卢梭的立法者——把一群潜在的自利的缔约人转变为信念共同体的公民。他们受到教化的、得到知会的赞同是追溯性地被给予的。一旦受到教育，自然状态下的缔约人就会（或将会）赞同。

现在，如此理解的"公民自由"或"道德自由"让我们以某种方式相信一切公民宗教信条，那么，作为一个公民，在遵

第五章 自由、公民宗教与"社会性情感"

守你为自己颁布的法律这个意义上，你真的自由吗？你是否真的给自己制定了法律，或者，你不过是单纯地遵守它，因为它被制定出来，然后就被接受、收入你为自己制定法律的故事里了？鉴于卢梭说过的一些事情，后者看起来正是这种情形。请回顾我在前文引用过的一些段落，其大意是：若没有掌握"健康的政治学法则"或遵守"国家理性的根本法则"，"大众"就需要（某类）公民宗教（*SC*, 2.7.9/*OC* III, 383）。如果作为被修正过的"大众"一员，一个人能够进行"自我立法"，但他的"教育"遭到污损，变成教化灌输，那他就没有真正的自由。我们在上文已经引用了卢梭颇具张力的陈述，在他的陈述中，"国族之父"为法律穿上宗教的外衣，结果，公民们"自由地服从公共幸福的束缚，驯服地承受着它"（*SC*, 2.7.10/*OC* III, 383）。在《社会契约论》中，卢梭并没有说过或暗示过（据我所知），此类公民或政治自由导致了对公民宗教信条的信仰。

请让我们按照解释中的善意精神，以及很可能是在健全的哲学基础上作出假设，缔约人经历的教育转型（通过某种思想的和习俗的方式）把人们放到某个位置，使之能站在如下的公民立场考虑事情：公民（a）能够不太细致地根据普遍意志的立场进行推理，（b）能够认同普遍意志的对象（我们可以把普遍意志的对象理解为对公民及其自由平等的保存——亦即，确保共同善好的安全）。[34] 或许，人们已经是一个社会契约社会

---

[34] 关于健全哲学的可能性，以及"思想与习俗的路径"，参见 Neuhouser, *Foundations of Hegel's Social Theory*, 188-98 以及 Cohen, *Rousseau*, 90-5 中的论证。我在本节讨论了"原初图景"的第二种解释，它阐明了我诊断卢梭理论（包括公民宗教）之内在问题的一种方式，它也不同于 Viroli, *Jean-Jacques Rousseau and the "Well-ordered Society"*, 212-13, 220-1。

的成员,并且正在反思这个社会契约是否值得人们再次确认。抑或,他已经在另一个最终瓦解的社会契约社会中获得了道德自由,他因此思考是否加入这个契约。现在,我们既将自由理解为"遵守人们为自己制定的法律"(*SC*, 1.8.3/*OC* III, 365),也理解为成为欲望的主人,甚至包括自我保存的欲望(这样,如果有必要,人们就愿意为了国家牺牲其生命)。我们这些自由缔约的行为人也理解了,如果社会契约是一种习俗,它就使那些不只是习俗的道德原则具体化了,尤其是人类自由平等的原则。与此同时,这个行为人认为,人们只会因其同意才受制于社会契约。(卢梭是否能够把这些"理性主义者"和"意志主义者"条理一致地绑定在一起呢?这是一个独立的问题,我在第四章第五节谈到了这个问题。)这个行为人也理解,只有当社会契约把所有人都当成自由平等的人来对待时,才是正当的。所以,他不会只在狭窄的认识论基础上视社会契约为正当,无论为了确保那些基础安全稳固我们作出了多么复杂的运算。这个行为人满足了我在上文讨论过的理性标准,但是,他并不是一个理想的哲学圣人。他也认识到了这个事实。这个人会在卢梭假设的基础上接受诸公民宗教信条吗?

在这里,我们再次掉入困难之中。如果像这个缔约人一样,你在质疑是否要相信时就已经在虚线上签字了,那么你就违背了社会契约的条文。如果有人了解了这一情况,你就有可能会因此被处死(因为质疑也可以算作行为)。某个人的确已经知道了情况,这个人就是你自己。既然你是从普遍意志的立场来看待自己,也没有为自己破例,既然你知道也接受了公民宗教的基本原理(例如,它的与动机的因果联系),你就必须宣布你的质疑,并有可能会被处死。但是,假如你尚未真正签署，如果我们知道你正在权衡宗教信条的好处，那你或许只会遭到放逐，而不会被杀死。你要么必须在你——一个真正的自由行为人——不能成为社会契约的成员时接受放逐，要么必须迫使自己去信仰，遵照信仰条款行动，在这个意义上让自己变得自由。在后一种情况下，你赋予自己的基础似是正义的，它们也只不过是卢梭指向的那一些：社会效用，而真理问题被用括号括起来了。尽管这看起来再次令人难以置信：如果正如我与威廉斯所做的假设，信仰的目标是（人们所认为的）真理，而你却在社会效用的基础上让自己相信这些信条。不仅如此，这样做的任何努力似乎都与卢梭关于对认识的准确性的欲求的评论不一致。请注意，我们在这里正在考虑的内容是，宗教（道德与政治）信仰的世俗原因，而非宗教原因。

让我们在这一刻里超越《社会契约论》语境，人们想要知道，为自我立法的能力是否表达了一种自由与尊严；任何强迫宗教信仰的努力（包括任何强迫自身的努力）都在概念上与这种自由和尊严相冲突，无论我们可用论证的方式为之提供何种基础。如果我们强迫自己放弃自由，只在我们选择的基础上（无论它们可能是什么）坚持对宗教的信仰，那么，自由地自我统治能与此相容吗？[35] 与我在此阐述的内容相比，这是一个

---

[35] 卢梭在其他地方接受了听起来像是后一种自由观念的内容，例如，参见 *Emile*, Bk. IV, 在 *CW* XIII, 459/*OC* IV, 607，*CW* XIII, 472/*OC* IV, 623，*CW* XIII, 477-8/*OC* IV, 630；以及 Rousseau, *Letter to Voltaire*，在 *CW* III, 119/*OC* IV, 1072。我们刚刚提出的问题有许多个版本，它们依赖一些卢梭的文本，并激发起某种类似"良心正直"（right of conscience）的东西（不是一个建立在《社会契约论》上的观念）。在二手研究中，这个问题的众多版本颇为常见（作为一种消极回答）。莱恩·汉利向我表明，对卢梭来说（例如，在《爱弥儿》中），宗教真理问题被折叠进那些效用问题，尤其是心理学效用的问题；它们为"真"的一种情况是，当它们对某些（转下页）

更加广泛的问题。如果我们不依赖卢梭在其他地方就此问题所说的任何内容,并将内在一致性的讨论限定于《社会契约论》框架,那么,我正在论证的就是:即便信仰公民宗教总体上有益于社会契约社会,缔约人让自己在社会效用基础上获得信仰的努力也不符合我们在上文讨论过的信仰、自由(包括道德自由)与理性之本性。请让我对此论证进行更深入的分析。[36]

作为自由行为人,如果你只需要在行动时表现得仿佛分享了你为他人确立的信念,那么你就没有平等地为所有人立法,你也使自己在一生中都是伪善的(冒着死亡的危险)。再次重申,那与卢梭对公民与道德自由之益处的赞美并不完全一致(*SC*, 1.8/*OC* III, 364-5)。进而言之,我们也会忍不住提问:如果你没有(在信仰层面)签名支持这些宗教信条,也不认可但凡违反它们当中的任何一条就要受到严厉的惩罚(如果你没有真正相信其中的一条或多条,那就构成了违反),但你却仍然能够遵守社会契约原则,那么你又如何能够确定,其他人不能做到同样的事情呢?你如何能够确定,其他人需要宗教信条和与之相关的惩罚呢?

可以假设,尽管你并不相信宗教信条为真,但你的确认为——再次重申——其他人需要相信它们是真的,你也"相

(接上页)心理学目的(例如个人具有的统一性的目的)来说富有价值之时。相应地,汉利质疑《社会契约论》和其他文本在这个问题上是否真的分隔遥远。然而,即便这种诠释思路正确,我仍将认为,《社会契约论》假定的公民不会因为那些公民宗教信条在政治上或心理上是有用的就信仰它们,他们不会(只)在那种对理论的脱离中亲近这些信念。Neidleman, "'Par le bon usage de ma liberté'," 150-1 论"效用"那节提供了一种思路,这是我对之的回应,亦请参见他的近著 *Rousseau's Ethics of Truth: A Sublime Science of Simple Souls*, ch. 6.

[36] 感谢西蒙·凯勒(Simon Keller)推动我打磨我在这些段落中的论证。

信"它们是真的。再假设，你也不想生活在伪善中，你还认识到，你不能简单地想要自己相信。然后，假设立法者提供了（或者你发现了）一个过程，它能够产生完全信仰这些信条的状态，你就将能够把这些信仰当成自己的信仰来体验。这能够采取一种"信仰药丸"的形式，或者柏拉图《法律篇》第十卷的夜间议事会（Nocturnal Council, 909a）执行的一种处理方式；或者，也能采取一组高度有效的心理机制，让你感到仿佛是真正自愿地相信。

受到卢梭在其他地方对自由的谈论的触动。我们可以论证，在《社会契约论》的语境中，他认为，如果借助某种方式，一个人能够信仰这些正确的信条，感到他仿佛真实地把它们当成自己的信仰，经过反思后也仍然承认它们是自己的信仰——即便他的信仰可能是因为他人（例如，立法者）富有技巧的操纵才产生的结果——那这也是一个完全可以接受的结果，只要我们难以区分这个结果与人们在没有立法者干预的情况下对诸信条的自由承认。[37] 如果卢梭最终认定，自由与"自由的表象"毫无区别，他就按照自己的方式沿着刚才刻画的思路成功地作出了解释。但是，那真是他在《社会契约论》中的观点吗？如果是，我们应该同意吗？

关于第一个问题：卢梭坚决相信，通过加入社会契约，每

---

[37] 我想到了《爱弥儿》第二卷中关于自由的著名段落（"如果我们的服从能够维持自由的表象，那么没有什么服从可以完美如斯。所以，意志本身就受到了监禁"[*CW* XIII, 257/*OC* IV, 362]），以及第四卷中关于自由的著名段落（*CW* XIII, 503/*OC* IV, 661）。另外，请回顾 *DI* 序言中的段落，卢梭在那里谈起了认知屈服于法律（*DI*, 127.8/*OC* III, 125）。在那个文本中，卢梭也指出，为了"公共的安宁"，宗教也颇为必要（*DI*, 181.46/*OC* III, 186）。公民宗教开始看起来很像我在第一章第一节讨论过的"顺势疗法"了。

个人都"像以前一样自由"（SC, 1.6.4/OC III, 360），并且，正如我们看到的那样，他赞美政治与道德自由。我们正在讨论的设想与那幅图景的关系并不十分协调。亦请回顾，在普遍意志立场上进行意愿的能力——它与自由的运用不可分割——需要人们在作出判断时在认识上精确（SC, 2.6.10/OC III, 380）。我已经讨论了他的观点，即"若要令一个新生的民族能够领会健全的政治原则，并遵守国家理性的根本法则"（SC, 2.7.9/OC III, 383），它就需要一位立法者。让我强调一下，为了实现刚才所引表述中的目的，人们确实需要运用理性；正如我在本章和前一章已经讨论过的，对卢梭而言，自由需要自制，也需要为自己立法。亦请回顾，如果唯意志论意味着自由或正义原则就是我们的意志，无论这意志是什么样的，那么，卢梭的图景就不是简单的唯意志论。尽管如此，他所说的是，只有当人们为自己颁布了（正义的）原则——亦即，让自己受它们的束缚，他才受到（正义）原则的束缚。进而言之，这一社会契约理论的核心观点正是那种基于义务的得到知会的赞同。除非同意包含了一种合理的、高度的理性，否则就不是"自由的"。对于此处论证的解释，卢梭并未提出一种默认同意社会契约的理论；同意是清晰明确的。

　　总之，卢梭的社会契约理论认为，自然平等与自由公民要将他们的私人意志塑造为普遍意志，而非普遍意志的某个对立面。并且，在这样做的时候，他们是真正自由的，至少的确像他们此前一样自由。卢梭的社会契约理论不得不说明，一旦原型公民（proto-citizen）转型成为了公民，即便他们不能因此成为圣人，也不再是单纯的"粗俗大众"了。他们成了某种居间的存在，亦即理性地统治自己的自由行为人。他不需要——

实际上也没有——表明，为了在道德和政治上变得自由，我们需要达到才思超卓的哲学理论家的高标准。但是，他的确论断（也需要论断），与道德原则相符的一定层次的理性自治是自由的必要条件（这种诠释也与我在第四章对卢梭自由概念的讨论相一致）。就此而言，他不能认为，自由与自由的仿制品之间没有区别。

当他否认它们并无不同时，他是对的。我们当然很难接受自欺、洗脑或忽视人们在这些问题上的真实观点就能满足其自由的要求（看成为对道德与政治因由的响应）。如果"公民信仰宣言"是《理想国》的高贵谎言的一个版本（《理想国》414b-415d），那么，卢梭此处的计划就注定要失败（不仅如此，我也很难阐释清楚我在第二章试图阐释的问题，即 DI 的系谱叙述意在唤醒读者对自我认知的需要）。相反，柏拉图甚至没有假称，美丽城（*Kallipolis*）的公民而非哲人王是自由的（可能除了在免于被其他城邦控制的意义上）；的确，在一切相关含义上，其要点是他们不自由，他们对高贵谎言的服从只是其不自由的一个维度罢了。但是，我们很难认为，《理想国》呈现了任何与社会契约理论相类的东西。[38]

另一处困难也在二手研究中得到了广泛注意，但是，它并

---

[38] 尽管我们可以论证，正如柏拉图的《理想国》针对的是读者，而非住在美丽城中的公民，《社会契约论》也有可能针对的是读者，而非这部著作所描述政体中的公民。（感谢约翰·司格特提出这个问题，并强调它对理解《社会契约论》的重要性。）卢梭政体的公民需要理性的自我立法，对此理性的自我立法而言，尽管哲学读者假定的高度理论化的自我理解可能不是必要的，但它需要理性的自我理解（至少我已论证）。关于读者问题，参见第二章注释 63 与 65。Meier, "On the Lawgiver," 181-4 提供了一种解读，论述了柏拉图对《社会契约论》具有何种影响。

不是我论证的焦点。正如上文讨论的那般，卢梭"正面的"公民宗教信条可被解释为：它暗示正义共同体的公民认为社会契约极其神圣并有服从的义务，因为其"神圣性"（*SC*, 4.8.33/ *OC* III, 468），他们要么认可它，要么批准它。的确，如果立法者建立了社会契约社会，那我们就可以论证，这就是其结果。这一论断的两个版本都与一个根本的理论假设相冲突，亦即社会契约是一种信念——一种同意——自由行为人若不赋予它理性的同意，行为人对它的义务就不会产生。[39] 关于这

---

[39] 考虑到立法者的欺骗（我在使用这个表达时，意思是说，让第四个信条依赖第一个信条），以及在更广泛的意义上，考虑到其他操纵形式，《社会契约论》中的自由是什么意思呢？这个问题已经得到了广泛的讨论并且仍然争论不休。许多其他复杂的问题也是如此：卢梭是否认为他在此处的观点是前后一贯的呢？如果是，那他是正确的吗？如果它们并不一致，那这种不一致是有意造就的结果，还是仅为一种失败而已？我的解释不同于 Grant, *Hypocrisy and Integrity*, ch. 4 中的论证，她最终认为，从卢梭的立场来看，"对自由来说，自我意识不是一个必不可少的要求"。正如她后来在同一页的几句话里说的："所以［对卢梭来说］，自由最重要的方面是个人自主的主观经验。"（在卢梭看来）那与德性相符，也与"操纵和欺骗一致"（138）。所以，她似乎得出如下结论：根据卢梭，社会契约的公民在政治上与人身上都是自由的（138-9）。其他解释者认为，卢梭的自由理论是不一致的，卢梭也认为它不一致，那是其观点的一部分。例如，参见 Simpson, *Rousseau's Theory of Freedom*, 112（参见 117, 亦请参见上文注释 9）。梅尔泽看到了卢梭政治哲学的不同方面存在着张力，关于这些张力的具体内容，参见他的重要讨论：*The Natural Goodness of Man*, 240-52。司格特也评说说，与哲人相反，《社会契约论》中的公民共享着某些东西，它更像是一种意见，认为他是完全自由的；大部分公民的道德自由实际上只是真实道德自由的'幻影'，因为他们的道德自由是一种德性，自由不是他们自己创造的"。司格特指出，对卢梭来说，那些公民可能会被认为具有"公民自由，就此而言，它也被说成是道德自由的一种形式"，但不是"自我立法的、完全的'道德自由'"（"Politics as the Imitation of the Divine in Rousseau's *Social Contract*," 498，n. 64）。相反，罗尔斯强烈暗示，就他们拥有必要的理性程度和自我意识而言，卢梭的公民是自由的（例如 *Lectures*, 236-7, 243）。罗尔斯没有表明，在《社会契约论》中，这一点存在什么矛盾之处。至于卢梭"设置"（转下页）

第五章　自由、公民宗教与"社会性情感"　　**343**

个最终权威问题，卢梭不能在理论层面两全其美（例如，社会契约被认为是"神圣的"，既是因为我自由地赞成它——因为它在某种意义上"来自于我"——也是因为神的认可或授权）。我们同样难以看出，他如何可以在理论层面以一种方式达成它——认为社会契约之所以神圣（被认为具有"神圣性"）是因为自由行为人赞同它——而在实现条件层面又以另一种方式。为了运用"道德自由"和"政治自由"，公民们必须理解，他们自己在加入和遵守社会契约时正在运用自由。他们必须理解，其原则能够约束他们，因为他们已经赞成这些原则，知道它们是什么，以及为何值得赞同。一个人倘若不能理解他正在为自身立法，那么在为自身立法的意义上而言，他又如何可能是自由的呢？[40]

我们可以回答说，若要建成社会契约社会，我们原本无须以这种方式来解释这些信条——亦即，将第一个信条当成其他信条的"基础"（毕竟，卢梭的信条清单并未真正讲出它们

（接上页）的立法者，罗尔斯论称，它"没有产生卢梭观点的统一性与一致性问题"（*Lectures*，241），这并不令人惊讶。柯亨也指出，卢梭的视野是一个"平等之人的自由共同体"视野，它"没有被我们人类的特征所排除"（*Rousseau*，131，参见 176）。亦请考虑 Hanley，"Rousseau's Virtue Epistemology，"258-62。我论证的结论没有推进到 Trachtenberg，*Making Citizens: Rousseau's Political Theory of Culture*，242 那么远。特拉亨伯格也把公民宗教视为一种政治制度，立法者（及其继承者）可用之来"令公民服从"，结果，他们就不能理解——也不能判断——对他们而言，什么才是真正善好的。所以，他继续说（提到了孔多塞的定理的条件）："公民宗教与合法性相反：它塑造的公民不会产生有能力发现公共善的多数（majorities）。"（243）既然卢梭的理论需要有胜任能力的多数，那么按照特拉亨伯格的论述，这种理论就不具有内在的一致性。亦请参见 Trachtenberg，"Subject and Citizen"。

[40] 为了更深入地考察，在我正在构想的问题中，是否至少有一些问题包含在这个为自我立法的隐喻自身当中，我尚需要做一番独立之讨论。关于一种优秀的讨论（那顺带提及了卢梭），参见 Pippin，"On Giving Oneself the Law"。

的关系）。这是有可能的，尤其是当立法者不在这幅图景中时。但是，我的核心论断是，在这一节里，我对许多困惑进行了探索，但它们仍然有待解决。社会契约潜在的缔约人和参与者必定准备好信仰——出于社会效用的原因——某些宗教与道德信条（当然，这些信条也包括了"神"的存在）。在接受了它们之后，如果一个人在行为中表现得并不相信它们，他就要遭受死亡之痛。根据我的分析，主要问题并非卢梭将自由奠基于立法者的欺骗，而是在公民宗教中，（鉴于有关信仰、真理和理性的假设）信仰的要求与通过这种社会契约理论界定的自由不相符——无论对于以某种方式完全满足这一要求的人来说在多大程度上感觉到了与自由的一致。[41]

---

[41] 如果我正确地遵从柯亨错综复杂、富有思辨的讨论（*Rousseau*，84-96），又公正地怀想着强制性的"公民信仰宣言"，那么我们的最终结论就类似于柯亨所谓的"自我擦除的卢梭主义"（95）。我论证说，社会契约之实现要求我已经考查过的自由缔约人（无论其自由是"自然的"，还是"政治的"或"道德的"）接受对社会效用的诉求，将之视为获得某种宗教信仰的原因。然而，（鉴于信仰的本性）获得这些信仰却不能是对任何此类原因的回应，并在这种意义上"抹除"那一原因——无论第一个信条与第四个信条之间的关系为何，信仰之获得都与之无关。柯亨否认，"自我擦除的卢梭主义"随后出现（90，95，96），尽管他也承认，如果有人强调"卢梭最强大的共产主义者构想"——他援引对此城或彼城之爱国主义的需要，而非对公民宗教的需要——那么，结果就会出现一种与"自我擦除的霍布斯主义"（95）相近的自我消除。然而，我的论证并不取决于任何公民宗教方面的特殊主义（亦即，关于我们所宣称的，它的朝向此种而非彼种政体的"共产主义者"倾向），或特殊主义/普世主义的对比。亦可参见施特劳斯（Strauss）的建议（他在讨论立法者的段落的结尾提供了这一建议）：对卢梭而言，一个自由的社会要求公民们"忘却"关于"社会根基"的哲学诊断。正如他也在那里说过："如果政治哲学找到的答案能起到作用，我们就必须忘记政治哲学提出的问题。"在下一个段落里，施特劳斯也提到了在此联系中的公民宗教（参见 *Natural Right and History*，287-8）。关于施特劳斯坚实的、在一定程度上难以捉摸的论证，根据我的理解，就与公民宗教要求相关之"问题"来说，我的诊断与他不同。我没有论证，卢梭的自由公民必须"忘记"（转下页）

总而言之,即便我们抛开立法者的欺骗问题和第四个信条对第一个信条的依赖问题,《社会契约论》的"公民信仰宣言"看起来也与社会契约理论本身并不一致。如果这是真的,那么(再次注意开篇引自《社会契约论》的表述)"人本来的样子"与"正义"终究难以调和;如果卢梭正确地描述了两者,结果必将是一种悲剧,至少就政治层面潜在的"社会性"来说是一场悲剧。[42]

对于由宗教的政治问题呈现出来的极端困难的挑战,斯密提供了一种更好的回应吗?接下来,我将转向这个问题。

四 斯密的宗教市场与正义感

> 没有自由,祖国就无法维系。没有德性,自由就无法维系。没有公民,德性也无从维系。如果你塑造公民,你就会拥有这一切。如果你不这样做,你就只会有邪恶的奴隶——首先就是国家的领袖。
>
> 卢梭,《论政治经济》[43]

我实际上已经讲明,卢梭理论中具有一种内在的张力,对

(接上页)对公民宗教社会效用的认知(他们可能认为,这些信条既是真实的,也是有用的)。或者,我也没有论证,我们必须作出解释,认为第四个信条源自第一个信条。然而,一种家族相似性的确存在于施特劳斯的建议、柯亨的"自我擦除的卢梭主义"观念以及我所呈现的关于信仰的论证(依赖于威廉斯的信仰观,及其与真理之间的联系)之间。

[42] 这一思想与我在第一章第四节、第二章第一节(e)以及第四章第六节表达的观点产生了共鸣。

[43] 在 *CW* III, 154/*OC* III, 259 处。

之的批评的一种回应就是简单地放弃对公民宗教的整个讨论。但是,那除了忠诚于文本的问题,还将带来风险、降低卢梭试图回答之问题的重要性以及他的一些假设的合理性。实际上,斯密讨论了宗教的政治问题,他的讨论指出,我们难以摒弃卢梭正在提出的问题。

斯密的确回避了一个关键问题。根据我的论述,这个关键问题有助于推动我们在此考察的卢梭理论中的内在张力产生。既然斯密不是一个社会契约理论家,他的描画也就不包含这样一位缔约人,他从外在于社会契约的立场(例如"自然状态")选择是否加入或承认一种社会契约。并且,既然他并不提倡一种由国家强制执行的公民宗教,那么在我所谓的"自我欺骗的投射"(借用威廉斯的表述,参见上文的注释32)与伪善之间进行选择的问题就不会出现。伪善也就是以某种方式让自己进入一种对某些宗教信条的信仰状态,非此,人们就不会信仰这些信条。当然,这并不是说,斯密认为我们没有经常受到欺骗或被自己欺骗。[44]

的确,据我所知,斯密从未谈起人们对信仰的选择。斯密甚至告诉我们,一位怀疑正义的神存在的有德之士反而会非常期望自己确实相信他的存在,因为信仰令人安心(*TMS* III.2.33)。但是,很显然,期望不能产生信仰。所以,我们很可能在明确无疑的基础上拒绝赞成一种信仰,即便人们认识到,持有这种信仰对他自己来说是有用的。不仅如此,正如我

---

[44] 请回顾我在第四章中的讨论。很明显,斯密清晰地意识到,在知道信仰为假的情况下,人们也会扩散它(例如 *WN* IV.iii.c.10)。但是,据我所知,他从未表明,当人们知道一种信仰为假,或怀疑其真实性时,他仍然会接受这种信仰。

们可能想要相信,我们也欲求被人相信。让我们回顾如下一行文字,我已经在第四章第五节临近结尾处的一个段落中讨论过这句话:"欲望被人相信、欲望说服他人、欲望领导并指导其他人看起来便是我们一切自然欲望中最强烈的一种。"(*TMS* VII.iv.25)所以,与被说服接受一种信仰相类的事物当然存在。的确,有了经验,我们就会有怀疑(*TMS* VII.iv.23)。我们深切期许能够分享一种信仰,并在那种信仰中获得承认。这一深切的期许看起来就是支持这一欲望的部分动机。斯密说,从未被人相信的人感觉自己"受到了驱逐",将会"死于绝望"(*TMS* VII.iv.26)。

关于信仰与(被当作)真理之间的纽带,斯密会赞同威廉斯,并且,他还将补充说,凭借其道德、政治与宗教信仰——无论它们是什么——公民能完整经历同情的社会性、教育(无论正式还是非正式)和经验的过程。例如,他告诉我们,当我们对世界的不义感到"绝望",认为我们无力矫正时,我们自然为了此世与彼世的正义而"诉诸上天"。斯密继续说:

> 所以,我们不仅被人性弱点、希望与恐惧引导着,也被人性中最高贵、最好的原则引导着,被对德性的爱、对恶与不义之憎恶引导着,去信仰一种未来状态。
>
> (*TMS* III.5.10)

当人们最终获得这一信仰,宗教对道德的约束也就出现了:"宗教正是以这种方式执行着自然义务感"(*TMS* III.5.13,参见 III.5.4, 12)。为了支持我们对正义的信心,以及因此支持我们为人正义的动机,我们当然可以通过这样一种方式获得信仰,包括对神的信仰。

那么，斯密呈现的信仰图景就遵从着某个其他的过程序列。它可能是一个心理学过程，也可能会引起错误的信仰。[45] 当他区分了不加反思地屈服于信仰的幼稚倾向与一种成熟的怀疑时，他就坚持认为，"自然总是倾向于相信"（*TMS* VII.iv.23）。对于我们的信仰，我们并不是完全被动的，但是，我们当然也不能只在其社会效用的基础上接受它们，遑论当一种宗教、道德与政治品格的信仰遭遇危机时。让我重申：卢梭的包含在"决定信仰"问题中的论述具有内在张力，这种内在张力却并未在斯密的论述中呈现出来。不仅如此，对卢梭的社会契约理论来说，自由与义务概念是如此自然——亦即，根据卢梭的社会契约理论，缔约人的自由同意就可以确立义务（参见第四章第五节）——但是，斯密却没有处理自由与义务的概念。

然而，根据无偏旁观者立场进行自我规范是一种自由，斯密的理论在这种自由、进行适当调节的同情与理性之间假设了一种联系。的确，我也曾在第四章（第四节）提到，我们都知道，对于"文明化社会"中大部分劳动人民"严重的无知和愚蠢"，他颇为忧虑。他们的判断力遭到腐化，这使他们容易陷入"狂热与迷信的幻想"（*WN* V.i.f.61，亦请参见 V.i.f.50）。这段话就出现在斯密讨论宗教的政治问题之前。在斯密看来，宗教与教育的主题紧密地联系在一起。他也指出，在对抗社会失范，阻止工人生活在城市背景中走向恶化方面，宗教教派发挥

---

[45] 例如，关于自然事件的源头，参见斯密在 *HA* III.1，*EPS*，48 中的讨论。当他在 *TMS* III.4.3 讨论自我欺骗时，他曾经引用过马勒伯朗士，而在 *HA* III.1，*EPS*，48 他又引用了同样的内容来支持其论证。

了有用的社会功能（*WN* V.i.g.12）。所以，尽管他具有不同的自由与理性概念（更别提欺骗与自我欺骗问题了），斯密也赞同卢梭，认为自由与理性之间具有一种联系，并且这种联系与自由国家中作为行为人的公民深刻地关联在一起。

在《道德情感论》中，在讨论宗教情感时，斯密并未致力于阐述如下观点，即它们体现出来的信仰必然是真实的，即便当这些宗教情感支持道德时也是如此，尽管他确实假定信仰者认为他们的信仰为真。斯密描述了在哲学出现以前，"由自然赋予"的宗教信仰。在描述这些宗教信仰时，他非常清楚，它们是作为恐惧与希望这类情感产生的结果的投射（*TMS* III.5.4）。[46] 斯密立即继续这一描述，声称"哲学研究"最终"确证了那些原始的自然期待"（*TMS* III.5.4, 5）。他在那里解释说，我们的"道德官能"受行为引导，并将它们自己表现得具有权威性。在同一段落中，斯密也给了我们一种明确的陈述：大意是，道德品质由我们的道德官能判断某个事物是否令

---

[46] 这是我在第四章讨论过的投射现象的一个例证。请注意斯密在 *TMS* III.5.4 对惯用语的使用——例如"to ascribe"（把……归因于）以及"to impute"（把……归咎于）——以及出现在同一段落中的评论："这些自然的希望、恐惧、怀疑都由同情扩散，并因教育得到巩固；诸神也被普遍地表象为或认为是人道与仁爱的奖赏者，以及背信弃义与不正义的惩戒者。"关于斯密个人的宗教信仰问题（在处理卢梭的时候，我们曾经讨论过这个问题），我在此不置一词。参见 Hanley, "Adam Smith on the 'Natural Principles of Religion'"中对这些问题的卓越论述。尽管汉利论证，对斯密来说，宗教是自然的，但他并未论证斯密认为那些宗教信仰为真（尽管可以确定，那些信仰者认为它们为真；参见 43-4）。亦请参见 Graham, "Adam Smith and Religion," 316-17; Lingren, *The Social Philosophy of Adam Smith*, 144-8; Schwarze and Scott, "Spontaneous Disorder in Adam Smith's *Theory of Moral Sentiments*," 468-9, 473-5; 以及 Heydt, "The Problem of Natural Religion in Smith's Moral Thought". 亦请参见下文注释 79。

人愉快决定（相关讨论，参见第一章和第四章第五节的结论性段落）。所以，道德权威事实上不可能以任何非人类源头为基础，尽管斯密在同一段落中又说，由我们的道德情感颁布的道德法则"被认为是神的命令与法律"（TMS III.5.6）。除非斯密自我矛盾，否则他的意思就必然是，人们应该相信（或者，他们认为他们应该相信）道德法则是来自上天的命令，否则这些法则就会丧失其权威（对大部分人而言，在任何程度上）。但是，这并不是说：这些法则具有权威是因为它们实际上是"神的命令与法律"。斯密不是一个神谕理论家（divine-command theorist），因此他会赞同卢梭，认为他的第四个信条在原则上并非奠基于第一个信条。[47]

总之，尽管人们必须认为宗教信仰为真，它们才会发生作用，但斯密并没有说，为了发挥其道德功能，那种适当的宗教信仰就需要为真。但是，他的确在说，对于塑造道德情感与行为而言，它们极为重要。我稍后将要讨论，对斯密来说，我们讨论的道德原则包含了正义感，而对一个自由稳定的共同体而言正义感不可或缺。在这一点上，他也赞成卢梭。

关于宗教的道德与政治作用，斯密与卢梭分享了许多更深层次的前提。正如我们已经看到的，斯密同意，宗教在道德中扮演了一个成效显著的角色。不仅如此，那些段落表明，斯密也赞成宗教是"自然的"：人类是宗教动物。我们能够依赖宗教来塑造部分道德生活，因此塑造社会生活。我在本章稍早的

---

[47] 参见奥特森的论证：大致而言，对斯密来说，"道德的普遍法则或许可以最终被看作是神的意志的表达"（*Adam Smith's Marketplace of Life*, 255）。我迫切地加以补充，斯密没有试图证明无神论是正确的。

时候（注释22）从《国富论》中引用过一段话，这段话表明，斯密也同意，宗教权威总会战胜主权者的世俗权威。像卢梭一样，斯密完全清楚，总体而言，人类不会只根据哲学理性来行动。[48] 实际上，一如我们刚才引用的一些语段表明的情况，对斯密而言，这在某些方面是一件好事。

让我在此分析中更进一步。像卢梭一样，斯密也提倡宗教宽容——尽管对斯密而言，"宗教自由"是更好的表达。他清晰地看到了派系和狂热主义（尤其是宗教派系与宗教狂热主义）的潜在可能性（*TMS* III.3.43，III.5.13，III.6.12，VI.ii.2.12-15），他也清晰看到其破坏性的道德与政治后果。他含糊地谴责狂热主义与破坏性的宗教派系，并倡导主权者在诸宗教教派之间保持中立（*WN* V.i.g.8, 9；实际上，这就是杰弗逊［Jefferson］支持的"将国家与教会分割开的墙"）。[49] 斯密反复赞美"哲学的好倾向与节制"，以及"公共的宁静"；他也希望，当宗教的政治问题得到解决，它们将会因此产生（*WN* V.i.g.8, 9）。我应该强调，派系问题并不限于斯密所述及的宗教。他也写道，当我们在讨论古代希腊与罗马的历史时，"在一个自由民族的公共道德中，彼此竞争的派系的好的倾向与节制看起来是最基本的条件"（*WN* V.i.f.40）。

---

[48] *TMS* I.iii.2.3，I.iii.2.8，III.5.9，IV.i.9，Ⅵ.ii.20，VI.iii.31. 紧随 IV.i.9 的段落，关于"激发出人的勤劳动机并推动人们持续勤劳的欺骗"（IV.i.10），斯密进行了卢梭式的描绘。我在第四章对此进行了讨论。

[49] 援引自杰弗逊在1802年写给丹伯里浸会社（Danbury Baptist Association）的信，这封信收录于 *Thomas Jefferson: Writings*，510 中。然而，一个限制条件是：斯密犹豫地表示，主权者可能出资支付"教育或宗教教化机构"的费用，因为它们"对整个社会有益"，尽管稍过片刻，他就评论说，如果这两种教育真实的或潜在的受益人自愿支付开销，那可能要更好一些。

在支持一个自由社会时，关于塑造公民品格，以使他们遵守基本正义原则的问题，斯密也颇为担心。在这里，基本的正义原则包括了那些要求宗教宽容的原则。正如他所说："无论如何，在那些时刻准备伤害彼此的人们那里，社会不能维持。"（*TMS* II.ii.3.3）然而，当他声称我们有义务以正义的、可敬的方式对待他人时，斯密没有首先依赖基于效用的论证。[50] 相反，他用听起来像是自己的声音，反复地——人们也可以说，满怀激情地——在与那种义务的关联中使用宗教语言。例如，他写道："即便在没有任何法律能够适当地保护我们邻居的地方，我们也要怀着神圣的和宗教般的关心，切勿在任何方面伤害或扰乱他的幸福，这就**构成了**一个完全清白且正义之人的品格。"（*TMS* VI.ii, intro.2，我进行了强调；参见 *TMS* VI.III.1）他告诉我们说，"最神圣的关心"起因于"正义的法则"；以及，如果"那些普遍法则要求一个人有所行动"，而其行为的"主要动机亦是对那些普遍法则可敬的、宗教般的关心"，那他就具有完全的德性（*TMS* III.6.10）。一位具有公共精神的领导人会"宗教般地遵守……柏拉图的神圣法则，绝不对其祖国使用武力，正如绝不对其父母施暴"（*TMS* VI.ii.2.16）。人们必须"宗教般地遵守神圣的正义法则"，无论他是否具有相反的动机（*TMS* VI.iii.11，参见 *TMS* II.ii.1.10，II.ii.2.2, 3［"神圣的正义法则"］,III.4.12, III.5.2, VI.i.15, VII.iv.8, 9, 11 以及 *WN* I.x.c.12,

---

[50] 对斯密而言，"最神圣的行为法则"（包括禁止杀死一个清白无辜者）以我们对特殊事件的回应为基础（*TMS* iii.4.8）。与此同时，对我们彼此的生存而言，正义法则至关重要，其他道德法则也是如此："但是，人类社会的存续有赖于我们大体遵从这些义务［正义、诚实、贞洁、忠诚］。如果人类不能大体上遵从那些重要的行为法则，它们就会瓦解得片甲不留。"（*TMS* III.5.2）

I.xi.c.27）。斯密引人注目地一再将"神圣"（sacred）与正义并用，这呼应了关注社会契约之"神圣性"的卢梭公民宗教的第四个信条，也呼应了卢梭的措辞——卢梭通过一种类似的结合使用"神圣"。[51]

在这些段落中，斯密的宗教语言主要聚焦于"自然的正义感"（natural sense of justice）（*TMS* VII.iv.37，参见 *TMS* II.ii.2，以及章节标题中的表述）。这种语言体现了个人的道德身份，以及属于个人的尊重。他也说过，在"古代异教"中，人们不得侵犯向一位神灵献祭的"圣地"。谁若侵犯了"圣地"，即便是出于疏忽，他也将遭到可怕的复仇，直到获得"适当的救赎"。与此类似，斯密继续说："通过自然的智慧，每个清白无辜者的幸福都同样被认为是神圣的，不得受到任何他人的侵犯。"（*TMS* II.iii.3.4）个人的尊严是神圣的、神一般的，这就是自然的智慧——例如，我们的自然情感——教给我们的部分内容，除非我们变得腐败。人们几乎可以说，按照斯密的论述，个人的这一"神圣"地位必须得到尊重，无论任何想象中的命令（无论是否为宗教必要性）发出何种指令。斯密坚持认为，我们有义务尊敬一个人的道德身份，这种尊敬只能依赖于他的同情的愤怒理论，并因此依赖其同情想象理论。[52]

总之，斯密表明——不同于卢梭——我们应当用一种宗教

---

[51] 参见上文中的注释 11 与 14。斯密在 *TMS* II.i.2.5 提到了报复的"神圣与必要的法律"。弗莱西艾克表明，斯密在使用"神圣"一词时，其含义不仅仅是"不可违背"，也意指某种更为强大的东西，比如"激发敬畏"（awe-inspiring，*ASWN*，70-1）。Tegos, "The Two Sources of Corruption of Moral Sentiments in Adam Smith," 140 指出，当谈论我们对"富人与有权势者"的"崇拜"时（*TMS* I.iii.3.1, 2），斯密也使用了宗教语言。

[52] 参见 Debes, "Adam Smith on Dignity and Equality" 和 *ASVE*，237-8。

般的奉献来持守正义的根本原则或法则;以及,在正常情况下,因为动机或心理原因,一个人对它们"可敬的、宗教般的关心"会因适当的宗教原则(亦即,一种宽容或道德的原则)变得更为坚固。我们已经注意到,斯密也谈论了信仰在来世的作用,德性在那里获得了它的奖赏(TMS III.2.32-3,III.5.10),卢梭在第二个和第三个信条中简要地陈述了这种观念。看起来,只有这些信仰能够胜过强大却腐败的情感,包括那些以宗教方式表达、引起不宽容并侵犯其他"理性生物"尊严的情感(TMS III.6.12)。斯密所谓的"错误的宗教观念"(TMS III.6.12)能够颠覆这种正义感,正确的宗教观念则能够维持它,因为当正义的法则"因此被认为是一个全能存在的法律……它们就必然从这一考虑中获得了一种新的神圣性"(TMS III.5.12)。

在本章稍早时候,我展示了卢梭的公民宗教背后的理性,这一切都引人注目地接近这一理性。正义感是有德之士的标志之一;一个自由而稳定的社会具有诸多目的,对这些目的而言,正义感的确也是最重要的一个标志。按照斯密的论述,宗教以及用宗教方式表达的对个人尊严的尊重看起来对"自然自由体系"具有实质性的意义(WN IV.ix.51)。所以,当斯密论证说,在理想情况下,主权者要在各宗教教派之间维持中立时(WN V.i.g.8),他的意思不可能是,这是一个就民情(moeurs)如何发展而言,对主权者保持冷漠的问题。我从卢梭那里引用了一段文字,把它放在本节开头;简而言之,我们有理由认为,斯密将会接受在这段文字中明显展现出来的思路,至少会接受"公民信仰宣言"背后的某种原理。斯密必定十分关注公民德性问题。一如他在讨论宗教自由时表明的那样,他至少非常关心与正义有关的公民德性问题。可以论证的是,按照他的论述,正义是最重要的"社会德性"(*TMS* II.ii.1.5)。[53]

在《道德情感论》中,斯密认为正义"在大部分情况下"都只是一种"消极德性",意思是,正义法则迫使我们切勿伤害他人。正如他说:"我们经常通过静静地坐着什么也不做就满足了一切正义法则。"(*TMS* II.ii.1.9)这样的说法令人难以忘怀。在刚才引用的陈述中,斯密使用的限定词("大部分""经常")值得我们注意。但是,关于不要侵犯他人的人身或财产,他坚持使用宗教语言(包括在我刚才所引文字的下一段也是如此),这提醒我们注意:为人正义不仅最为重要,也是对我们大部分人的要求。在《国富论》中,斯密关于宗教的讨论也暗示了同样的内容。在一个由狂热者领导的、狂热的、深信其原则的正当性的教派中,如果要一个人能正义地对待其他教派(更不用提无神论者与不可知论者了),他就需要一种高度坚定的自我克制与对他人的尊敬。[54]

227　　我在这一章前面提到了《社会契约论》中卢梭的自由概念(尤其是"道德自由")与伯林的"积极自由"概念之间的相似性。既然对斯密而言,正义之士的部分品格是"令人尊敬地关心""神圣的"正义法律——认为那对一个自由且正义的社会(包括对宗教自由)具有实质性的意义——并且,既然要成为正义之士,人们就有必要根据无偏旁观者的声音在一定程度上进行自我约束和自我引导,那么看起来,斯密的框架也依赖某

---

[53] 在这里,我不赞同布朗的前一部分评论(但赞同后一部分),即"然而,在亚当·斯密的著作中[与卢梭相对],公共德性的概念很难完全呈现出来,对提升作为公共道德或公共德性的条文法来说,斯密在许多地方保持了沉默"(*ASD*, 122)。

[54] 关于作为一种品格特征的正义的讨论,关于"正义"之不同含义的讨论,以及正义与愤怒之关系的讨论,参见 *ASVE*, 231-9。

种与"积极自由"相类的事物。[55]作为公民德性的正义在《国富论》中受到赞美,也强调了斯密对"纯粹且理性的宗教"的希望。如果公民自己就是正义的,那么和平与自由就能得到最好的保护。

在对卢梭的另一重回应中,斯密承认存在一种"立法者科学,其思虑应受到普遍原则的统治,而普遍原则总是相同的"(*WN* IV.ii.39)。那些原则很可能包括了"自然正义法则"(*TMS* VI.iv.36, 37, 参见 *TMS* VI.ii.2.18)。[56]然而,斯密没有说过,立法者"要么改变人性"(请回顾 *SC*, 2.7.3/*OC* III, 381),要么将正义的法律(卢梭可能会说是"社会契约法律")打扮得好似源于神灵。很难说我是最先注意到这一点的人。与此同时,斯密没有否认,通过普通的政治家与领导人,这些法律已经在历史中以那种方式呈现出来。

这就把我们带到两位思想家之间的一个关键分歧上来。尽管我已经勾勒出斯密与卢梭之间的共通点,但是他们为保卫宗

---

[55] 许多评论者已经论证了,斯密的确拥有一种伯林所谓的"积极自由"视野。例如,参见 Harpham, "The Problem of Liberty in the Thought of Adam Smith," 226-31; Herzog, *Inventing the Market,* 121-8, 134-6; 以及 Hanley, "Freedom and Enlightenment"。亦请参见 Rasmussen, *The Pragmatic Enlightenment*, 284-93 中的讨论,以及本书第四章注释 42 的讨论。

[56] 关于富有助益的讨论,参见 Hanley, "Enlightened Nation Building"。然而,汉利在那里没有讨论公民宗教问题。针对斯密涉及立法者与政治家的论述,布朗提出了一种非常不同的观点,参见 Brown, *ASD*, 133-4, 138。我应当强调,在这里,我没有关注普遍原则与当下语境间关系的问题,或者关注两位思想家如何决定何为普遍原则。在第二章第二节(a),我简要讨论了斯密未完成和未发表的关于普遍正义原则之论述的问题。有趣的是,《社会契约论》是卢梭从未完成的一部规模更为宏大的著作的一部分(参见附在 *SC*, 40/*OC* III, 349 开头的"声明",以及《社会契约论》最后一章, *SC*, 4.9/*OC* III, 470)。关于对此问题的讨论,参见 Williams, *Rousseau's Social Contract*, 22-3。

教和平以及为自由与德性之目的利用宗教对社会有用的潜能提出的计划大为不同。实际上，斯密将一个自由市场模型应用在宗教上。斯密说，如果主权者没有强制单一宗教垄断，那么宗教派系就会分化成许多个（*WN* V.i.g.8）。他在这里没有解释为何，但是，那很可能与一系列因素相关，其范围从财富差异——富人与穷人对他们的教派有不同的期待（*WN* V.i.g.10，参见 V.i.g.33）——延伸至宗教想象的多样性与创造性、历史语境，以及迷信水平。在限定条件下，那些教派将不得不为了信众彼此竞争。斯密预言，随着竞争过程的展开——因为一种未加计划、偶然且历史的发展，而非"人类理性虚弱的努力"，这一过程自身就得以可能——与理性自然宗教相类的某样事物就实际上成为宗教共有的公共面貌，宽容与政治审慎也会与之一起产生。斯密写道：

> 每个小教派的教师们发现他们自己几乎是孤立的，通常不得不尊敬其他教派的教师；他们相互迁就，让彼此感到便利而且适意，于是，他们宗教的大部分教义就可能脱去一切荒谬、欺骗或迷妄的夹杂物，成为纯粹且理性的宗教。世上任何时代的明智之士都希望看到这些宗教的确立。但是，这样的实定法或许从未在任何国家确立过，也很可能绝不会在任何国家得到确立：因为，在宗教上，实定法过去总是（很可能未来也将总是）或多或少地受大众迷信与狂热的影响。
>
> （*WN* V.i.g.8）

他继续说（*WN* V.i.g.9），尽管并非每个教派都会以这样的方式参与进来，但很可能有足够多的教派会这样做，他们足以产生"好的倾向与节制"以及"公共的宁静"。"如果政府有十足的决心让它们［宗教教派］保持孤立，并迫使所有教派彼此孤立"，那这就是最幸福的结果。在这个过程的第一阶段，斯密描写到，我们讨论的那种"尊敬"源于自利的或审慎的动机。但是，当行为人摆脱了国家的控制时，"社会性情感"（借用卢梭的表达）很可能从行为人之间的流动性谈判过程中逐渐产生。

产生这一结果的方式（亦即，特别是主权之于制度化宗教的独立，以及后者分裂为许多教派）与结果本身（节制等）看起来都不是立法者、哲学理性或自由个体之选择的功劳。的确，想象令人们欲求此世或彼世的奖赏，受此想象与"事物自然过程"的引导，支持宗教自由的方式与原初动机就会从自我利益中产生。看起来，在社会的剧本中，大部分（任何？）演员都不能预见或欲求这个结果（*WN* V.i.g.24-5）。我们所欲求的境况将由"实定法"得到"确立"吗？斯密对此颇为悲观（*WN* V.i.g.8）。他也评论说，中世纪天主教会的"制度"是"反对政府权力和安全，反对人类自由、理性和幸福（它们只有在受到政府保护的地方才能繁盛）的旷古未有的可怕组合"（*WN* V.i.g.24，参见卢梭在 *SC*, 4.8.9/*OC* III, 462 关于"世上最暴烈的专制主义"的评论）。所以，宗教自由的起源是一回事，而其延续则是另一回事。然而，斯密并没有说，实定法不能或不应该努力维持那种自由。

斯密告诉我们，确定宗教"信仰条文"不是主权者的工作（*WN* V.i.g.18，参见 *SC*, 4.8.31/*OC*, III, 467-8）。但是，正如我们已经看到，人们所谓的公民宗教"原理"是斯密的根本关切

(*WN* V.i.g.8),正如它是卢梭的根本关切。[57] 斯密将此原理呈现为一种世界性与超历史性的原理,它是"明智之士在世界上所有时代都希望看到得到确立的东西"。即便在今天,无论明智之士们在哪里,它还很可能是他们赞许的东西。所以,这一公民宗教并不必然限定于任何一个民族,卢梭的公民宗教同样如此(参见 *SC*, 4.8.35/*OC* III, 469)。[58] 在有些地方,卢梭只提供了很少的信条,但它们又具有实质内涵;而在这些地方,斯密就只给我们提供了其追求对象的普遍特征。很明显,他所说的内容具有实质性的哲学、神学与政治内涵,但他看起来决定要避免细致分析任何确切的信条。当然,他推荐的内容包含了信仰。与卢梭的"公民信仰宣言"一样,斯密的"纯粹且理性的宗教"也不只与行动有关。当然,斯密也像卢梭一样假设,信仰和行为彼此联结。在我所讨论的文本中,斯密与卢梭都没有暗示,某种具体的基督教信条(例如涉及基督或三位一体的)包含在他们心中的公民宗教里;他们也都没有暗指任何与之结合在一起的仪式等。[59] 那么,他们渴盼的公民宗教包含了

---

[57] 斯密自己并未使用"公民宗教",尽管看起来他能够接触到这个表达。《牛津英语词典》列举了这个短语在 1713 年的用法。

[58] 很可能,斯密的"神圣正义法则"会受到"纯粹且理性的宗教"的尊重,它们想要成为普世性的。人们会遵守那些关乎任何地方、所有人类的法则(中国地震的例子也表明了这一点:*TMS* III.3.4)。

[59] 斯密批评了那些用"轻浮的仪式"替代做合乎道德之事的人,以及那些通过举行"牺牲、仪式,与空洞的祈愿"以"为欺诈、背叛和暴力与神进行谈判"的人。关于斯密的批评,参见 *TMS* III.5.13。斯密的"纯粹且理性的宗教"当然排除了在此范围内导致不义的一切。参见 Graham, "Adam Smith and Religion," 311, 318-19, 以及 Minowitz, *Profits, Priests, and Princes: Adam Smith's Emancipation of Economics from Politics and Religion*, 180-2, 202-7. 汉利也将 *TMS* III.5.13 处的段落与 *WN* 的"纯粹且理性的宗教"结合起来,有些学者也这样做,汉利还引用了他们的论述("Adam Smith on the 'Natural Principles of Religion'," 338-9)。

什么样的信仰呢?

在《道德情感论》中,斯密讨论了"宗教的自然原则",它们"尚未被派系与卑微的阴谋集团的党派热情败坏"。这种宗教的"首要义务"就是"满足一切道德义务"(TMS III.5.13)。很可能,斯密在《国富论》中描绘并期待的"理性"宗教符合那种刻画,因此具体呈现出我们在上文讨论的"神圣的"正义原则。"理性的"(rational)也意味着与"常识"一致(TMS III.6.12)。"纯粹的"(pure)或许也意味着某种未受粗俗自我利益污染的东西(参见 TMS IV.1.11,参见 TMS VII.ii.3.6, 13 的"纯粹同情"),或某种未受外来政治、经济事物污染的东西。

我正在讨论《国富论》中临近结尾处的段落。在这个段落中,斯密提到了"迷信与狂热"。当"迷信与狂热"结合在一起,它们将会阻塞他期许的"纯粹且理性的宗教"。斯密在稍早的时候提到,未受教育且麻木的工人们倾向于"狂热与迷信的虚构",它们"在无知的民族里,还频繁导致最可怕的混乱"(WN V.i.f.61)。在这个段落之后,我们很快又再次听到了受"罗马教会制度"支持的"迷信的虚构"(HN V.i.g.24)。斯密在别的地方也提到了"异教徒的迷信"(TMS III.5.4;参见 HA III.2,EPS,49,50;WN V.i.f.24,TMS II.iii.1.2),看起来,他也同时在谈论习俗的宗教与迷信(TMS II.ii.3.12:"在每一种宗教中,以及在这世界曾经有过的每一种迷信里……")。根据斯密的论述,对于那些本应交由理性与科学来解释的事件,我们用想象作出了富有想象力的解释,因此,"迷信"总具有欺骗性。这一点看起来是很清楚的:"宗教狂热"总是指向一种作出总体承诺的精神,以及对自己的正确与正直的确信,并且,它还令人们欲求他人加入其表面为真的信仰。斯密建议,为了教育"一切位于中等以上阶层，享有中等以上财富的人"，国家需要"研究科学与哲学"，因为"科学是宗教狂热与迷信之毒最好的解药"（WN V.i.g.14）。[60] 所以，他认为宗教自由带来"**哲学的**好性情与节制"；在我们讨论的这段话的结尾，斯密又两次提及它们（WN V.i.g.8，我做了强调）。

斯密的"纯粹且理性的宗教"没有"荒谬的行为"，或许这也部分地意味着它没有"荒谬的义务观念"（TMS III.6.12）。其核心观念似乎是：如果我们在对待一切道德义务时，都认为它们根据正义法则值得"可敬的宗教般的关心"，以至于违反它们就是犯罪（TMS III.6.10），仿佛"宗教是唯一值得赞美的行为动机"（TMS III.6.1，参见斯密在 III.6.9 提到的"荒谬可笑的卖弄"），那这是荒谬的。斯密或许也想到了彼世的"僧侣与牧师"所谓的"德性"。他认为这类"德性"是荒谬的，且带有强迫性（TMS III.2.35）。所以，有些宗教原理与道德要求相关，对于这类宗教原理，"最大程度的相互克制与宽容就是恰当的"（TMS III.6.12）。[61] 当然，"荒谬"也可能涉及迷信。"纯粹且理性的宗教"的原理也不会"欺骗"——"欺骗"在这里或许意味着假装能够与神直接沟通，谎称自己是神的代言人或先知（或许，这样一种伪装是"荒谬的自爱"：TMS II.iii.1.5；

---

[60] 宗教狂热永远是一种毒药。对斯密而言，他在此处使用"宗教狂热"时，好像是在谈论"独立派"（Independents）。这个教派谋划着国家与教会的分离。其谋划与他期许的政教分离相近，但这个教派却是由"十分狂热的信众"构成（WN V.i.g.8）。

[61] 斯密在我们刚才提及的两个段落中赞美了伏尔泰。在第二个段落中（TMS III.6.12），斯密用最好的词语赞美了伏尔泰的《穆罕默德》。这两个段落都关注宗教的腐败。鉴于卢梭与伏尔泰之间令人烦恼的关系，以及卢梭对伏尔泰《穆罕默德》的批评，这是一个非常有趣的事实。关于这最后一点的讨论，参见 Christopher Kelly, "Pious Cruelty"（亦请参见上文中的注释 15 与注释 21）。

参见 TMS VII.iv.16, 17 对迷信的提及）。斯密可能也在脑中想到了牧师从富人与有权势者那里"获得晋升"的尝试（WN V.i.g.34，参见 WN V.i.g.31）。

最后，它也不会许可"宗教狂热"。"宗教狂热"这个词必然部分涉及斯密所谓"错误良心"或"错误义务感"的极端表达。斯密用"错误良心"或"错误义务感"来归纳"虚假的宗教观念"。他认为，虚假的宗教观念"几乎是导致以此方式严重颠覆我们的自然情感的唯一原因"（TMS III.6.12，斯密紧接着就提到了伏尔泰）。斯密也告诉我们，狂热者甚至"将他们的所有偏见都归咎于""神圣存在"，然后热切地想要强迫他人接受其观点，如果有必要就使用暴力（TMS III.3.43；请注意，在那里以及 TMS VI.ii.2.15、WN V.i.g.36，斯密把宗教狂热与派系联系起来了；在 TMS III.3.25, 36、VI.iii.12, 26，斯密将暴力与派系联系起来）。那种自利的归咎指向了虚荣与狂热主义之间的一个重要纽带。

斯密假设，他期许的原则支持（政治的）节制、正义、宽容，以及在一定程度上支持一个由自由且道德平等之人构成的共同体的基础。就此而言，他期许的原则当然是一种公民或政治宗教。一如我们所见，个人的道德状态与自由以及"正义法律"的神圣性将会"以可敬的与宗教般的关心"受到尊敬（他的对卢梭的第四个信条的类比）。那是他期许之原则的部分实质内容。进而言之，如果在任何传统的意义上，它都是宗教性的，那它必然要包含某种概念或某种神圣性（与卢梭的第一个信条相似，但允许存在多神教）。总之，斯密提到了一种诸宗教教派都会认同的原则，尽管它们在许多其他原则上存在差异。关于卢梭的第二个和第三个信条，斯密认为，在其道德经验的过程中，与之相类的某样事物将会向人们呈现自身，也将直接强化其正义感。

卢梭的第五个信条亦即"消极"信条以宽容为名，它禁止如下观点：在指定的教会之外没有救赎。我推测，斯密将会赞同卢梭，认为被禁止的观点在概念上与"哲学的好性情和节制"相冲突，它最好走向消亡，遵照那种观点的行为也不应允许。与卢梭的"公民宣言"一样，斯密推荐的原则在理论上同样是中性的。

然而，斯密在任何地方都没有表明，信仰或对这种观点的表述自身——尽管它可能是狂热的、荒谬的，以及迷信的——应被主权者禁止。再者，他从未说过，若一个人不持有任何宗教观点（易言之，他是一个无神论者或不可知论者）还表现出对正义法则"可敬的与宗教般的关心"，他就不可能是一个自由、正义共同体中的公民（请回顾，卢梭的第一个信条实际上排除了无神论者与不可知论者的可能性）。[62] 与此同时，斯密的自由市场模型预测，为了生存下来，许多竞争中的宗教教派将会更为热切地信守其观点，其领袖也会更富热忱（*WN* V.i.g.8，参见 V.i.g.2 对罗马天主教会"低阶神父之勤勉、热忱"的描述［斯密语带嘲讽地评论道："不抢劫，无报酬。"］以及 V.i.g.41 对苏格兰教会成员之"奉献热情"的描述）。那

---

[62] 相应地，斯密从未说过，无神论者与不可知论者不可能有道德（斯密在 1776 年 11 月 9 日《致斯特拉恩信札》[*Letter to Strahan*（*CAS*，217-21）]中发表了休谟的讣告，这一讣告颇为著名，斯密对休谟不吝赞美之词。拉斯姆森提醒我们注意这篇讣告在此的相关性）。瑞士法律要求公民要么服从一个已经得到认可的教会，要么离开瑞士。斯密认为，瑞士法律具有"强迫性"特征（*WN* V.i.g.41）。参见放逐在卢梭之构想中的作用（*SC*, 4.8.32/*OC* III, 468），在本章较早的时候，我对此有所讨论。亦请参见斯密反对"审讯"一个人的"情感、思想、倾向"的警告（*TMS* II.iii.3.2）。

么，在宗教奉献以及在其所在教派的招募中，"哲学的好性情与节制"及期许中的"纯粹且理性的宗教"之宽容品格就会与狂热结合在一起。

斯密这种看似矛盾的观点的确显得与卢梭的观点大为不同，尽管在这个问题上，他们共享了许多假设，甚至共享了许多目标。至少，一如我在本书中主要关注的这些文本中的表述，关于政治社会以及公民宗教在政治社会中的作用，卢梭的观点还缺乏两个观念，而在斯密看来，这两个观念颇为重要。第一个观念众所周知：社会整体具有自我组织化，并在某种程度上具有自我规范的能力。正如其公民宗教框架表明的那样，与斯密相比，卢梭的政治社会观具有程度极高的自上而下的设计（请回顾 SC, 2.7.3/OC III, 381-2），即便它依赖一种社会契约理论。第二个观念关系到一种通过竞争实现的动态的系统性稳定，亦即派系竞争具有成果斐然且有益的潜能；这一观念缺席于卢梭的政治社会观。一如斯密的理解，一个自由的社会毕竟是依据"公平游戏"的正义法则守卫公民之间的竞争（TMS II.ii.2.1），那也只能涉及我们刚才提到的冲突过程。

相反，卢梭的公民宗教原理承认了一种在今天仍有人信奉的假设，即道德基础上的冲突将会导致派系产生，造成公民之间政治纽带的瓦解。请考虑如下陈述："一切破坏社会团结的事物都没有价值，一切令人与自身对抗的制度都没有价值。"（SC, 4.8.17/OC III, 464）卢梭不只是在那里表明他对分裂的确切担忧，正如我在本章第二节开头处讨论的那样；看起来，他甚至还关注与自治（self-rule）问题有关的公共语言冲突。[63]

---

[63] 参见 SC, 4.2.1/OC III, 439。柯亨注意到，"卢梭普遍地对政治异见（转下页）

这就好像，如果正义与自治问题的完全和谐并不存在，那么回到《二论》末尾描述的自然状态之道路就是敞开的。与宽容、"社会契约与法律之神圣性"等基本原则有关的宗教分歧是首当其冲的道德危机的事例。

部分结果是，卢梭不相信斯密预测的结果随后会真正出现。他可能会问，若说这种个人之间的谈判将会使人们分享并维持共同善好的观念（亦即，通过共享"神圣正义法则"的概念，或者甚至通过一种无论它们是什么人们都认为它们神圣的共识），且如果没有这种共同善好的观念，我们就不会获得有意义的团结与稳定，也不会获得有意义的自由，那么，这是如何实现的呢？[64] 我们承认斯密的观点，历史进程已经迫使宗教为争夺信徒而竞争，各宗教也分化为许多教派。我们也承认，《社会契约论》（4.8）中半历史性的段落导向的是卢梭构想的一种公民宗教：这些段落与如下观念并不一致，即社会契约社会的实现具有一种历史语境。[65] 斯密继续说——一如他在 *WN* V.i.g.8 明确说明的那般——一开始，宗教教派会出于审慎的原因自我限制。但是，卢梭可能会正当地提问，那为何不会创造一种初级的战争状态呢？给一个教派半个机会，它就会开始运

（接上页）有所怀疑，因为异见至少表明（即便它没有暗示），私人利益干涉了对如何提升公共利益的判断，这一干涉标志着也培育了政治衰败"（*Rousseau*, 71）。他也注意到，"卢梭从未批评政治讨论"（76）。

[64] 例如，参见卢梭的《序言》(*Preface*, 101.30, note/*OC* II, 969-70 及 *DI*, Note IX, 198.2/*OC* III, 203)。

[65] 在本章的注释 26 中，我提到了关于如下内容的辩论，即卢梭思考的是"适于立法"的民族需要处在什么样的发展阶段（*SC*, 2.10.5/*OC* III, 390）。斯密论证说，罗马天主教会强有力的垄断因为"技艺、制造业与商业的逐渐改善"而停摆，其情形与"大领主权力"的瓦解相似（*WN* V.i.g.25）。根据斯密的论述，对宗教自由的到来而言，历史背景颇为关键。

用强力，谋得主权者的警察力量站在它这一侧，导致"大规模颠覆我们的自然情感"，与此同时运用我在本书较早的时候考察的相关段落（第四章第一节）所描述的欺骗技艺。卢梭可能会问，当一个人出于狭隘的自利原因而约束自身时，如何才能让他转向因为信仰"纯粹且理性的宗教"原则而限制自身呢？尤其是，鉴于斯密预测，宗教教派之间的竞争会产生宗教狂热与激情。

卢梭可以认为，斯密必然要面对他在解释立法者观念时指出的循环性问题（参见上文第二节以及 SC, 2.7.9/OC III, 383）。斯密期待实现的多种目的——例如宗教自由、一种内在化的公民义务感、依据公正无偏之观点进行判断的能力、在必要时超越个人利益的能力、信守自由且正义社会之要求，以及对"神圣的正义法则"抱有"可敬的和宗教般的关心"——不会通过某种与自由市场相类的事物产生，因为那个过程很好地发挥其功能这一点本身就假定了它需要服从的内容。我应该认为，卢梭将会利用斯密在 WN V.i.g.8 使用的听起来带有试探性的表达，"或许有时可能会"——可以说那没有把斯密的计划降低为一种对虔敬希望的表达吗？当斯密在使用上述试探性表达时，他就在同一句话中作出了评论，其评论实际上是说：实定法"绝不可能确立"受期许的"纯粹且理性的宗教"。尤其当我们把斯密的计划与此评论结合起来时，难道斯密的计划在实际上不是乌托邦式的吗？

让我们抛开明显的反驳，即《社会契约论》的整个框架自身就是一种虔敬的希望——鉴于循环性问题，以及它对救星立法者的依赖，这是一个难以实现的计划——斯密可能一开始就指向如下观察，即他的计划已经在宾夕法尼亚付诸实践。[66] 他在那里论称，宗教多元主义与宗教自由实际上导致了"哲学的好性情与节制"（*WN* V.i.g.8）。他进而指出，主权者能够"不以暴力的方式……进行治疗"，以便"缓和一切小教派道德中非社会性或不适意的严苛性"（*WN* V.i.g.13, 14）。所以，斯密没有把所有事情都交付给历史与自然情感。正如我已经注意到的，药方首先包括，谁若想要从事一种"自由职业"，他就必须被强制接受一种"科学与哲学"的教育（*WN* V.i.g.14）。第二个药方是，国家鼓励频繁、有趣的"公共娱乐"，其内容包括从"戏剧展演与展览"到舞蹈。斯密注解说，"那些大众迷狂之狂热的推动者们"总是痛恨这些活动。斯密细致地表明，鼓励把（宗教）狂热者的"诡计"呈现出来，将之曝光，"让公众嘲弄"甚至"遭受公众咒骂"，这当然令狂热者尤其痛恨（*WN* V.i.g.15，请回顾上文讨论的他在更早时候提到的"欺诈行为"）。斯密依据某种精神来思考这些问题，按照这种精神，其他手段也一同得到了考虑。

在《道德情感论》中，有一段话（尽管只有一段话）明确同意，"政务长官"不仅要限制不义，也要"在一定程度上控

---

[66] 关于斯密与宗教和公民德性有关的更具普遍意义的计划，及其对美国启蒙的影响，参见 Fleischacker, "Adam Smith's Reception among the American Founders, 1776-1790"富有助益的讨论。弗莱西艾克论证说："在斯密看来，政府最好的灌输德性的方式就是避免灌输德性。"（922）斯密推荐的方案实际上把宾夕法尼亚的情况放到一边了吗？参见博特克（Boettke）等人的"Was Adam Smith Right about Religious Competition?"的论证：在某些方面，答案是肯定的。亦请参见 Anderson, "Mr. Smith and the Preachers"。巴里·威格斯特（Barry Weingast）向我指出，社会科学、博弈理论与经济学中存在体量巨大的相关工作。可惜的是，我缺乏理解大部分那类著作内容的能力，更不用说评价了。感谢威格斯特与我讨论，并分析其著作的手稿。

制彼此之间的好意"——亦即，仅仅符合"自由、安全、正义"即可。斯密警告说，任何这类方法都要"以最灵巧的方式和最大的决心"来执行（TMS II.ii.1.8）。这段话似乎考虑到了《国富论》推荐的那类塑造品格的药方（V.i.g.14-15）。它建议，为了正义与自由，主权者可以采取或鼓励一些这样的手段；产生政治节制的问题不仅仅留给市场。[67]

在有些领域中，理性应该进行统治（例如对自然现象的解释）。看起来，之所以设计上文提到的那些药方，部分目的是为了解除那些领域的神秘性，从而把宗教转移到那些道德与共同体建构领域——按照斯密的论述，这些领域更为适合它们；部分目的是通过把它们带到公众面前，以将阳光投向狂热主义者及其要求，从而让他们接受尚未皈依的旁观者的监督；部分目的是提升批判理性，尤其是那些坚定秉持"自由宣言"之人的批判理性。正如我已经在第一章表明的那般，在字面意义及理论结果上，这一切都不同于卢梭的"顺势疗法"概念。

然而，对斯密立场的辩护能够也应该在很大程度上进展得更加深入。在《道德情感论》中，他对尚未腐败的或自然宗教的讨论表明，人们想从宗教中自然获得的东西并非政治权力或以僭政方式统治他人带来的满足，而是此类善好——例如共同体、道德确证，以及在面对死亡时的宽慰。斯密可以确证，一旦历史进程确立了选择自身宗教信仰的自由，以及当人们信仰某种宗教，主权者不会因此提供政治或经济利益时，人民中的

---

[67] 关于有用的讨论，请再次参见 Brubaker, "Adam Smith on Natural Liberty and Moral Corruption," 206-13，其正确地评述了亚当·斯密的观点："只有在一个强有力的政府想要强制实行公平正义的地方，自然自由才有可能。"（208）

大部分成员就会满足于一种"纯粹的"宗教，这种"纯粹"将会产生刚才提到的那几类善好。[68]他们会期待领袖践行宣讲的内容——并且，对那些经济状况较差的人而言，这将会是一个需要真诚而准确地予以满足的非常严格的标准。

让我们再深入一些。斯密可以论断，作为反复强调的审慎行为之结果，规范扎下根来。为了应对新的环境（例如宗教被分化为相互竞争的教派），审慎行为自身就需要这样的结果。他指出，商业社会鼓励他所谓的"资产阶级"德性（审慎、诚实、守时、勤劳等）。人们假设，由于审慎的原因，当相关的法律、政治结构得以确立之时，这些德性就会产生。[69]斯密注意到，"古谚说的好……诚实就是最好的政策"，这普遍为真（*TMS* I.iii.3.5）。与之类似，正如刚才提到的那般，在自由市场竞争的条件下，为了维持住他们的"顾客"，宗教教派的领袖们就不得不实践他们宣讲的内容（参见 *WN* V.i.g.42）。它不必然只是一个演出的问题，亦即，不只是表象的问题。正如斯密在讨论审慎时，一开始所说的那样："我们欲求受到［与我们平等之人］的适当的敬重，我们也欲求在他们之中配得上

---

[68] 关于这种解释，我在 *ASVE*, ch. 7.2 中提供了论证。斯密的确谈到了人们"选择"宗教的自由（*WN* V.i.g.8）。

[69] 关于"资产阶级"德性，参见 *LJ*（B）303, 326 以及 *TMS* I.iii.2.5。有些德性包含在对自身负责之中，看起来，这些德性也与贸易自由（*WN* III.iii.5, 6）、居住地自由（*WN* I.x.c.59, 41）、职业自由（*WN* I.x.a.1）的来临相伴。赫佐格对"自主行为能力"的讨论颇有助益——斯密认为，通过人们在自由市场中的参与，"自主行为能力"得到增强——也给出了更多关于自主行为能力及相关德性的事例（*Inventing the Market*, 122；以及 90-4）。关于制度结构，参见 *WN* III.iv.4（论"秩序与好政府"）以及 *WN* III.iv.15（论"正义的常规执行"）。亦请参见经典文章 Rosenberg, "Some Institutional Aspects of the *Wealth of Nations*"（在 567-8，其特别讨论了宗教制度问题）。

并得到这种认可与地位。或许，这种欲望是我们所有欲望中最强大者。我们也渴望获得因运气带来的好处，相应地，相比起对身体需要的满足，这一渴求更多地由上述欲望激发，且更加令人激动"(*TMS* VI.i.3)。所以，或许斯密的宗教自由市场假设，一旦由于审慎的原因，道德规范得以确立，人们无须经过审慎的考虑就会尊重它们，它们就以这种方式扎下根来。政治节制——狂热主义的对立面——看起来恰恰就是如此，规范也随之传播。

斯密清晰地意识到了人们因为非审慎原因就接受规范这一现象。斯密在《道德情感论》第 V 部分研究了习俗，习俗的存在就证实它极端具有广泛蔓延的特性。我们接受了"阶层的分化"，表达着"对上层人士的谄媚"(*TMS* I.iii.2.3)，却不期待从中获得任何个人利益，我们是怎样做到的呢？斯密的描述引人入胜，提供了另一个例子。就斯密对这一现象的解释而言，同情与想象颇为关键，同样，它们对出于非审慎原因的规范的产生与维持来说也颇为关键。丽莎·赫佐格注意到，根据斯密的论述，"人类自动从周边挑选道德规范与道德评价"。[70]我在第三章第三节（b.ii）对叙述进行了讨论。在这里，人们也会有效利用同情与那种叙述之间的联系。诸教派（宗教的与世俗的）发展出自我描述和自我证成的叙述，这并不是新闻。共同叙述的出现有助于解释，规范如何与不间断的人类关系编织在一起，被当成义务，并确立为"真"。

斯密关于道德教育的观念也可能有助于解释规范如何扎

---

［70］ Herzog, "Adam Smith and Modern Ethics," 343. 在 343-4，它给出了许多关于那个过程的例子。

根。我在心里想到，他描述了"自我控制的大学校"。在其描述伊始，他就谈论了让孩子节制其怒气的必要性，又继续谈论，当这个孩子与伙伴交往时，他对其他情感的节制（*TMS* III.3.22）。[71] 我现在正聚焦于《国富论》的一个章节。事实上，在这一章的核心段落中（V.i.g.8），斯密谈到，"每个教派的教师们"（在竞争的条件下）不得不"**学会那种公正与节制**"（做了强调处理），对一个和平的宗教自由市场而言，它们必不可少。"教师们在学习"，这听起来像是对道德教育的描述。进而言之，一个可能存在的德性之环（virtuous circle）或许对斯密的情况颇有助益。在赫佐格卓越的构想中，斯密部分地依赖于"消极自由强化自身的倾向，以及如其所是那般，令自由观念自动变得更为丰富的倾向"。[72] 亦即，对斯密而言，"消极自由"将会逐渐增强社会稳定性，然后——斯密期待——"积极自由"将会强化"消极自由"，所有这一切又会导致普遍繁荣的逐渐增长。

总而言之，客观环境（商业的增长、宗教的解体、教派的分化等）与心理机制的结合让我们在赞美其他人身上的品质时，就想要拥有这些品质。斯密认为，想象具有根本性的产生和谐的能力（参见第三章第三节［a］）。为了解释规范如何最先在审慎的基础上，然后又在非审慎的基础（这将构成"可

---

[71] 关于斯密论道德教育的延伸讨论（包括对社会团结与宗教的讨论），参见 Weinstein, *Adam Smith's Pluralism: Rationality, Education, and the Moral Sentiments*。亦请参见 Fricke, "Adam Smith," in *OHAS*，尤见 180-7。

[72] Herzog, *Inventing the Market*, 134, 亦请参见 35-6，以及上文注释 66 中对弗莱西艾克的引用。罗斯柴尔德评论说：" ［与塞吉埃（Séguier）相对］对斯密而言，对独立的爱是公共繁荣的一个原因。"（*Economic Sentiments*, 242）所以，按照斯密的观点，在这个词的多重意义上，德性之环可能是有益的。

理解且令人信服之路径"的斯密版本,它类似于我在本章早些时候归诸卢梭的版本)上扎根,他的想象概念提供了基础。然后,我刚才描绘的那种理性能够帮助斯密解决这一循环性问题。

斯密针对这一问题提出了解决方案,关于它们的可行性的部分辩论是经验主义的。就宗教而言,我在此呈现的卢梭并无坚定的信仰,在任何程度上都与宗教无关。考虑到这些词语产生的印象(正如上文注意到的那般),并且在广泛的意义上来说,人们可以说:对卢梭而言,我们需要"积极自由"来维持"消极自由",实际上,相比起斯密的观点,这种"积极自由"在高得多的程度上需要国家干预(谁若不能信守获得同意的"公民信仰宣言",他就要被处死。这一死刑就表明了这种国家干预)。正如《二论》的宏大叙事之弧表明的那样,没有哪种自我组织的整体会产生欲求的结果。实际上,卢梭在《社会契约论》中关于立法者的论述也提出了同样的观点。

然而,毫无疑问,在经验的基础上,斯密对卢梭的国家规制计划有所怀疑。一开始,他无可置疑地论证,由国家强制推行的宗教自身即会败坏政治,也会败坏宗教。由国家强制推行的宗教原理变得具有压迫性,实际上会形成与公共利益相对的私人利益。[73] 斯密可能会论证说,任何卢梭式的推崇都不能忽视与这些努力相关的历史。所以,斯密比卢梭更为关注对个

---

[73] 有趣的是,在《山中来信》里,在为《社会契约论》的宗教讨论辩护时,卢梭看起来提出了与这一观点非常相似的内容;参见 *CW* IX, 147-9/*OC* III, 703-6 处的第一封信,以及 *SC*, 4.8.9/*OC* III, 462。斯密的确赞扬了一个建制的教会,即苏格兰教会(*WN* V.i.g.41);他的意思不是说,在原则上,这样一种安排优于政教分离,而是它是最好的建制教会。相关讨论,参见 Leathers and Raines, "Adam Smith on Competitive Religions Markets"。

人免受其他个人以及国家伤害的保护，尤其是考虑到那些宗教团体可能需要政策性权力。卢梭当然对保护"消极自由"的手段感兴趣，但是，斯密可能会继续说，他既没有足够清晰地看到其重要性，也没有足够用心地解释，如何做好防卫，免于受到主权或国家的伤害。[74]

正如斯密可能会继续指出的（借用卢梭的术语），当主权者通过一种已经实现的形式表达普遍意志——通过法律，采取必要的惩罚——一个政府的分支机构就不得不阐明法律，并将其付诸实施。在当下案例中，这就包括了对不信仰公民宗教信条者执行死刑。但是（我想象，斯密反对）抽象什么也做不了，"普遍意志"也是一种抽象，而非有血有肉的行为人；个人与群体做了所有工作，就像众多公民的意志一样，他们拥有的意志也具有偏私的倾向，除了以下这点，即他们现在与政府完全同一。也就是说，国家的相关部分也容易受到偏私的影响（对自己的偏私，对它最喜爱的人的偏私等）。可以说，这个分支机构就是公民宗教署（Civil Religion Agency）；它当然拥有其官员、法则、法庭等。一个联邦教会因此成立，产生了一切可预测且有害的结果。卢梭告诉我们，他反对建立"神权政治"，这部分是因为它变成了"僭政"，其公民也变得"嗜血且不宽容"（SC, 4.8.19/OC III, 465）。但是，斯密可能会问，如果没有作为国家宗教受到国家警察权力的支持，卢梭的由国家颁

---

[74] Cohen, *Rousseau*, 49 写道："总而言之，对自我发展的兴趣似乎在卢梭对共同的善的论述中没有影响。对个人独立的兴趣与现代自由结合在一起，具有一种不确定的影响。但是，卢梭对共同的善的看法的许多特征、内容，及其在论证法律正当性中的作用，都与承认那种对个人独立的兴趣的作用具有一致性。"亦请参见我在本章注释 6 对柯亨的引用。

布的"公民信仰宣言"如何在制度上确立自身,并使自身得到维持呢?那些权力难道不会并非掌握在具有惊人理性且极度公平的立法者手里,而是掌握在"阴险狡诈的动物,俗称政治家或政客的手里吗"(WN IV.ii.39)?

的确,根据斯密的论述,鉴于那些机构是自利的行为人,关于它们对原则的忠诚,甚至对我们所谓的"消极"自由的忠诚,他都持有深深的怀疑(参见 WN I.x.c.27,IV.II.43,IV.iii.c.9-10;关于"明显而单纯的自然自由体系",参见 WN IV.ix.51)。他在《国富论》第五卷论述了国家支持宗教的令人悲伤的历史,他的论述当然也在为那种怀疑主义添砖加瓦。众所周知,斯密并不认为,国家具有充分的知识,足以可靠地控制经济这样复杂的事务(WN IV.ii.9, 10,IV.v.b.16,IV.ix.51;参见 WN II.iii.36)。如此说来,同样的观点也可用于宗教事务。斯密的确勾勒了国家在"文明化与商业社会"中的重要作用(关于引用的表述,参见 WN V.i.g.52),但是他也清晰地阐明,相反,如果不考虑在具体语境中的论证,相对而言,那一作用就应当是最小的(与"自然自由体系"中政府的有限作用一致)。一项对干预富有说服力的论证提供了许多证据,认为任何扩张国家权力的措施或应对之道要以极高的审慎来执行(例如 WN V.i.f.55,TMS II.ii.1.8)。

斯密最先同意,某些教派的"极端热情"会"干扰公共宁静"(WN V.i.g.9)。斯密也最先赞同,自我利益与"人类自然的傲慢"(WN V.i.g.19)——更别提工人的非人性化(dehumanization)等事情——可能导致狂热主义与受到欺骗的迷信。但是,在这里,他可能对卢梭作出进一步的回应,亦即,宗教教派之间的竞争(正如其他各类社群之间的竞争)至少会阻止我们遭遇更坏的命运,避免受到一个单一的、由主权者保护的建制教派的主宰。或者,至少,只要竞争者没有参与彼此间永恒的战争,即便他们的限制仅仅是出于审慎的原因,情况也会如此。让我们回顾斯密的一个观点:"在那些时刻准备彼此伤害的人们之中,社会……无法维系。"(TMS II.ii.3.3)他似乎把那种情况从如下社会处境中区分开来,在这一境况中,"协调良好的商业交易"支持了社会——亦即,此种交易"源于对效用的感知,而非任何相互的爱恋与深情"(TMS II.ii.3.2)。一个社会很可能在那些境况下得到维持,即便它由"强盗或杀人犯"构成:斯密指出,如果他们之间拥有一种"社会",他们就不能把彼此当成猎物(TMS II.ii.3.3)。[75] 所以,斯密会坚持认为,即便诸宗教教派仅仅因为感知此安排的效用就受到限制,不去伤害另一教派,相比在卢梭的公民宗教统治下生活、受到压迫的公民来说,他们的境况也要更胜一筹。

让我们重申,在这个关键点,卢梭可以有效利用斯密来反对他的观点,重述一种反驳。一个社会由暂时非暴力地彼此竞争的杀人犯与狂热之徒构成,另一个社会由时刻"准备伤害彼

---

[75] 把那种思想与我先前关于"规范灌输"的观点联系起来:如果我们认为,犯罪团体的确发展了内在规范(很可能与荣誉观和群体标准结合在一起),以及假设其成员们在非审慎的基础上接受这些规范(结果,他们被认为具有可靠的忠诚)——即便他们最初可能是经过审慎考虑之后才遵守这些规范,这并非就不可能。这类群体的由共同体强化(community-reinforcing)的叙述包括仪式、通过服饰和身体变化(比如文身)产生的标记、独特的用语,以及区分"我们"与"他者"的故事。当然,在一个群体既定的实践与目的中,"我们"与"他们"之间的尊敬可能在一个特定的卓越基础上产生。很明显,让我重申,对斯密来说,这些规范具有一种社会与历史的语境。请注意他在 LJ(A)63-4 与 LJ(B)300 中对荣誉、海盗、强盗的讨论,此间的语境是荷马描述的"粗野社会"。

此的人构成",它们之间有何区别呢?他们不是仅仅在等待一个正确的时刻,以便努力主宰他们的竞争者们吗?毕竟,此处有待解决的问题是宗教暴力、不义与派系的问题。让我们回顾本书第四章中的一个表达:看起来,"利益的冲突"将会确保任何因"效用感"(sense of its utility)达成的协议都惊人地注定会失败,对那些承诺了超越性奖赏与惩罚的宗教观点而言则尤其如此。看起来,由于斯密自己列出来的部分原因,一种许多教派在此相互竞争的境况只会令事情变得更糟。

让我们假设,卢梭可能会论证说,在宗教教派彼此竞争,主权者也在它们之间维持中立之处,那些事情已经在一定程度上出现了。接下来,让我们再假设,大部分教派受到狂热的"教师们"的引导(*WN* V.i.g.8),他们有效地集结了贫穷——或许是"愚蠢无知"(*WN* V.i.f.50)——但充满宗教激情的工人(关于"众多无知的江湖郎中、骗子[政治上与宗教上的]频繁、时常还是令人惊异的成功",参见 *TMS* VI.iii.27)。一个成功的教派变得非常具有凝聚力,也就是说,形成了一种密切的、管理良好的、受到宗教规范的社会团结。它们的成员彼此同情,相互信任,感受到丰沛的"相互爱恋与深情"。它的孩子们"进入了控制的大学校",被教导着关照彼此,节制自己的愤怒。但是,他们也受到教导,要轻鄙其他教派,想象如果没有其他教派,世界会变得更好。对他人心怀"宗教般的关心"被认为是:珍爱与你同游的人,仇恨异教徒,如果可能就要迫害他们,因为那正是"神圣的正义法律"教给我们的内容。一旦人们开始遵照那种仇恨行动,节制的效用就终止了,冲突就会爆发。在极其遵守规约的领导人的推动下,各个自爱的教派习惯了其他人的痛苦,对此变得冷漠。在 *TMS* 第 V 部分关于习俗的讨论中,斯密描述:当年轻人"在暴力、放荡、错误与不义中"成长起来,并"从小就熟悉它[这种行为]"(因为"习俗使之变成了他们的习惯"),他将如何认为这一切就是"世界之道"。在他们参与的行为中,他们丧失了对"可怕罪恶"的一切感知。斯密也说,他们可能保留某种"不合宜"感;但不管怎样,他们还是会赞同、加入这些行为(*TMS* V.2.2,参见 *TMS* VI.i.16)。[76]

斯密为这一令人糟心的图景补充了如下观念:实际上,我们讨论的教派的确以宗教擅长的方式运用了自然情感。它们把共同体、面对死亡时的宽慰以及严苛的义务论道德等交付给信众。让我们也进一步补充,一种公共的奥维德式自恋主义抓住了这个群体。因为这种公共的奥维德式自恋主义,他们才一起"把所有偏见归咎于"神(*TMS* III.3.43),偏见才在这些群体中"由同情而扩散"(*TMS* III.3.43),并一代一代传递下去。规范可能的确因为非审慎的原因就被接受,但是,不幸的是,从手边的问题来看——即宗教狂热、迷信、受到欺骗的教派——规范不会导致节制、尊敬与自由。相反,它们将会(所以批评会

---

[76] 奥特森评论说:"斯密并没有在任何体系化的时尚中思考道德变异现象。"(*Adam Smith's Marketplace of Life*,306,他在308-9提到了宗教狂热主义)他建议,一种斯密式解释应当聚焦如下可能性,即"奇特的或颠覆性观念"可能会在一些人中间"同时出现",扎下根来;"相互同情的欲望可能会像一种向心力一样发挥作用",产生群体——其道德与他们社会中的道德具有根本差异(311)。这是对奥特森通常所谓的斯密"熟悉原理"的运用(310)。奥特森认为,这一说法仍然留下了解释"道德异化群体"的长期存在的问题(313)。亦请参见 Boyd, "Adam Smith on Civility and Civil Society," 458-60 中的评论,460 的评论说:"对斯密与苏格兰启蒙运动的其他成员而言,社会性具有深深的模糊性。我们对本国或本群体的成员具有和易的同情,其背面则是对其他人的敌意或愤怒。"

继续）确保，在冲突中，任何出于效用感考虑实施的停战都是暂时的。

现在，斯密如此生动地为我们描绘了一幅"敌对派系之仇恨"的图景。在此境况之中，"真实、受人尊敬的无偏旁观者"就像在"相互竞争党派的暴力与愤怒"中一样遥远，只有少数人不会屈服于派系与暴力的"普遍性败坏"（TMS III.3.43）。在这个著名的段落中，斯密也说，在已经屈服于那种可怕、腐败的共同体中，只有一个"孤独的个体"还留在这里，进行着抵制。并且，这种人"被双方愤怒的狂热者们轻视、嘲笑，还常常受到他们憎恶"。我在上文中提到一个语段，斯密在那段话中引用了马勒伯朗士，实际上"这些激情……证成了它们自身，看起来合理，与其目标之间是合比例的关系，我们还能继续感受到它们"（TMS III.4.3）。我们可以认为，因为人们假设竞争具有的过错或原罪，每个人的义愤就被证明为正当，而且，既定教派回音室中的声响每天都在确认其正当性。或许，那种愤怒，或者甚至愤慨，从竞争性宗教中获得能量。进而言之，对竞争者的主宰可能让人感觉仿佛具备合法性、价值或立场，因为它迎合了人们复仇的怒火。正如斯密告诉我们的，"希望被人相信的欲望"非常强大（TMS VII.iv.25）；或许，人们不会简单地把"没有被他人相信"视为"羞辱"（TMS VII.iv.26），而会认为，这对人们自己以及神的权威而言是一种需要受到惩戒的"屈辱"。

让我们打开天窗，回顾斯密的观点，即"大征服者的暴力与不义常常引起愚蠢的惊叹和崇拜"（TMS VI.i.16，参见 VI.iii.30）。每个教派的领导人（也让我们假设）都渴望成为伟大的征服者，无论他的政治与军事成功需要多少暴力，又如何不义,他都受人称赏,并获得非凡的成功。雷·兰顿解释了经过设计的信仰如何提供一种"证据",证明它们所假设的真理。请回顾我在第四章对这一解释的讨论,我们可以想象,现在,在与社会世界有关的事实中,对不正义的愚蠢的赞同找到了理由,足以使其他人的持续堕落变得合理化。

由于此类斯密式的理由,卢梭可以正当地宣称,斯密的宗教自由市场计划绝不会产生任何类似"纯粹且理性之宗教"的事物。与之相反,它必然令派系与暴力问题恶化。如果前方有路,如果有什么东西更加类似与共同体同一的宗教感受、对法律的尊敬,那么,由于必要性的强迫,这样的事物就必不可少——简言之,"公民信仰宣言"就必不可少。

即便斯密的计划成功地确保了诸宗教之间的和平,因此确保了一种宗教自由体系,卢梭的另一目标也没有得到充分阐释。我提到了一种爱国主义(尤其是想要为国献身的意愿),很明显,它对"社会性"非常重要。斯密没有关注激励个体与公共之"我们"实现同一、为了守护公共之"我们"牺牲生命的问题,当然,他清晰地意识到了公共精神的需要与价值(例如 TMS VI.ii.2.11)。尽管他没有把公共精神与(公民)宗教直接联系起来(尽管可以考虑 TMS VI.ii.3.3),但或许,他期待的公民宗教为这些关联提供了一种直接的回应。如果一个政治体的公民分享了一种正义感,并且因此分享一种对彼此的幸福、平等、自由"令人尊敬的关心",那么他们至少就在那个关键的方面形成了一个共同体。如果教会和国家各自独立,后者又在各教派之间保持中立,那么,就没有教派篡夺主权者角色并以这种方式摧毁政治体。看起来,我们可以公平地推测,斯密也期待那里会产生我们现在所谓的一切类型的"居间调停机制",无论是宗教的还是世俗的。关于拯救城市工人,使之免于失范(anomie)与道德堕落(很可能与其正义感相关,请回顾 WN V.i.g.12 对恶的提及)的宗教教派,斯密有所描述;这些宗教教派也可能对公民团结有所贡献。如果按照那些思路作出的安排有助于清理道德和情感空间,使人们能够对"神圣的正义法则"心怀半宗教式的关心,那么,当它们与一系列对共同体的同情结合在一起,我们或许就能想象,人们怎样准备好为一个被他们视为正义的政治体献出生命。

我们可以论证,斯密对爱国主义、武德与军事问题的讨论存在问题。[77] 然而,即便它们没问题,我也怀疑:如果我们认为,关于斯密针对的那些问题的化解之道,一个宗教自由市场及其希望出现的结果——"哲学的好性情与节制"——能最好地、间接地作出贡献,那么这种观点也富有争议。相反,正如我们在本章早先时候看到的那样,卢梭的论述调和了宗教与对社会契约原则全心全意的认可(请再次回顾公民宗教的第四个信条)。正如我在这章的讨论表明的,我们两位思想家在此处的辩论不易解决。或许,与廉价的论证相比,我们最能期待的是一个理性但内在地需要争辩的"思虑周全的"判断,它既看重经验因素也注重规范因素。我要以让那种景象稍微复杂一些,来对这章进行总结。

---

[77] 论述斯密作品中的爱国主义、武德和军事问题的文献体量很大,重要的贡献当然包括 Winch, *Adam Smith's Politics: An Essay in Historiographic Revision*, 103-20; Hanley, *ASCV*, 156-7; Berry, *Social Theory of the Scottish Enlightenment*, 147-8, 以及 *The Idea of Commercial Society in the Scottish Enlightenment*, 171-2, 178-80。与卢梭及斯密论爱国主义有关的一种有趣讨论,参见 Hont, *Politics in Commercial Society*, 129-32。亦请参见 Ignatieff, *The Needs of Strangers*, 135-42 中的反思。

五　自然的智慧、自然的善好与对统治的爱：终曲

看起来，我们可以安全地说，关于我们命运改变的前景，斯密表明，相比起人为技艺（包括国家管理的技巧、政治家的设计等），他对自然拥有大得多的信心。让我们回顾在第二章讨论过的木霍尔的一个表达：如果人类是"结构性的堕落"，那么，看起来一个和平、正义的宗教自由市场就真的没有希望了。相反，本章的论证表明，我们还有更多证据证明卢梭的确认可了那种对人类特征的归纳（其关键条件是，它没有应用于最初在自然状态中表现的"自然善好的"自我），因为他的社会契约理论无法像他设想的那样，调和"人们原本的样子"与正义原则。他施展技巧，强制实行一种公民宗教，看起来，这反映出他对自然善行的信心具有程度远远更大的保留。[78]

人们可能会想，斯密与卢梭对人类境况表现出不同程度的自信，这是否反映出他们在理论上的分歧。难道斯密认为，即便国家没有人为注入一种卢梭式的公民宗教，他也能够做到，因为他具有巨大的信心（尽管并非完全的或盲目的信心），认为明智且善良的神会用无形之手作出善行；卢梭则假设，我们既要靠自己，又在堕落后的时代的境况里是"腐败了的"（请回想源自《二论》中的词语）？倘若如此，那么，坚持由国家强加公民宗教的思想家与不这么做的思想家相比，就较少具有宗教性。

---

[78] 维罗里（Viroli）写道："对卢梭而言，既然自然不能诱导人们去创造一种正义的政治秩序，那么，一个正义的社会就只能通过政治技巧实现。一个正义社会既不是秩序的延续，也非秩序的重建。"那要求政治的技艺（*Jean-Jacques Rousseau and the "Well-ordered Society"*, 51-2）。

针对斯密关于宗教信仰与道德之底色的观点的争论，我在本章早些时候就提到了。类似的争论还归纳了更为广泛的问题，例如，斯密是否认为，他的体系作为一个整体，在逻辑上要求存在一个进行指导的神，以及他在那个问题上是否正确。我对如下内容持有怀疑态度：他的体系需要或斯密认为它需要任何此类事物（这两个问题不同于他关于人民信仰之效用的观点，也不同于他的个人信仰）。如果斯密的态度要求假设一个进行指导的神，他当然必须面对公认的恶之神学问题；但他没有这样做（尽管他当然明确意识到了这一问题：TMS III.5.11）。[79] 正如我已在本书中论证过的，对斯密描绘的图景来说，其系统性基础是经验的、历史的以及哲学的，而非神学的。[80] 这并不是说，它缺乏任何神学内涵，或否认卢梭的世俗

---

[79] 不仅如此，正如我在第四章第五节注意到的，斯密几乎从未提起"自由意志"。正如我在第一章第五节的讨论，斯密对欧洲大学中教授的"本体论""形而上学或气体力学"心怀轻蔑（参见 *WN* V.i.f.29, 31）。相关讨论，参见 Pack, "Theological (and Hence Economic) Implications of Adam Smith's 'Principles which Lead and Direct Philosophical Enquiries'" 以 及 Graham, "Adam Smith and Religion"，后者总结说："'作为理论家'，斯密能够提供给我们的东西如此之少，以至于我们不适合称他为理论家，在合理的范围内，这一点看起来颇为清楚——我倾向于认为，斯密自己也准备赞同这个结论。"（312）这里的部分内容也在回应 Hill, "The Hidden Theology of Adam Smith"。赫佐格也论证说，斯密的市场观"需要对照其自然神论的形而上学背景进行解读"（*Inventing the Market*, 14, 亦请参见 24, 33-5）。相同的情况，参见 Alvey, "The Secret, Natural Theological Foundation of Adam Smith's Work" 以及 Otteson, *Adam Smith's Marketplace of Life*, 246-7。对亚当·斯密与宗教富有助益的讨论，参见 Rasmussen, *The Pragmatic Enlightenment*, 178-83。（拉斯姆森告诉我，他也在新作 *The Infidel and the Professor: David Hume, Adam Smith, and the Friendship That Shaped Modern Thought* 中讨论了这个问题。）亦请参见上文中的注释 46 和 47。

[80] 我的观点与弗莱西艾克的观点一致，参见 *ASWN*, 44-5 以及 "Adam Smith," 520-3（在后一文本中，弗莱西艾克按照 *WN* 中的描述，讨论了（转下页）

故事反映了一种宗教观点（一如我在第二章的论证）。

然而，如果承认那一点，那么，斯密对我们有希望改变自身处境的自信（例如，随着各类自由市场的出现）如何与其关于人性的非常黑暗的陈述相调和呢？我不仅指涉我在先前章节讨论过的他关于自我欺骗的评论，也指涉他的如下观察，即实际上，"骄傲让人们喜爱支配他人，没什么能像让他不得不纡尊降贵、设法说服地位不如自己的人那样使他受辱了"，于是，只要条件允许，"他就偏爱奴隶而非自由人的服务"（*WN* III.ii.10）。[81] 斯密清楚阐明，对统治的爱甚至将会胜过经济上的自我利益（*WN* III.ii.9）。看起来，这些段落确证了一种关于自由市场的卢梭式的怀疑主义。

与卢梭不同，既然斯密非常清楚地把对统治的爱当成人性的构成部分，他就并非必须解释它的起源。引人注目的是，斯密不仅在这里谈到了对统治的爱，他还谈到了骄傲而非虚荣。或许，他想要表明，与虚荣相比，骄傲会导致更坏的结果。然

（接上页）"无形之手"的善行，也因此与更具斯多葛派风格的神意解释展开争辩。亦请参见 Brubaker, "Does the 'Wisdom of Nature' Need Help?" 这一启人思考的文章，以及 Berry, "Adam Smith," 118, 122, 127-32（这一文章也包括了对卢梭的颇富助益的讨论）。

[81] 我注意到第四章第二节与第二章第二节（a）的论述。参见 *WN* V.i.g.19："尽管管理与说服总是最简单、最安全的政府工具，正如强力与暴力最坏、最危险，然而，这是人的自然傲慢，他几乎总是不屑于使用好的工具，除非当他不能或不敢使用坏工具时。"在与"热爱压制他人"有关的段落中，斯密谈到了"傲慢"（insolence）而非"骄傲"（pride）。在下文从 *TMS* VI.iii.47 引用的段落中，请注意斯密对这些词语的使用。这种"古老的邪恶"是"人类粗暴且不正义的统治者"（*WN* IV.iii.c.9，参见 *WN* III.iv.10），请再次回顾斯密对其补救方法的悲观态度。请再次参见 Lewis, "Persuasion, Domination and Exchange"，其在 286-9 提出了一种论证，我将要提出的观点就建立在此论证的基础之上。

而，这种自然的对统治的爱如此强大，以至于人对奴役他人感到满足。据我所知，在《道德情感论》（VI.iii.33-53）中，斯密对骄傲的讨论还不足以对它作出解释。根据他的刻画，"骄傲之人"真诚地"相信自己的上级"，但他也"不屑于获得你的尊敬"（TMS VI.iii.35）；在表面上，其他（地位不如他的）人的承认无足轻重。相反，"虚荣的人"急迫地乞求富人，尤其是位高权重者的尊敬（TMS VI.iii.40）。看起来，单凭它也不足以解释我们正在讨论的这种爱。然而，斯密指出，这两种恶可能结合在一个人身上：

> 一个人自视甚高，远远超过他配得上的分量，但他也期待其他人对他作出更高的评价：或者，这个人期待他人对自己的评价高过自我评价，与此同时，他的自我评价却名不副实。这样的情况再自然不过了。
>
> （TMS VI.iii.47）

斯密继续说，如此，我们或许会发现，"表面和虚浮的炫耀加入到最致命、最可笑的骄傲之傲慢中"。看起来，很有可能，斯密描述的傲慢与虚浮之人既骄傲又虚荣，只有通过强力或欺骗，他们才能从他人那里获得没有保障的、过度放大的关心。或许，那有助于解释骄傲与"对统治之爱"的联系。

骄傲与虚荣的结合类似于"发炎"（inflamed）的自恋（参见《爱弥儿》Bk. IV, CW XIII, 364/OC IV, 493）。然而，根据纽豪瑟，卢梭论述统治他人欲望的努力只涉及承认一个人相对的优越性，而这并不成功。卢梭的论述也需要类似"更具根本性之渴望的东西，通过促使它承担并反映人们自己的主观印象，从而'激活'周遭的世界"，纽豪瑟在《爱弥儿》中找到了这样一种观念。[82]相应地，《二论》只依赖自恋的单一原因论述是不充分的。[83]相反，甚至在"同情"的案例中，斯密也没有就我们的情感和行为之所出给出一个单一的解释性原则。

在解释人类行为时，斯密承认，其原因包含了多重的——以及同等自然的——情感、动机和欲望。斯密对人性作出了颇为阴暗的陈述，但是，他又信心十足地认为，在正确的条件下，让人民拥有自我处置的巨大空间，他们就能够变得繁盛。我认为，他对人类行为的上述解释有助于调和这两者。既然对斯密而言，我们找不到一种主宰人性的激情、爱或情感；既然同情不是一种激情或情感，基础层面的社会性也与我们的所有情感、欲望一致；既然简化的"自私原则"（*TMS* VII.iii.1.4）不能成功解释人的动机与行为；并且，既然我们不能完全忽视"发生在我们邻居身上的事情"以及"我们所在教区的事务"（*TMS* VII.ii.4.14）；那么，创建一个和平、正义之政体的努力就拥有理性基础。如果我们认识到，这一目标让我们必须严肃对待经验性的历史——正如本书第二章讨论的那样，那么我们的做法要比卢梭的做法严肃得多才行。我们对"事物之自然过

---

[82] Neuhouser, *Rousseau's Theodicy*, 269（参见上文第三章注释 30）。纽豪瑟提到了《爱弥儿》第一卷中与孩子的愤怒有关的一个段落（*CW* XIII, 197-8/*OC* IV, 289-90）。关于如何处理孩子的愤怒，参见斯密的显然不同的讨论（*TMS* III.3.22）。

[83] Neuhouser, *Rousseau's Theodicy*, 267.

程"的控制（*TMS* III.5.10）当然是有限的，"体系之人"（*TMS* VI.ii.2.17）忽视了这一事实对他和我们构成的危险。然而，尤其是当它们彼此和谐相处时，历史与人性也允许"社会性情感的发展"与一种政治节制的伦理相符，并尊重其他人神圣的尊严与自由。无论如何，这就是宗教自由市场计划所假设的内容。

卢梭的系谱叙述想要解释，我们为何是"自然善好的"，却如此经常变得邪恶（请回顾《致博蒙书信》，*CW* IX, 28/*OC* IV, 936）。许多评论者已经注意到，那种解释也创造了空间，让我们能够希望事情会变得更好，我们会比现在更为自由。[84] 在本书考察之文本的基础上，我已经论证，对我们的境况而言，在最好的情况下，实现任何此类卢梭式希望的可能性都颇为微小。我也已经表明，在那一方面，斯密描绘的图景更稍具信心。我也同意，斯密基本上没有赋予我们什么基础，让我们为了更好的结果去尝试任何稍微类似革命性转变的事物。没有一个圣人立法者会带来此类转变。与此同时，借助一种"完善政策与法律"的系统性概念，我们可以认识到一些富有意义的举措（*TMS* VI.ii.2.18），为了采取这些措施，我们也不需要一种"万塞纳启示"。尽管他们之间具有重大的差异，但是，我们这两位思想家都没有否认：由于人性中不存在某种极端的变化，所以，狂热主义、迷信与暴力就是永恒

---

[84] 纽豪瑟论证说："当缺乏一种相反的证明，卢梭对救赎可能性的展示——即使就它包含的稀薄的意义上的可能性——就允许现实的人类相信转型实践富有意义，并因此鼓励他们为人类未来滋养一种希望，把那种希望转化成具体的行为。"（*Rousseau's Theodicy*, 8）参见上文第三章的注释67。

的危险。关于自由的脆弱性,卢梭与斯密具有根本上的一致性,这在情理之中。[85]

---

[85] 这一章的前三节使用了我的"Liberty and Compulsory Civil Religion in Rousseau's *Social Contract*"。在第十七届卢梭协会双年会(Biennial Colloquium of the Rousseau Association,布里斯托大学举办,2011)、波士顿大学法学院、圣十字学院、俄亥俄州立大学梅尔尚(Mershon)中心、特拉维夫大学,以及新奥尔良大学,我展示了这篇文章的不同版本(大部分包含了对亚当·斯密的实质性讨论)。感谢这些场合中的听众们的评论和提问,我从中受益颇多。感谢罗格·克里斯普(Roger Crisp)、道格拉斯·邓·乌尔、萨缪尔·弗莱西艾克、阿隆·加勒特、斯蒂芬·格瑞斯沃德、莱恩·汉利、布鲁斯·海登(Bruce Heiden)、大卫·海德(David Heyd)、西蒙·凯勒、安妮丝·卡拉、詹森·奈德曼(Jason Neidleman)、约瑟夫·莱塞特、大卫·鲁奇尼克、詹姆斯·施密特(James Schmidt)、卡罗琳·格瑞斯沃德·雪特(Caroline Griswold Short)、马修·辛普森(Matthew Simpson)、苏珊娜·斯瑞德哈、泽文·特拉亨伯格,以及《哲学史杂志》(*Journal of the History of Philosophy* [*JHP*])。感谢他们为早期草稿提供的评论,或对 *JHP* 发表的论文作出的讨论。我尤其要感谢约·司格特,感谢他富有启发性的评论与意见,我从中获益匪浅。我的收获贯穿在这篇论文之中,由它呈现出来。我也要感谢亨利·索斯盖特(Henry Southgate)对 *JHP* 文章所做的卓越的编辑工作。感谢瓦勒里·威廉斯对 *JHP* 文章以及本章做的校对工作。布莱斯·巴霍芬、布鲁诺·伯纳迪、大卫·海德以及克里斯托弗·里特文友善地评论了我发表在 *JHP* 上的论文,我对此深表感谢。我对一些经验性问题的论述比较薄弱,感谢巴里·威格斯特对它们作出的讨论。

后　记

　　本书考察了我在引言中所谓的"自我问题"的多个组成部分。在这篇简短的后记里，通过关注那些位于辩论核心的中心问题，我要来调查一下本书所讨论的那些观念的复杂网络。

　　从奥维德著名的"纳西索斯与艾寇"的故事中，我们可以获得"自恋主义"这个词的一种特殊含义。一开始，我就讨论了那种意义上的自恋主义问题。在那种意义上的自恋主义中，一个人会不知不觉地把自己投射为某个他所爱或欲望之人的形象，卢梭在戏剧《纳西索斯》中处理了这一现象。悖谬的是，在奥维德的故事版本中，对那一投射的认知——自我认知——导致了纳西索斯的消失，这就提出了一个问题：为了生活或爱，我们是否需要我们的虚构。用我从约书亚·柯亨那儿借来的表达说，我们生活的许多方面都需要"自我擦除"。卢梭《纳西索斯》的《序言》反复申明这个问题及其他相关问题，它们首先针对的是卢梭自己，然后又更广泛地与社会相关。我们实际上被编写好的社会剧本捕获，却对它一无所知吗？社会——包括它的文学与哲学战争——是一个戏剧性的影子世界吗？在这个世界里，演员们在表演，却不是以一种真正自知的方式？如果是这样，我们要对它做些什么呢——如果我们可以做什么的话？

亚当·斯密十分清楚地理解了这些问题，但他的作品描绘出稍微有所不同的图景，他不仅刻画了那些战斗，也刻画了社会世界的真实面貌。他没有按照卢梭在《一论》与《序言》中采用的方式，对艺术、文学与哲学提出广泛的批判。他也不认同，社会世界就像卢梭描画的那般，在那种意义上是戏剧性的。他没有按照卢梭在《序言》中展示的表演性方式写作。然而，他的确同意，自我认知实难获得，冲突性的社会关系也与此事实有关。斯密当然承认，（虚荣意义上的）自恋主义是一种普遍的现象，自我欺骗就更不用提了。他采用了一些资源来反对这种卢梭式的批判，他关于哲学、反思以及无偏旁观者的观念就在这些资源当中。

在《序言》发表之后不久，《二论》也得以出版，并对我们与自我的严重疏离作出了著名的描述。根据卢梭的想象，在我们的自然状态中，人们在很大程度上彼此孤立、自足、平静且自由。我们逐渐地、看起来不可阻挡地衰落到我们的腐败状态。在这个过程一开始的时候，我们就获得了社会性，以及一种让我们富有竞争力、自私、对我们自己和他人具有破坏性作用的自爱形式（尽管它也产生了几乎所有我们认为自己现在拥有的其他特性，包括那些好的品质）。这种系谱叙述（正如我在第二章所谓的）把我们早期的自然状态与我们当下对无知的无知对立起来。在我们当下的"文明"状态中，甚至像霍布斯这样的大哲也分有它的自我无知（self-unknowingness）。我论证说，叙述的目的在相当程度上是要让我们从对诸特征的无知中转醒。卢梭沉痛的系谱之弧指向在前方等待我们的充满奴役的战争状态。我们也再次面对如下问题：关于我们可悲的境况，我们能做些什么呢——如果有什么是我们能够做的话？

卢梭有力的叙述产生了一些对其论述具有潜在破坏力的重要问题。我在第二章引用了一段克里斯托弗·凯利的论述，恰如他在这段话中所问：如果卢梭的叙述为真，他如何能够逃脱"由想象构造的"奴役处境，从而能够讲述这个故事？鉴于其系谱叙述的内容和主张，关于如何像系谱学者一样解释其身份之系谱，卢梭看起来被迫承担了一个难以战胜的自我参考问题。前往万塞纳之路上的"启示"通过皈依叙述的方式提供了一种答案。作为唤醒人、揭露者，以及揭示偶像真相的人，他的权威源于一种立场，我们可以推测，上述答案解释了他如何走向这一立场。作为一种哲学解释，那一皈依叙述富有说服力吗？如果霍布斯这样的哲人不知不觉地将其在历史环境中的观察投射为"人性"，从而对之有所误解，我们又如何能说，卢梭没有做同样的事呢？

当斯密在《致〈爱丁堡评论〉诸作者信札》中评论《二论》时，他没有明确提出这类问题。斯密自己当然没有声明任何此类转变，也不要求他的读者具有与之相类的任何事物。而且，理性把握我们的处境这一点对斯密在描画人类生活时采用的方式来说也并非必不可少。所以，他没有面对卢梭那种自我参考问题。与卢梭不同，斯密也没有试图颠覆我们的自我概念，而是努力对它作出解释与改善。斯密的历史叙述没有表明一种"堕落"，即从某种具有绝对优势的早期处境转变为幸福奴隶境况的堕落。与此同时，他的叙述也没有过分乐观，他清晰意识到了我们境况的不完美。他投身于经验历史的研究，这巩固了他的如下观点：我们的确有机会作出有效的（仍是有限的）行为来改善我们的命运。

在本书的前两章，我试图解释，关于哲学的本性、哲学与日常生活之关系，以及哲学获得一种客观立场的可能性，卢梭与斯密各持何种观点。自我认知的本性与范围占据了辩论中的核心位置。恰如我的定位，斯密关于这些问题的立场在精神上是亚里士多德式的，而非柏拉图式的，而卢梭则相反。颇为关键的是，斯密论证，我们不能完全意识到在我们内心发生了什么。自我认知无疑不完美，却不能彻底空缺。关于身陷奴役境地却没有察觉这一点，我们没有忽视我们的无知。卢梭在写作时，仿佛就像如果他想要看到真相，面纱就必须升起，不再遮蔽他的眼睛。他发现的部分真理是，这个世界充满了自我遮蔽与彼此互相遮蔽的人。相反，斯密则看到了这样一个世界：在这个世界里，人们只是以某种方式有时候才互相遮蔽与自我遮蔽。斯密也表明，有时候，遮蔽会带来更好的结果。然而，他的确同意，在某些历史时刻，社会的很大一部分会堕落到一种严重无知的状态。这一让步为斯密与卢梭之间的分歧提供了肥沃的土壤。

对这两位思想家来说，关键论题与社会性有关。在卢梭的故事中，怜悯先于社会性，人们在获得社会性的同时，也一起获得了制造冲突的自恋。我在第三章论证，根据那种叙述，我们既因为自然也作为"人为的"或社会的存在而深刻地彼此分裂，因为我们不能站在其他人的立场、居住在他们的境况之中。相反，在斯密的反向叙述中，社会性不能与对自我的拥有分裂开来。他关于孤独且非社会的"人类生物"的思想实验暗示，拥有自我就是通过意识到其他人对自我的意识，从而获得对自我的意识。我们是彼此的镜子。当然，对这种"基础层次的社会性"（一如我对它的称谓）而言，想象至为关键。斯密一开始就对我们在深层次上不能彼此理解（我们也不能理解自己）这种观念表示了怀疑。斯密复杂的"同情"观念反驳了卢梭的怜悯与自恋，因为它允许我们——至少斯密也如此主张——理解并感知当我们用他人的视角来理解他们的境况时结果将如何。但是，这真的可能吗？众所周知，对那个问题的回答受到了挑战，也经受住了挑战。斯密式"同情"得到了视野与叙述观念的帮助，但是对卢梭而言，它们都无法占据主导。斯密讲过一个故事，一个旁观的男人与分娩中的妇女实现了同情。对卢梭而言，斯密这个故事只是一种冒充描述的虚构，它隐藏了控制与对象化的危险。那种危险在斯密式的自由市场等场所中得到呈现——大概卢梭会这样主张。斯密认为，关于自我与他人的语境知识是可靠的。在这里，卢梭的批判与一种对此斯密式观念的怀疑主义携手而行。

《一论》《序言》与《二论》回响着一个反复出现的主题：我们不是我们看起来是的那个人；我们生活在我们自身"之外"而非"之内"。"存在"与"表象"在某种程度上相互分离。这些都是我所谓的自我伪造，它也与自我疏离问题相关。我在第四章论证，从一个文本到另一个文本，卢梭对此著名批判的构想逐步发展，最终在如下观念中攀升至顶峰：我们长久地从旁观者立场来看待我们自己，我们的自由因此受到损害，现在，我们也以这样的方式被建构起来。的确，我们的自我想象受到了社会的影响，但我们却没有意识到它，并且付出了巨大的代价。这就是大写的奥维德式自恋主义问题。宽泛理解的商业（我们与其他人的日常交易）与狭义上的商业（在一种经济语境中）具有自我伪造的特征。卢梭的这个批评准确来说是什么意思呢？他假设了什么自我与自由概念？我在第四章尝试回答这些问题，并且解释，斯密为何以及在什么地方不同意卢梭的诊断。

斯密清楚地意识到了卢梭的批判。斯密在《信札》中翻译了《二论》中三段论述，其中有两段提到了存在／表象问题。尽管斯密没有对它们作出细致的评论，但的确提供了一种间接回应，其内核与一种道德或精神自由（与政治自由概念相区别）的概念有关，它与卢梭表现的道德或精神概念非常不同。斯密概念的枢轴是一种与无偏旁观者观点一致的自我治理观念，卢梭概念的重心则是权威、自我立法以及行为人立场优先的观念。我认为，斯密有许多理由拒绝这样一种观点，包括它错误对待了道德现象学与元伦理学。

看起来，在《国富论》中，与屠夫、面包师、酿酒师交易的著名场景一开始就表明斯密对卢梭作出了富有说服力的回应，因为欺骗或操纵并非必然成为交易的构成部分。但是，如果我们从卢梭的立场来看，把他的自由观念与我们生活在我们自身"之外"的观点结合在一起，这幅图景就迅速变得更加复杂。雷·兰顿的一些作品论述了投射与对象化，我试图借助它们的帮助，对那一批判加以分析。斯密自己也同意，社会世界充满了欺骗与幻想，但他认为，即便人们能够（也应该）对抗自我欺骗，那些缺点中的一些也可能（甚至应该）不能得到纠正。这种立场是一致的吗？我们可以论证，在面对卢梭式批判时，斯密对行为能力的论述还颇为薄弱。针对普遍存在的自我欺骗问题，斯密讨论了化解之道，当我们思索斯密的这些讨论时，就会发现它尤其薄弱。关于我们可以如何变得更加自由，斯密的确为我们提供了许多可行的建议。然而，对这些建议，卢梭的激烈批评则相对薄弱，至少在前四章考察的文本中如此。他们之间这一明显区别反映了另一差异：卢梭的框架产生了这样一种观念，即一个人的生命要么自由，要么不自由，因为部分改良之举措（partial correctives）被人认为是妥协与文饰。斯密的框架则接受了那种逐步或逐级的进步。

我们能像社会和社会生物一样具有自我认知、理性与自由吗？卢梭在《社会契约论》开头几行就提问，我们是否可能把"人本来的样子"和"法律能够成为的样子"调和起来，并暗示一种肯定的答案呢？如果成功了，针对我们声称的可行建议之缺乏，《社会契约论》就构成了一个重要的反例。卢梭倾向于告诉我们，利益与正确、效用与正义可以如何协调起来。这就需要表明，既然人类并不完美，那么在社会语境中他们如何能够变得自由。正如卢梭告诉我们的，那种自由要求开发某种"社会性情感"。在《社会契约论》最具争议又最著名的一段话中，他论证说，那反过来又要求潜在的缔约人信仰一种以宗教形式表达的道德信条——"纯粹的公民信仰宣言"，谁若违背其教义，就会被判处死刑。

在第五章中，我探究了卢梭提出这一法规的动机，以及这一法规本身的诸多信条。卢梭认为，对自由、平等且具有宽容个体的社会而言，"纯粹的公民信仰宣言"具有实质性的重要意义。卢梭的图景看起来具有内在的不一致性，因为它要求自由缔约人为了社会效用，去信仰那些非此就不会信仰的信条。我通过援引伯纳德·威廉斯的信仰理论，做了反对那种可能性的论证。而那些备选项——自我欺骗、信仰药丸、信仰引起的心理过程，或由著名立法者施展的某种形式的魔法——与《社会契约论》自身提出的理性自由并不相符。再次重申,看起来,我们的幻想不能经受自我认知的考验;我们的信仰必定会"自我擦除"。尽管在内在的一致性上有问题,然而,我们可以论证,导致卢梭假定需要一种公民宗教的推理是站得住脚的。当然,除了他——与我们——必须用某种方法解决宽容、宗教自由、社会稳定与和平这些复杂且相互交错的问题,并促使人们遵守一个正义社会契约的根本原则之外,我们找不到任何其他的问题。

恰如我在第五章的论证,斯密接受了许多导致卢梭提出其极端方案的推理。斯密不仅写作了宗教在支持道德与正义感(对其"自然自由体系"最为重要的一种感知)中的关键作用,也写作了宗教的政治问题。然而,相比起卢梭的义务性的公民宗教,他针对那个问题提出来的解决之道却大为不同。斯密的论证支持一个宗教的自由市场。在这个宗教市场里,人们可以加入任何不会用不宽容的方式对待其他派别的宗教派别。根据斯密的说法,他期待的结果是一种将会支持正义感的"纯粹且理性的宗教"。尽管宗教自由与国家中立的承诺令人心动,斯密的方案自身却面临着许多严重的问题。卢梭可以正当地提问,假设历史让那些条件得以产生,那么,在这些竞争性条件下,什么在驱使公民遵守正义原则呢?根据斯密自己的论述,为何教派竞争产生的狂热会压倒"社会性情感"呢?通过回答这两个问题,我研究了新兴规范的观念,这种新兴的规范因为非审慎原因得到确证。与正确的历史语境和制度安排结合在一起,这些规范就可以确实扎下根来。然而,我们可以进一步提问:关于自由的前景,斯密看起来颇为乐观,其乐观主义是否悄悄地依赖一种神意信条,而且还是一种容易受到攻击的信条呢？对此，我的答案是否定的：针对狂热主义问题，他提出了自由市场的解决方案；斯密没有依赖一个仁爱的神，或一种设计精妙的宇宙观念来支持其解决方案。

  不幸的是，那不能消除所有怀疑。在第五章的"终曲"部分，我根据斯密最阴暗的声明质疑了他的论述。在《国富论》中，斯密谈到了我们"对统治的爱"；总体而言，我们会命令奴隶服从我们的召唤，而非劝说自由人答应我们的请求。在斯密的作品中，我们还能找到其他阴暗的陈述。当我们自由地驾驭那种类型的"爱"时，这个世界会成为什么模样呢？在《国富论》中，他描述了宗教狂热主义与宗教压迫的令人悲伤的历史，但其描述只是上述问题的一个例证而已。那种人性观与他关于宗教自由市场的方案是一致的吗？并且，在更宽泛的意义上，他还认为，人们应该拥有自己的自由。那种人性观与他的这种观点也是一致的吗？然而，这是卢梭与斯密之间的辩证法得以继续的另一个领域。"人自然为好的"，这是卢梭最受珍视的原则之一。尽管这种原则似乎提供了一束希望之光，其背面则是，我们已经（人为地而非自然地）变得腐败了。斯密表明，我们对统治的骄傲之爱是天性的一部分，在这样做的时候，他就拒绝了那一原则，即便他当然会赞成卢梭拒绝原罪的教义。根据斯密的论述，我们的人性是混杂的，因此，关于我们已经变成什么样的人，他的描述本身就是混杂、交融的。那就创造了空间，让我们可以在正确的历史环境中改善我们的命运，因为人性中还有其他一些方面不会支持对统治的爱。他的观点许可我们以细小且重要的方式作出努力，即便他承认，人类潜在地能够让他们自己和其他每个人都在非同寻常的程度上变得堕落。

关于"自我的问题",以及关于自我认知的本质与我们是否可以获得自我认知的问题,卢梭与斯密之间的许多分歧都以内在与外在的区分为重心。尽管卢梭是从人间戏剧的外部向里看,但根据他自己的定位,他因为"启示"而被启蒙,但这种"启示"却内在地不能被其他人获得。在关于对比的另一重叙述中,我们对我们的无知、快乐奴隶与不自由的处境是无知的,因为我们生活在我们自身"之外"。在另一方面,自然状态下的野蛮人则生活在他们自身"之内",并且是自由的。然而,我们也从卢梭那里了解到,我们不能真正从其他人的视角理解他们的境况——社会性与怜悯都不允许那种对自我的超越,在此意义上,我们就外在于其他每一个人。我们还可以讨论得更深入一些:自然状态与社会契约社会之间存在着鲜明的对立,因为若要将它们连接起来,其挑战之大令人畏惧;它们位于城墙相反的两边,亦即,比喻甚或字面上而言,一者外在于另一者。在本书引言的起首处,我引用了源自《孤独散步者的梦》中的一段话。在那个段落中,卢梭写道:

> 现在,我孤独地存活于世间,不再拥有任何兄弟、邻居、朋友,或我自身以外的社会。最友善、最具爱心的人因某种一致的同意而遭到社会排斥……但是,我远离了他们和所有事物,我是什么?

甚至在这里,当卢梭接近其生命的尾声时,他又重申了这些看似排他性的选项。在我们此处考察的著作中,"外在"与"内在"的区分反复出现,正如我讨论过的,它也表明了卢梭用完全二元性的术语进行思考的癖性。斯密并没有用那种外在/内在对立写作，他倾向于沿着一种光谱进行思考，而非以二分方式进行思考。这就使我们两位思想家在根本的分析框架上产生了深刻的分歧。

在引言中，我引用了叶礼庭的如下观察：我们已经从斯密和卢梭那里继承了"两种政治语言和两个不同的乌托邦之间的选择"。当代公民与政治话语中的辩论颇为棘手，此中的困难验证了，就本书考察的许多问题而言，他们之间的分歧有多么深刻。人们会获得一种印象，参与辩论的各方常常越过彼此进行谈论，每一方都受其语言和视野的禁锢，却不花时间去理解与之竞争的（或他们自己的）立场的复杂性。当然，我们讨论的问题深入到"我们是谁"以及"我们想要成为谁"这两个问题的核心，在此，这两位作者影响深远。我希望，通过深入研究他们的精致而复杂的论证，本书能够有所贡献，深化我们对这些不间断的冲突的理解——至少对某些冲突的理解。

参考文献

（关于卢梭与斯密的主要文本，以及许多引用频繁的二手著作，请参见本书开头"缩略语"部分的书目。在这份参考文献中，我大量使用了这些著作的缩写形式。）

Alvey, James E. "The Secret, Natural Theological Foundation of Adam Smith's Work." *Journal of Markets and Morality* 7 (2004): 335–61.
Amrozowicz, Michael C. "Adam Smith: History and Poetics." In *OHAS*, 143–58.
Anderson, Elizabeth. "Adam Smith on Equality." In *ASLTL*, 157–72.
Anderson, Gary M. "Mr. Smith and the Preachers: The Economics of Religion in the *Wealth of Nations*." *Journal of Political Economy* 96 (1988): 1066–88.
St. Augustine. *Confessions*. Translated by F. J. Sheed. Introduction by Peter Brown. Edited with Notes by Michael P. Foley. 2nd edition. Indianapolis, IN: Hackett, 2006.
Bachofen, Blaise. *La condition de la liberté. Rousseau, critique des raisons politiques.* Paris: Éditions Payot et Rivages, 2002.
——. "Der erste Naturzustand als *wahrer* Naturzustand. Die Tragweite einer anthropologischen Untersuchung." In *Jean-Jacques Rousseau: Die Beiden Diskurse zur Zivilisationskritik*, edited by Johannes Rohbeck and Lieselotte Steinbrügge, 103–25. Berlin: Walter de Gruyter, 2015.
——. "Logische Genesen, geschichtliche Anfänge, Begründungen im Recht: Figuren des Ursprungs und der Grundlegung bei Rousseau." In *Rousseaus Ursprungserzählungen*, edited by Pascal Delhom and Alfred Hirsch, 19–36. Munich: Wilhelm Fink Verlag, 2012.

———. "La religion civile selon Rousseau: une théologie politique négative." In *La théologie politique de Rousseau*, edited by Ghislain Waterlot, 37–62. Rennes: Presses Universitaires de Rennes, 2010.

Bachofen, Blaise, Bruno Bernardi, André Charrak, and Florent Guénard, eds. *Philosophie de Rousseau*. Paris: Classiques Garnier, 2014.

Barish, Jones A. *The Antitheatrical Prejudice*. Berkeley: University of California Press, 1981.

Beiner, Ronald. *Civil Religion: A Dialogue in the History of Political Philosophy*. Cambridge: Cambridge University Press, 2011.

Bellah, Robert N. "Civil Religion in America." *Daedelus* 96 (1967): 1–21.

Berlin, Isaiah. "Two Concepts of Liberty." In *Four Essays on Liberty*, 118–72. Oxford: Oxford University Press, 1969.

Bernardi, Bruno. "L'homme civil, l'homme naturel. L'heuristique en miroir du second *Discours*." In *Penser l'homme: Treize études sur Jean-Jacques Rousseau*, edited by Claude Habib and Pierre Manent, 43–54. Paris: Classiques Garnier, 2013.

———. "La religion civile, institution de tolérance?" In *Rousseau and L'Infâme: Religion, Toleration, and Fanaticism in the Age of Enlightenment*, edited by Ourida Mostefai and John T. Scott, 153–72. Amsterdam: Rodopi, 2009.

———. "Sur la genèse du concept de religion civile et sa place dans le *Contrat social* de Jean-Jacques Rousseau." *Éthique, politique, religions* 8 (2016): 107–37.

———. See also Bachofen, Blaise et al.

Berry, Christopher J. "Adam Smith and Early-Modern Thought." In *OHAS*, 77–102.

———. "Adam Smith: Commerce, Liberty and Modernity." In *Philosophers of the Enlightenment*, edited by Peter Gilmour, 113–32. Edinburgh: Edinburgh University Press, 1989.

———. *The Idea of Commercial Society in the Scottish Enlightenment*. Edinburgh: Edinburgh University Press, 2015.

———. "Smith under Strain." *European Journal of Political Theory* 3 (2004): 455–63.

———. *Social Theory of the Scottish Enlightenment*. Edinburgh: Edinburgh University Press, 1997.

Bertram, Christopher. "Geneva in Rousseau's Political Philosophy: Membership, Democracy and Legitimacy," presented to the 17th Biennial Colloquium of the Rousseau Association, University of Bristol, available in Portuguese translation as "Rousseau and Geneva." *Trans/Form/Ação* 38 (2015): 93–110.

———. *Rousseau and* The Social Contract. London: Routledge, 2004.

———. "Toleration and Pluralism in Rousseau's Civil Religion." In *Rousseau and L'Infâme: Religion, Toleration, and Fanaticism in the Age of Enlightenment*, edited by Ourida Mostefai and John T. Scott, 137–52. Amsterdam: Rodopi, 2009.

Black, Moishe. "*De rerum natura* and the second *Discourse*." In *Rousseau and the Ancients/Rousseau et les Anciens*, Pensée Libre 8, edited by Ruth Grant and Philip Stewart, 300–9. Montreal: North American Society for the Study of J.-J. Rousseau, 2001.

Bloom, Allan. *Love and Friendship*. New York: Simon & Schuster, 1993.

Boettke, Peter J., Joshua C. Hall, and Kathleen M. Sheehan. "Was Adam Smith Right about Religious Competition?" Department of Economics Working Paper Series (No. 15-47), West Virginia University. A 2015 paper, retrieved from: http://be.wvu.edu/phd_economics/pdf/15-47.pdf.

Boltanski, Luc. *Distant Suffering: Morality, Media and Politics*. Translated by

Graham Burchell. Cambridge: Cambridge University Press, 1999.
Boss, Ronald I. "Rousseau's Civil Religion and the Meaning of Belief: An Answer to Bayle's Paradox." *Studies on Voltaire and the Eighteenth Century* 84 (1971): 123–93.
Bouchilloux, Hélène. "La Stratégie du 2e Discours." *Bulletin de la Société Française de Philosophie* 102 (2008): 1–23.
Boyd, Richard. "Adam Smith on Civility and Civil Society." In *OHAS*, 443–63.
———. "Pity's Pathologies Portrayed: Rousseau and the Limits of Democratic Compassion." *Political Theory* 32 (2004): 519–46.
Brandt, Reinhard. "Philosophical Methods." In *The Cambridge History of Eighteenth-Century Philosophy*, edited by Knud Haakonssen, 2 vols. Vol. I, 139–59. Cambridge: Cambridge University Press, 2006.
Brint, M. E. "Echoes of *Narcisse*." *Political Theory* 16 (1988): 617–35.
Broadie, Alexander. "Sympathy and the Impartial Spectator." In *The Cambridge Companion to Adam Smith*, edited by Knud Haakonssen, 158–88. Cambridge: Cambridge University Press, 2006.
Brooke, Christopher. *Philosophic Pride: Stoicism and Political Thought from Lipsius to Rousseau*. Princeton, NJ: Princeton University Press, 2012.
Brooks, Peter. *Reading for the Plot: Design and Intention in Narrative*. Cambridge, MA: Harvard University Press, 1992.
Brown, Vivienne. "Agency and Discourse: Revisiting the Adam Smith Problem." In the *Elgar Companion to Adam Smith*, edited by Jeffrey T. Young, 52–72. Cheltenham: Edward Elgar, 2009.
———. "Dialogism, the Gaze, and the Emergence of Economic Discourse." *New Literary History* 28 (1997): 697–710.
———. "The Impartial Spectator and Moral Judgment." *Econ Journal Watch* 13 (2016): 232–48.
———. "Intersubjectivity and Moral Judgment in Adam Smith's *Theory of Moral Sentiments*." In *Intersubjectivity and Objectivity in Adam Smith and Edmund Husserl: A Collection of Essays*, edited by Christel Fricke and Dagfinn Føllesdal, 243–72. Vol. 8 of *Philosophische Forschung*. Frankfurt: Ontos Verlag, 2012.
———. "Intersubjectivity, *The Theory of Moral Sentiments* and the Prisoners' Dilemma." *Adam Smith Review* 6 (2011): 172–90.
———. "The *Lectures on Rhetoric and Belles Lettres*." In *ASLTL*, 17–32.
Brubaker, Lauren. "Adam Smith on Natural Liberty and Moral Corruption: The Wisdom of Nature and Folly of Legislators?" In *Enlightening Revolutions: Essays in Honor of Ralph Lerner*, edited by Svetozar Minkov with the assistance of Stéphane Douard, 191–217. Lanham, MD: Lexington Books, 2006.
———. "Does the 'Wisdom of Nature' Need Help?" In *New Voices on Adam Smith*, edited by Leonidas Montes and Eric Schliesser, with a Foreword by Knud Haakonssen, 168–92. Abingdon: Routledge, 2006.
———. "'A Particular Turn or Habit of the Imagination': Adam Smith on Love, Friendship, and Philosophy." In *Love and Friendship: Rethinking Politics and Affection in Modern Times*, edited by Eduardo Velásquez, 229–62. Lanham, MD: Lexington Books, 2003.
Burke, Edmund. *Reflections on the Revolution in France*. In *The Portable Edmund Burke*, edited by Isaac Kramnick, 416–74. New York: Penguin, 1999.
Campbell, Sally H. and John T. Scott. "Rousseau's Politic Argument in the *Discourse on the Sciences and Arts*." *American Journal of Political Science* 49 (2005): 818–28.

Campbell, Tom D. *Adam Smith's Science of Morals*. Totowa, NJ: Rowman & Littlefield, 1971.

Carrasco, Maria A. "Adam Smith: Self-command, Practical Reason and Deontological Insights." *British Journal for the History of Philosophy* 20 (2012): 391–414.

Chandler, James. "Adam Smith as Critic." In *OHAS*, 126–42.

Charbonnel, Nanine. *Logiques du Naturel*. Vol. 3 of *Philosophie de Rousseau*. Lons-le-Saunier: Éditions Aréopage, 2006.

Charrak, André. See Bachofen, Blaise et al.

Clark, Henry. "Women and Humanity in Scottish Enlightenment Social Thought: The Case of Adam Smith." *Historical Reflections* 19 (1993): 335–61.

Cohen, Joshua. *Rousseau: A Free Community of Equals*. Oxford: Oxford University Press, 2010.

Conrad, Joseph. *Lord Jim*, edited with an Introduction, Notes, and other Editorial Matter by Jacques Berthoud. New edition. Oxford: Oxford University Press, 2008.

Constant, Benjamin. "On religious liberty," ch. 17 of *Principles of Politics Applicable to all Representative Governments*. In *Benjamin Constant: Political Writings*, edited and translated by Biancamaria Fontana, 274–89. Cambridge: Cambridge University Press, 1993.

Cooper, Laurence D. *Rousseau, Nature, and the Problem of the Good Life*. University Park, PA: Pennsylvania State University Press, 1999.

Coulet, Henri. "Introduction." In *Jean-Jacques Rousseau: Narcisse ou L'amant de lui-même. Comédie et Préface de* Narcisse, edited and annotated by Henri Coulet. 7–22. Paris: Éditions Desjonquères, 2008.

Critchley, Simon. "The Catechism of the Citizen: Politics, Law and Religion in, after, with and against Rousseau." *Continental Philosophy Review* 42 (2009): 5–34.

Cropsey, Joseph. *Polity and Economy: An Interpretation of the Principles of Adam Smith*. 1957. Rpt. Westport, CT: Greenwood Press, 1977.

Cudd, Ann, and Seena Eftekhari. "Contractarianism." In *The Stanford Encyclopedia of Philosophy*. Spring 2017 Edition, edited by Edward N. Zalta. Retrieved from: https://plato.stanford.edu/archives/spr2017/entries/contractarianism/.

Culoma, Michaël. *La Religion civile de Rousseau à Robespierre*. Paris: L'Harmattan, 2010.

D'Alembert, Jean le Rond. "Letter of M. d'Alembert to M. J. J. Rousseau – On the Article "Geneva" Taken from the Seventh Volume of *l'Encyclopédie*." In *CW* X, 353–77.

Darwall, Stephen. "Empathy, Sympathy, Care." In *Welfare and Rational Care*, 50–72. Princeton, NJ: Princeton University Press, 2002.

———. "Norm and Normativity." In *The Cambridge History of Eighteenth-Century Philosophy*, edited by Knud Haakonssen. Vol. II, 987–1025. Cambridge: Cambridge University Press, 2006.

———. *The Second-Person Standpoint: Morality, Respect and Accountability*. Cambridge, MA: Harvard University Press, 2006.

———. "Self-Deception, Autonomy, and Moral Constitution." In *Perspectives on Self-deception*, edited by Brian P. McLaughlin and Amélie O. Rorty, 407–30. Berkeley: University of California Press, 1988.

———. "Smith's Ambivalence about Honour." In *The Philosophy of Adam Smith: Essays Commemorating the 250th Anniversary of* The Theory of Moral Sentiments, edited by Vivienne Brown and Samuel Fleischacker. *Adam Smith Review* 5 (2010):

106–23.
———. "Sympathetic Liberalism: Recent Work on Adam Smith." *Philosophy and Public Affairs* 28 (1999): 139–64.
Debes, Remy. "Adam Smith on Dignity and Equality." *British Journal for the History of Philosophy* 20 (2012): 109–40.
———. "Adam Smith and the Sympathetic Imagination." In *ASLTL*, 192–207.
De Man, Paul. *Allegories of Reading*. New Haven, CT: Yale University Press, 1979.
Dent, Nicholas J. H. *Rousseau: An Introduction to his Psychological, Social and Political Theory*. Oxford: Blackwell, 1988.
———. "Rousseau and Respect for Others." In *Justifying Toleration: Conceptual and Historical Perspectives*, edited by Susan Mendus, 115–35. Cambridge: Cambridge University Press, 1988.
Den Uyl, Douglas J. "Impartial Spectating and the Price Analogy." *Econ Journal Watch* 13 (2016): 264–72.
Derathé, Robert. "La religion civile selon Rousseau." *Annales de la Société Jean-Jacques Rousseau* 35 (1959–62): 161–70.
Derathé, Robert, et al. "Discussion." *Annales de la Société Jean-Jacques Rousseau* 35 (1959–62): 171–80.
Descombes, Vincent. "'Transporter le Moi'." In *Penser l'homme: Treize études sur Jean-Jacques Rousseau*, edited by Claude Habib and Pierre Manent, with the collaboration of Christophe Litwin, 73–93. Paris: Classiques Garnier, 2013.
Diderot, Denis. *Jacques the Fatalist and his Master*. Translated with Introduction and Notes by J. Robert Loy. New York: New York University Press, 1959.
———. *La Réfutation d'Helvétius*. In Denis Diderot, *Œuvres*, edited by Laurent Versini, 5 vols. Vol. I (*Philosophie*), 777–923. Paris: Robert Laffont, coll. "Bouquins," 1994.
Douglass, Robin. *Rousseau and Hobbes: Nature, Free Will, and the Passions*. Oxford: Oxford University Press, 2015.
Eftekhari, Seena. See Cudd, Ann.
Eliot, George. *Daniel Deronda*, with Introduction and Notes by Earl L. Dachslager. New York: Barnes & Noble Classics, 2005.
Fleischacker, Samuel. "Adam Smith." In *A Companion to Early Modern Philosophy*, edited by Steven Nadler, 505–26. Malden, MA: Blackwell, 2002.
———. "Adam Smith's Reception among the American Founders, 1776–1790." *William and Mary Quarterly* 59 (2002): 897–924.
———. "On Adam Smith's *Wealth of Nations*: Response." *Adam Smith Review* 2 (2006): 246–58.
———. "Philosophy in Moral Practice: Kant and Adam Smith." *Kant-Studien* 82 (1991): 249–69.
———. "Sympathy in Hume and Smith: A Contrast, Critique, and Reconstruction." In *Intersubjectivity and Objectivity in Adam Smith and Edmund Husserl: A Collection of Essays*, edited by Christel Fricke and Dagfinn Føllesdal, 273–311. Vol. 8 of *Philosophische Forschung*. Frankfurt: Ontos Verlag, 2012.
———. *A Third Concept of Liberty: Judgment and Freedom in Kant and Adam Smith*. Princeton, NJ: Princeton University Press, 1999.
———. "True to Ourselves? Adam Smith on Self-deceit." *Adam Smith Review* 6 (2011): 75–92.

Force, Pierre. *Self-Interest before Adam Smith: A Genealogy of Economic Science.* Cambridge: Cambridge University Press, 2003.

Forman-Barzilai, Fonna. *Adam Smith and the Circles of Sympathy: Cosmopolitanism and Moral Theory.* Cambridge: Cambridge University Press, 2010.

Foucault, Michel. "Nietzsche, Genealogy, History." In *Language, Counter-Memory, Practice: Selected Essays and Interviews,* edited with an Introduction by Donald F. Bouchard, translated by Donald F. Bouchard and Sherry Simon, 139–64. Ithaca, NY: Cornell University Press, 1977.

Freud, Sigmund. "On Narcissism: An Introduction." In *The Standard Edition of the Complete Psychological Works of Sigmund Freud,* translated by James Strachey, in collaboration with Anna Freud and assisted by Alix Strachey and Alan Tyson. 24 vols. Vol. XIV, 73–102. London: The Hogarth Press, 1978.

Fricke, Christel. "Adam Smith: The Sympathetic Process and the Origin and Function of Conscience." In *OHAS,* 177–200.

Galliani, Renato. "Rousseau, l'illumination de Vincennes et la critique moderne." *Studies on Voltaire and the Eighteenth Century* 245 (1986): 403–47.

———. *Rousseau, le luxe et l'idéologie nobilaire: étude socio-historique.* Oxford: Voltaire Foundation, 1989.

Garrett, Aaron. "Self-Knowledge and Self-Deception in Modern Moral Philosophy." In *Self-knowledge: A History,* edited by Ursula Renz, 164–82. New York: Oxford University Press, 2017.

Garrett, Aaron, and Ryan Hanley. "Adam Smith: History and Impartiality." In *Scottish Philosophy in the Eighteenth Century,* edited by Aaron Garrett and James A. Harris. Vol. 1, 239–82. Oxford: Oxford University Press, 2015.

Garsten, Bryan. *Saving Persuasion: A Defense of Rhetoric and Judgment.* Cambridge, MA: Harvard University Press, 2006.

Gauthier, David. *Rousseau: The Sentiment of Existence.* Cambridge: Cambridge University Press, 2006.

Gemes, Ken. "'We Remain of Necessity Strangers to Ourselves': The Key Message of Nietzsche's *Genealogy.*" In *Nietzsche's On the Genealogy of Morals: Critical Essays,* edited by Christa D. Acampora, 191–208. Lanham, MD: Rowman & Littlefield Publishers, 2006.

Gerschlager, Caroline, ed. *Expanding the Economic Concept of Exchange: Deception, Self-Deception and Illusions.* Boston: Kluwer, 2001.

———. "Is (Self-)Deception an Indispensable Quality of Exchange? A New Approach to Adam Smith's Concept." In *Expanding the Economic Concept of Exchange: Deception, Self-Deception and Illusions,* edited by Caroline Gerschlager, 27–51. Boston: Kluwer, 2001.

Geuss, Raymond. "Genealogy as Critique." *European Journal of Philosophy* 10 (2002): 209–15.

Goldie, Peter. *The Emotions: A Philosophical Exploration.* Oxford: Clarendon Press, 2002.

———. "How We Think of Others' Emotions." *Mind and Language* 14 (1999): 394–423.

———. *The Mess Inside: Narrative, Emotion, and the Mind.* Oxford: Oxford University Press, 2012.

———. "Narrative and Perspective; Values and Appropriate Emotions." In *Philosophy and the Emotions,* edited by Anthony Hatzimoysis, 201–20. Cambridge: Cambridge

University Press, 2003.
Gore, David C. "Sophists and Sophistry in the *Wealth of Nations*." *Philosophy and Rhetoric* 44 (2011): 1–26.
Gourevitch, Victor. "Introduction." In *Rousseau, The Social Contract and other later political writings*, edited and translated by Victor Gourevitch, ix–xxxi. Cambridge: Cambridge University Press, 1997.
——. "The Religious Thought." In *The Cambridge Companion to Rousseau*, edited by Patrick Riley, 193–246. Cambridge: Cambridge University Press, 2001.
——. "Rousseau's Pure State of Nature." *Interpretation* 16 (1988): 23–59.
Graham, Gordon. "Adam Smith and Religion." In *ASLTL*, 305–20.
Grant, Ruth W. *Hypocrisy and Integrity: Machiavelli, Rousseau, and the Ethics of Politics*. Chicago: University of Chicago Press, 1997.
Greiner, Rae. "Sympathy Time: Adam Smith, George Eliot, and the Realist Novel." *Narrative* 17 (2009): 291–311.
Griswold, Charles L. "Being and Appearing: Self-falsification, Exchange, and Freedom in Rousseau and Adam Smith." In *Adam Smith and Rousseau: Ethics, Politics, Economics*, edited by Maria Pia Paganelli, Dennis C. Rasmussen and Craig Smith. Edinburgh: Edinburgh University Press, forthcoming.
——. "Genealogical Narrative and Self-knowledge in Rousseau's *Discourse on the Origin and the Foundations of Inequality among Men*." *History of European Ideas* 42 (2016): 276–301.
——. "Happiness, Tranquillity, and Philosophy." *Critical Review* 10 (1996): 1–32.
——. "Liberty and Compulsory Civil Religion in Rousseau's *Social Contract*." *Journal of the History of Philosophy* 53 (2015): 271–300.
——. "Narcissisme, amour de soi et critique sociale. *Narcisse* de Rousseau et sa *Préface*." Translated by Christophe Litwin. In *Philosophie de Rousseau*, edited by Blaise Bachofen, Bruno Bernardi, André Charrak, and Florent Guénard, 289–304. Paris: Classiques Garnier, 2014.
——. "The Nature and Ethics of Vengeful Anger." In *Nomos LIII: Passions and Emotions*, edited by James E. Fleming, 77–124. New York: New York University Press, 2013.
——. "On the Incompleteness of Adam Smith's System." *Adam Smith Review* 2 (2006): 181–6.
——, ed. *Platonic Writings, Platonic Readings*. New York: Routledge, Chapman & Hall, Inc., 1988. Rpt. with corrections, a new Preface, and an updated Bibliography. University Park, PA: Pennsylvania State University Press, 2002.
——. "Rights and Wrongs: Jefferson, Slavery, and Philosophical Quandaries." In *A Culture of Rights: The Bill of Rights in Philosophy, Politics and Law—1791 and 1991*, edited by Michael Lacey and Knud Haakonssen, 144–214. Cambridge: Cambridge University Press, 1991.
——. *Self-knowledge in Plato's* Phaedrus. New Haven, CT: Yale University Press, 1986. Rpt. with a new Preface and Supplementary Bibliography. University Park, PA: Pennsylvania State University Press, 1996.
——. "Smith and Rousseau in Dialogue: Sympathy, *Pitié*, Spectatorship and Narrative." In *The Philosophy of Adam Smith: Essays Commemorating the 250th Anniversary of* The Theory of Moral Sentiments, edited by Vivienne Brown and Samuel Fleischacker. Adam Smith Review 5 (2010): 59–84.
Guay, Robert. "Genealogy and Irony." *Journal of Nietzsche Studies* 41 (2011):

26–49.

———. "Genealogy as Immanent Critique: Working from the Inside." In *The Edinburgh Critical History of Nineteenth-Century Philosophy*, edited by Alison Stone, 168–86. Edinburgh: Edinburgh University Press, 2011.

———. "The Philosophical Function of Genealogy." In *A Companion to Nietzsche*, edited by Keith A. Pearson, 353–70. Malden, MA: Blackwell, 2006.

Guénard, Florent. See Bachofen, Blaise et al.

Haakonssen, Knud. *Natural Law and Moral Philosophy: From Grotius to the Scottish Enlightenment*. Cambridge: Cambridge University Press, 1996.

———. *The Science of a Legislator: The Natural Jurisprudence of David Hume and Adam Smith*. Cambridge: Cambridge University Press, 1981.

Hall, Joshua C. See Boettke, Peter J.

Hanley, Ryan P. "Adam Smith: From Love to Sympathy." *Revue internationale de philosophie* 269 (2014): 251–73.

———. "Adam Smith on the 'Natural Principles of Religion'." *The Journal of Scottish Philosophy* 13 (2015): 337–53.

———. "Commerce and Corruption: Rousseau's Diagnosis and Adam Smith's Cure." *European Journal of Political Theory* 7 (2008): 137–58.

———. "Enlightened Nation Building: The 'Science of the Legislator' in Adam Smith and Rousseau." *American Journal of Political Science* 52 (2008): 219–34.

———. "Freedom and Enlightenment." Forthcoming in *The Oxford Handbook of Freedom*, edited by David Schmidtz and Carmen Pavel. Published online 1/2017. doi: 10.1093/oxfordhb/9780199989423.013.10.

———. "From Geneva to Glasgow: Rousseau and Adam Smith on the Theater and Commercial Society." *Studies in Eighteenth-Century Culture* 35 (2006): 177–202.

———. "Hume and Smith on Moral Philosophy." In *The Oxford Handbook of Hume*, edited by Paul Russell, 708–28. Oxford: Oxford University Press, 2016.

———. "On the Place of Politics in Commercial Society." Forthcoming in *Adam Smith and Rousseau: Ethics, Politics, Economics*, edited by Maria Pia Paganelli, Dennis C. Rasmussen, and Craig Smith.

———. "Pitié développée. Aspects éthiques et épistémiques." In *Philosophie de Rousseau*, edited by Blaise Bachofen, Bruno Bernardi, André Charrak, and Florent Guénard, 305–18. Paris: Classiques Garnier, 2014.

———. "Rousseau's Virtue Epistemology." *Journal of the History of Philosophy* 50 (2012): 239–63.

———. "Skepticism and Naturalism in Adam Smith." *Adam Smith Review* 5 (2010): 198–212.

———. See also Garrett, Aaron.

Harkin, Maureen. "Adam Smith on Women." In *OHAS*, 501–20.

———. "Natives and Nostalgia: The Problem of the 'North American Savage' in Adam Smith's Historiography." *Scottish Studies Review* 3 (2002): 21–32.

Harman, Gilbert. "Moral Agent and Impartial Spectator." The 1986 Lindley Lecture, published by the Philosophy Department, University of Kansas, 1986.

Harpham, Edward J. "The Problem of Liberty in the Thought of Adam Smith." *Journal of the History of Economic Thought* 22 (2000): 217–37.

Harris, James A. Review of Istvan Hont, *Politics in Commercial Society: Jean-Jacques Rousseau and Adam Smith*. *The Journal of Scottish Philosophy* 14 (2016): 151–63.

Heath, Eugene. "Metaphor Made Manifest: Taking Seriously Smith's 'Invisible Hand'." In *Propriety and Prosperity: New Studies on the Philosophy of Adam Smith*, edited by David F. Hardwick and Leslie Marsh, 169–97. Houndmills, UK: Palgrave Macmillan, 2014.

Henderson, Willie. *Evaluating Adam Smith: Creating the Wealth of Nations*. London: Routledge, 2006.

Herzog, Lisa. "Adam Smith and Modern Ethics." In *ASLTL*, 340–53.

——. "The Community of Commerce: Smith's Rhetoric of Sympathy in the Opening of the *Wealth of Nations*." *Philosophy and Rhetoric* 46 (2013): 65–87.

——. *Inventing the Market: Smith, Hegel, and Political Theory*. Oxford: Oxford University Press, 2013.

Heydt, Colin. "The Problem of Natural Religion in Smith's Moral Thought." *Journal of the History of Ideas* 78 (2017): 73–94.

Hill, Lisa. "The Hidden Theology of Adam Smith." *European Journal for the History of Economic Thought* 8 (2001): 1–29.

Hont, Istvan. *Politics in Commercial Society: Jean-Jacques Rousseau and Adam Smith*, edited by Béla Kapossy and Michael Sonenscher. Cambridge, MA: Harvard University Press, 2015.

Hont, Istvan, and Michael Ignatieff. "Needs and Justice in the *Wealth of Nations*: An Introductory Essay." In *Wealth and Virtue: The Shaping of Political Economy in the Scottish Enlightenment*, edited by Istvan Hont and Michael Ignatieff, 1–44. Cambridge: Cambridge University Press, 1983.

Hulliung, Mark. "Rousseau, Voltaire, and the Revenge of Pascal." In *The Cambridge Companion to Rousseau*, edited by Patrick Riley, 57–77. Cambridge: Cambridge University Press, 2001.

Hume, David. *Enquiries Concerning Human Understanding and Concerning the Principles of Morals*, edited with an Introduction by L. A. Selby-Bigge, 3rd edition, revised by P. H. Nidditch. Oxford: Clarendon Press, 1989.

Hundert, E. J. *The Enlightenment's Fable: Bernard Mandeville and the Discovery of Society*. Cambridge: Cambridge University Press, 1994.

Hurtado-Prieto, Jimena. "The Mercantilist Foundations of 'Dr Mandeville's Licentious System': Adam Smith on Bernard Mandeville." In *New Voices on Adam Smith*, edited by Leonidas Montes and Eric Schliesser, with a Foreword by Knud Haakonssen, 221–46. Abingdon: Routledge, 2006.

Ignatieff, Michael. *The Needs of Strangers*. New York: Picador, 1984.

Jackson, Susan K. *Rousseau's Occasional Autobiographies*. Columbus, OH: Ohio State University Press, 1992.

Jaffro, Laurent. "Comment produire le sentiment de l'existence?" In *Jean-Jacques Rousseau et l'exigence d'authenticité: Une question pour notre temps*, edited by Jean-François Perrin and Yves Citton, 153–69. Paris: Classiques Garnier, 2014.

Jefferson, Thomas. *Thomas Jefferson: Writings*, edited with Notes by Merrill D. Peterson. New York: Viking [Library of America], 1984.

Kalyvas, Andreas, and Ira Katznelson. "The Rhetoric of the Market: Adam Smith on Recognition, Speech, and Exchange." *The Review of Politics* 63 (2001): 549–79.

Katznelson, Ira. See Kalyvas, Andreas.

Kekes, John. *The Nature of Philosophical Problems: Their Causes and Implications*. Oxford: Oxford University Press, 2014.

Kelly, Christopher. "Pious Cruelty: Rousseau on Voltaire's *Mahomet*." In *Rousseau and 'L'Infâme': Religion, Toleration, and Fanaticism in the Age of Enlightenment*, edited by Ourida Mostefai and John T. Scott, 175–86. Amsterdam: Rodopi, 2009.

———. *Rousseau's Exemplary Life: The Confessions as Political Philosophy*. Ithaca, NY: Cornell University Press, 1987.

———. "Rousseau's 'peut-être': Reflections on the Status of the State of Nature." *Modern Intellectual History* 3 (2006): 75–83.

———. "'To Persuade without Convincing': The Language of Rousseau's Legislator." *American Journal of Political Science* 31 (1987): 321–35.

Kelly, Duncan. *The Propriety of Liberty: Persons, Passions and Judgement in Modern Political Thought*. Princeton, NJ: Princeton University Press, 2011.

Kennedy, Rosanne T. *Rousseau in Drag: Deconstructing Gender*. New York: Palgrave Macmillan, 2012.

Khalil, Elias L. "The Fellow-Feeling Paradox: Hume, Smith and the Moral Order." *Philosophy* 90 (2015): 653–78.

Kolodny, Niko. "The Explanation of Amour-Propre." *Philosophical Review* 119 (2010): 165–200.

Kuiper, Edith. "Dependency and Denial in Conceptualizations of Economic Exchange." In *Exchange and Deception: A Feminist Perspective*, edited by Caroline Gerschlager and Monika Mokre, 75–90. Boston: Kluwer Academic Publishers, 2002.

———. "The Invisible Hands: Adam Smith and the Women in his Life." *Adam Smith Review* 7 (2014): 62–78.

Labio, Catherine. "The Solution is in the Text: A Survey of the Recent Literary Turn in Adam Smith Studies." *Adam Smith Review* 2 (2006): 151–78.

Langton, Rae. "Projection and Objectification." In *The Future of Philosophy*, edited by Brian Leiter, 285–303. Oxford: Clarendon Press, 2004.

Larrère, Catherine. "Adam Smith et Jean-Jacques Rousseau: sympathie et pitié." *Kairos* 20 (2002): 73–94.

Leathers, Charles G., and J. Patrick Raines. "Adam Smith on Competitive Religious Markets." *History of Political Economy* 24 (1992): 499–513.

Leigh, R. A. "Rousseau and the Scottish Enlightenment." *Contributions to Political Economy* 5 (1986): 1–21.

Lewis, Thomas J. "Persuasion, Domination and Exchange: Adam Smith on the Political Consequences of Markets." *Canadian Journal of Political Science* 33 (2000): 273–89.

Lingren, Ralph J. *The Social Philosophy of Adam Smith*. The Hague: Martinus Nijhoff, 1973.

Litwin, Christophe. "'Faire parler les Dieux'. De la démocratie impossible au problème de la religion civile chez Rousseau." *Les ateliers de l'éthique/The Ethics Forum* 10 (2015): 58–62.

———. "La théorie de l'homme entendue comme généalogie morale." In *Penser l'homme: Treize études sur Jean-Jacques Rousseau*, edited by Claude Habib and Pierre Manent, 55–69. Paris: Classiques Garnier, 2013.

Lovejoy, Arthur O. "The Supposed Primitivism of Rousseau's *Discourse on Inequality*." In Arthur Lovejoy, *Essays in the History of Ideas*. Baltimore, MA: Johns Hopkins Press, 1948. Rpt. New York: George Braziller, Inc., 1955, 14–37.

Luban, Daniel. "Adam Smith on Vanity, Domination, and History." *Modern Intellectual History* 9 (2012): 275–302.

McConnell, Michael W. "The Origins and Historical Understanding of Free Exercise of Religion." *Harvard Law Review* 103 (1990): 1409–1517.
McHugh, John W. "Relaxing a Tension in Adam Smith's Account of Sympathy." *Journal of Scottish Philosophy* 9 (2011): 189–204.
———. "Ways of Desiring Mutual Sympathy in Adam Smith's Moral Philosophy." *British Journal for the History of Philosophy*, 24 (2016): 614–34.
MacIntyre, Alasdair. *Three Rival Versions of Moral Enquiry: Encyclopaedia, Genealogy, and Tradition*. Notre Dame, IN: University of Notre Dame Press, 1990.
McKenna, Stephen J. "Adam Smith and Rhetoric." In *ASLTL*, 387–404.
———. *Adam Smith: The Rhetoric of Propriety*. Albany, NY: State University of New York Press, 2006.
McWilliams, Nancy, and Stanley Lependorf. "Narcissistic Pathology of Everyday Life: The Denial of Remorse and Gratitude." *Contemporary Psychoanalysis* 26 (1990): 430–51.
Maguire, Matthew W. *The Conversion of Imagination: From Pascal through Rousseau to Tocqueville*. Cambridge: Harvard University Press, 2006.
Manent, Pierre. *An Intellectual History of Liberalism*. Translated by Rebecca Balinski, with a Foreword by Jerrold Seigel. Princeton, NJ: Princeton University Press, 1994.
Marshall, David. *The Figure of Theater: Shaftesbury, Defoe, Adam Smith, and George Eliot*. New York: Columbia University Press, 1986.
———. *The Surprising Effects of Sympathy: Marivaux, Diderot, Rousseau, and Mary Shelley*. Chicago: University of Chicago Press, 1988.
Marx, Karl. *Capital: A Critique of Political Economy*. Vol. 1. Introduced by Ernest Mandel, translated by Ben Fowkes. Rpt. London: Penguin Books, 1990.
Masters, Roger D. *The Political Philosophy of Rousseau*. Princeton, NJ: Princeton University Press, 1976.
Maurer, Christian. "Self-interest and Sociability." In *The Oxford Handbook of British Philosophy in the Eighteenth Century*, edited by James A. Harris, 291–314. Oxford: Oxford University Press, 2013.
Meier, Heinrich. "The *Discourse on the Origin and the Foundations of Inequality among Men*: On the Intention of Rousseau's Most Philosophical Work." Translated by Harvey Lomax. *Interpretation* 16 (1988–9): 211–27.
———. "On the Lawgiver: Rousseau's Articulation of the Political Problem." In *Principle and Prudence in Western Political Thought*, edited by Christopher Lynch and Jonathan Marks, 171–89. Translated by Robert Berman. Albany, NY: State University of New York Press, 2016.
Melzer, Arthur M. *The Natural Goodness of Man: On the System of Rousseau's Thought*. Chicago: University of Chicago Press, 1990.
Minowitz, Peter. *Profits, Priests, and Princes: Adam Smith's Emancipation of Economics from Politics and Religion*. Stanford, CA: Stanford University Press, 1993.
Mostefai, Ourida, and John T. Scott, eds. *Rousseau and 'L'Infâme': Religion, Toleration, and Fanaticism in the Age of Enlightenment*. Amsterdam: Rodopi, 2009.
Mulhall, Stephen. *Philosophical Myths of the Fall*. Princeton, NJ: Princeton University Press, 2007.
Muller, Jerry. *Adam Smith in His Time and Ours*. 1993. Rpt. with corrections and a new Preface, Princeton, NJ: Princeton University Press, 1995.

Nagel, Thomas. "What Is It Like to Be a Bat?" *Philosophical Review* 83 (1974): 435–50.
Nanay, Bence. "Adam Smith's Concept of Sympathy and Its Contemporary Interpretations." In *The Philosophy of Adam Smith: Essays Commemorating the 250th Anniversary of* The Theory of Moral Sentiments, edited by Vivienne Brown and Samuel Fleischacker. *Adam Smith Review* 5 (2010): 85–105.
Nehamas, Alexander. *Nietzsche: Life as Literature*. Cambridge, MA: Harvard University Press, 1985.
Neidleman, Jason. "'Par le bon usage de ma liberté': Freedom and Rousseau's Reconstituted Christianity." In *Rousseau and Freedom*, edited by Christie McDonald and Stanley Hoffmann, 142–58. Cambridge: Cambridge University Press, 2011.
———. *Rousseau's Ethics of Truth: A Sublime Science of Simple Souls*. New York: Routledge, 2017.
Nelson, Eric. "Liberty: One Concept Too Many?" *Political Theory* 33 (2005): 58–78.
Neuhouser, Frederick. "The Critical Function of Genealogy in the Thought of J.-J. Rousseau." *The Review of Politics* 74 (2012): 371–87.
———. *Foundations of Hegel's Social Theory: Actualizing Freedom*. Cambridge, MA: Harvard University Press, 2000.
———. *Rousseau's Theodicy of Self-Love: Evil, Rationality, and the Drive for Recognition*. Oxford: Oxford University Press, 2008.
Nietzsche, Friedrich. *Friedrich Nietzsche: Writings from the Late Notebooks*, edited by Rüdiger Bittner, translated by Kate Sturge. Cambridge: Cambridge University Press, 2003.
———. *The Gay Science*. Translated, with Commentary, by Walter Kaufmann. New York: Vintage Books, 1974.
Noone, John B., Jr. *Rousseau's Social Contract: A Conceptual Analysis*. Athens, GA: University of Georgia Press, 1980.
Nussbaum, Martha C. *The Fragility of Goodness: Luck and Ethics in Greek Tragedy and Philosophy*. Cambridge: Cambridge University Press, 1986.
———. *Love's Knowledge: Essays on Philosophy and Literature*. Oxford: Oxford University Press, 1990.
———. *Upheavals of Thought: The Intelligence of Emotions*. Cambridge: Cambridge University Press, 2003.
O'Hagan, Timothy. *Rousseau*. London: Routledge, 2003.
Osborne, Lawrence. *The Wet and the Dry: A Drinker's Journey*. New York: Broadway Books, 2013.
Otteson, James R. *Adam Smith's Marketplace of Life*. Cambridge: Cambridge University Press, 2002.
Ovid, *Metamorphoses*. Translated by David Raeburn, with an Introduction by Denis Feeney. New York: Penguin Books, 2004.
Oxford English Dictionary. Oxford: Oxford University Press, March 2017 online edition.
Pack, Spencer J. "The Rousseau–Smith Connection: Towards an Understanding of Professor West's 'Splenetic Smith'." *History of Economic Ideas* 8 (2000): 35–62.
———. "Slavery, Adam Smith's Economic Vision and the Invisible Hand." *History of Economic Ideas* 4 (1996): 253–69.
———. "Theological (and Hence Economic) Implications of Adam Smith's 'Principles which Lead and Direct Philosophical Enquiries'." *History of Political Economy* 27 (1995): 289–307.

Paganelli, Maria Pia. "The Moralizing Role of Distance in Adam Smith: *The Theory of Moral Sentiments* as Possible Praise of Commerce." *History of Political Economy* 42 (2010): 425–41.

———, ed., with Dennis C. Rasmussen and Craig Smith. *Adam Smith and Rousseau: Ethics, Politics, Economics*. Edinburgh: Edinburgh University Press, forthcoming.

———. See also the entry for *OHAS* in the Abbreviations.

Pascal, Blaise. *Pensées*. Translated with an Introduction by A. J. Krailsheimer, 1995, revised edition. London: Penguin Books: 1995.

Perrin, Jean-François. *Rousseau, le chemin de ronde*. Paris: Hermann Éditeurs, 2014.

Phillips, Adam. "Narcissism, For and Against." In *Promises, Promises: Essays on Psychoanalysis and Literature*, 200–25. New York: Basic Books, 2001.

Phillipson, Nicholas. *Adam Smith: An Enlightened Life*. New Haven, CT: Yale University Press, 2010.

Piper, Adrian. "Impartiality, Compassion, and Modal Imagination." *Ethics* 101 (1991): 726–57.

Pippin, Robert B. *Nietzsche, Psychology, and First Philosophy*. Chicago: University of Chicago Press, 2010.

———. "On Giving Oneself the Law." In *Hegel's Practical Philosophy: Rational Agency as Ethical Life*, 65–91. Cambridge: Cambridge University Press, 2008.

———. "Recognition and Politics." In *Hegel's Practical Philosophy: Rational Agency as Ethical Life*, 210–38. Cambridge: Cambridge University Press, 2008.

Pitts, Jennifer. "Irony in Adam Smith's Critical Global History." *Political Theory* 45 (2017): 141–63.

———. *A Turn to Empire: The Rise of Imperial Liberalism in Britain and France*. Princeton, NJ: Princeton University Press, 2005.

Pizzorusso, Arnaldo. "La Comédie de *Narcisse*." *Annales de la Société Jean-Jacques Rousseau* 35 (1959–62): 9–20.

Pizzorusso, Arnaldo, et al. "Discussion." *Annales de la Société Jean-Jacques Rousseau* 35 (1959–62): 21–7.

Plato, *Phaedrus*. Translated with Introduction and Notes by Alexander Nehamas and Paul Woodruff. Indianapolis, IN: Hackett, 1995.

Plattner, Marc F. *Rousseau's State of Nature: An Interpretation of the* Discourse on Inequality. DeKalb, IL: Northern Illinois University Press, 1979.

Puro, Edward. "Uses of the Term 'Natural' in Adam Smith's *Wealth of Nations*." *Research in the History of Economic Thought and Methodology* 9 (1992): 73–86.

Raines, J. Patrick. See Leathers, Charles R.

Rasmussen, Dennis C. "Adam Smith and Rousseau: Enlightenment and Counter-Enlightenment." In *OHAS*, 54–76.

———. "Adam Smith on What is Wrong with Economic Inequality." *American Political Science Review* 110 (2016): 342–52.

———. *The Infidel and the Professor: David Hume, Adam Smith, and the Friendship that Shaped Modern Thought*. Princeton, NJ: Princeton University Press, forthcoming 2017.

———. *The Pragmatic Enlightenment: Recovering the Liberalism of Hume, Smith, Montesquieu, and Voltaire*. Cambridge: Cambridge University Press, 2014.

———. "Smith, Rousseau, and the True Spirit of a Republican." In *Adam Smith and Rousseau: Ethics, Politics, Economics*, edited by Maria Pia Paganelli, Dennis C. Rasmussen, and Craig Smith. Edinburgh: Edinburgh University Press,

forthcoming.
——. See also Paganelli, Maria P. et al.
Rawls, John. *Lectures on the History of Political Philosophy*, edited by Samuel Freeman. Cambridge, MA: Harvard University Press, 2007.
——. *A Theory of Justice*, revised edition. Cambridge, MA: Harvard University Press, 1999.
Reid, Thomas. "Letter From Thomas Reid to Lord Kames." In *On Moral Sentiments: Contemporary Responses to Adam Smith*, edited by John Reeder, 65–8. Bristol: Thoemmes Press, 1997.
Ricoeur, Paul. *Freud and Philosophy: An Essay on Interpretation*. Translated by Denis Savage. New Haven, CT: Yale University Press, 1970.
Riley, Patrick. *Character and Conversion in Autobiography: Augustine, Montaigne, Descartes, Rousseau, and Sartre*. Charlottesville, VA: University of Virginia Press, 2004.
Rommel, Bettina, "Narziß als Androgyn: Die Modellierung des jungen Mannes in Rousseaus Komödie *Narcisse* (1752/53)." In *Narcissus. Ein Mythos von der Antike bis zum Cyberspace*, edited by Almut-Barbara Renger, 63–78. Stuttgart: J. B. Metzler Verlag, 2002.
Rosen, Michael. *On Voluntary Servitude: False Consciousness and the Theory of Ideology*. Cambridge, MA: Harvard University Press, 1996.
Rosenberg, Nathan. "Some Institutional Aspects of the *Wealth of Nations*." *Journal of Political Economy* 68 (1960): 557–70.
Rosenblatt, Helena. *Rousseau and Geneva: From the First Discourse to the Social Contract, 1749–1762*. Cambridge: Cambridge University Press, 2006.
Ross, Ian S. "'Great Works upon the Anvil' in 1785: Adam Smith's Projected Corpus of Philosophy." *Adam Smith Review* 1 (2004): 40–59.
——. *The Life of Adam Smith*. Oxford: Clarendon Press, 1995. 2nd edition 2010.
——. "Reply to Charles Griswold: On the Incompleteness of Adam Smith's System." *Adam Smith Review* 2 (2006): 187–91.
Rothschild, Emma. *Economic Sentiments: Adam Smith, Condorcet, and the Enlightenment*. Cambridge, MA: Harvard University Press, 2001.
——. "*The Theory of Moral Sentiments* and the Inner Life." In *The Philosophy of Adam Smith: Essays Commemorating the 250th Anniversary of* The Theory of Moral Sentiments, edited by Vivienne Brown and Samuel Fleischacker. *Adam Smith Review* 5 (2010): 25–36.
Saar, Martin. "Understanding Genealogy: History, Power, and the Self." *Journal of the History of Philosophy* 2 (2008): 295–314.
Sagar, Paul. "Smith and Rousseau, after Hume and Mandeville." *Political Theory*, published online 6.29.2016. doi: 10.1177/0090591716656459.
Sartre, Jean-Paul. *Being and Nothingness*. Translated with an Introduction by Hazel Barnes. New York: Washington Square Press, 1992.
Sayre-McCord, Geoffrey. "Hume and Smith on Sympathy, Approbation, and Moral Judgment." In *Sympathy: A History*, edited by Eric Schliesser, 208–46. Oxford: Oxford University Press, 2015.
Schaeffer, Denise. *Rousseau on Education, Freedom, and Judgment*. University Park, PA: Pennsylvania State University Press, 2014.
Schliesser, Eric. "Adam Smith's Benevolent and Self-interested Conception of Philosophy." In *New Voices on Adam Smith*, edited by Leonidas Montes and Eric

Schliesser, with a Foreword by Knud Haakonssen, 328–57. Abingdon: Routledge, 2006.

———. "Adam Smith's Theoretical Endorsement of Deception." *Adam Smith Review* 2 (2006): 209–14.

———. "Articulating Practices as Reasons: Adam Smith on the Social Conditions of Possibility of Property." *Adam Smith Review* 2 (2006): 69–97.

Schmidtz, David. "Adam Smith on Freedom." In *ASLTL*, 208–27.

Schwartz, Joel. *The Sexual Politics of Jean-Jacques Rousseau*. Chicago: University of Chicago Press, 1984.

Schwarze, Michelle A., and John T. Scott. "The Possibility of Progress: Smith and Rousseau on *Pitié*, Sympathy, and the Moral Economy." Paper delivered at a conference on "Adam Smith: Critic of Capitalism?" Yale University, April 10, 2015.

———. "Spontaneous Disorder in Adam Smith's *Theory of Moral Sentiments*: Resentment, Injustice, and the Appeal to Providence." *The Journal of Politics* 77 (2015): 463–76.

Scott, John T. "The Illustrative Education of Rousseau's *Emile*." *American Political Science Review* 108 (2014): 533–46.

———. "Politics as the Imitation of the Divine in Rousseau's *Social Contract*." *Polity* 26 (1994): 473–501.

———. See also Mostefai, Ourida.

———. See also Schwarze, Michelle.

———. See also Zaretsky, Robert.

Shah, Sumitra. "Sexual Division of Labor in Adam Smith's Work." *Journal of the History of Economic Thought* 28 (2006): 221–41.

Sheehan, Kathleen M. See Boettke, Peter J.

Shklar, Judith. "Rousseau's Images of Authority (Especially in *La Nouvelle Héloïse*)." In *The Cambridge Companion to Rousseau*, edited by Patrick Riley, 154–92. Cambridge: Cambridge University Press, 2001.

Simpson, Matthew. *Rousseau's Theory of Freedom*. London: Continuum, 2006.

Skinner, Quentin. "A Third Concept of Liberty." *Proceedings of the British Academy* 117 (2002): 237–68.

Smith, Craig. "Adam Smith's 'Collateral' Inquiry: Fashion and Morality in *The Theory of Moral Sentiments* and *The Wealth of Nations*." *History of Political Economy* 45 (2013): 505–22.

———. "All in the Best Possible Taste: Adam Smith and the Leaders of Fashion." *European Journal of the History of Economic Thought* 23 (2016): 597–610.

———. See also the entry for *OHAS* in the Abbreviations.

———. See also Paganelli, Maria P. et al.

Sorenson, Leonard R. "Rousseau's Authorial Voices: In his *Dedication* of his *Discourse on Inequality* to *The Republic of Geneva*." *History of Political Thought* 30 (2009): 469–91.

Spector, Céline. *Au Prisme de Rousseau: usages politiques contemporains*. Oxford: Voltaire Foundation, 2011.

Starobinksi, Jean. *Blessings in Disguise; or, The Morality of Evil*. Translated by Arthur Goldhammer. Cambridge, MA: Harvard University Press, 1993.

———. *Jean-Jacques Rousseau: Transparency and Obstruction*. Translated by Arthur Goldhammer, with an Introduction by Robert J. Morrissey. Chicago: University of Chicago Press, 1988. This edition of *Transparency* includes seven essays by

Starobinski.

———. *The Living Eye*. Translated by Arthur Goldhammer. Cambridge, MA: Harvard University Press, 1989.

Stewart, Dugald. "Account of the Life and Writings of Adam Smith, LL.D." In *Biographical Memoirs of Adam Smith, LL.D., William Robertson, D.D., Thomas Reid, D.D.*, 3–98. Rpt. New York: Augustus M. Kelley, 1966.

Stewart, M. A., ed. *Studies in the Philosophy of the Scottish Enlightenment*. Oxford: Clarendon Press, 1991.

Stimson, Shannon C. "The General Will after Rousseau: Smith and Rousseau on Sociability and Inequality." In *The General Will: The Evolution of a Concept*, edited by James Farr and David L. Williams, 350–81. Cambridge: Cambridge University Press, 2015.

Storey, Benjamin. "Rousseau and the Problem of Self-knowledge." *Review of Politics* 71 (2009): 251–74.

———. "Self-Knowledge and Sociability in the Thought of Rousseau." *Perspectives on Political Science* 41 (2012): 146–54.

Strauss, Leo. *Natural Right and History*. Chicago: University of Chicago Press, 1971.

Strong, Tracy B. *Jean-Jacques Rousseau: The Politics of the Ordinary*. New edition, with new Preface and Introduction. Lanham, MD: Rowman & Littlefield, 2002.

Swenson, James. "La vertu républicaine dans le *Contrat Social*." In *Philosophie de Rousseau*, edited by Blaise Bachofen, Bruno Bernardi, André Charrak, and Florent Guénard, 379–92. Paris: Classiques Garnier, 2014.

Taylor, Charles. *Sources of the Self: The Making of the Modern Identity*. Cambridge, MA: Harvard University Press, 1989.

Taylor, Gabriele. *Deadly Vices*. Oxford: Oxford University Press, 2008.

Taylor, Jacqueline. "Adam Smith and Feminist Ethics: Sympathy, Resentment, and Solidarity." In *ASLTL*, 354–70.

Tegos, Spiros. "The Two Sources of Corruption of Moral Sentiments in Adam Smith." *Adam Smith Review* 7 (2014): 130–47.

Thrasher, John. "Adam Smith and the Social Contract." *Adam Smith Review* 8 (2015): 195–216.

Trachtenberg, Zev M. *Making Citizens: Rousseau's Political Theory of Culture*. London: Routledge, 1993.

———. "Subject and Citizen: Hobbes and Rousseau on Sovereignty and the Self." In *Jean-Jacques Rousseau and the Sources of the Self*, edited by Timothy O'Hagan, 85–105. Brookfield, VT: Ashgate Publishing Company, 1997.

Trilling, Lionel. *Sincerity and Authenticity*. Cambridge, MA: Harvard University Press, 1972.

Turpin, Paul. *The Moral Rhetoric of Political Economy: Justice and Modern Economic Thought*. Abingdon: Routledge, 2011.

Valihora, Karen. "Adam Smith's Narrative Line." In *ASLTL*, 405–21.

Velkley, Richard L. *Being after Rousseau: Philosophy and Culture in Question*. Chicago: University of Chicago Press, 2002.

———. "The Measure of the Possible: Imagination in Rousseau's Philosophical Pedagogy." In *The Challenge of Rousseau*, edited by Eve Grace and Christopher Kelly, 217–29. Cambridge: Cambridge University Press, 2013.

Vinge, Louise. *The Narcissus Theme in Western European Literature up to the Early*

19th Century. Translated by Robert Dewsnap in collaboration with Lisbeth Grönlund, and by Nigel Reeves in collaboration with Ingrid Söderberg-Reeves. Lund: Gleerups, 1967.

Viroli, Maurizio. *Jean-Jacques Rousseau and the "Well-ordered Society."* Translated by Derek Hanson. Cambridge: Cambridge University Press, 2002.

Warner, John M. *Rousseau and the Problem of Human Relations*. University Park, PA: Pennsylvania State University Press, 2015.

Waterlot, Ghislain. *Rousseau: Religion et politique*. Paris: Presses Universitaires de France, 2004.

Weinstein, Jack R. *Adam Smith's Pluralism: Rationality, Education, and the Moral Sentiments*. New Haven, CT: Yale University Press, 2013.

Werhane, Patricia H. *Adam Smith and His Legacy for Modern Capitalism*. Oxford: Oxford University Press, 1991.

Wilde, Oscar. "The Critic as Artist." In *The Complete Works of Oscar Wilde*, edited by Josephine M. Guy. Oxford: Oxford University Press, 2007. Vol. 4, 123–206.

Williams, Bernard. "Deciding to Believe." In *Problems of the Self*, 136–51. Cambridge: Cambridge University Press, 1993.

———. *Truth and Truthfulness: An Essay in Genealogy*. Princeton, NJ: Princeton University Press, 2002.

———. "Life as Narrative." *European Journal of Philosophy* 17 (2007): 305–14.

Williams, David L. *Rousseau's Platonic Enlightenment*. University Park, PA: Pennsylvania State University Press, 2007.

———. *Rousseau's Social Contract: An Introduction*. New York: Cambridge University Press, 2014.

Winch, Donald. *Adam Smith's Politics: An Essay in Historiographic Revision*. Cambridge: Cambridge University Press, 1978.

———. *Riches and Poverty: An Intellectual History of Political Economy in Britain, 1750–1834*. Cambridge: Cambridge University Press, 1996.

Wokler, Robert. *Rousseau: A Very Short Introduction*. Oxford: Oxford University Press, 2001.

Wood, Allen W. "Ideology, False Consciousness, and Social Illusion." In *Perspectives on Self-deception*, edited by Brian P. McLaughlin and Amélie O. Rorty, 345–63. Berkeley: University of California Press, 1988.

Zaretsky, Robert, and John Scott. *The Philosophers' Quarrel: Rousseau, Hume, and the Limits of Human Understanding*. New Haven, CT: Yale University Press, 2009.

索 引

（索引码为原书页码，即本书边码）

Academy of Dijon，第戎学院，38-41，55，56-9

accident，偶然，57

actor-spectator relationship，行动者 - 旁观者关系，28-30

agency，行为能力，70，74，77，89-90，163-6，173，175；亦请参见 freedom

amour de soi，自爱，12n20，98-9，98n11，102，108，110n25；亦请参见 self-love

amour propre，自恋，5，5n12，22，98-9，113-14n31，118，124；emergence of，自恋的浮现，108-14

appearance/being contrast，表象 / 存在之对比；参见 self-falsification

Aristotle，亚里士多德，44-6，84

"artificial men"，"人为人"，41n17，109

arts，技艺，3-4，19-21，20-1n36

asocial human creature，非社会人类生物，116，117-18，124-5

Bachofen, B.，布莱斯·巴霍芬，38n8，43n21，194-5n13

beauty，美，84-5，121-2

being/appearance contrast，存在 / 表象之对比；参见 self-falsification

belief，信仰，221-2；亦请参见 religion

benevolence，仁慈，95

Bernardi, B.，布鲁诺·伯纳迪，38n8，43n21

Berry, C.，克里斯托弗·贝瑞，244n80

Bertram, C.，克里斯托弗·伯特汉姆，197n16

Brown, V.，维维恩·布朗，21，89n90，121n41，129n57，131-3，134-5n67，176

Christian doctrine，基督教原则，64-5

civil freedom，公民自由，207-8，213，

civil religion, 公民宗教, 190-9, 201-9, 229, 232-3, 238-9, 242, 252; 以及 liberty, 自由, 209-20

Cohen, J., 约书亚·柯亨, 18, 219-20n41, 238n74

commerce, 商业, 151-2; 亦请参见 exchange

commercial exchange, 商业交换; 参见 exchange

commiseration, 同情, 106; 亦请参见 pity (*pitié*)

commodification, 商品化, 167-8

common good, 共同的善, 200-1

Confessions, 《忏悔录》, 46n27, 54-8, 142, 143n82

Conflict of Interests Thesis (CIT), 利益冲突论题, 154-5

Conformity Thesis (CT), 符合论题, 153

consistency, 一致性; 参见 inconsistency charge

constitutive sociability, 构成性社会性; 参见 ground-level sociability

constructive deception, 构成性欺骗, 8

contingency, 偶然性, 43, 57

conversion narrative, 皈依叙述, 58-9

Darwall, S., 斯蒂芬·达沃尔, 137n72, 157, 177-8, 181

De Man, P., 保罗·德·曼, 10, 10n16

De rerum natura (Lucretius), 《物性论》(卢克莱修), 39

Debes, R., 里米·迪贝斯, 95, 135n68

deception, 欺骗, 80, 154, 159; constructive, 构成性欺骗, 8; of the imagination, 想象的欺骗, 172, 178-9, 183; 亦请参见 self-deception, self-falsification

deliberative reason, 审议理性, 208

Dijon, Academy of, 第戎学院; 参见 Academy of Dijon

Discourse on the Origin and the Foundations of Inequality among Men (*DI*), 《论人与人之间不平等的起源》: criteria of success, 成功的标准, 71-4; emergence of *amour propre* and sociability, 自恋与社会性的浮现, 106-14; genealogical narrative, 系谱叙述, 37-44, 61-3, 66-71; human nature, 人性, 45-8, 64-6; illumination of Vincennes, 万塞纳启示, 54-61, 78; *pitié* in the state of nature, 自然状态中的怜悯, 102-6; reflection, 反思, 25; rhetoric, 修辞, 79; self-falsification, 自我伪造, 155; self-knowledge, 自我认知, 41, 44-54, 60; sociability, 社会性, 97; social identity, 社会身份, 160-1; 亦请参见 "Letter to the Authors of the *Edinburgh Review*, A"

Discourse on the Sciences and Arts (*FD*), 《论科学与艺术》, 38-9, 60, 153

division of labor, 劳动分工, 172-3

domination, love of, 对统治的爱,

245-7, 253

Douglass, R., 罗宾·道格拉斯, 95-6

economic exchange, 经济交换; 参见 exchange

Emile,《爱弥儿》, 15, 18, 106n20, 206n28

emotions, 情感, 58, 69

enthusiasm, 宗教狂热, 230

epistemology of objectification, 对象化的认识论, 167-8

erotic love, 情欲之爱, 111-12, 124

Essays on Philosophical Subjects,《哲学文集》, 21

exchange, 交换, 150, 157-60, 169-73

faith, 信仰: "civil profession of faith", "公民信仰宣言", 190-9

fanaticism, 狂热, 33, 177, 224, 231, 234-5, 239-40

First Discourse,《一论》; 参见 *Discourse on the Sciences and Arts* (*FD*)

Fleischacker, S., 萨缪尔·弗莱西艾克, 25n41, 77-8n77, 120n40, 121n41, 157-8, 173, 182

Forman-Barzilai, F., F. 弗曼－巴尔齐莱, 147n88

freedom, 自由, 162-9, 163n21, 173-5; and belief, 自由与信仰, 200; civil, 公民自由, 207-8, 213, 219; and exchange, 自由与交换, 158-9; and the impartial spectator, 自由与无偏旁观者, 175-81; *Loss of Freedom Thesis* (LFT), 自由丧失论题, 156; moral, 道德自由, 207-8, 208n30, 212-13, 219; and persuasion, 自由与说服, 183-5; and reason, 自由与理性, 222; and self-deception, 自由与自我欺骗, 181-3; 亦请参见 agency, liberty

Garrett, A., 阿隆·加勒特, 86n88, 95n5

Gauthier, D., 大卫·高蒂尔, 13n22, 39, 161n19

gender, 性别, 83, 83n83

genealogical narrative, 系谱叙述, 48-9, 249; *Confessions*,《忏悔录》, 55, 56, 58; *Discourse on the Origin and the Foundations of Inequality among Men* (*DI*),《论人与人之间不平等的起源》, 37-44, 61-3, 66-71; *Letter to Malesherbes*,《致马勒布书信》, 55, 56, 57, 58; 亦请参见 historical accounts

Goldie, P., 彼得·戈尔迪, 140-1

ground-level sociability, 基础社会性, 114, 115, 127; 亦请参见 *Social Constitution Thesis* (SCT)

Haakonssen, K., 努德·哈康森, 148n92

Hanley, R., 莱恩·汉利, 20-1n36, 86n88, 115n34, 128n56, 215n35, 222-3n46

Herzog, L., 丽莎·赫佐格, 236
historical accounts, 历史论述, 75-9, 249-50
historical change, 历史变迁, 88-92
Hobbes, T., 托马斯·霍布斯, 45, 51, 69
homeopathy, 顺势疗法, 6-7
human nature, 人性, 245-7; *Discourse on the Origin and the Foundations of Inequality among Men*(*DI*),《论人与人之间不平等的起源》, 45-8, 64-6; *Inquiry into the Nature and Causes of the Wealth of Nations, An* (*WN*),《国民财富之性质与原因的研究》, 78; *Theory of Moral Sentiments, The* (*TMS*),《道德情感论》, 23, 243, 245
Hume, D., 大卫·休谟, 35n3, 53, 126n50, 167, 174
Hutcheson, F., 弗兰西斯·哈奇森, 95

idealization, 理想化, 15-6
ideology, 意识形态, 14n24
Ignatieff, M., 叶礼庭, xviii-xix
illumination of Vincennes, 万塞纳启示, 54-61, 78
imagination, deception of, 想象的欺骗, 172, 178-9, 183; 亦请参见 sympathetic imagination
impartial spectator, 无偏旁观者, 26-8, 30, 31, 115, 146-7, 175-82
inconsistency charge, 不一致指控, 4,

5-7, 17-19
inequality, 不平等; 参见 *Discourse on the Origin and the Foundations of Inequality among Men* (*DI*)
informed consent, 得到知会的赞同, 212, 216
Inquiry into the Nature and Causes of the Wealth of Nations, An (*WN*),《国民财富之性质与原因的研究》: exchange, 交换, 150, 157-60, 169-73; historical change, 历史变迁, 89-90, 91; human nature, 人性, 78; philosophy, 哲学, 25; religious toleration, 宗教宽容, 228-9; rhetoric, 修辞, 79; Roman Catholic Church, 罗马天主教堂, 84; theater and the arts, 剧场与艺术, 19-20
interpersonal love, 人际之爱, 13-16
Julie,《朱莉》, 143, 146
justice, 正义, 53-4, 85, 224-7, 232

Kelly, C., 克里斯托弗·凯利, 46n27

Langton, R., 雷·兰顿, 167-8
Lectures on Rhetoric and Belles Lettres,《修辞与纯文学讲义》, 21
Letter,《信札》; 参见 "Letter to the Authors of the *Edinburgh Review*, A"
Letter to Malesherbes,《致马勒布书信》, 55, 56, 57, 58
"Letter to the Authors of the *Edinburgh*

Review, A,《致〈爱丁堡评论〉诸作者信札》, 34-6, 80, 87, 94-102, 160
liberty, 自由, 209-20; 亦请参见 freedom
Litwin, C., 克里斯托弗·里特文, 195n13
local knowledge, 地方性知识, 147-8
loss, narrative of, 对遗失的叙述, 67-8
Loss of Freedom Thesis（LFT）, 自由丧失论题, 156
love, 爱: erotic, 情欲, 111-12, 124; interpersonal, 人际之爱, 13-16; moral aspect of, 道德方面的爱, 108; romantic 浪漫的爱, 164; true, 真正的爱, 15; 亦请参见 self-love
Lucretius, 卢克莱修, 39
MacIntyre, A., 阿拉斯戴尔·麦金泰尔, 49
Mandeville, B., B. 曼德维尔, 80-2, 87, 97-102, 113
Marshall, D., 大卫·马歇尔, 30n50
mathematics, 数学, 22, 24
Metamorphoses（Ovid）,《变形记》(奥维德), 10-13, 18
metaphors, 隐喻, 9, 10, 14, 136-7
mirroring, 镜照; 参见 social mirror
modern society, 现代社会, 152
moral criticism, 道德批评, 123-4
moral education, 道德教育, 237
moral error, 道德错误, 83-4
moral freedom, 道德自由, 207-8, 208n30, 212-13, 219

moral motivation, 道德动机, 80-2, 99
moral philosophy, 道德哲学, 81-3
moral psychology, 道德心理学, 83, 85, 86, 100
morality, 道德, 177, 222-4
motivation, 动机, 80-2, 99
Mulhall, S., S. 木霍尔, 64-5, 67

narcissism, 自恋, 11, 248; "mirror-less", "无镜像", 12n20; "Ovidian", "奥维德式自恋", 9, 13, 30-3; 亦请参见 self-love
Narcissus,《纳西索斯》: critique of interpersonal love, 对人际之爱的批判, 13-16; inconsistency charge, 不一致指控, 17-19; plot, 情节, 7-10; relation to Preface, 关乎《序言》, 3-7
Narcissus and Echo（Ovid）, 纳西索斯与艾寇（奥维德）, 10-13, 18
narrative, 叙述, 61-2, 141-3; Theory of Moral Sentiments, The（TMS）,《道德情感论》, 137-41
narrative of loss, 遗失叙述, 67-8
natural freedom, 自然自由, 207, 212
natural philosophy, 自然哲学, 81
Needs of Strangers, The（Ignatieff, 1984）,《陌生人的需要》(叶礼庭, 1984), xviii, 47n29, 52-3n38
Neuhouser, F., 腓特烈·纽豪瑟, 40, 40-1n17, 42n18, 43n21, 72n64, 107, 112n28, 112-13n29, 124,

163n22, 164n23, 166, 246
normativity, 规范性, 178
norms, 准则, 236-7

objectification, 对象化, 167-8
original sin, 原罪, 64-5
Otteson, J., 詹姆斯·奥特森, 241n76
Ovid: Narcissus and Echo, 奥维德：纳西索斯与艾寇, 10-13, 18
"Ovidian" narcissism, "奥维德式"自恋, 9, 13, 30-3, 93, 144, 241

patriotism, 爱国主义, 242-3
periodization, 时期划分, 152
persuasion, 说服, 183-5
Phillips, A., 亚当·菲利普斯, 16, 16n30
"philosophical chemistry", "哲学化学作用", 34, 35, 35n3
philosophy, 哲学, 24-6, 33, 81-5
Pippin, R., 罗伯特·皮平, 164-5
pity (*pitié*), 怜悯, 93, 96, 97-8, 102-6, 105n18, 131-2
Plato, 柏拉图, 39, 73, 217
play-acting, 角色扮演, 161-2
politics and civil religion, 政治与公民宗教, 190-9, 201-9
pornography, 色情, 167-8
positive liberty, 积极自由；参见 moral freedom
Preface, 《序言》: inconsistency charge, 不一致指控, 4, 5-7, 17-19;

relation to *Narcissus*, 与《纳西索斯》的关系, 3-7; self-falsification, 自我伪造, 153-4; social critique, 社会批评, 13-15
prestige, 声誉, 14n25
projection, 投射, 167-8; and exchange, 投射与交换, 169-73
public opinion, 公共舆论；参见 social critique
punishment, 惩罚, 193n

Rasmussen, D., 丹尼斯·拉斯姆森, 148n91, 154n7, 157n12, 159
rationality, 理性, 208
Rawls, J., 约翰·罗尔斯, 190n6, 194n12, 208, 218n39
reason, 理性, 51, 86, 208, 222
reflection, 反思, 25-6, 115, 125
religion, 宗教, 64-5, 83-4; and justice, 宗教与正义, 224-7, 232; moral role, 道德角色, 222-4; "pure and rational", "纯粹和理性的"宗教, 28, 227, 229-32, 235-6, 252-3; 亦请参见 civil religion, 公民宗教
religious liberty, 宗教自由, 230
religious pluralism, 宗教多元主义, 234, 235-6, 239-42, 252-3
religious sects, 宗教教派, 228-9, 232, 233, 236-7, 239-42
religious toleration, 宗教宽容, 224, 228-9
Republic, 《理想国》, 73, 217

rhetoric,修辞,79
Roman Catholic Church,罗马天主教堂,84
romantic love,浪漫之爱,164
Rosen, M.,迈克尔·罗森,52n38,166
Rothschild, E.,艾玛·罗斯柴尔德,237n72

Savage,野蛮,44n23,45,47,54,64,67-8,73;self-falsification,自我伪造,162;sociability,社会性,105
savages,野蛮人,76,76n73,97,98
Schliesser, E.,E. 施丽舍,32n54
Scott, J.,约翰·司格特,218n39
Second Discourse,《二论》;参见 *Discourse on the Origin and the Foundations of Inequality among Men*(*DI*),《论人与人之间不平等的起源》
self-awareness,自我意识,103,109,118,119-24,127,128
self-conception,自我概念,83
self-deception,自我欺骗,14n24,27-8,181-2,181-3
self-falsification,自我伪造,151,152,153-7,166-7,181,251;and exchange,自我伪造与交换,169-73
self-interest,自我利益;参见 self-love
"selfish principle","自私原则",131-3,134

self-knowledge,自我认知,250;*Discourse on the Origin and the Foundations of Inequality among Men*(*DI*),《论人与人之间不平等的起源》,41,44-54,59-60,63-4;genealogical narrative,系谱叙述,78;Narcissus and Echo (Ovid),纳西索斯与艾寇(奥维德),11;*Preface*,《序言》,4;*Theory of Moral Sentiments, The* (*TMS*),《道德情感论》21-2,31,32,82,128
self-love,自爱,8,10,95;and exchange 自爱与交换,157;as the origin of sociability,作为社会性起源的自爱,98-102;亦请参见 *amour de soi*, narcissism
self-preservation,自我保存,103,124
self-projection,自我投射,12n20
self-staging,自我表演,17-19
"sentiments of sociability","社会性情感",189,192,197,199,201
sin,原罪,64-5
sociability,社会性,94-6,97,125-6,125-30,250;emergence of,社会性的浮现,106-14;ground-level sociability,基础社会性,114,115,127;Savage,野蛮人,105;self-love as the origin of,作为社会性源头的自爱,98-102;亦请参见 asocial human creature
Social Constitution Thesis(SCT),社

会构成论题，161，173

Social Contract（SC），《社会契约论》，188-9，252；civil religion，公民宗教，190-9，201-9；civil religion and liberty，公民宗教与自由，209-20；common good，共同的善，200-1

social critique，社会批评，4，13-15，21-4

social identity，社会身份，160-2，166-7

social mirrors，社会之镜，116-17，119，123，143-4

social virtues，社会德性，104

Socrates，苏格拉底，7n14，50，73

spectator，旁观者：actor-spectator relationship，行动者－旁观者关系，28-30；impartial，无偏旁观者，26-8，30，31，115，146-7，175-82

spectatorship，旁观，119-20，121-3，163-4

Starobinski, J.，让·斯塔罗宾斯基，xix，12n20，25n42，68n60，74n68，148n91

state of nature，自然状态，42，68-9，97，210n，254；*amour propre*，自恋，109-10；human nature，人性，48；pity（*pitié*），怜悯，102-6；social contract，社会契约，209-10

state of war，战争状态，69

superstition，迷信，230

sympathetic imagination，同情想象，101，119-20，122-4，126-7，128，130；Rousseau's critique of，卢梭对同情想象的批评，141-8；vision and narrative，视野与叙述，135-41

sympathy，同情，29，117，130-5，250；versus *pitié*（pity），同情与怜悯，106；and sociability，同情与社会性，95，96，100-1，113-14，125-6

theater，剧场，20-1n36

theatricality，戏剧风格，14，28-30，79，112，162

Theory of Moral Sentiments, The（TMS），《道德情感论》，80，81-2，84，87；agency，行为能力，89；asocial human creature，非社会人类生物，116-18；beauty，美，84-5；historical change，历史变迁，91；human nature，人性，23，245；impartial spectator，无偏旁观者，26-8，175-7，179-81；justice，正义，224-7；narcissism，自恋，31-3；persuasion，说服，184-5；philosophy，哲学，24-5，26，33；reflection，反思，115；religion，宗教，83，221-2，222-3，229，230-1；rhetoric，修辞，79；self-awareness，自我意识，118-24；self-deception，自我欺骗，182-3；self-preservation，自我保存，103；sociability，社会性，95，125-9；social critique，社

会批评, 21-4; sympathetic imagination, 同情想象, 145; sympathy, 同情, 100-1, 130-5; virtue, 德性, 99-100; vision and narrative, 视野与叙述, 135-41

true love, 真正的爱, 15

vanity, 虚荣, 12, 12n21, 29, 31, 32, 80, 99, 129-30

Velkley, R., R. 威尔克莱, 50n34, 70n63

virtue, 德性, 99-100

virtues, social, 社会德性, 104

vision, 视野, 135-7

Wealth of Nations, *The*,《国富论》; 参见 *Inquiry into the Nature and Causes of the Wealth of Nations*, *An* (WN)

Williams, B., 伯纳德·威廉斯, 53, 211n32, 221, 252

"wishful thinking", "一厢情愿的想法", 167-8